职业院校汽车车身修复专业系列教材

汽车车身钣金修复

叶文海　王　军　主　编
秦永红　黄良昌　副主编
许　平　主　审

電子工業出版社
Publishing House of Electronics Industry
北京・BEIJING

内 容 简 介

本书内容包含汽车车身结构、汽车车身测量、损坏分析以及拉伸矫正方法，对于汽车车身变形的校正原理以及车身焊接技术和外形修复技术做了重点介绍。在此基础上把汽车钣金与涂装的一些基本知识(如机械制图、钣金材料及热处理、焊接工艺和轿车车身构造、涂料、色彩)融入其中；本书内容丰富，讲解通俗易懂，图文并茂，密切联系工作实际，具有很强的实用性。

本书可供汽车维修漆工、汽车钣金维修工等相关专业的学生使用

图书在版编目（CIP）数据

汽车车身钣金修复 / 叶文海，王军主编. —北京：电子工业出版社，2013.9
职业院校汽车车身修复专业系列教材
ISBN 978-7-121-21544-5

Ⅰ. ①汽…　Ⅱ. ①叶…　②王…　Ⅲ. ①汽车－车体－车辆修理－中等专业学校－教材　Ⅳ. ①U472.4

中国版本图书馆 CIP 数据核字（2013）第 225749 号

策划编辑：杨宏利
责任编辑：郝黎明　　文字编辑：裴　杰　　特约编辑：邢世凯
印　　刷：北京京华虎彩印刷有限公司
装　　订：北京京华虎彩印刷有限公司
出版发行：电子工业出版社
　　　　　北京市海淀区万寿路 173 信箱　邮编　100036
开　　本：787×1 092　1/16　印张：17.5　字数：448 千字
版　　次：2013 年 9 月第 1 版
印　　次：2017 年 8 月第 3 次印刷
定　　价：32.50 元

凡所购买电子工业出版社图书有缺损问题，请向购买书店调换。若书店售缺，请与本社发行部联系，联系及邮购电话：（010）88254888，88258888。

质量投诉请发邮件至 zlts@phei.com.cn，盗版侵权举报请发邮件至 dbqq@phei.com.cn。

本书咨询联系方式：（010）88254592，bain@phei.com.cn。

前言

汽车钣金维修的技术人才，是我国汽车维修行业紧缺的技术型人才。当今我国汽车工业正飞速发展，人民生活水平不断提高，汽车在社会上的保有量不断增加，汽车维修业发展较快，但专业技术人才紧缺，尤其是钣金工方面，汽车钣金维修市场需求量越来越大。现代汽车车身修理不是简单的、低技术含量的钣金修理工作，其对维修人员的要求非常高，要求维修人员必须掌握汽车构造、汽车车身结构知识、车身焊接技术、车身测量与及车身校正等相应知识及技能。要掌握这么多的专业技能、知识，必须经过系统化、专业化的学习才能够达到。汽车高新技术的引进和知识的不断更新给国内汽车维修行业带来了极大的挑战与发展空间，同时对汽车维修从业人员的技术水平提出了更高的要求。汽车钣金作为汽车维修行业的一个更细的分工，同样迫切需要培养更多高素质的汽车钣金维修专业技能型人才，以适应汽车维修业的发展需要。

为了更好地满足中等职业学校汽车专业的教学要求，彰显职业教育特色，促进汽车钣金维修专业人才的培养，通过对汽车维修企业钣金一线岗位的广泛调研和专家座谈，根据对企业岗位调研的情况，进行岗位分析、工作过程分析，对行动领域进行提炼，然后评价并选择行动领域，最后确定学习领域，制定相应课程标准，开发了本教材。

本书是以学生为主体，以就业为导向，以升学为基础，以培养应用型技能人才为根本任务，以汽车钣金维修人员必备的能力和基本素质为主线。本书的课堂教学运行以工作任务为目标，以工作过程为导向，教学做一体化的教学模式，教学过程中可综合运用行动导向教学法中的现场教学法、任务驱动教学法、引导文教学法、角色扮演法和小组合作学习法等多种教学方法和学习方法。在内容安排方面，以国家有关职业标准为依据，以项目化为导向，以程序化为流程，图文并茂，通俗易懂，突出学生岗位能力的培养。

本书有以下几个特点。

1．实训项目采用左图右文的形式。

2．教学过程工作任务化。

3．工作项目程序化。

4．技术要求标准化。

本书由柳州第一职业技术学校的叶文海和大庆职业学院的王军担任主编，秦永红，黄良昌担任副主编，许平担任主审。叶文海编写了任务一到任务四，王军编写了任务五和任务六，秦永红、黄良昌编写了任务七和任务八。本书在编写过程中得到上汽通用五菱公司、东风柳州汽车公司及山东烟台奔腾公司等企业的大力支持，也参考了大量的其他文献资料，在此向相关公司企业及文献作者表示真挚的感谢。

由于编者水平有限，编写时间仓促，书中错误和问题之处在所难免，恳请读者批评指正。

编　者

2013 年 8 月

目录

任务一

汽车车身结构

任务要求

◎ 了解汽车车身结构的类型
◎ 熟悉各类汽车车身结构的组成
◎ 了解车架式汽车车身各结构件的名称
◎ 了解整体汽车车身各结构件的名称
◎ 熟悉整体式汽车车身的结构特点

任务引导

相关知识点学习：要求学生实训课前参考“知识链接”独立完成。

相关知识点：要求学生实训课前独立完成以下相应内容。

1．汽车车身按结构形式分____________、____________和____________车身。

2．汽车车身按受力情况分____________、____________车身。

3．说出5个车身结构件的名称。

（1）____________ （2）____________
（3）____________ （4）____________
（5）____________

4．说出5个车身覆盖件的名称。

（1）____________ （2）____________
（3）____________ （4）____________
（5）____________

任务实施

（1）在实训室里观察整体式车身的结构组成，弄清它们的作用、类型和外部结构形状，弄清楚哪些是结构件哪些是覆盖件。制订一个拆装前翼子板的计划并实施。

（2）拆装一种汽车车门，观察其内部结构，弄清楚零部件名称和结构件与覆盖件的安装关系。

（3）观看多媒体教学课件或视频，了解汽车整体式车身的结构。

（4）指出整体式车身各结构件名称，填在实训报告表 1-1 中。

（5）讲述整体式车身的特点。

实训报告 1-1　汽车车身结构件认识

表 1-1

<table>
<tr><th colspan="2">实 训 车 型</th><th></th><th colspan="3">任　务</th><th>车身结构件的名称及作用</th></tr>
<tr><th colspan="3">实 训 步 骤</th><th colspan="3">名　称</th><th>作　用</th></tr>
<tr><td>1</td><td colspan="2">找出整体式前车身结构件</td><td colspan="3"></td><td></td></tr>
<tr><td></td><td colspan="2">（1）</td><td colspan="3"></td><td></td></tr>
<tr><td></td><td colspan="2">（2）</td><td colspan="3"></td><td></td></tr>
<tr><td></td><td colspan="2">（3）</td><td colspan="3"></td><td></td></tr>
<tr><td></td><td colspan="2">（4）</td><td colspan="3"></td><td></td></tr>
<tr><td>2</td><td colspan="2">找出整体式侧面车身结构件</td><td colspan="3"></td><td></td></tr>
<tr><td></td><td colspan="2">（1）</td><td colspan="3"></td><td></td></tr>
<tr><td></td><td colspan="2">（2）</td><td colspan="3"></td><td></td></tr>
<tr><td></td><td colspan="2">（3）</td><td colspan="3"></td><td></td></tr>
<tr><td></td><td colspan="2">（4）</td><td colspan="3"></td><td></td></tr>
<tr><td>3</td><td colspan="2">找出整体式底部车身结构件</td><td colspan="3"></td><td></td></tr>
<tr><td></td><td colspan="2">（1）</td><td colspan="3"></td><td></td></tr>
<tr><td></td><td colspan="2">（2）</td><td colspan="3"></td><td></td></tr>
<tr><td></td><td colspan="2">（3）</td><td colspan="3"></td><td></td></tr>
<tr><td></td><td colspan="2">（4）</td><td colspan="3"></td><td></td></tr>
<tr><td>4</td><td colspan="2">5S</td><td colspan="3"></td><td></td></tr>
<tr><td colspan="2">教师评语</td><td colspan="5"></td></tr>
<tr><td colspan="2">成绩</td><td></td><td>指导教师签名</td><td></td><td>日期</td><td></td></tr>
</table>

任务考核单 1-1　汽车车身结构件认识

表 1-2

<table>
<tr><td>班级</td><td colspan="2"></td><td>姓名</td><td colspan="2"></td><td>学号</td><td></td></tr>
<tr><td rowspan="2">考核内容</td><td colspan="4" rowspan="2">汽车车身结构件认识</td><td colspan="2">规定考核时间</td><td>30 分钟</td></tr>
<tr><td colspan="2">实际考核时间</td><td>分 3 次</td></tr>
<tr><td>序号</td><td colspan="3">检查维修内容/评分标准</td><td>配分</td><td colspan="2">考核及评分记录</td><td>得分</td></tr>
<tr><td rowspan="2">1</td><td rowspan="2">准备</td><td colspan="2">检查车辆状况，安装车轮挡块</td><td>5</td><td colspan="2"></td><td></td></tr>
<tr><td colspan="2">确认车辆类型</td><td>10</td><td colspan="2"></td><td></td></tr>
<tr><td>2</td><td>验证故障</td><td colspan="2">简述车身的结构类型</td><td>10</td><td colspan="2"></td><td></td></tr>
<tr><td rowspan="4">3</td><td rowspan="4">拆除诊断</td><td colspan="2">指认 4 个以上前车身结构件的名称及作用</td><td>20</td><td colspan="2"></td><td></td></tr>
<tr><td colspan="2">指认 4 个以上侧面车身结构件的名称及作用</td><td>20</td><td colspan="2"></td><td></td></tr>
<tr><td colspan="2">指认 4 个以上底部车身结构件的名称及作用</td><td>20</td><td colspan="2"></td><td></td></tr>
<tr><td colspan="2"></td><td></td><td colspan="2"></td><td></td></tr>
<tr><td rowspan="2">4</td><td rowspan="2">安全文明</td><td colspan="2">防护措施得当，作业规范安全整洁</td><td>5</td><td colspan="2"></td><td></td></tr>
<tr><td colspan="2">工具、零件不落地</td><td>3</td><td colspan="2"></td><td></td></tr>
<tr><td rowspan="2">5</td><td rowspan="2">工具使用</td><td colspan="2">工具选用合理</td><td>2</td><td colspan="2"></td><td></td></tr>
<tr><td colspan="2">5S 是否到位</td><td>5</td><td colspan="2"></td><td></td></tr>
<tr><td>6</td><td>考核时间</td><td colspan="2">每超 1 分钟扣 3 分，超时 3 分钟终止考核</td><td></td><td colspan="2"></td><td></td></tr>
<tr><td colspan="4">合计</td><td>100</td><td colspan="2"></td><td></td></tr>
<tr><td colspan="2">监考教师</td><td></td><td colspan="2">考核日期</td><td colspan="3">年　月　日</td></tr>
</table>

知识链接

汽车钣金修理就是将汽车恢复到事故前的状态，因此，汽车钣金修理人员必须充分了解汽车车身的结构，必须准确地识别所有损毁的部件及不同结构件在车身结构中所起的作用，并对它们的修理或更换作出正确的选择。

汽车车身的种类繁多，形状和结构各异。小轿车、轻型车、大客车、货车以及特种汽车都有各自不同功能，与之相适应的车身，无论在外形上和结构上都有明显的差异。对于汽车表面修理来说，轿车车身更具有代表性。

一、汽车车身的分类

汽车车身通常根据用途分为两大类。

1. 客车车身

客车车身又可按车身的大小、特点分为：

（1）轿车车身

有四门车身、双门车身、双座车身、活顶车身、客货两用车身等多种。根据顶盖的结构又有移动式顶盖、折叠式顶盖、可拆式顶盖等。

（2）大客车车身

如城市公共汽车车身、长途客车车身、旅游客车车身等。

2. 货车车身

货车车身通常包括驾驶室和货箱两部分。而货箱往往可以分为传统的货箱、封闭式货箱、自卸式货箱、专用车货箱以及特种车货箱等多种。

3. 汽车车身按车身壳体的结构形式分类

汽车车身按车身壳体的结构形式可以分为以下三种。

（1）车架式

壳体结构具有完整的骨架（或构架），车身蒙皮就固定在已装配好的骨架上。

（2）半车架式

只有部分骨架（如单独的支柱、拱形梁、加固件等），它们彼此直接相连或者借蒙皮板相连。

（3）整体式

没有骨架，而是利用各蒙皮板连接时所形成的加强筋来代替骨架。

客车及较大型车厢多采用骨架式，轿车和货车驾驶室广泛采用壳体式。

4. 汽车车身按车身的受力分类

汽车车身按车身的受力情况不同，可分为下列三类。

（1）非承载式，如图 1-1 所示

非承载式车身下面保留有车架，车身与车架非刚性连接，车架的刚度大，载荷全部由车架承受，车身壳体不承受载荷；半承载式车身，与非承载式车身一样下面保留有车架，但车身与车架系刚性连接在一体，车身壳体承受部分载荷；承载式车身，取消了车架，全部载荷由车身承受，底盘各部件直接与车身相连，这种形式的车身，由于承载部位的不同又分为底座（底架）承载式和整体承载式两种。前者底座部分强度较大，承受大部分载荷；而后者则是整个车身形成一个参与承载的整体。

非承载式车身，由于独立车架，对路面振动有一定的隔绝作用，平顺性较好；当碰撞时大部分能量由车架吸收。同时，车架又对车身底部有保护作用，可以减少不平路面的损害。因此，对车身的强度要求就比较低。采用车架式的车身，由于车身装在车架上面，整车高度一般较大。车架由于采用厚钢板制造，整车自重较大。

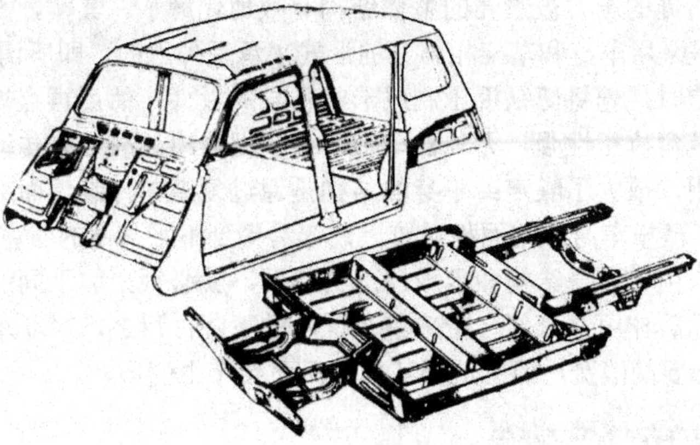

图 1-1　非承载式车身的典型结构

（2）半承载式，如图 1-2 所示

车身与车架系刚性连接，车身承受汽车的一部分载荷。由于重量大，现在很少采用。

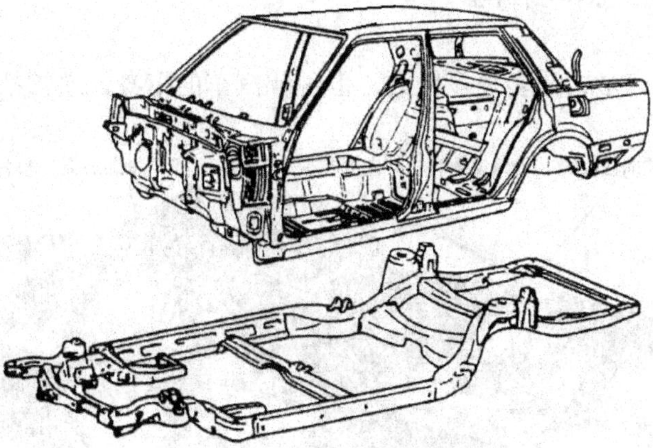

图 1-2　半承载式车身的典型结构

（3）承载式车身，如图 1-3 所示

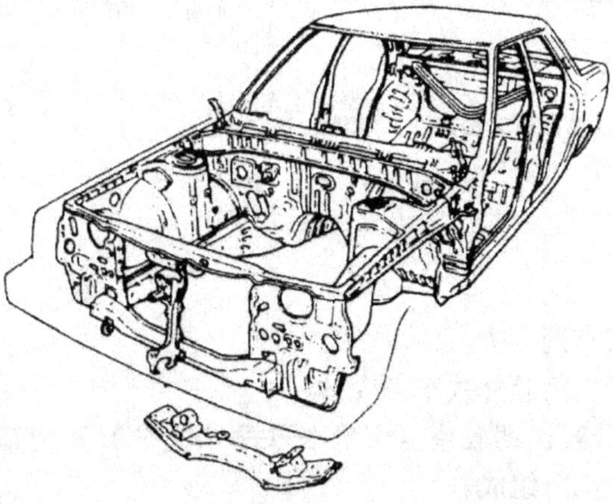

图 1-3　承载式车身的结构

承载式车身，是由薄壳原理应用过来。众所周知，蛋壳虽脆，但要凭手劲将蛋壳握碎却不容易，原因是手所施的压力被蛋壳的整体结构有效地化解了。其实，汽车车身并无完全的承力蒙皮结构，多是采用车身和车架相结合的形式来承受外力的，即所谓承载式车身。

承载式车身制造时，先将薄钢板压制成形状各异的板件，然后再点焊成一个整体，因而重量轻，刚性好，抗弯抗扭性强，无独立车架，整车很紧凑。缺点是传动系和悬架的噪声。车身起共鸣箱的作用，放大了噪声；车身的结构是通过复杂单件装焊而成，受损变形后，修复困难；车身紧凑，薄板车身距地面相对较近，容易受到不平路面的伤害。

在车身修理中，由于车身结构和承载情况的不同，就必须采取不同的修理工艺，对承载的板件修复后不起承载作用，必然会带来整车强度的下降；反之，对非承载板件按承载板件修复，不仅造成不必要的浪费，而且适得其反，反而会产生变形。

二、汽车车身的结构认识

（一）汽车车身的总体结构

虽然汽车的用途、形式是多种多样的，但现代汽车的车身，通常都包括以下一些基本结构，如图 1-4 所示。

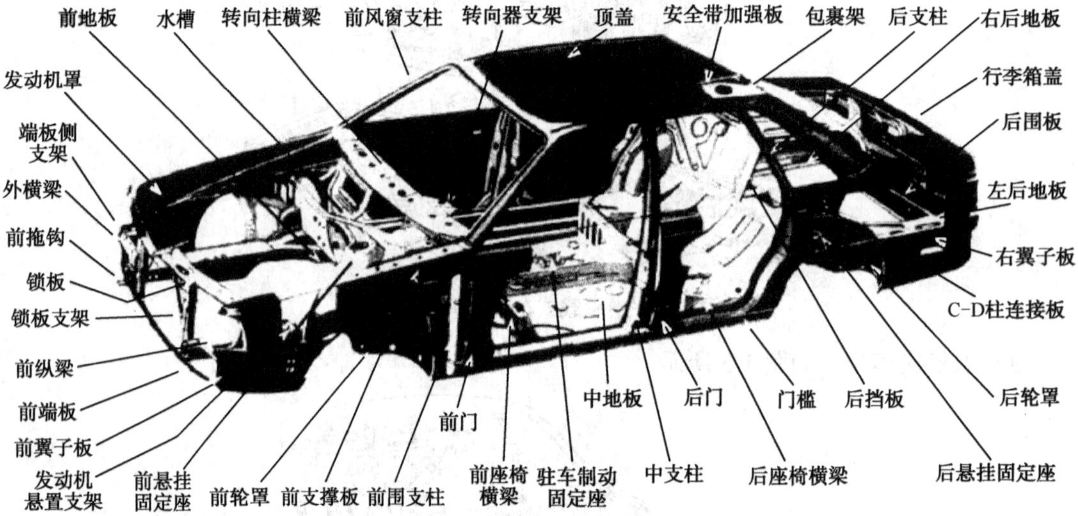

图 1-4　车身的结构

1．车身壳体

车身壳体的结构通常有两大类。

（1）轿车、客车一般均为整体式车身壳体。

（2）货车、专用车一般由驾驶室（又有长头平头之分）和货箱（有常规货箱、封闭货箱、罐式货箱等多种）两部分组成。

轿车车身为将冲压成形后的各钣金零件，以电阻点焊组合起来所组成的一种钢铁制品。为了防止水、灰尘的进入，各部分的接合处要加以密封及防锈蚀处理，然后再施以喷漆涂装。

车身底盘部分特别要防止因泥水而引起的腐蚀，多施以锌粉漆涂层处理。车身的强度，尤其是人员乘坐的部分更需加强，车身前后保险杠部分，也需设置缓冲机构，使车辆在碰撞时，此部分可吸收冲击力而减少车身损坏，以保证乘员的安全。

从事汽车的车身制造和修理或涂装工作，必须熟悉汽车各部分零件的名称。图 1-5 和图 1-6 为构成车身各部分零件的名称。

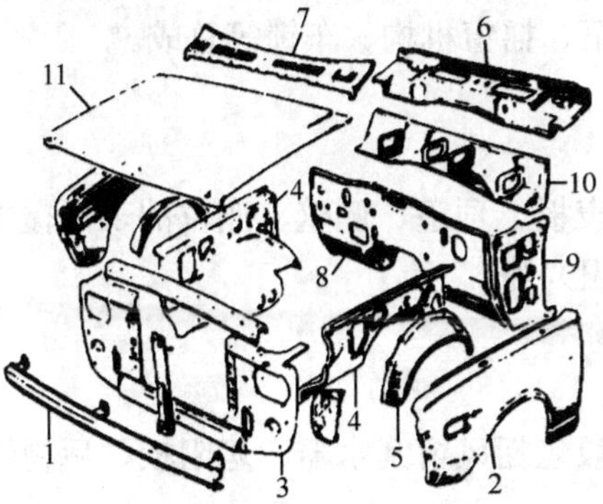

1—前护板；2—覆轮盖（叶子板）；3—水箱固定板；4—发动机盖及覆轮盖座；5—挡泥板；6—通风箱；7—通风栅板；8—下隔板；9—侧隔板；10—上隔板；11—发动机盖

图 1-5　车身各部件名称（一）

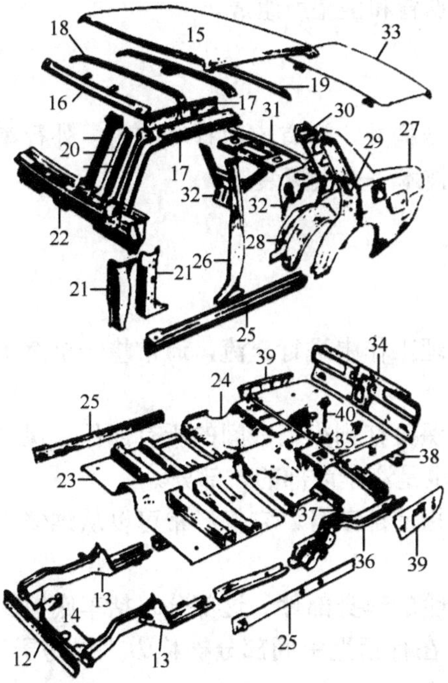

12—前横梁；13—前侧梁；14—前悬架横梁；15—车顶板；16—车顶前内衬板；17—车顶侧内衬板；18—车顶板弓条；19—车顶后内衬板；20—前柱内板；21—前柱板；22—仪表板嵌板；23—前底板总成；24—后底板总成；25—侧梁护板（下护板）；26—中立柱；27—后覆轮盖（后角板）；28—后轮室内板；29—后柱；30—后柱内板；31—后托架总成；32—坐椅托板；33—行李箱盖；34—后围板；35—备用轮胎室；6—后侧梁；37—后坐椅底板横梁；38—后横梁；39—行李箱侧板；40—备用轮胎夹具

图 1-6　车身各部件名称（二）

2. 车身钣金件

车身钣金件有水箱罩、发动机罩、翼子板、挡泥板、驾驶室上的踏脚板、承载式轿车的保险杠等。

3. 车门、车窗

车门、车窗还包括有门泵、摇窗机构、车锁等总成。

4. 车身内外装饰件

车身内装饰件主要有仪表板、顶篷、侧壁、座位的表面覆饰等；车身外装饰件则有装饰条、车轮罩、车辆标志（标识）等。

5. 车身附件

现代汽车的车身附件一般包括风窗刮水器、遮阳板、后视镜、收音机、杆式天线、车门扶手、点烟器、烟灰盒等。

6. 座位

汽车上的座位由支架、靠背和坐垫所组成。

7. 其他装置

汽车车身上除了上述的结构外，还有安放行李的内、外行李架，有的具有取暖、通风装置及保护驾驶员的被动安全技术——气囊装置。

（二）车身的主要部件

为了便于在汽车车身修理工作中进行交流，通常将一个汽车车身分成三部分：前部、中部和后部，如图 1-7 所示。

前部也叫鼻部，包括前保险杠到火墙之间的所有部件。保险杠、格栅、车架边框、前悬架是前部部件，通常发动机也是汽车前部的一部分。

俗称“前箱”的通常是指前部车身，它们经常可以从维修工厂中由残骸分离出来并且替换掉。

中部主要包括构成乘坐舱的车身部件。这部分包括车底板、车顶板、前罩板、车门、支柱、窗玻璃以及相关部分。在行话里中间部分被称为“绿房子”，这是因为它被窗玻璃所包围。

后部也叫尾部或后箱，通常由后侧围板、行李箱或后地板、后车架纵梁、行李箱盖、后保险杠以及相关部件组成，也叫做“猫屋”。它常常需要从被抢修的汽车上拆下来以便修理一些尾部碰撞后的损伤。

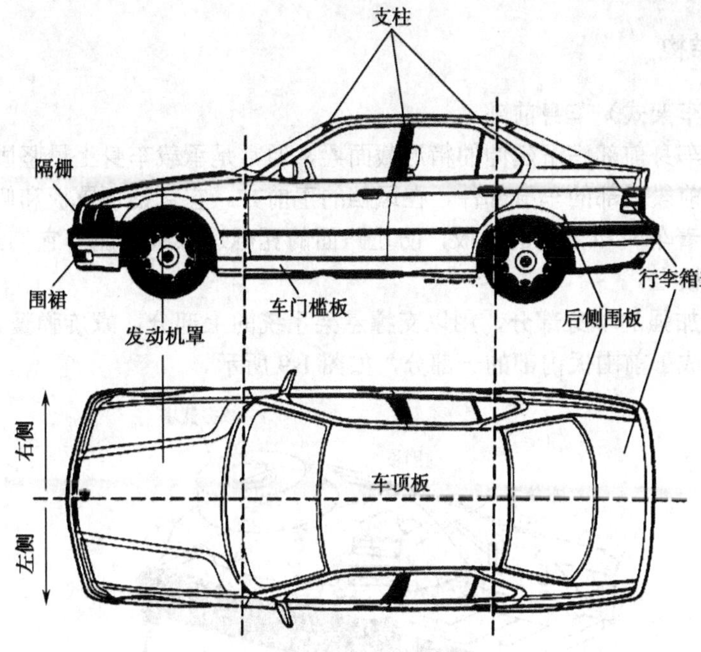

图 1-7　汽车车身的组成

1．板件和装配术语

构成车身部件的板件是一些冲压钢件或铸造塑料片。各种各样的板件用于汽车上，通常板件的名字就是自己的说明。当这些板件被连接到一个大的部件上时，就叫做装配。

在我国大陆车辆是在道路右侧行驶。汽车左半侧是有转向轮的一侧，汽车右侧是乘客座位所在的一侧或转向轮的对侧。对于一些为其他国家制造的汽车来说，它们的转向轮常常被安装在右侧，这是因为车辆是在道路的左侧行驶的。

另一种区分汽车左侧和右侧的办法是站在汽车后面，右手就是汽车的右侧，左手就是汽车的左侧，板件和各部件均以左侧和右侧命名来区分，如图 1-8 所示。

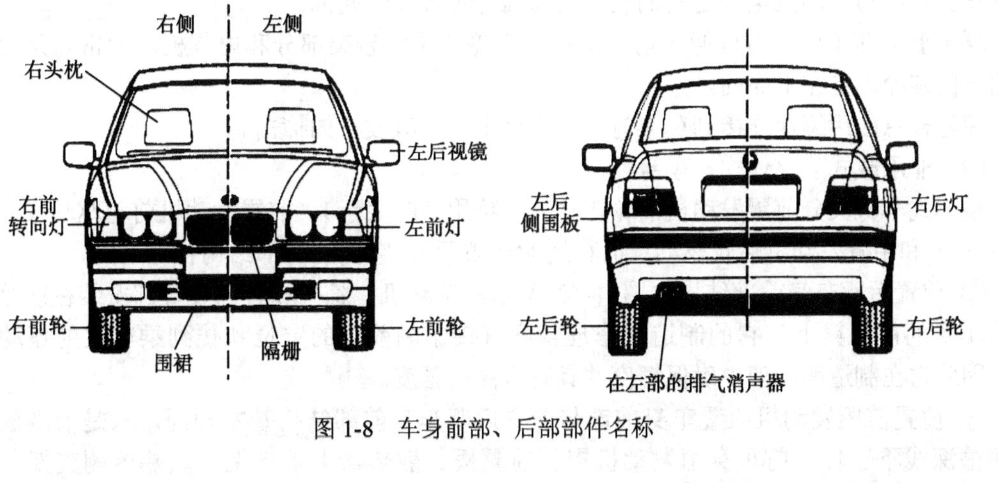

图 1-8　车身前部、后部部件名称

2. 车身前部结构

（1）承载式（车架式）车身前部

车架纵梁是在车身前部底下延伸的箱形截面梁，通常是承载车身上最坚固的部件。

前罩板是车身前段后部的车身部件，在风挡的正前方。它包括顶罩板和侧罩板。

前围板是围绕着车轮和轮胎的内板，防止路面的瓦砾进入乘坐舱。它们经常拴接或焊接在车架纵梁和前罩板上。

减振器塔是被加强的车身部分，用以支撑悬架系统的上部分，螺旋弹簧、吸振器安装在塔内，它们通常构成了前围板内部的一部分，如图 1-9 所示。

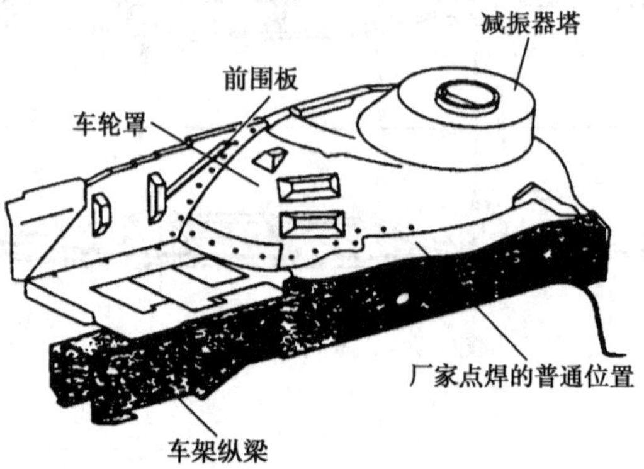

图 1-9　承载式车身前部重要部件

散热器心支撑是在车身结构前部周围的框架结构，用以支撑冷却系统的散热器以及相关部分。它通常坚固在车架纵梁和内前围板上。

发动机罩是一块铰接的板，这样可以打开发动机舱（发动机前置的汽车）或行李舱（发动机后置的汽车）。发动机罩的铰链用螺栓连接在机罩和前罩板上，使机罩可以打开。为了防止变形和振动，机罩通常由两块或两块以上的板焊接或黏接在一起。

前隔板是发动机罩和挡风玻璃之间的过渡段车身，有时也叫“火墙”或“前脑门”，是隔在车身前部与中部乘坐舱之间的板，它通常是焊接在一起的。

翼子板从前车门一直延伸至前保险杠，它盖住了前悬架部分和内围板。通常它是由圆周上的一圈螺栓固定在上面的。

保险杠总成用螺栓连接到车架前角或纵梁上，以吸收小的撞击。

（2）非承载式（整体式）车身前部

整体式车身又分前置发动机后轮驱动（简称用 FR 表示）、前置发动机前轮驱动（简称用 FF 表示）和中置发动机后轮驱动（简称用 MR 表示），它们的前部结构各有不同。

① 前置后驱车身前部结构如图 1-10 所示。发动机、悬架和转向装置都安装在前挡泥板和前车身的前纵梁上，它的制造和修理精度直接影响前轮的定位和传到乘客室的振动与噪声，因此它在制造和修理中确保精度并具有极高的强度。

② 前置前驱发动机纵置车身前部与前置后驱车身前部结构基本相同，只是前围板中间的凹槽深浅不一样。前车身由发动机罩、前翼板、散热器上下支架、散热器侧支架、前横梁、前纵梁、前挡泥板和用薄钢板冲压的前围板等构成。前挡泥板与盖板及前纵梁焊接在一

起，前置前驱汽车前部承受较大的载荷，前纵梁比前置后驱汽车的相应构件强度要大。但发动机横置时前部车身的结构图会有所不同，如图 1-11 所示。转向操纵机构的齿轮齿条装在前围板的下部，转向传动杆系通过前横梁后部的大开口和悬架臂一起装在直对开口下面的结构件上。下围板和前纵梁与后轮驱动汽车或纵向安置发动机的前轮驱动汽车完全不同。

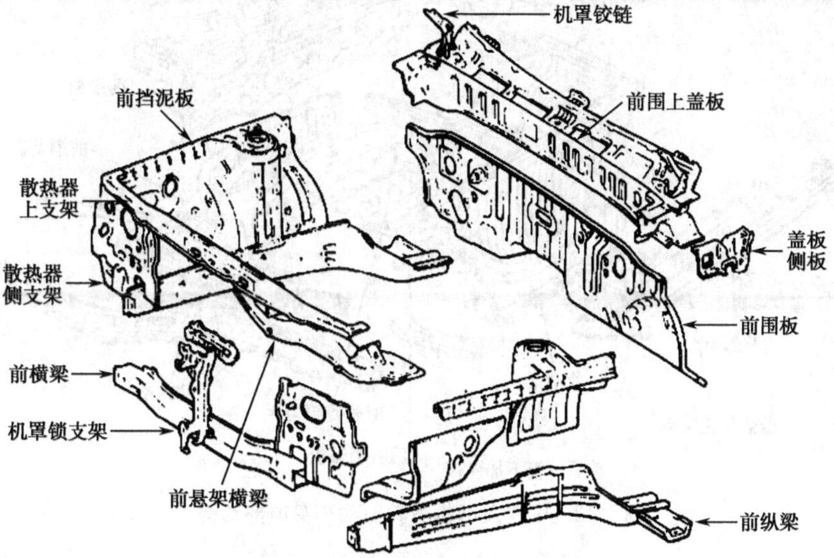

图 1-10　前置后驱的前车身结构件

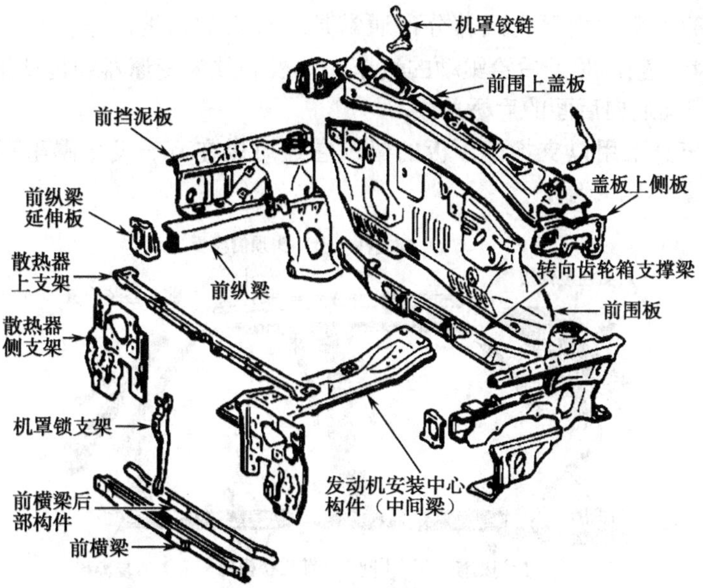

图 1-11　前置前驱发动机横置前车身结构件

③ 中置发动机后轮驱动车身前部结构如图 1-12 所示。前悬架、转向操纵系统、散热器和空气冷凝器装在前车身，由于发动机和变速驱动桥向着后车身置放，故前车身的形状低而尖，前悬架由前挡泥板和前侧梁支撑。前挡泥板、机罩和发动机室前罩板用螺栓固定，前挡泥板、前横梁和前侧支架用点焊焊接在前侧梁上。前后备箱端板和前后备箱地板上部以点焊固连到前

侧梁上，和前后备箱地板一起形成后备箱。转向杆系穿过前侧梁上的环行孔，下操纵臂也连接到侧梁上，通过把前后侧梁点焊在一起以及将每个门槛板连接在一起使车身强度提高。

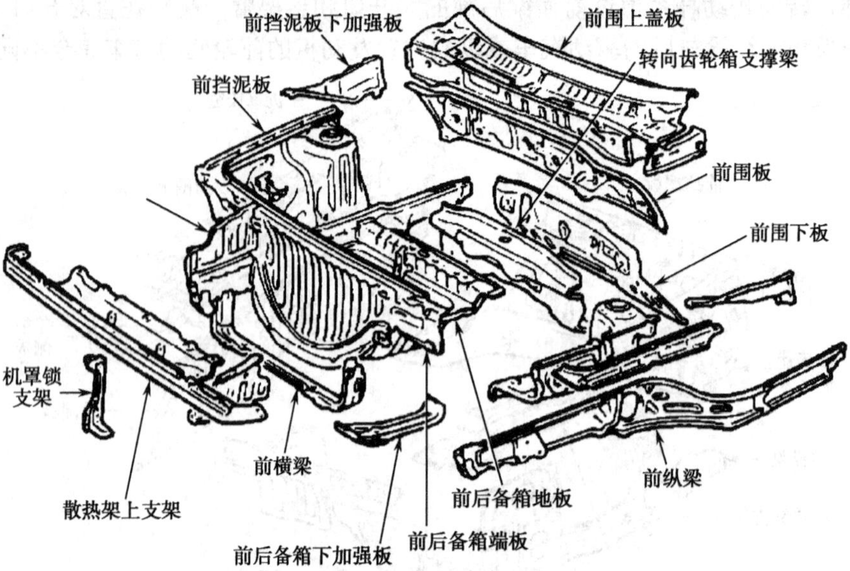

图 1-12　中置发动机后轮驱动车身前部结构

3. 车身中部结构

地板是乘坐舱底部的主要构成部分，通常是一块大的钢板冲压件。对于前轮驱动的汽车，地板相对平坦一些，对于后轮驱动的汽车，地板必须为变速器和传动轴留出一条隧道，因为传动轴需要空间通向后面的后桥总成。

支柱是汽车车身上用以支撑车顶板的梁，它还可以在万一发生碾压事故时保护乘客安全，如图 1-13 和图 1-14 所示。

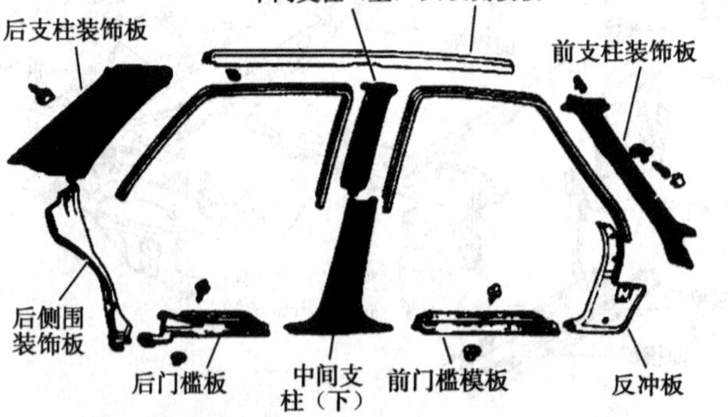

图 1-13　支柱结构名称

前立柱向上延伸到风挡的末端，必须足够坚固以保护乘客。它也叫做 A 柱，是从车顶向下延伸到车身主干上的箱形钢梁。

中间支柱也叫 B 柱，是车顶的支撑件，在四门汽车上位于前门和后门之间。它增强了车顶的强度，并且为后门铰链提供了安装位置。

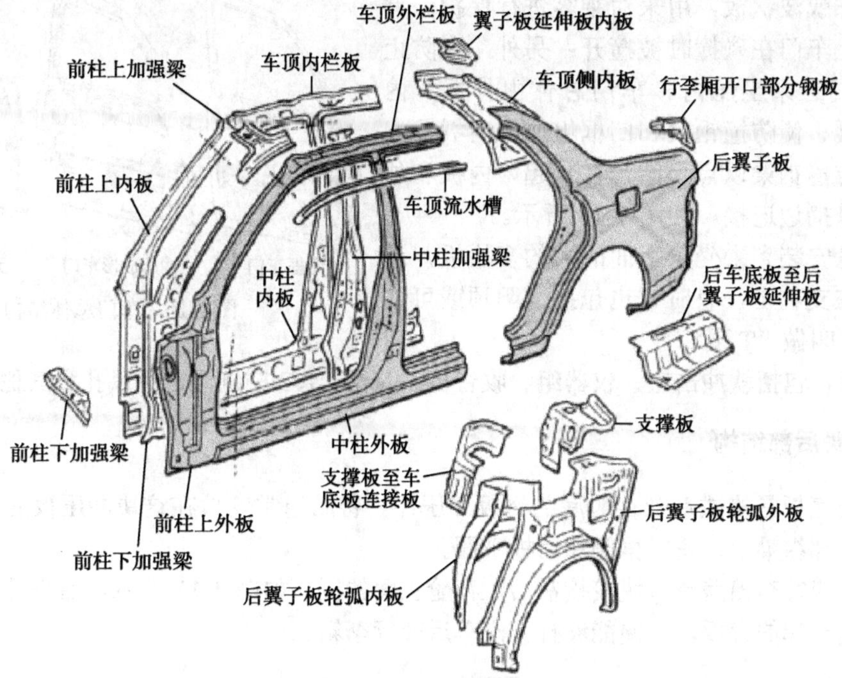

图 1-14　车身中部侧面结构

后支柱从后侧围板向上延伸用以支撑车顶的后部和后窗玻璃，也叫 C 柱，它们的形状随车身的形式而变化。

摇杆板或门槛板是安装在门口底部的坚固的板条，通常焊接在车地板和支柱、反冲板或后侧围板上。反冲板是位于前支柱和摇杆板间的小板。

后隔板或行李托架是一块位于后座之后后玻璃之前的薄板，通常留有后立体声扬声器开口。后隔板把乘坐舱和后行李舱分隔开来。

车门是一个由外皮、门内支架、车门板、门窗调节装置、窗玻璃以及相关部分组成的复杂装配体。车门铰链固连在支柱和车门支架之间，门窗调节器是一个齿轮机构，用以升高和降低门窗玻璃，如图 1-15 所示。

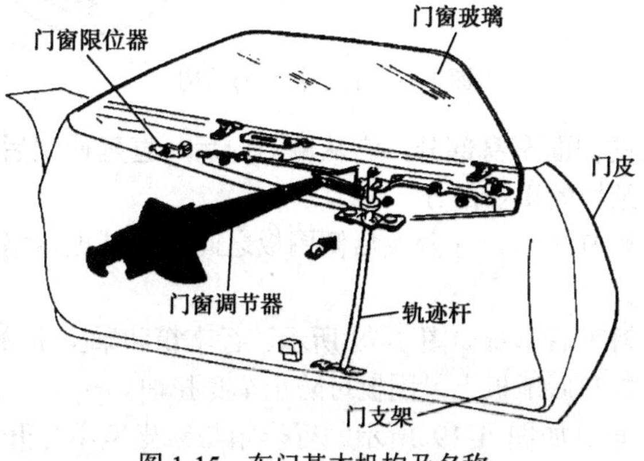

图 1-15　车门基本机构及名称

侧防撞钢梁是焊接或用螺栓连接在车门装置内的金属杆或波状板，用来对乘客进行保护。首先，它防止车门在碰撞时被撞开；另外，也防止其他东西闯进乘坐舱内。车门总体由外板、内板、加强梁、侧防撞钢梁和门框组成，内板、加强梁和侧防撞钢梁以点焊结合在一起，内板和外板通常是以摺边连接，如图 1-16 所示。

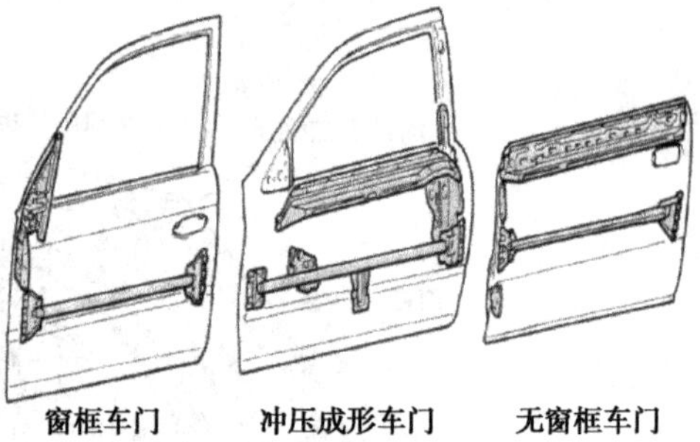

图 1-16　车门总体结构

车顶是安装到乘坐舱上面的大的多块板，通常是焊接在支柱上，有时它也包括太阳顶或可移动的顶块，叫做“T 顶”。

仪表板，包括软冲击垫、仪器组、收音机、暖器、AC 控制器、通风孔和其他部件。

4. 车身后部结构

行李箱底板是构成后贮存舱底的钢板冲压件。备胎通常安放在这块冲压板的下面，它通常焊接在后部纵梁上、轮罩里侧和后板下面。

舱板盖或行李箱盖是一块铰接在后贮存舱上面的板，如图 1-17 所示。后举升架是一个与玻璃铰接到一起的大板，以便能够打开汽车后部行李箱。

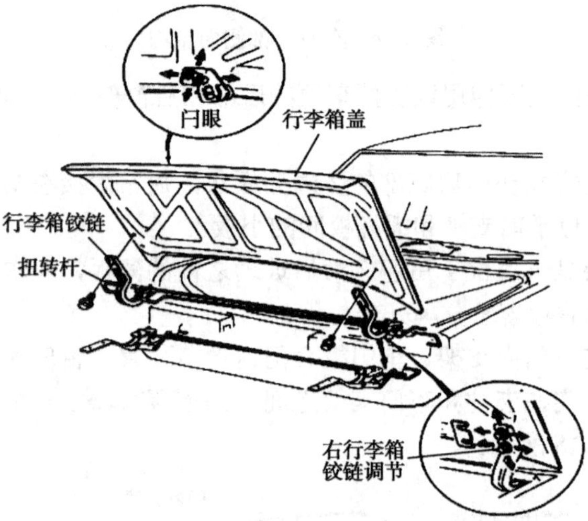

图 1-17　行李箱盖的结构

后侧围板是一个大的侧面车身部分，它从侧门向后一直延伸到后保险杠。它们被焊接在上面，并形成后部车身结构的重要部分。

后低板安装在后保险杠之后，在两块后侧围板之间。后减振器塔支撑着后悬架的顶部，轮罩的内部包围着后轮。

（1）前置后驱普通轿车后车身如图 1-18 所示。行李箱和乘坐室分离，后围上盖板和后座的软垫托架连接在后侧板和后地板上，围板可防止车身扭曲。

前置后驱旅行车后车身如图 1-19 所示。行李箱与乘坐室不分开，没有单独的后车身，采用加大顶盖内侧后板及后窗上部框架，将顶盖内侧板延伸至后侧板等措施来加强车身的刚度。

（2）前置前驱的后车身结构如图 1-20 和图 1-21 所示。前置前驱的后车身上部由后门板、下后板、后侧板、后轮罩外板、后轮罩内板组成。下部由后地板横梁和后地板纵梁组成。后地板纵梁比后轮驱动汽车的低，后车底板纵梁的后段都经过波纹加工，以提高吸收撞击的效果。后地板纵梁的后段和后地板纵梁是分开的，后轮采用查普曼式（麦弗逊式独立悬架用于后轮）独立悬架。发生后尾碰撞时，对后轮定位的影响比后轮驱动汽车要大得多。

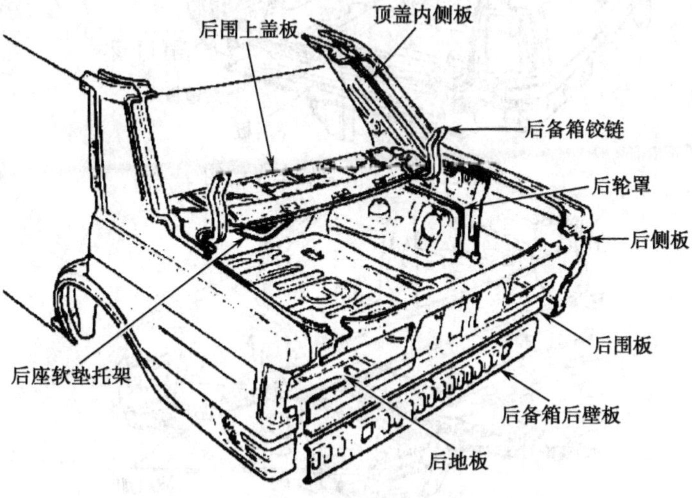

图 1-18　普通轿车前置后驱后车身结构

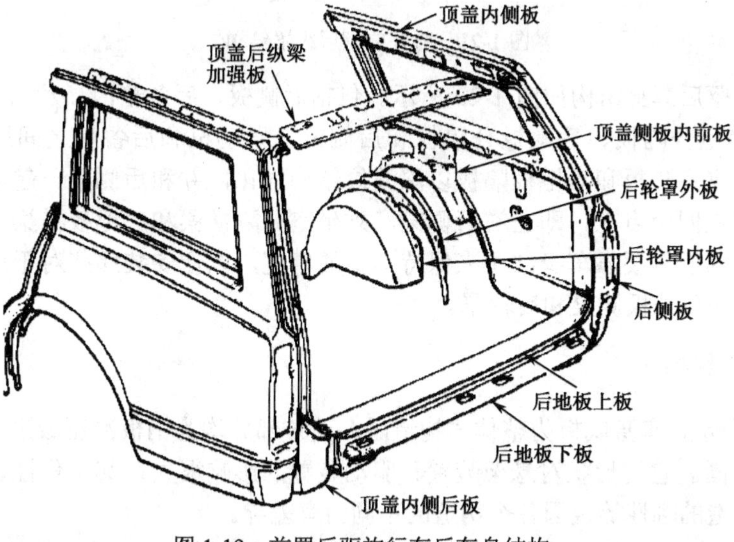

图 1-19　前置后驱旅行车后车身结构

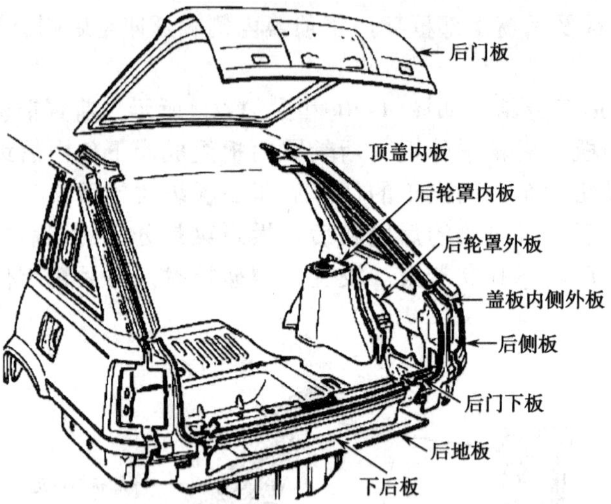

图 1-20　前置前驱后车身结构

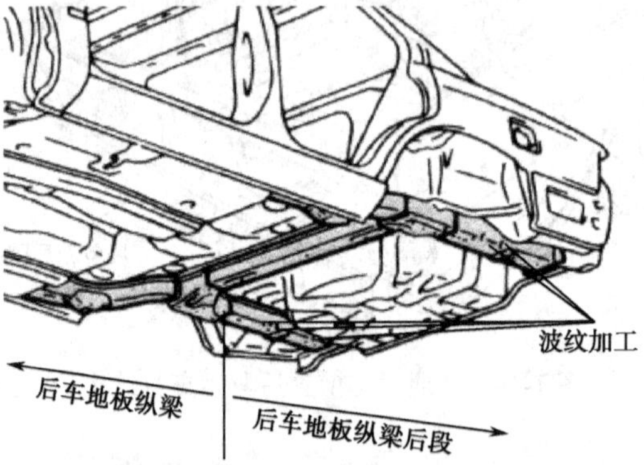

图 1-21　前置前驱后纵梁结构

（3）中置后驱后车身结构如图 1-22 所示。包括后侧板、后备箱门、发动机罩、车身下后板、后地板乘坐室分隔板、后地板分隔板和后侧梁。发动机和后备箱之间用后地板隔板分开，后地板、乘坐室隔板和后地板隔板以深波纹结构强化，并和后侧梁一起形成一个刚体。发动机横向安置在四个点上，即左右后侧梁，乘坐室分隔横梁和后地板横梁。后悬架是查普曼式独立悬架，因而需要靠车身结构来保持车身的精度，以便安装那些对于后轮的定位有一定影响的部件，如后地板侧梁和后轮罩。

5. 车身底部结构

如图 1-23 所示，车身底板为整体式构造时，其各部分均为钢板冲压成形后利用焊接组合成整体，结构牢固。它的形状对悬架装置、驱动装置的影响很大，其工作性、修补性、隔音效果及对上部构造的刚性等也因各个构造的不同而有差异。

前置后驱车身底部整体结构如图 1-24 所示。底部车身主要由前后纵梁、地板纵梁、地板及横梁构成。前置前驱车身底部与后驱结构基本相同，只是中段底部拱起高度不一样。

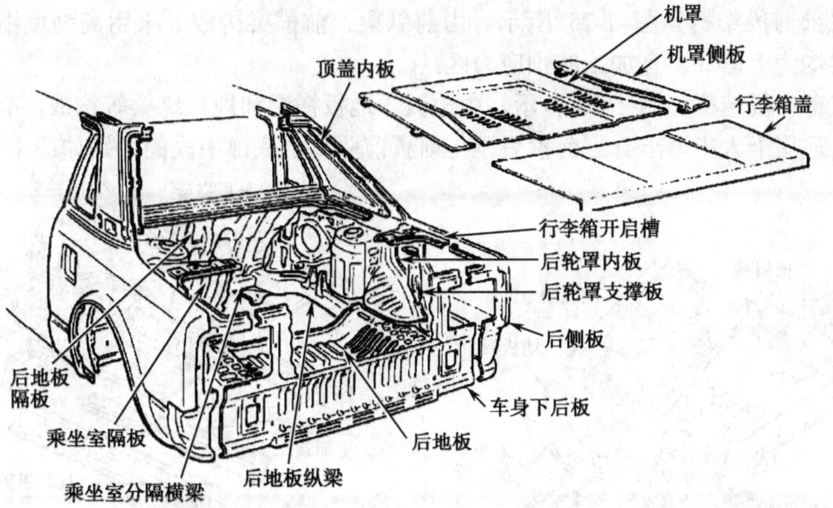

图 1-22　中置后驱后车身结构

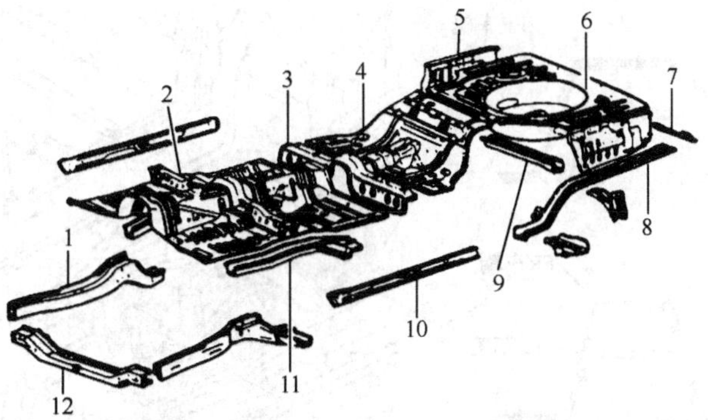

1—前纵梁；2—前底板；3—中底板（前）；4—中底板（后）；5—后侧板；6—后底板；7—后底板横梁（2）；
8—后纵梁；9—后底板横梁（1）；10—门槛外板；11—中段地板主梁；12—前横梁

图 1-23　车身底部结构

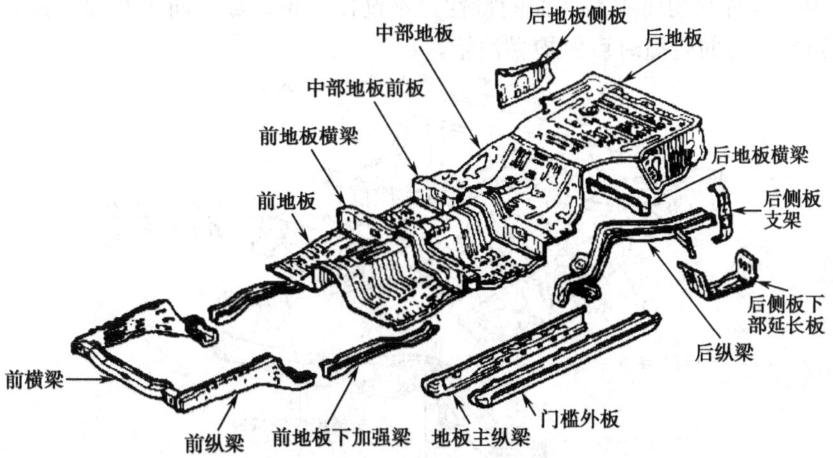

图 1-24　前置后驱车身底部整体结构

车身底部前段结构如图 1-25 所示。由前纵梁、前横梁构成。采用高强度钢制成箱形截面，前纵梁均为上弯式，有加工的预应力区。

车身底部中段结构如图 1-26 所示。由地板、地板横梁和地板纵梁等构成，有较大的车底拱起空间，适用于大中型车身。前置后驱与前置前驱车身底部中段的区别如图 1-27 所示。

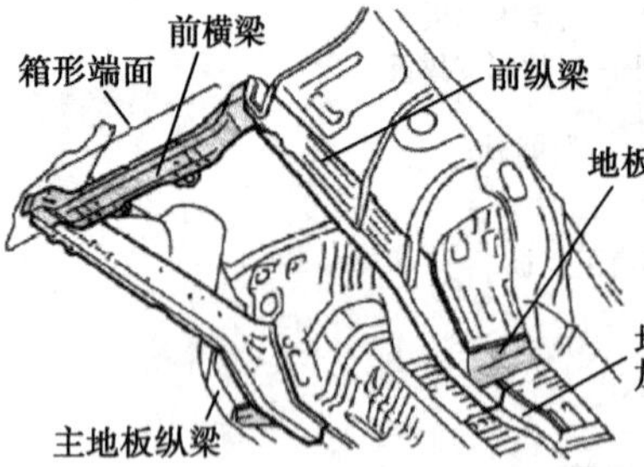

图 1-25　车身底部前段结构

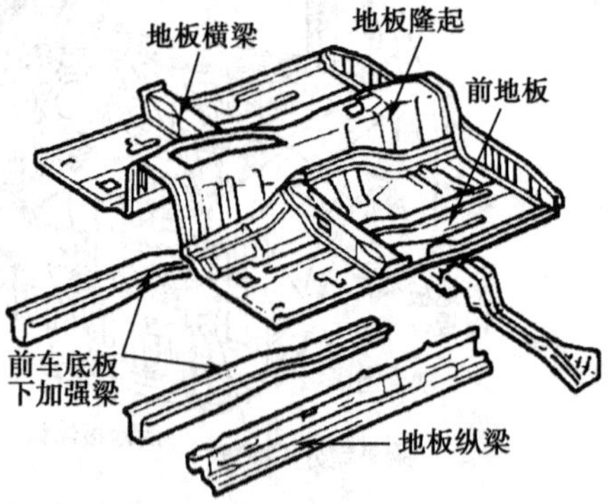

图 1-26　车身底部中段结构

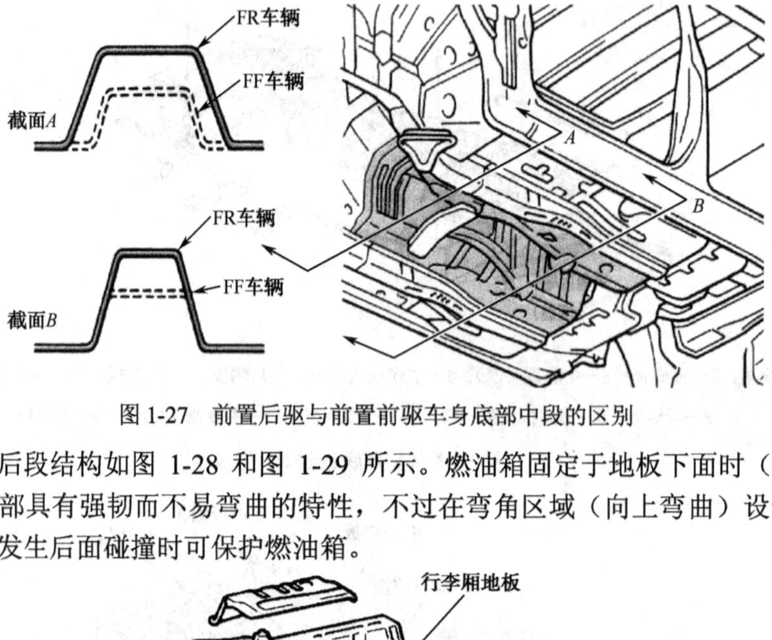

图 1-27　前置后驱与前置前驱车身底部中段的区别

车身底部后段结构如图 1-28 和图 1-29 所示。燃油箱固定于地板下面时（悬浮式），后地板纵梁后半部具有强韧而不易弯曲的特性，不过在弯角区域（向上弯曲）设计成容易发生折损变形，当发生后面碰撞时可保护燃油箱。

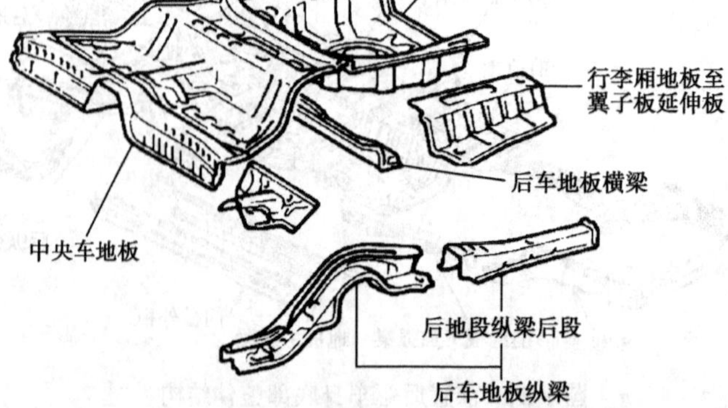

图 1-28　车身底部后段结构（一）

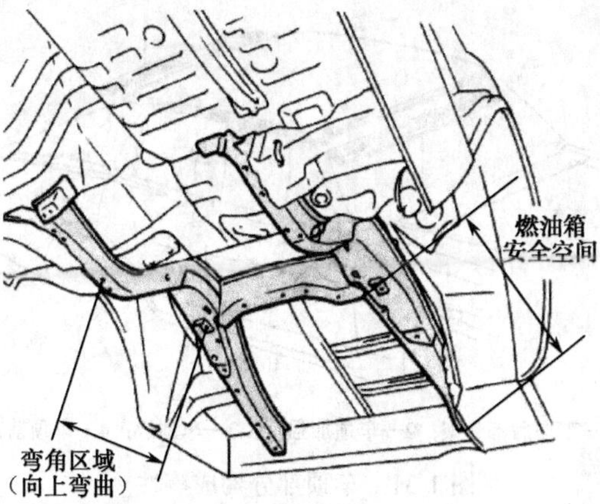

图 1-29 车身底部后段结构（二）

中置后驱车身底部结构如图 1-30 所示。车身底部承受来自路面的各种载荷，并将它们分布到边车身、各车身柱和车顶，由高强度钢制造的许多部件构成车身底部，此外将前地板的结构通道提高，使车身底部的强度增强。

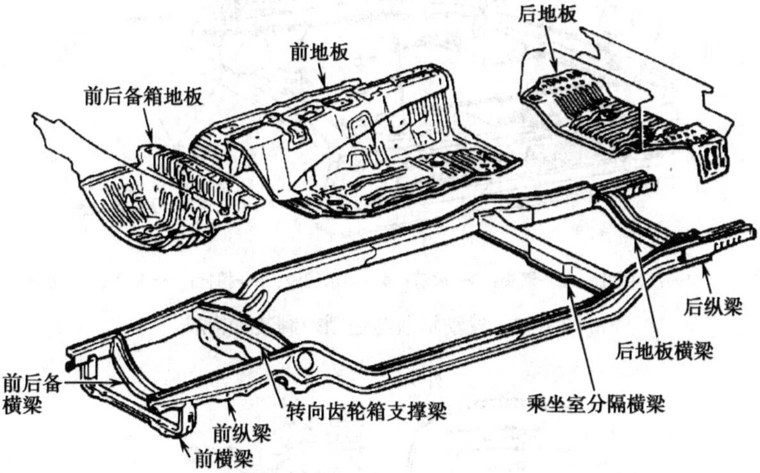

图 1-30 中置后驱车身底部结构

6. 车顶板结构

如图 1-31 所示，车顶为一大块的钣金所构成，而且是车身外壳零件中最大的部分。通常为了提高车顶中央部分钣金的刚性，在其前后及左右两侧装置加强板。

7. 发动机盖及盖锁控制装置

为了防止雨水、灰尘漏入发动机室内，以及在检修发动机时方便起见，必须在发动机室的上面装置活动的盖板即发动机盖，如图 1-32 所示。发动机盖除了本体外还装设有铰链、锁、拉杆及其他机件，在后置发动机的车辆中，发动机室盖设在后面，也有同样的附件。包括外板、内板和加强梁，内板和外板的四周以摺边连接取代焊接。加强梁点焊于内板上，密封胶涂抹于内板和外板的间隙中，如图 1-33 所示。

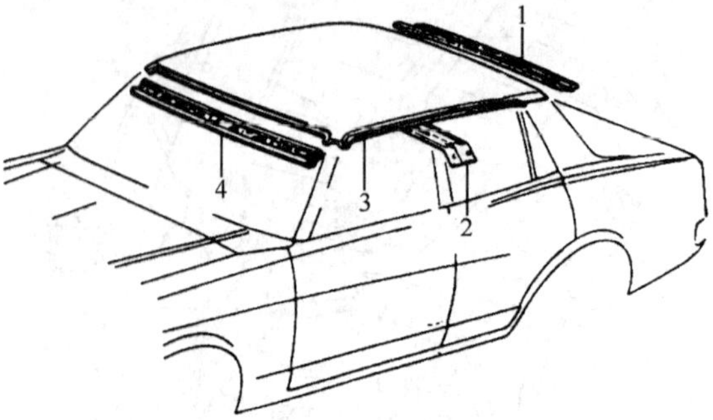

1—车顶后部骨架；2—车顶加强板；3—车顶板；4—车顶前部骨架

图 1-31　车顶部分构成零件

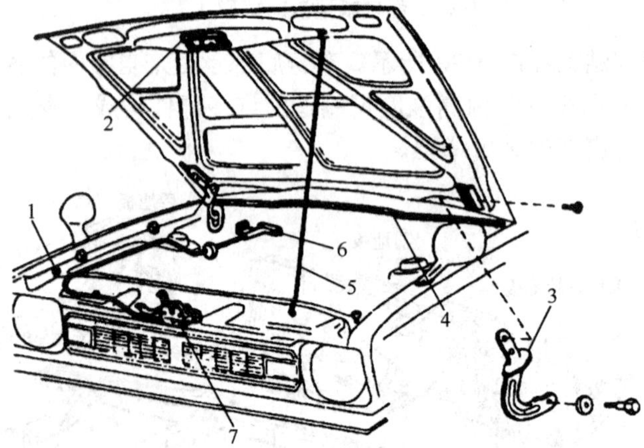

1—缓冲橡胶；2—锁头；3—铰链；4—防水橡胶；5—撑杆；6—把手；7—锁座

图 1-32　发动机盖与盖锁控制装置构成

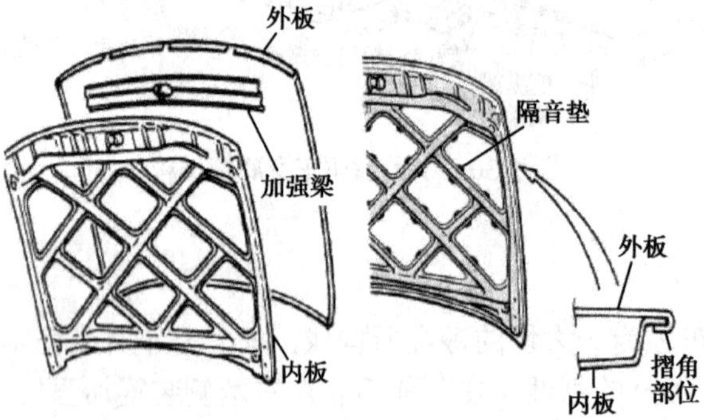

图 1-33　发动机罩盖结构

8. 行李箱盖及箱盖支撑

为使乘员携带行李方便，设有行李箱，又为了不使行李受雨水与尘土之侵入，以及取存方便，在车辆的行李室上设有一个可供开关的箱盖。包括外板、内板和加强梁，内板和外板的四周采用摺边连接方式，加强梁和支座是由点焊焊接于行李箱盖上，密封胶涂抹于内板和外板的间隙中。它除了本体外，也由铰链、锁及其他机件组成，如图 1-34 所示。

发动机盖及行李箱盖打开后，必须使其不会轻易关下来，所以有支杆撑住的设置。但目前的新式车辆发动机盖多使用螺旋弹簧来将盖撑开，而行李箱盖多使用扭力杆扭开。

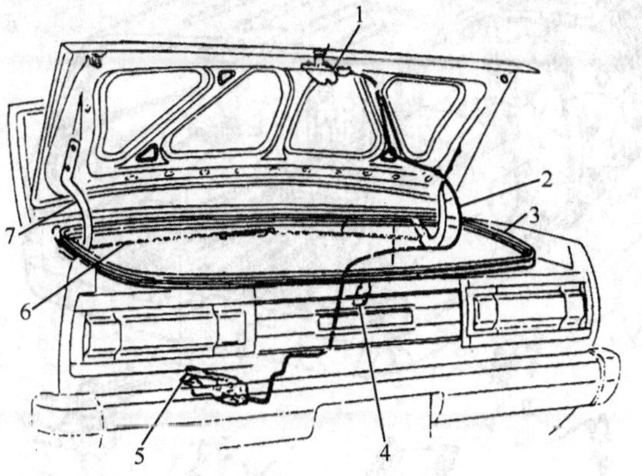

1—锁座；2—拉揽；3—防水橡胶条；4—锁头；5—拉杆；6—扭力杆；7—铰链

图 1-34　行李箱盖与盖锁控制装置

9. 车身结构的剖面图

车身结构的剖面图如图 1-35 和图 1-36 所示。强度要求较高的柱状结构件一般由内板、中间加强梁和外板多层组合而成，以提高强度。

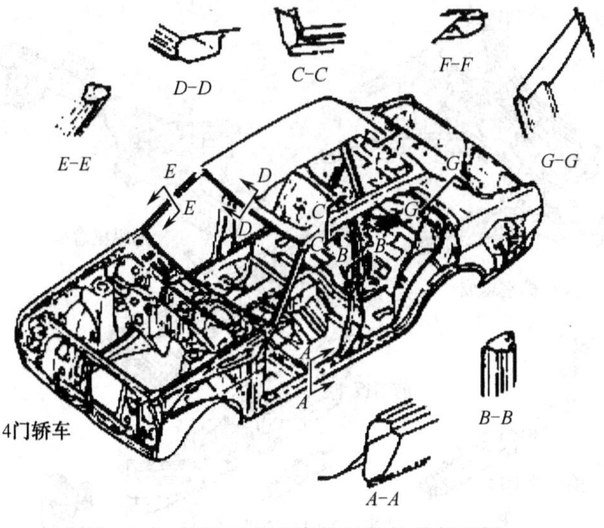

图 1-35　普通轿车车身柱状结构件剖面图

10. 车身组合件及覆盖件

车身结构可分成若干个称为组件的小单元，它们本身又可分成更小的单元，称为部件或零件。前车身的组件或部件如图 1-37 所示；侧面车身的组件或部件如图 1-38 所示；底部车身的组件或部件如图 1-39 所示；车身外覆板如图 1-40 所示。

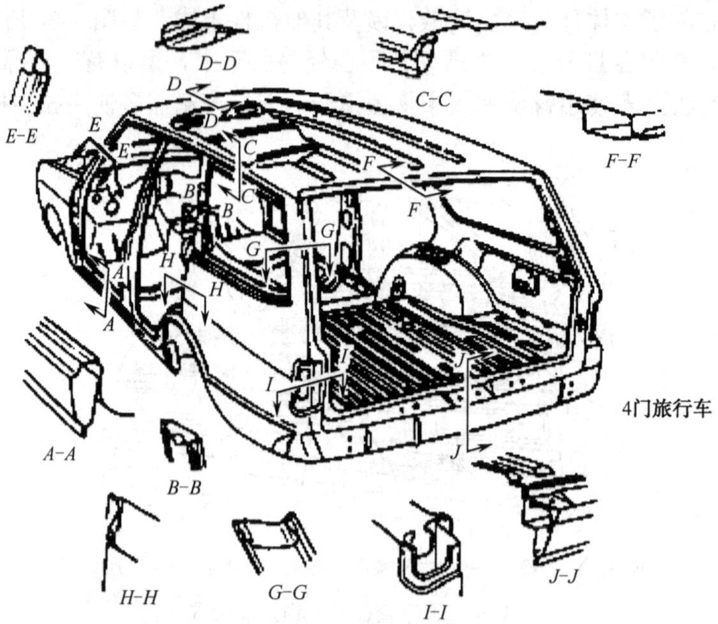

图 1-36　旅行车车身柱状结构件剖面图

要了解具体车型的车身零件，汽车公司提供的维修手册对车身的形式、结构和零部件完整而详细地描述可提供重要途径。除维修手册外尽可能多地获取被修汽车的所有资料，对于正确快速修复汽车车身具有重要作用。

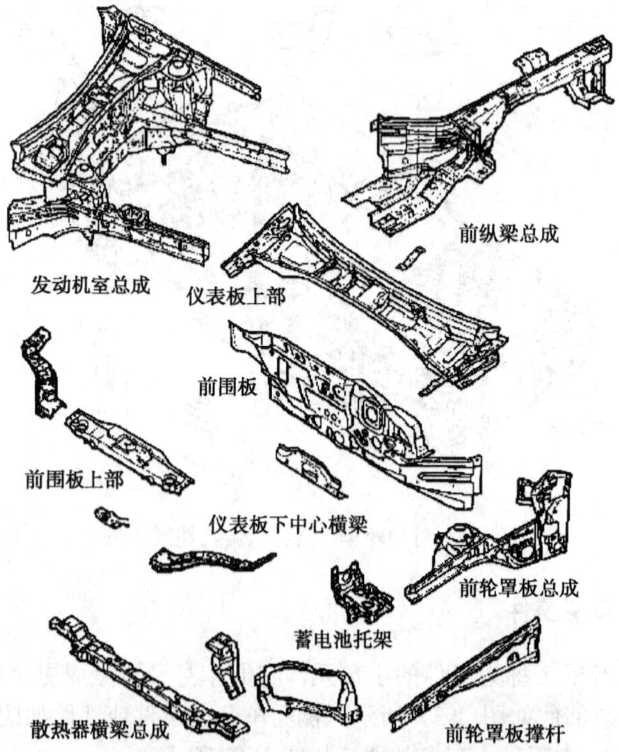

图 1-37　前车身组件

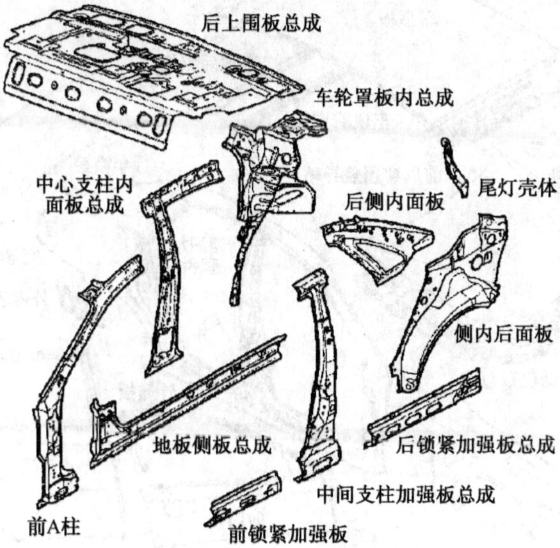

图 1-38　侧面车身组件

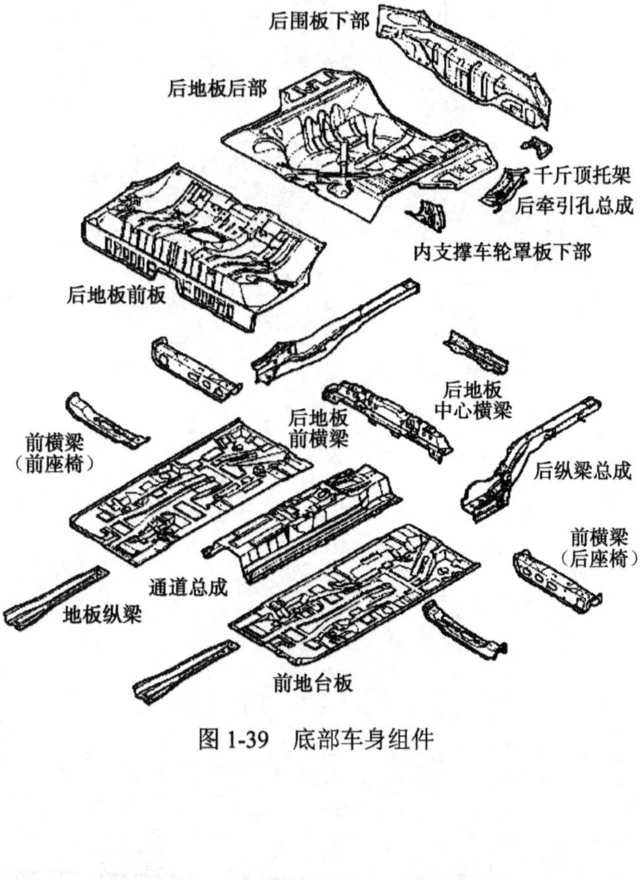

图 1-39　底部车身组件

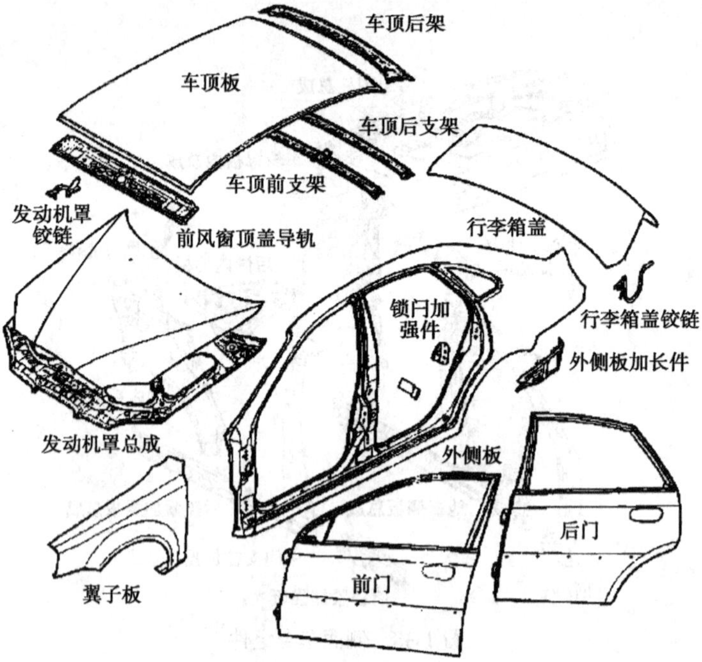
车顶后架
车顶板
车顶后支架
车顶前支架
发动机罩
铰链
前风窗顶盖导轨
行李箱盖
锁闩加
强件
行李箱盖铰链
外侧板加长件
发动机罩总成
外侧板
后门
翼子板
前门

图 1-40　车身外覆盖件

任务二

汽车车身损坏分析

任务要求

◎ 了解车身损坏诊断分析的基本方法
◎ 了解车架式车身碰撞变形的特点
◎ 了解整体式车身碰撞对车身的影响
◎ 熟悉整体式车身碰撞变形的特点
◎ 能根据损坏分析结果制订修复计划并实施修复

任务引导

相关知识点学习：要求学生实训课前参考“知识链接”独立完成。

相关知识点：要求学生实训课前独立完成以下相应内容。

1. 车架式车身碰撞主要变形有____________、____________、____________、____________、____________五种。

2. 整体式车身碰撞损坏的类型有____________、____________、____________、____________四种。

3. 汽车碰撞诊断的基本步骤为：

（1）____________　　（2）____________

（3）____________　　（4）____________

（5）____________　　（6）____________

4. 当车身前部吸能区吸能效果不好时，会导致（　　）。

A. 车身后部损坏　　B. 车身中部变形　　C. 车身中部完好

5.（　　）说法是正确的。

A. 汽车在前部、中部和后部都设计了吸能区

B. 吸能区是在部件上设置强度的局部变化

C. 承载式车身的菱形变形容易校正

6. 发生菱形变形后，通过测量（　　）可以判断。

A. 长度　　B. 高度　　C. 对角线

7.（　　）说法是正确的。

A．车架式车身最后修复上下弯曲

B．车架上不会发生菱形变形

C．碰撞中车架可能遭受损伤，而车身没有

8．整体式车身结构的碰撞损坏是按（　　）的顺序进行的。

A．增宽变形、弯曲变形、断裂变形和扭转变形

B．弯曲变形、断裂变形、增宽变形和扭转变形

C．弯曲变形、增宽变形、断裂变形和扭转变形

9．整体式车身的变形修复顺序是（　　）。

A．弯曲变形、断裂变形、增宽变形和扭转变形

B．断裂变形、增宽变形、弯曲变形和扭转变形

C．扭转变形、增宽变形、断裂变形和弯曲变形

10．整体式车身上下弯曲变形通常通过测量（　　）来判别。

A．宽度

B．对角线

C．车身部件的高度是否超出配合公差

11．整体式车身是否发生断裂变形可通过（　　）来判别。

A．测量部件长度是否超出配合公差

B．测量车身部件的高度是否超出配合公差

C．测量车身宽度是否超出配合公差

12．增宽变形与车架式车身上的左右弯曲变形相似，可以通过测量车身（　　）方向的配合公差来判别。

A．宽度和长度　　B．长度和高度　　C．高度和宽度

13．整体式车身的扭转变形与车架式车身的扭转变形相似，可以通过测量车身（　　）方向的配合公差来判别。

A．宽度和长度　　B．长度和高度　　C．高度和宽度

任务实施

（1）在实训室里观察汽车车身的结构组成，试找出前后及侧面的防撞钢梁。分别找出车身前后四处以上吸能区，并查找相关车型资料进行对比。

（2）了解车架式车身与整体式车身碰撞损坏的差异。

（3）观看多媒体教学课件或视频，了解汽车车身碰撞损坏过程。

（4）指出不同防撞钢梁名称与各吸能区名称及作用填在实训报告表 2-1 中。

（5）讲述汽车在碰撞过程中车身哪些部位应尽量保证不变形损坏。

实训报告 2-1 汽车车身碰撞损坏认识

表 2-1

实训车型		任务	车身结构件的名称及作用
实训步骤		名称	作用
1	找出前后及侧面防撞钢梁		
	(1)		
	(2)		
	(3)		
	(4)		
2	找出车身前部吸能区		
	(1)		
	(2)		
	(3)		
	(4)		
3	找出车身后部吸能区		
	(1)		
	(2)		
	(3)		
	(4)		
4	5S		

教师评语					
成绩		指导教师签名		日期	

任务考核单 2-1　汽车车身碰撞损坏认识

表 2-2

班　级		姓　名		学　号	
考核内容	汽车车身碰撞损坏认识			规定考核时间	30 分钟
				实际考核时间	分 3 次
序　号	检查维修内容/评分标准		配分	考核及评分记录	得分
1	准备	检查车辆状况，安装车轮挡块	5		
		确认车辆类型	10		
2	验证故障	简述车身的结构类型	10		
3	拆除诊断	指认 4 个以上防撞钢梁的结构件名称及作用	20		
		指认 4 个以上前部吸能区构件名称及作用	20		
		指认 4 个以上后部吸能区构件名称及作用	20		
4	安全文明	防护措施得当，作业规范安全整洁	5		
		工具、零件不落地	3		
5	工具使用	工具选用合理	2		
		5S 是否到位	5		
6	考核时间	每超 1 分钟扣 3 分，超时 3 分钟终止考核			
合计			100		
监考教师		考核日期		年　月　日	

知识链接

一、汽车碰撞修理程序

1. 汽车碰撞损坏修复主要步骤

汽车碰撞损坏修复的主要过程通常包括校正车身的弯曲、扭转、偏斜等变形板件，更换严重损伤的板件和调整、装配车身部件等。在所有的修复程序进行之前，先要对碰撞损坏的车辆进行全面、细致的损伤评估。图 2-1 所示为汽车碰撞损坏的主要修复步骤。

进行损伤评估及制订修理计划应作为整个修理步骤的重点，因为一旦在修复过程中发现原来没有发现的损伤，修复的工序和方法将随之改变。检测损伤的过程中，需要目测碰撞的位置，确定碰撞方向及碰撞力大小，并检查可能存在的损坏。对于事故中损坏的车辆，应询问事故发生时汽车的速度和撞车或翻车的部位、方向及角度，了解被撞汽车的撞击形式、位置和角度等情况，以直观的方法确定碰撞损伤的部位和可能波及到的区域。除用目测方式进行诊断外，还应该使用精确的工具及设备来测量、评估受损汽车。进行全面检查，确认车身底板是否变形，车身是否受到整体损伤和整体扭斜，检查和确认车门开启是否自如等，以确定汽车的损坏程度和修理方式。

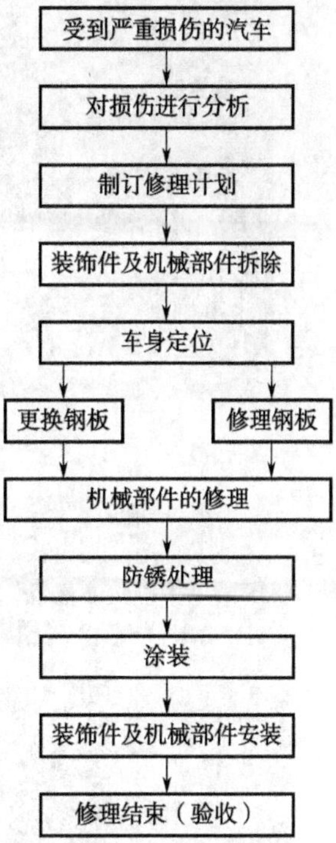

图 2-1 汽车碰撞损坏的主要修复步骤

确诊所有损伤部位。撞击后的车辆不仅是外表的损伤，虽然车辆在被撞击损伤后，直接看到的只是外表的损伤，甚至保险定损也经常只是对损坏的部位进行评估。其实不然，现在的轿车在车身设计上多数采用刚柔结合的设计原理，利用吸收分解理论来缓冲撞击力，保证乘客最大程度的安全，所以当车辆受到撞击后不仅是撞击部位的变形损坏，其整个车身的多处如大梁、悬架和发动机等部件也可能产生变形。有时，有些车辆前面受到撞击，经检测发现后部也发生了变形。遇到这种情况，如果在钣金维修中只是简单地修复被撞击部位，那么必定会对车辆的行驶带来隐患。因此在车辆受损之后需要观察车身受损状况，弄清楚碰撞时车身如何受力，力是如何沿着车体传递的，对损伤部位和相关区域的部件进行深入分析，进行科学的诊断，才能确定所有受损部位。检测过程中需要沿着碰撞路线系统检查相关部件的所有损伤，直到没有任何损伤痕迹，以及周边区域的损坏为止。彻底的、精确的撞伤诊断是高质量修复的基础。

2. 汽车碰撞损坏诊断步骤

诊断的基本步骤如下。

（1）了解汽车车身构造的类型，并了解汽车车身材料、结构和车架焊接工艺。

（2）以目测确定碰撞的位置。

（3）以目测确定碰撞的方向及碰撞力的大小，并检查可能的损伤。

（4）确定损伤是否限制在车身范围内，是否还包括功能部件或元件（如车轮、悬架、发动机等）。

（5）沿着碰撞路线系统地检查部件的损伤，直到没有任何损伤痕迹的位置。如支柱损伤可以通过检查门的配合状况来确定，如图 2-2 所示。

（6）测量汽车的主要元件，通过比较维修手册车身尺寸图表上的标定尺寸和实际汽车的尺寸来检查汽车车高，并比较车身左侧和右侧高度，根据实际情况用量规进行简单的测量，如图 2-3 所示；或用通用机械测量系统对整个车身进行三维精确测量，如图 2-4 所示。

汽车碰撞损坏的诊断流程如图 2-5 所示。

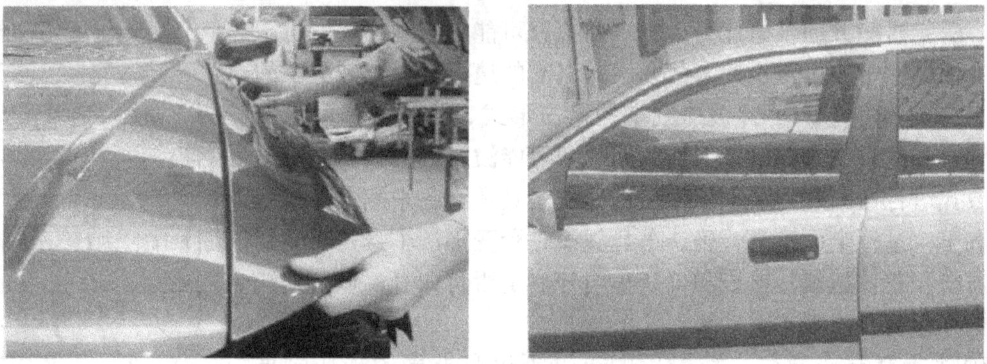

图 2-2　检查车身外部板件配合间隙来判断立柱损坏程度

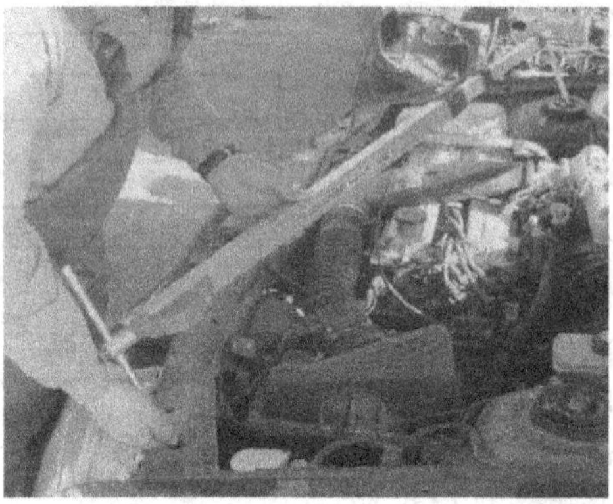

图 2-3　用量规对车身进行简易测量

图 2-4　用通用机械测量系统对车身进行三维精确测量

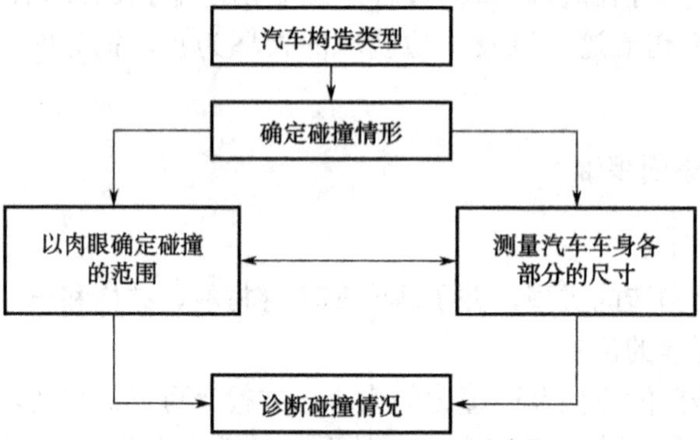

图 2-5　汽车碰撞损坏诊断流程图

3．利用设备工具对受损部位进行测量

（1）拆检。测量工作需要与拆卸工作结合起来进行，否则便无法准确鉴定全部损伤情况。为便于车身的维修操作和彻底检验损伤，同时避免维修操作时对被拆卸件造成不必要的损伤，要对有关部件进行拆卸。拆卸的原则是尽量避免零件的损伤和毁坏，连接件的拆卸方法除用扳手外，还可以根据实际情况采用电钻、锯、錾和气割工具等。

（2）测量的重要性。准确测量是顺利完成各种碰撞修复所必需的程序之一。就整体式车身来说，测量对于成功的损伤修复更为重要，因为转向系和悬架大都装配在车身上，而有的悬架则是依据装配要求设计的。汽车主销后倾角和车轮外倾角是一个固定（不可调整）的值，车身损伤就会严重影响到悬架结构。齿轮齿条式转向机通常装配到钢架上，形成与转向臂固定的联系，而发动机、变速器及差速器等也被直接装配在车身构件或车身构件支承的支架（钢板或整体钢梁）上。所有这些元件的变形都会使转向机或悬架变形，或使机械元件错位，而导致转向操作失灵，传动系的振动和噪声，连接杆端头、轮胎、齿轮齿条、常用接头或其他转向装置的过度磨损等。因此，为保证汽车正确的转向及操纵驾驶性能，关键加工尺寸的配合公差必须控制在允许范围。

（3）测量方法。拆检后的测量是“确诊病情”和“动手术”的必要前提。详细的损伤情况可用车身尺寸图相对车身上具体点的测量估测出来，这已成为一种被广泛应用的方法。车身尺寸图中的数值是以对角线测量法为基础得出的。测量点和测量公差要通过对损伤区域的检查来确定。一般引起车门轻微下垂的前端碰撞其损伤不会扩展越过汽车的中心，因而后部的测量就没有太多的必要。在碰撞发生较严重的位置，必须进行大量的测量以保证适当的调整顺序。但是，大量的测量记录也可能引起不必要的混淆。在整个修理过程中，不论是传统的车架式车身汽车还是整体式车身汽车，测量是非常重要的。必须将受伤部位上的所有主要加工控制点对照生产厂家说明书进行复查，否则就不可能将汽车修复得令人满意。为了做到这些，钣金技师必须注意：①准确地进行测量。②多次测量。③重新核实所有的测量结果。

对受损车辆进行测量，要注意利用先进的测量系统提高工作效率。在事故车变形检测的过程中，只有经验丰富的专业技师才可以根据事故的大小、撞击的部位，准确分析车辆损伤程度，再由专业钣金技师利用现代化的精密测量设备对车辆进行全面严格地检测，其检测结果要与制造厂商提供的底盘车身数据图进行对比，从而确定合理的修复方案。

（4）测量中车身数据的作用。专业技师即使拥有丰富的事故车修复经验，但如果他不能掌握车辆变形前后的精确数据，也就很难准确地制定修复方案，所以对事故车进行专业检测并得到准确的数据时才能使专业技师有的放矢。从车身大梁定位参数方面来讲，各种车型的数据参数是整个修复工作的依据，测量、定位、拉伸和检测都是在原车数据参数的基础上开展的，没有车身大梁定位参数，就无法做好修复工作。车身设计和制造时，就是以车身基准控制点作为组焊和加工的定位基准，同时也是修复工作中测量的基准，这些基准点的偏差将直接影响到汽车的各项性能。例如：前悬架支承点的偏离直接影响到前轮定位角和汽车轴距尺寸。同时，对于一些特殊尺寸，可以查阅车身数据资料。

4．损伤评估时的安全注意事项

在对汽车损坏评估前应注意以下安全事项。

（1）汽车进厂后，首先处理汽车上的碎玻璃棱边及锯齿状的金属。锯齿状的金属刃口要贴上胶带纸或磨平。

（2）泄漏的机油、燃油等要擦净。

（3）焊接、切割前断开车载电脑连接。

（4）拆除电气系统时，先要卸下蓄电池负极电缆，切断电路。

（5）碰撞诊断时照明应良好。车辆上举升机或校正平台检查时应严格按操作规程操作。

（6）还应注意修理车间相关的安全规范。

5．制订修复方案

对车辆进行损伤诊断之后，就需要制订科学的修复方案了。这一阶段的主要工作是：针对直接受损部位、间接受损部位及惯性效应受损部位，确定具体的修复方式；根据车身各部位材料的应用情况，确定需要采用的焊接工艺；考虑在校正拉伸过程中如何使用辅助支撑定位，以确保顺利修复；考虑在实施焊接换件作业中如何对所需更换部件进行准确定位，以避免在焊接完毕后再对所更换的部件位置进行校正。

确定修复方案的原则。制订的修复方案，除了要考虑降低维修成本之外，还要综合考虑整体维修质量，比如局部拉伸时如何保证周边部位不受影响，切割和焊接时如何保证金属内部结构尽量不发生较大变化，以及使用何种钻孔、打磨工具不会对安装造成影响。凡是与整体修复方案有关的因素，考虑得越周详越好，这样才能在后续的工作中有备无患。

二、碰撞因素对汽车损坏的影响

汽车前部车身和后部车身要设计得在某种程度上容易损坏，以形成一能吸收碰撞能量的结构，同时中部车身要保证设计得结实牢固，给乘客提供一个相对安全的空间。因此在发生碰撞时发动机室空间在长度上会被压缩掉30%～40%，乘客室的长度仅被压缩1%～2%。

（1）汽车碰撞时产生的碰撞力及受损程度取决于事故发生时的状况，维修人员应当考虑以下因素对碰撞损坏的影响。

① 被碰撞汽车的尺寸、构造、碰撞位置。

② 碰撞时汽车的车速。

③ 碰撞时汽车的角度和方向。

④ 碰撞时汽车上乘客、货物的数量及位置。

（2）蹭伤损坏。碰撞前驾驶员会有预先反应，如果说驾驶员的第一反应是要绕离危险区，汽车的侧面会被碰撞蹭伤，如图2-6所示，严重时会引起汽车前部、中部或后部的弯曲变形。

（3）碰撞的位置高低对碰撞损坏的影响。当碰撞点在汽车前部较高部位时，如图2-7所示，就会引起车身和车顶后移及后部下沉；当碰撞点在汽车前部较低部位时，如图2-8所示，因车身惯性使车身后部向上引起变形，车顶被迫上移，在车门的前上方与车顶板之间形

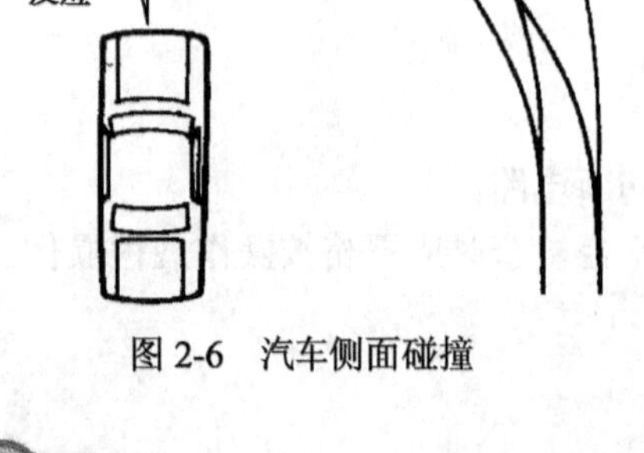

图2-6　汽车侧面碰撞

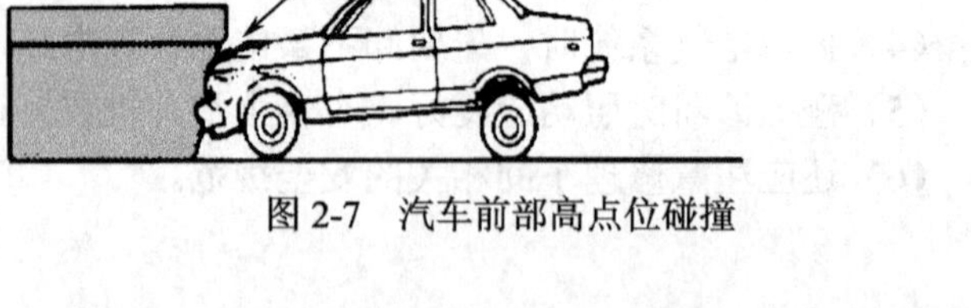

图2-7　汽车前部高点位碰撞

成一个大的裂口，车顶会产生凹陷变形。

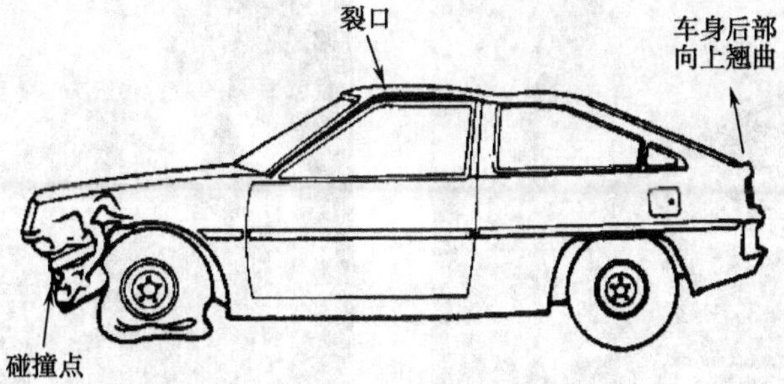

图 2-8 汽车前部低点位碰撞

（4）碰撞物不同对变形的影响。汽车以相同的速度碰撞，当被撞击的对象不同时，车辆损坏的程度差异会很大。碰撞面积较大如撞上墙壁时，损坏程度较轻；反之，碰撞面积较小如撞击电线杆时，其损坏程度就较严重，如图 2-9 所示。

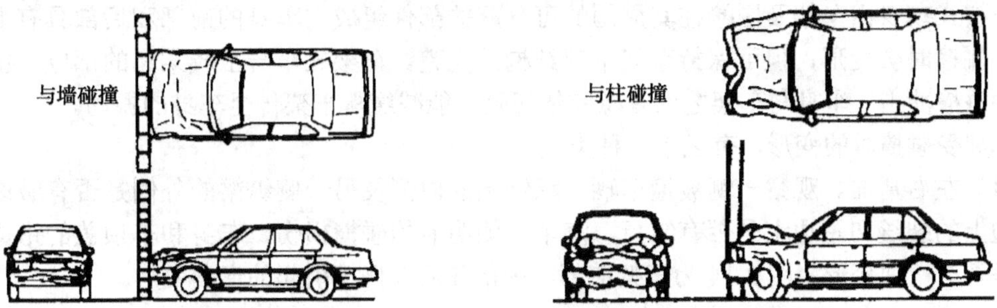

图 2-9 碰撞物不同的碰撞结果

（5）行驶方向对碰撞损伤的影响。当横向行驶的汽车撞击纵向行驶的汽车时，纵向行驶的汽车中部会发生弯曲变形，而横向行驶的汽车车头除了发生压缩变形外由于被纵向行驶的汽车向前牵引，前部还会发生弯曲变形，如图 2-10 所示。

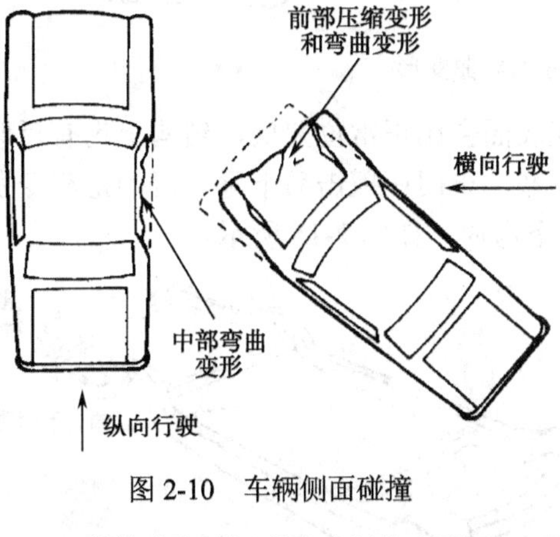

图 2-10 车辆侧面碰撞

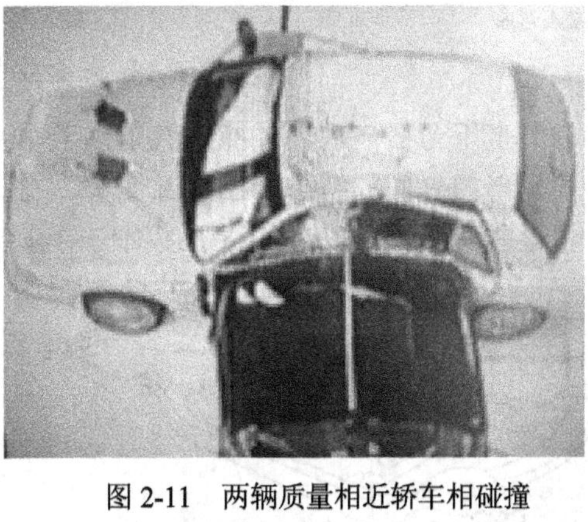

图 2-11 两辆质量相近轿车相碰撞

（6）碰撞车辆的不同对损伤的影响。不同类型的车辆碰撞时，产生的变形也不一样，从图 2-11、图 2-12 和图 2-13 中可以看出，车辆的质量越大，碰撞时对另一辆汽车产生的变形越大。

图 2-12 重型皮卡与普通轿车相撞

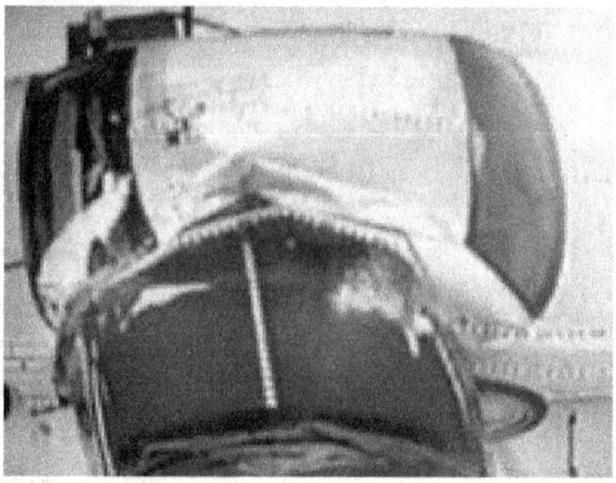

图 2-13 质量较大的 SUV 与普通轿车相撞

三、车架式车身汽车的碰撞变形

车架式车身由车架及围接在其周围的可分解的部件组成，车身的前部和后部具有上弯的结构，碰撞时会变形，但可保持车架中部结构的完整。车架式车身上较柔和的部位，主要用来缓冲碰撞冲击，车身与车架之间有橡胶垫间隔，能减缓从车架传至车身的振动。

车架受碰撞时的变形，有以下几种类型。

（1）左右弯曲。观察一侧被撞车辆，纵钢梁的内侧及另一侧纵梁的外侧是否有皱曲，车门长边上的裂缝和短边上是否有皱折，汽车一侧明显的碰撞损伤，车身和车顶盖的错位等可确定是否有弯曲变形。图 2-14 为车架前部、中部和后部碰撞引起的弯曲变形。

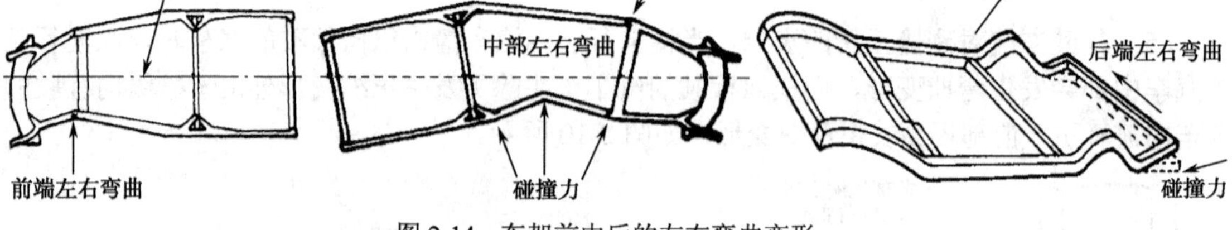

图 2-14 车架前中后的左右弯曲变形

（2）上下弯曲。观察碰撞后汽车，若车身外壳表面会比正常位置低，结构上也有后倾现象，翼板与门之间的缝隙存在顶部变窄、在下部变宽，车门在撞击后下垂，可确定车身发生了上下弯曲变形。大多数车辆碰撞损伤中都会有上下弯曲，如图 2-15 所示。

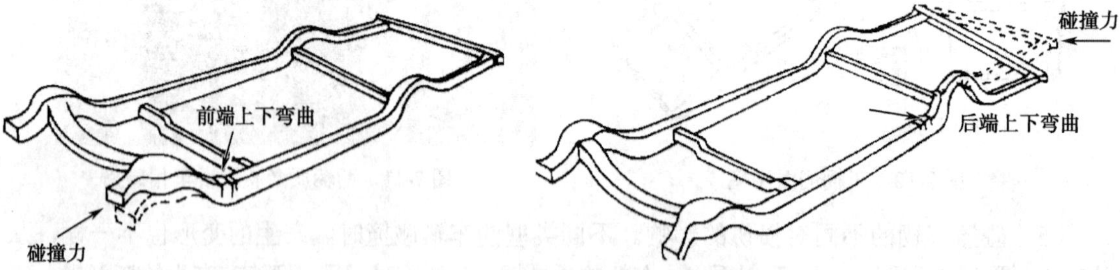

图 2-15 车架前部和后部上下弯曲变形

（3）断裂损伤。观察发动机罩是否前移或后车窗是否后移，某些部件或车架元件的尺寸小于标准尺寸，车门可能吻合得很好，但挡板、车壳或车架的拐角处皱折或有其他严重的变形，车架在车轮挡板圆顶处向上提升，引起弹性外壳损坏，保险杠会有一个非常微小的垂直位移。这些现象表明车身发生了断裂变形，如图 2-16 所示。

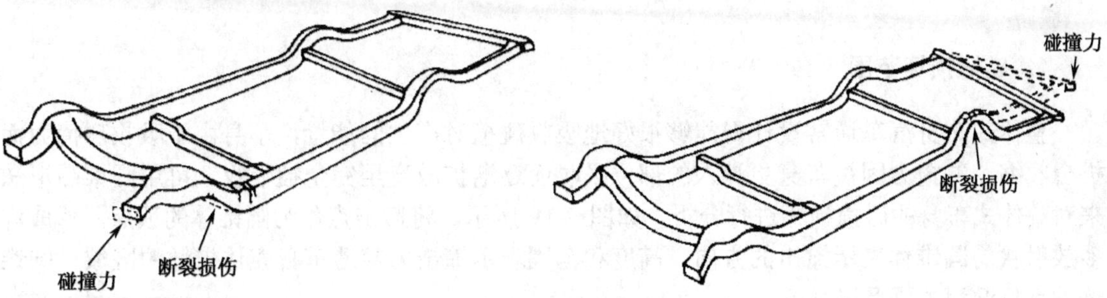

图 2-16 车架断裂变形

（4）菱形变形。车辆的一角或偏心点受到来自前方或后方的撞击时，车架的一侧向前或向后移动，引起车架或车身歪斜，使其接近平行四边形的形状，这种变形称为菱形变形，如图 2-17 所示。发动机罩及后备箱盖发生明显错位，接近后车轮罩的相互垂直的钢板上或在垂直钢板接头的顶部可能出现皱折，乘坐室及后备箱底板上也可能出现皱折和弯曲，附加有许多断裂及弯曲的组合损伤。但整体式车身很少会发生菱形变形。

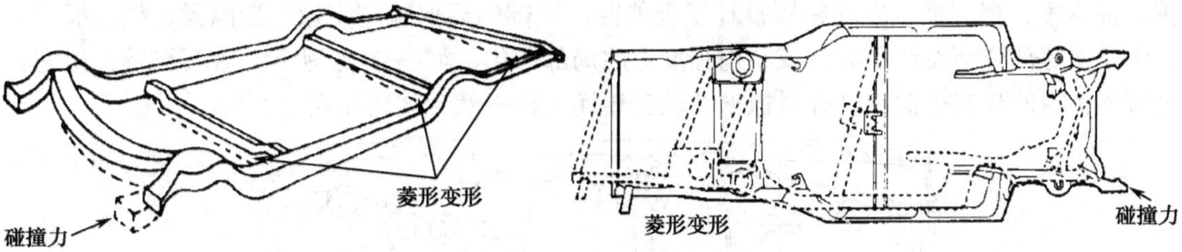

图 2-17 车架菱形变形

（5）扭转变形。汽车高速撞击到路缘石或路中隔离栏或后侧角端发生碰撞时，汽车的一角会比正常情况高，而相反的一角则会比正常情况低，这就发生了扭转变形，如图 2-18 所示。若汽车的一角下垂接近地面，就应对汽车进行扭转损坏检查。扭转变形往往隐藏在底层，可能在表面检查看不出任何明显的损坏。

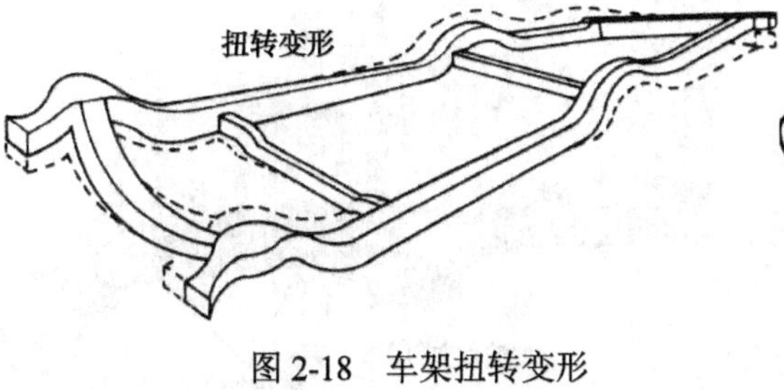

图 2-18 车架扭转变形

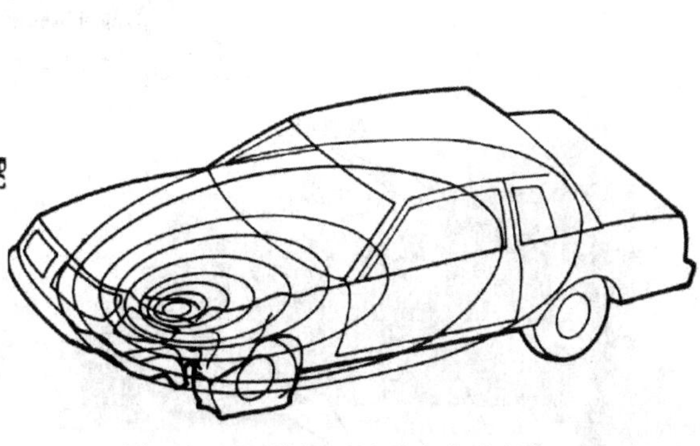

图 2-19 圆锥图形法确定车身损坏

（6）损伤的次序和修理的程序。车架式车身上各类损伤发生的次序为：左右弯曲、上下弯曲、断裂变形、菱形变形和扭转变形。车身（车架）修复最重要的准则是颠倒方向和次序。

四、整体式车身的碰撞影响

1. 碰撞损坏范围

整体式车身汽车通常设计得能够很好地吸收碰撞时产生的能量，车身由于吸收碰撞力而折合收缩，冲撞力因被车身更深入的部位吸收而逐渐扩散直至完全被吸收。可用圆锥图形法来对整体式车身的碰撞损坏进行分析，如图 2-19 所示。将撞击点作为圆锥体的顶点，形成许多放射状的圆锥体表示撞击的方向，高度和范围表示撞击力穿透车身壳体扩散的区域。圆锥体顶点附近为主要受损区域。

2. 车身吸能区设计

由薄钢板连接而成的整体式车身，在碰撞中能吸收大部分振动。其中一部分碰撞能量被撞击区域的部件通过变形吸收掉，另一部分能量会通过车身的刚性结构传递到运离碰撞的区域，这些被传递的振动波引起的破坏称为二次损坏。二次损坏会影响整体式车身的内部结构，为了控制二次损坏，汽车在前部和后部设计了吸能区，如图 2-20 所示。前部的保险杠支撑、前纵梁、挡泥板、发动机罩设计了吸能区；后部的后保险杠支撑、后纵梁、挡泥板、后行李箱盖等部位都设计了波纹或结构强度上的局部弱化，如图 2-21 所示。在受到撞击时它们会按照预定的形式折曲，这样碰撞振动波在传递过程中就会被弱化甚至消失。

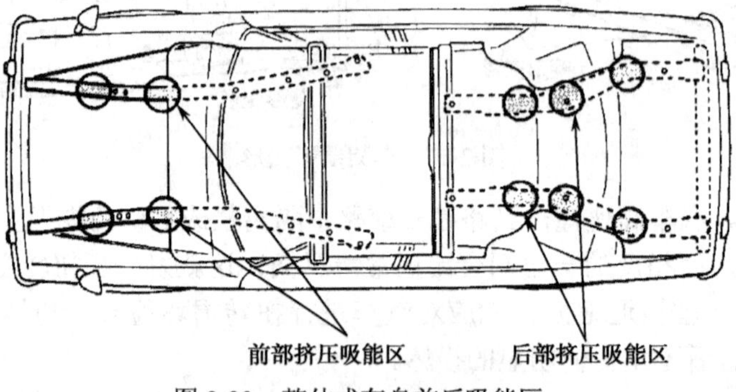

图 2-20　整体式车身前后吸能区

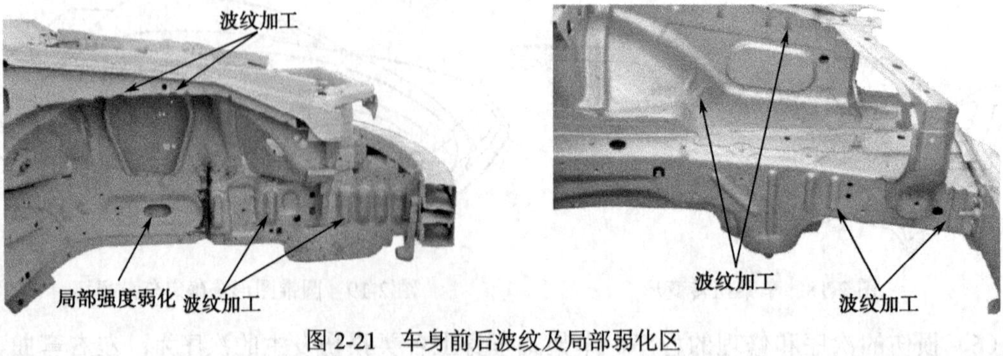

图 2-21　车身前后波纹及局部弱化区

汽车前部发生碰撞，在撞击力较小时，由前部的保险杠、保险杠的支撑等变形来吸收能量。经过波纹加工的新型保险杠加强件用螺栓固定在前纵梁上，碰撞时可充分吸收能量，修理时可迅速更换，如图 2-22 所示。

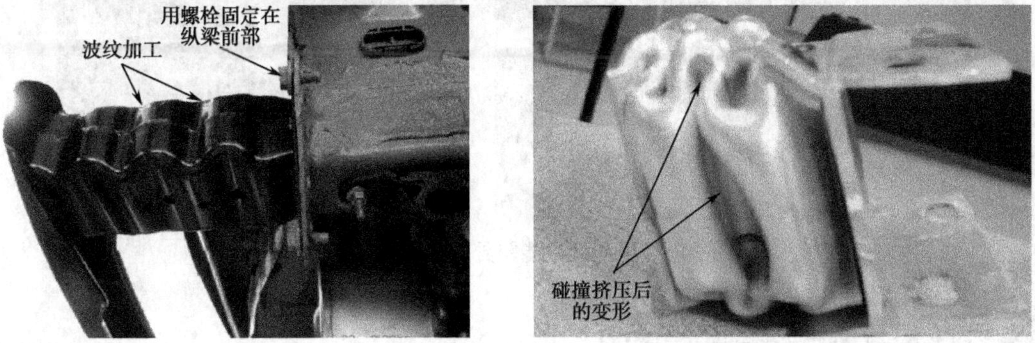

图 2-22　保险杠吸能支撑件

当汽车前部发生剧烈碰撞时，前纵梁等成为车身前部吸收碰撞能量的主要部件。前纵梁作为车身前部最坚固的部件，不仅有承载前部其他部件的载荷能力，在碰撞中还作为主要吸能元件通过变形吸收碰撞能量。图 2-23 所示为不同吸能型的前纵梁。

汽车发生前后碰撞时，一般不会引起车身中部变形。中部车身有很高的刚性，把前部（或后部）吸能区不能完全吸收而传来的能量传递到车身的后部（或前部），引起远离碰撞点部件的变形，保证中部乘客室的结构完整及安全。这是汽车安全性设计的一个重要特点。当碰撞发生在汽车中部时，碰撞能量通过车门、门槛板、中立柱等部件的变形来吸收。一些车型中部区域如中立柱、门槛板采用一些高强度甚至超高强度钢板来制造，车门内安装有用超高强度钢制造的防撞梁（杆）以保护整个乘客室的安全，如图 2-24 所示。

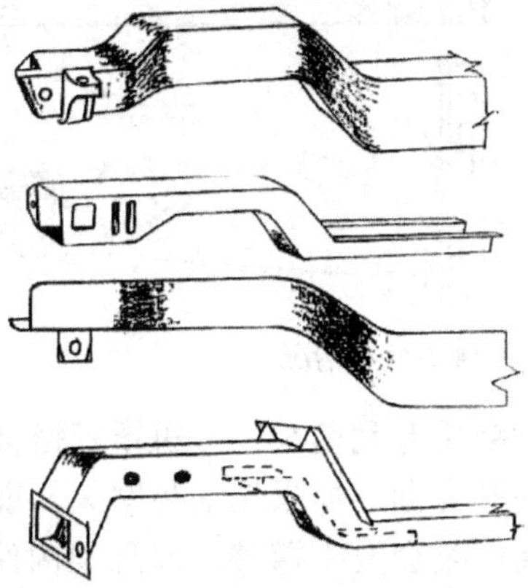

图 2-23　不同吸能型的前纵梁

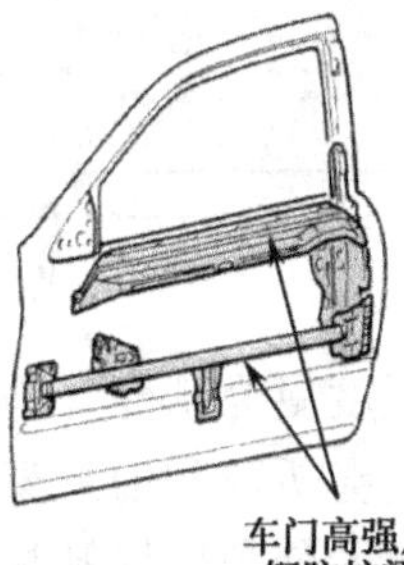

图 2-24　车门内的高强度钢梁

如果在车身设计中没有很好地考虑吸能区的吸能效果，或修复后破坏了吸能区的结构，那么碰撞能量将不能很好地被吸收，会造成中部乘坐室的严重变形，威胁乘员的生命安全，如图 2-25 所示。

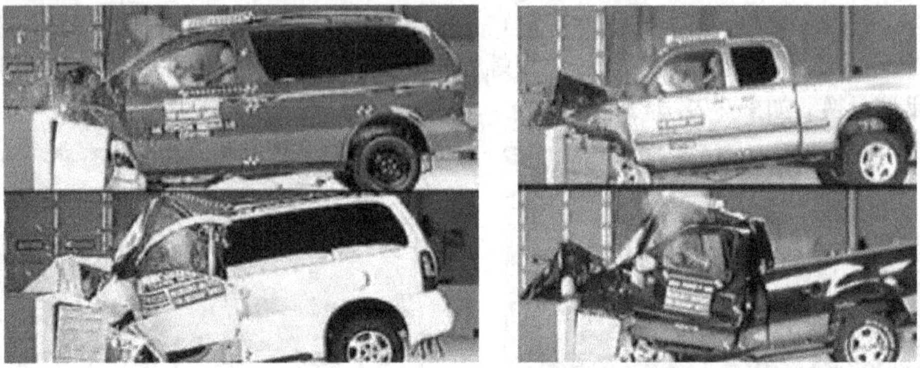

图 2-25　吸能区性能差异的碰撞结果对比

五、整体式车身的碰撞变形

1．整体式车身前部碰撞变形

碰撞的冲击力取决于汽车的重量、速度、碰撞范围及碰撞源。就一次较轻的碰撞而言，保险杠会被向后推，前侧梁、保险杠支撑、前翼板、散热器支座、散热器上支撑和机罩锁紧支撑也被折曲，如图 2-26 所示。

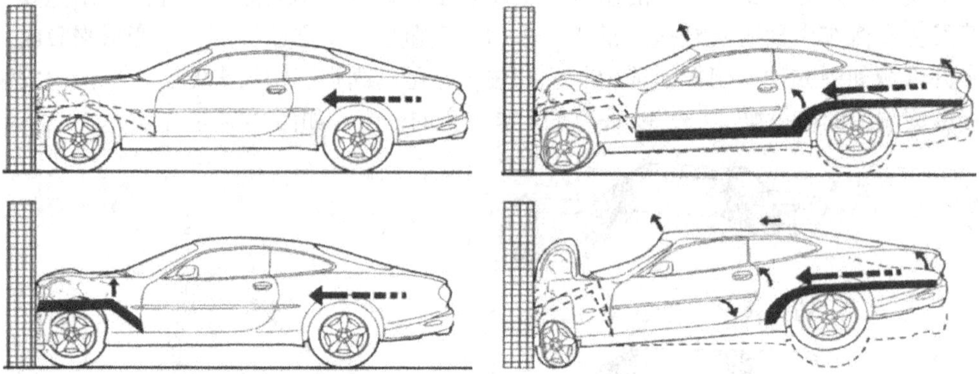

图 2-26　车身前部碰撞变形情况

如果碰撞的程度更为剧烈，那么前翼板就会折弯到前车门，机罩铰链会向上弯曲至前围上盖板，前侧梁也会折弯到前悬架横梁上并使其弯曲。如果振动足够大，前挡泥板以及前车身支柱将会弯曲，并使车门松卸掉下。另外前侧梁会发生褶皱，前悬架构件将会弯曲，前围板和前车门平面也会弯曲。

如果碰撞来自某一角度，前侧梁的连接点就会成为旋转中心或旋转面，并发生侧向的和垂直方向的弯曲，由于左面和右面的前侧构件通过前横向构件连接在一起，碰撞引起的振动就会从碰撞点传递至另一侧的前部构件并引起其变形，如图 2-27 所示。

2．汽车后部碰撞变形

汽车后部碰撞时其受损程度取决于碰撞面的面积、碰撞时的车速、碰撞物及汽车的质量等因素。如果碰撞力小，后保险杠、后地板、行李箱盖及行李箱地板可能会变形。如果碰撞力大，相互垂直的钢板会弯曲，后顶盖顶板会塌陷至顶板底面。而对于四门汽车，车身中立柱也可能会弯曲。如图 2-28 所示，从（a）至（d）为后部碰撞力由小到大引起的不同损坏情况。剧烈碰撞时撞击能量通过车身中部传递到车身前部，造成远端部件的损坏。

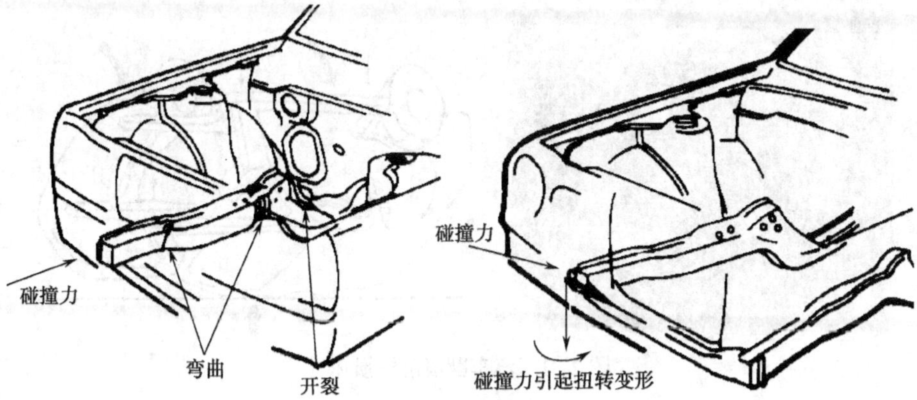

图 2-27 前纵梁的弯曲及断裂损坏

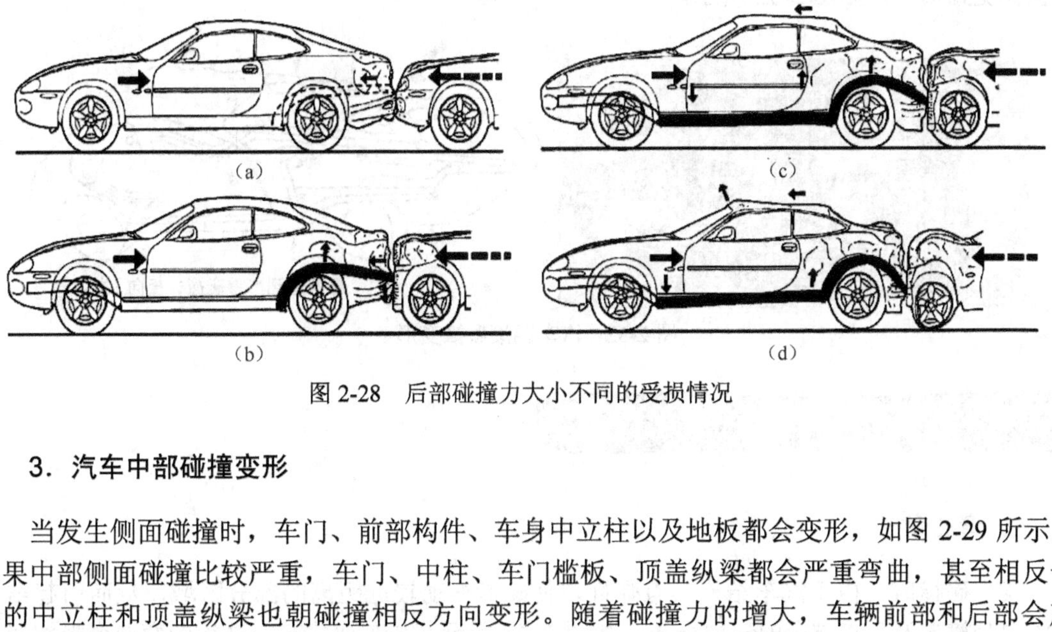

图 2-28 后部碰撞力大小不同的受损情况

3. 汽车中部碰撞变形

当发生侧面碰撞时，车门、前部构件、车身中立柱以及地板都会变形，如图 2-29 所示。如果中部侧面碰撞比较严重，车门、中柱、车门槛板、顶盖纵梁都会严重弯曲，甚至相反一侧的中立柱和顶盖纵梁也朝碰撞相反方向变形。随着碰撞力的增大，车辆前部和后部会产生与碰撞相反方向的变形，整个车辆会变成弯曲的香蕉状，如图 2-30 所示。

图 2-29 汽车中部碰撞的损坏

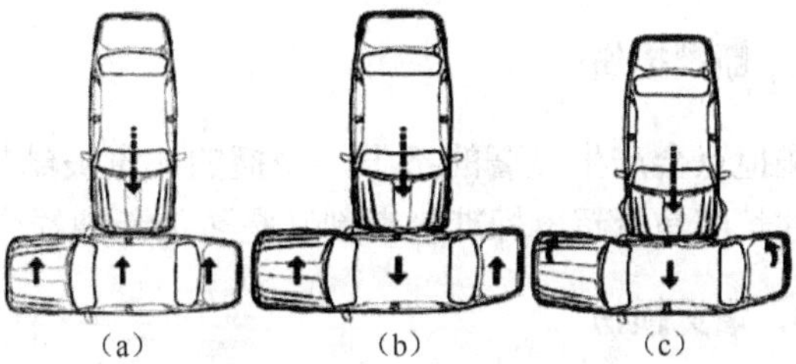

图 2-30 汽车中部碰撞变形过程

4．顶部碰撞变形

当汽车发生翻滚时，除车顶钢板受损外，车顶纵梁、后顶盖侧板和车窗也可能同时被损伤，如图 2-31 所示。

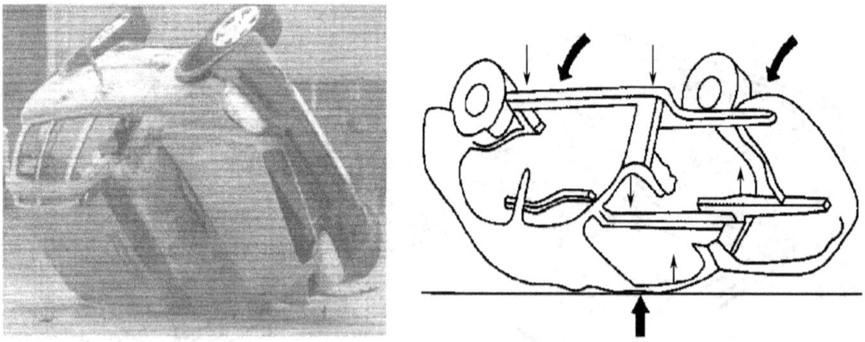

图 2-31　汽车翻滚碰撞损坏

在汽车发生翻滚时，车的顶部顶盖、立柱，车下部的悬架会严重受伤，悬架固定点的部件也会受到损伤，如图 2-32 所示。

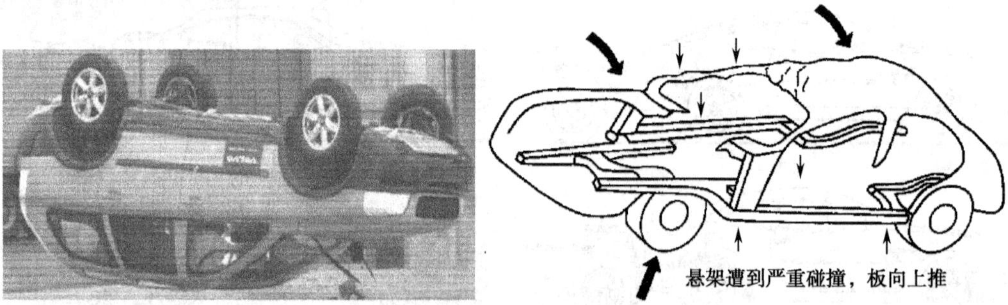

图 2-32　汽车翻滚碰撞变形

六、整体式车身碰撞损伤的类型

1．弯曲变形

发生碰撞时，由于汽车结构具有弹性，使碰撞振动较远距离的部分区域，从而引起结构件中央处横向及垂直方向的弯曲变形，如图 2-33 所示。与车架式车身结构的弯曲变形相似，这一变形可能仅发生在汽车的一侧。

2．断裂损伤

碰撞点会产生显著的挤压，碰撞的能量被结构的折曲变形吸收，以保护乘坐室。测量车身部件长度是否超出标准值来判别是否为断裂损伤，如图 2-34 所示。

3．增宽损伤

增宽损伤与车架式车身上的左右弯曲变形相似，可以通过测量车身高度和宽度是否超出标准值来判别，如图 2-35 所示。对于整体式车身来说，碰撞力会使侧面结构向外侧弯曲，偏离乘员，同时纵梁和车门缝隙也将变形。

4．扭转变形

如图 2-36 所示，整体式车身的扭转变形与传统车架式车身的扭转变形相似，可以通过测量其高度和宽度是否超出标准值进行判别。扭转变形是碰撞的最后结果，即使最初碰撞直接作用在中心点上，但再次的冲击还是能够产生扭转力引起车身结构的扭转变形。

整体式车身和车架式车身碰撞的区别：整体式车身不会发生菱形变形，但如果整体式车身被撞后，通常既会导致装饰性部件又会导致结构性部件的损伤。在碰撞力冲击下，车架式汽车与整体式汽车的反应极为不同。同样，损伤评估与修理方法也相应不同，但基本的修理技巧是一样的。整体式车身和车架式车身的修理步骤一样，采用“后进先出”的方法，即首先校正最后发生损坏的板件。

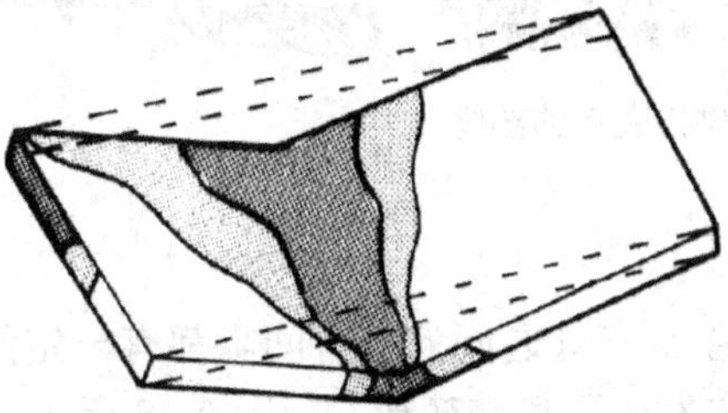

图 2-33　整体式车身弯曲变形示意图

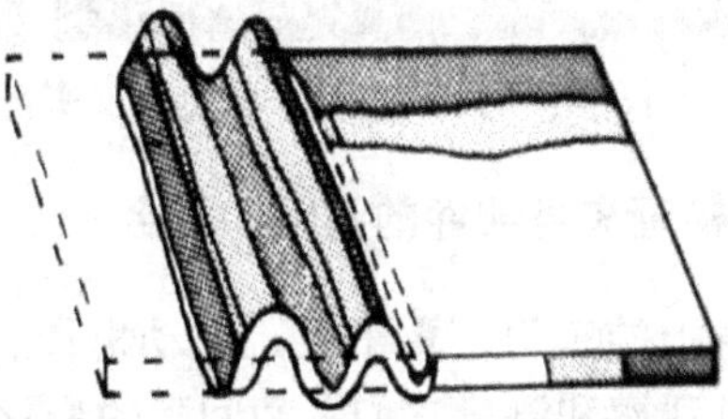

图 2-34　整体式车身断裂变形示意图

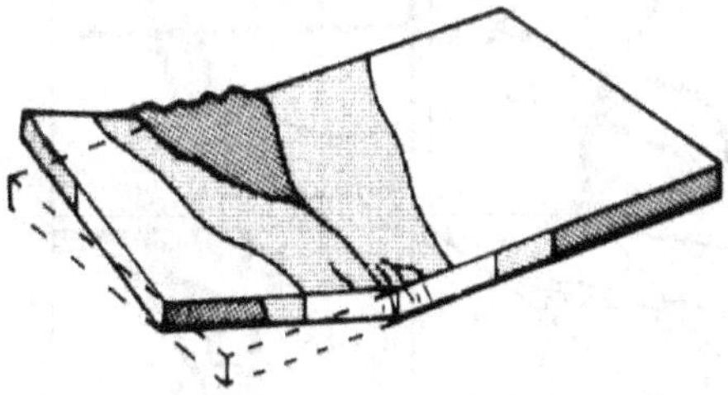

图 2-35　增宽变形示意图

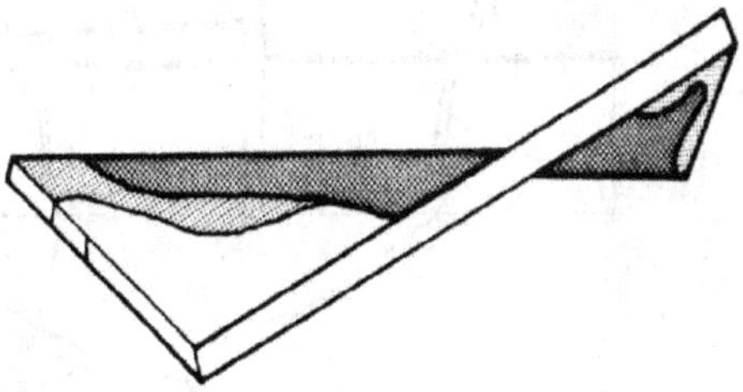

图 2-36　扭转变形示意图

七、目测或用简单量具确定碰撞损坏程度

1．车身上容易识别的变形部位

在碰撞中碰撞力穿过车身刚性大的部件传递，沿着碰撞力扩散的路径，按顺序一处一处地进行检查，确认出变形情况。重点检查以下变形部位：

（1）加固件上的缝隙、各板件连接点有没有错位断裂，如图 2-37 所示。

（2）油漆层、内涂层及保护层有没有裂缝和剥落。

（3）零件的棱角和边缘有没有异样。

此外，值得注意的是，同样的碰撞可能产生不同的碰撞效果。同样的碰撞力，若碰撞点部件刚性不同时，碰撞后的损伤情况不一样。当碰撞点部件的刚性较小时，碰撞点附近的损伤迹象比较显著，当能量通过附近的结构逐渐消散时，其损伤迹象很小有时碰撞点上的损伤迹象虽然很小，而能量却穿过碰撞点而传递至车身内部很深的部位即产生“内伤”。

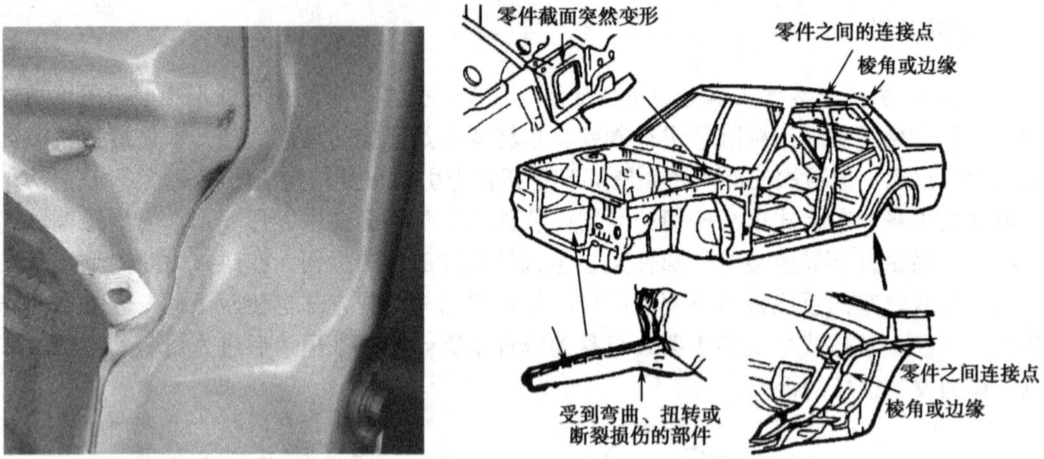

图 2-37　车身容易发生碰撞变形的部位

2. 检查车身部件的间隙和配合

车身上的车门、翼子板、发动机罩、行李箱盖、车灯之间的配合间隙都有一定的尺寸要求，通过观察和测量它们之间间隙的变化可以判定发生了哪些变形，如图 2-38 所示。

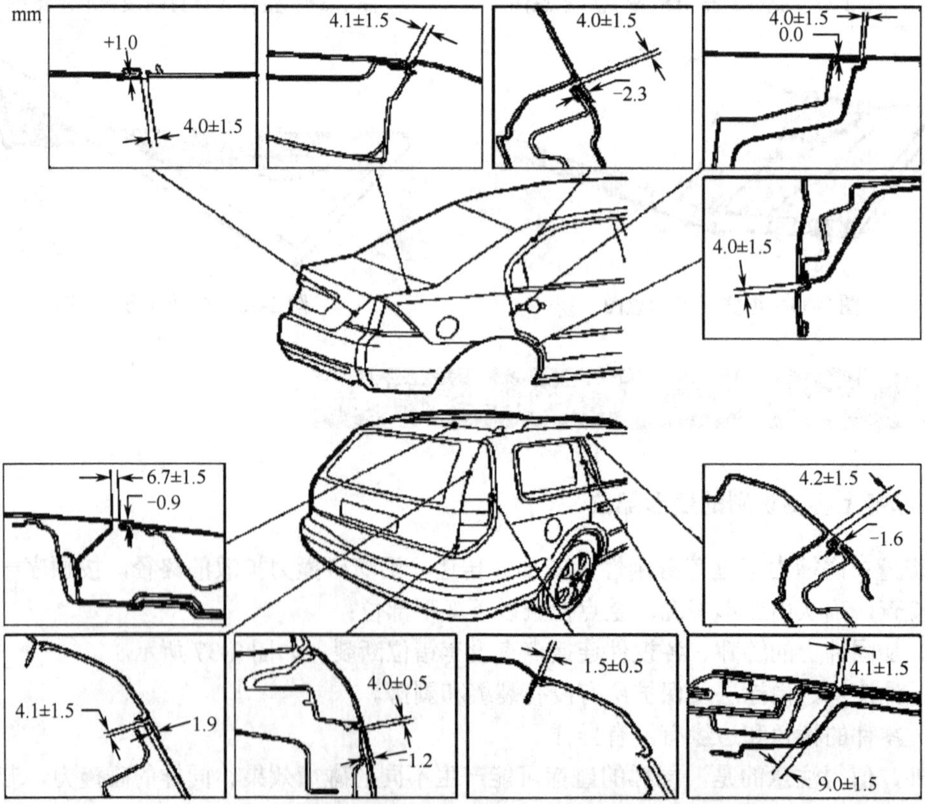

图 2-38　车身上的标准配合间隙

3. 检查汽车惯性损伤

质量大的部件（如发动机）的惯性会转化成巨大的作用力，使其向相反方向移动而发生冲击，产生损伤，这就需对固定件、周围部件及钢板进行检查。乘客在碰撞中由于惯性的原因撞击仪表盘、转向盘、转向支柱和座位靠背而受到损伤。后备箱中的行李也可能引起行李箱地板、行李箱盖和后顶侧板损伤。最终精确的损伤评估还要靠精确的车身三维测量来确定。

任务三

汽车车身测量技术

任务要求

◎ 了解汽车车身测量的各种方法

◎ 理解汽车车身机械测量的基本过程

◎ 基本识读汽车车身数据图

◎ 了解电子测量的类型

◎ 掌握一种以上电子测量基本方法

任务引导

相关知识点学习：要求学生实训课前参考“知识链接”独立完成。

相关知识点：要求学生实训课前独立完成以下相应内容。

1．常规的车身测量工具有________________________、____________________________。

2．量规的类型有___________________________、____________________________。

3．车身三维测量中：

（1）高度的基准是___________________________。

（2）长度的基准是___________________________。

（3）宽度的基准是___________________________。

4．电子测量中长度的基准点一般建立在____。

5．全自动电子测量系统中目前应用最广泛的一种是（　　）。

A．激光测量系统　　B．超声波测量系统　　C．米桥式测量系统

6．激光测量系统的测量精度可以（　　）。

A．小于±1mm　　B．等于±1mm　　C．小于±3mm

7．超声波测量系统横梁上的上下两排小孔的作用是（　　）。

A．发射超声波　　B．反射超声波　　C．接收超声波

8．每个超声波发射器有（　　）个超声波发射源。

A．1　　B．2　　C．3

9．使用超声波测量系统测量时，要测量三对点，需要（　　）个超声波发射器。

A．9　　B．6　　C．3

10．超声波测量系统测量头的作用是（　　）。

A．安装在测量点上　　B．显示出测量点的数据　　C．校正测量点的变形

11．超声波测量系统的横梁在测量时向前移动 50mm，会使（　　）。

A．长度读数增加 50mm

B．长度读数减少 50mm

C．长度读数不变

12．车身测量时，长度基准（　　）。

A．选在汽车的中部

B．车头损坏时选车尾，车尾损坏时选车头

C．选在底部长测量尺的中间位置

13．车身上（　　）可以用来测量数据。

A．所有的孔都　　B．主要的安装点　　C．只是底部的孔

14．测量时发现测量孔已经变形，还需要（　　）。

A．继续测量

B．对孔进行校正后再测量

C．换另外一个测量点

15．对称的汽车所有宽度尺寸都是以（　　）为基准测得的。

A．基准面　　B．中心面　　C．零平面

16．汽车高度尺寸是以（　　）为基准测得的。

A．基准面　　B．中心面　　C．零平面

17．汽车长度尺寸是以（　　）为基准测得的。

A．基准面　　B．中心面　　C．零平面

18．在实际测量时，车辆的基准面和测量系统的基准面（　　）。

A．要求完全重合　　B．只要求平行　　C．重合或平行都可以

19．在进行车身测量时，长、宽、高的测量基准分别有（　　）。

A．1 个、1 个、2 个　　B．2 个、1 个、1 个　　C．1 个、2 个、1 个

20．中心面把汽车分为（　　）。

A．前后相等的两部分

B．上下相等的两部分

C．左右相等的两部分

任务实施

（1）熟悉超声波电子测量系统的结构组成，包括数据线的连接等；熟练进出系统；熟悉各种测量附件。

（2）了解通用机械测量的基本过程，包括建立宽度基准、长度基准和高度基准。

（3）观看多媒体教学课件或视频，并查阅相关资料，了解其他电子测量的使用方法。

（4）进行超声波电子测量操作，并把测量数据填在实训报告表 3-1 中。

项目一：超声波电子测量具体操作步骤及技术要求

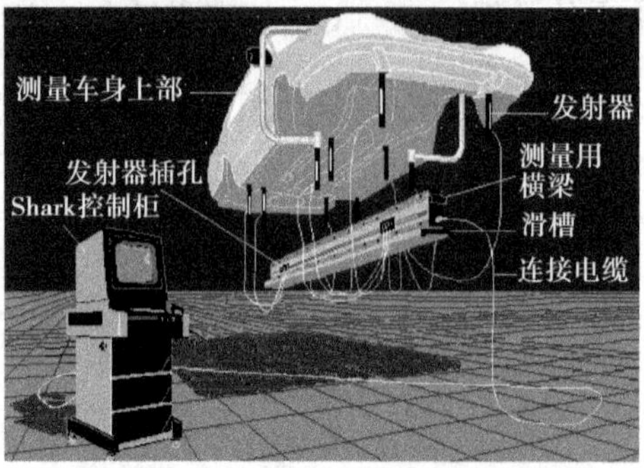 图 3-1	1．准备工作： 测量设备为 BANTAM-SHARK 电子测量系统。主要由控制柜和测量横梁两部分组成。 测量横梁上的 48 个（每侧 24 个）高频麦克风接收超声波信号，以对车身测量点进行测量。 控制柜包括：电脑、显示器、键盘、打印机、附件和发射器。连接好电脑与横梁数据线。 如图 3-1 所示
 图 3-2	2．进入测量系统： 打开电脑，双击电脑显示屏上的 Shark 系统图标，如图 3-2 所示，进入测量系统下一界面
 图 3-3	如图 3-3 所示，此为语言选择界面，选择对应语言。中文语言按键盘 1 或单击此图标将进入下一界面
 图 3-4	如图 3-4 所示，此界面为欢迎界面，按 F1 键将进入下一界面

续表

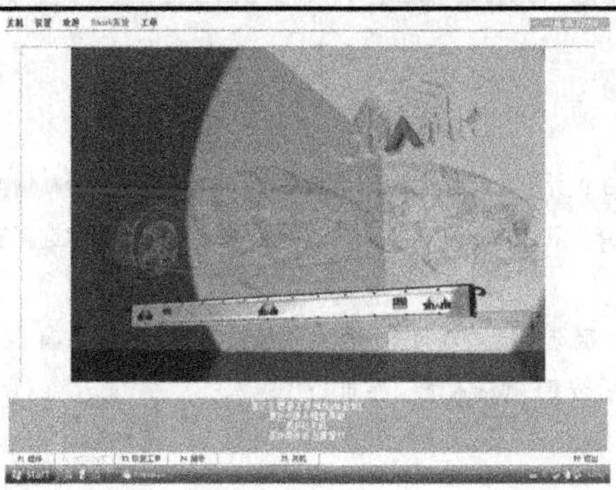 图 3-5	如图 3-5 所示，此界面为系统界面，按 F1 键将进入下一界面
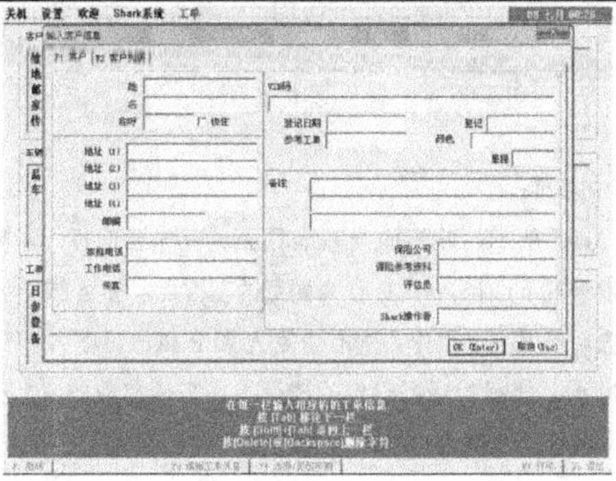 图 3-6	如图 3-6 所示，此界面为工单界面，是对新客户信息进行工单填写，如果是老客户可直接从客户列表中选取（按 F2 键）。详细填写工单后按回车键或单击 OK 按钮，系统会自动弹出下一界面：车辆选择
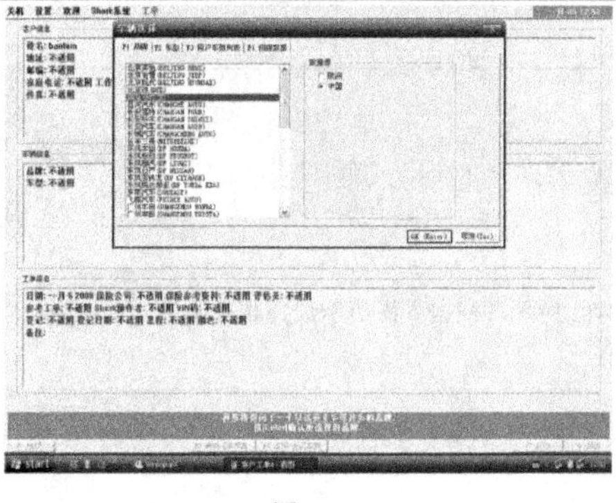 图 3-7	如图 3-7 所示，此界面为车辆选择，在选择框右侧选择欧款，美款或中国车型。选择生产厂商→对应型号→OK（或回车键）结束，进入下一界面
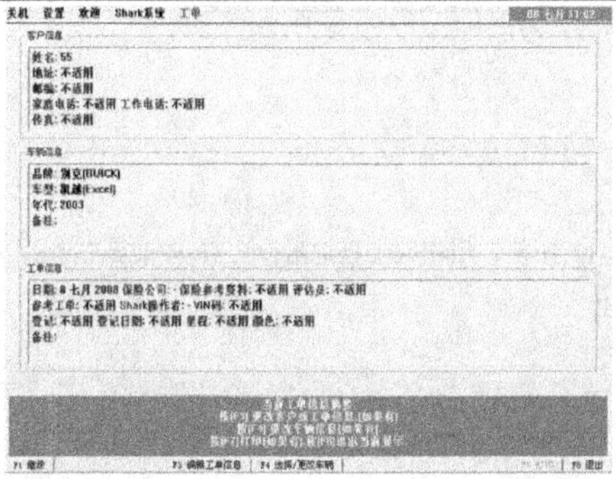 图 3-8	如图 3-8 所示，此界面为工单修改界面，如工单客户信息有误，通过 F3 修改，如车型有误，通过 F4 修改。 确认无误后单击 F1 进入下一界面

续表

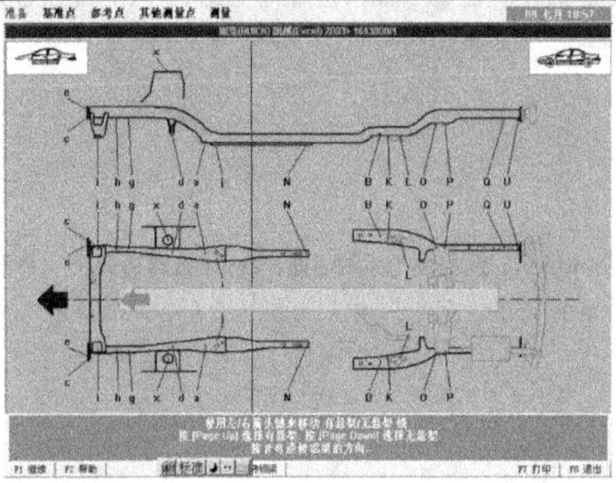 图 3-9	如图 3-9 所示，此界面为测量准备界面。根据车辆受损情况按“Page Up”和“Page Down”键，或通过按左右箭头键选择有无悬架。 按 F4 键选择横梁方向，一般要求横梁方向和车头方向一致，准备好后按 F1 键进入下一界面
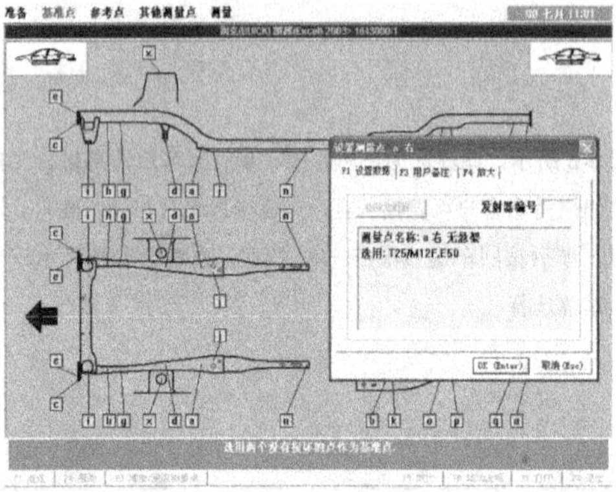 图 3-10	3．建立基准： 如图 3-10 所示，此界面为基准界面。首先要选择一对基准点，一般情况下选择 A 或 B 作为测量的基准点，如 A 或 B 出现损坏需选用没受损的点作为基准修复 A 和 B 点，再以 A 或 B 点作为基准点。根据对话框附件的选用，在车辆相应的点上挂上附件及发射器。本例为：单击右侧 A 点
 图 3-11	如图 3-11 所示，根据界面提示选择相应附件，本例为：C30
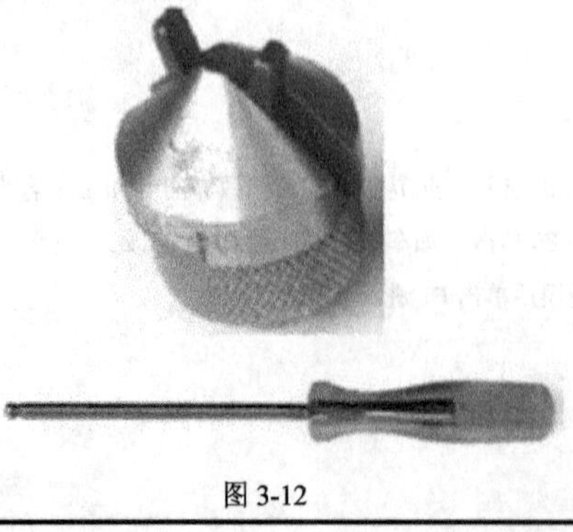 图 3-12	如图 3-12 所示，用相应工具把附件 C30 安装到车身的 A 点（圆孔）上

续表

 图 3-13	如图 3-13 所示，安装发射器。发射器一端有磁性，直接套在 C30 下即可固定，发射器上下两处黄色标记（发射口）一侧正对横梁。拆装发射器时手不要触摸黄色处，以免麻手致使发射器掉落损坏
 图 3-14	如图 3-14 所示，把发射器电缆线插在横梁的孔上，并把插孔的编号（图为 11）输入显示屏选择框内后，单击 OK 或按回车键。 单击车身数据俯视图左侧 A 点，以同样的方法完成相应操作后，系统自动进入下一界面
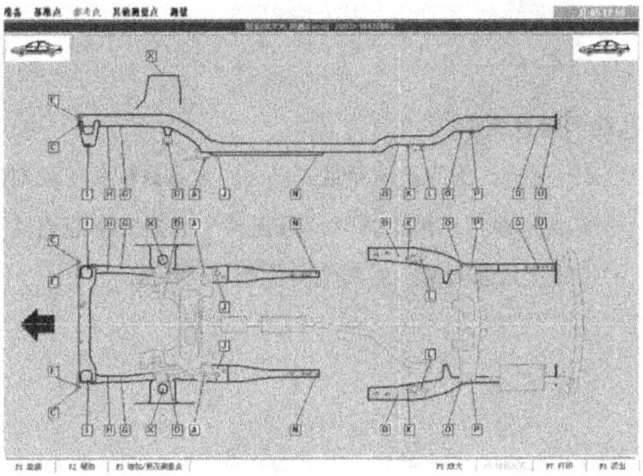 图 3-15	4．建立参考点 如图 3-15 所示，此界面为建立参考点界面。基准点已选择 A 点，那么 B 点为参考点。发射器的安装及相关操作与基准点的建立相同
 图 3-16	因为点不同，附件的选择会有所不同。根据提示，本例选择 CH1 卡盘，A25S 转角杆及加长杆，如图 3-16 所示

续表

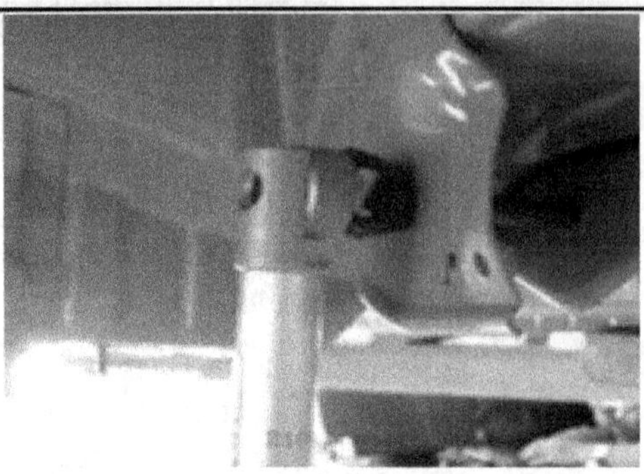 图 3-17	如图 3-17 所示，把相应附件组合固定在车身实际参考点上（螺栓头），发射器接在加长杆下
 图 3-18	如图 3-18 所示，至此已完成在车身底部基准点和参考点两对超声波发射器的安装。完成后单击 OK 或按回车键，系统自动进入下一界面
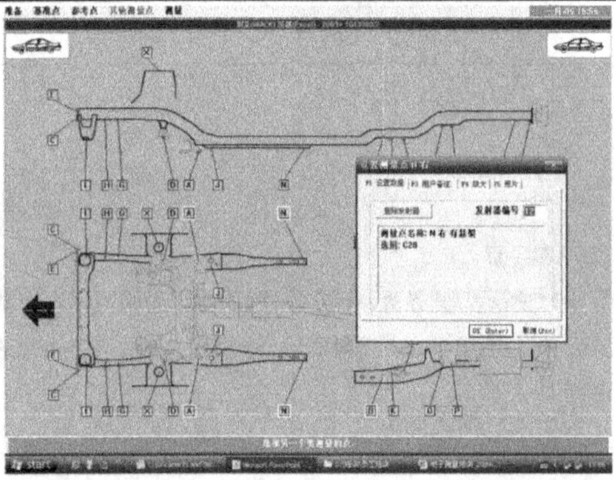 图 3-19	5．其他测量点测量： 如图 3-19 所示，此为其他测量点界面。设备只配备了三对发射器，基准点和参考点用了两对，且在整个测量中不能删除、移动，因此每次只能测量一对其他测量点
 图 3-20	如图 3-20 所示，选择要检测的测量点及附件，挂上发射器，方法与前面基准点和参考点的操作相同。无误后单击 F1 键进入下一步：测量界面

续表

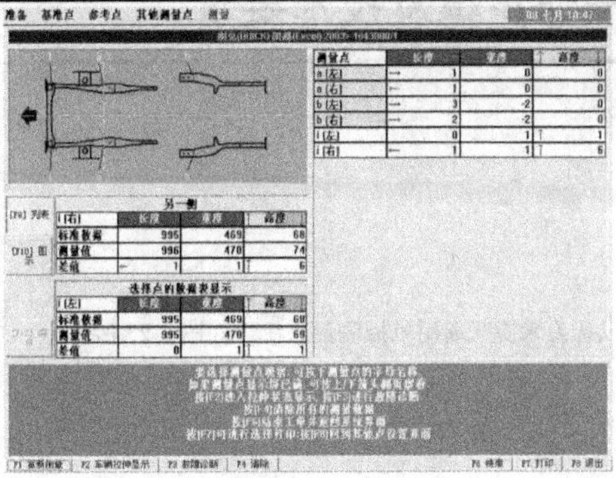 图 3-21	如图 3-21 所示，测量界面中左侧为每一点的标准值、测量值和差值，右侧为各点的差值。可显示包括基准点和参考点在内的测量值，按相应点键盘字母如 A、B 或其他测量点数即可切换数据显示。 如要测量其他点按 F8 键退回“其他测量点”界面
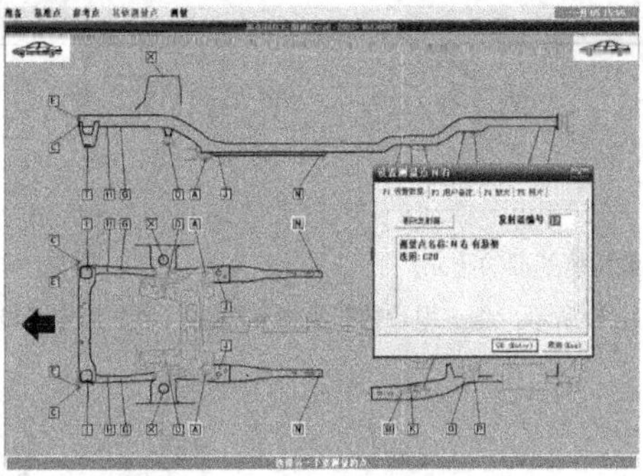 图 3-22	如图 3-22 所示，在“其他测量点”界面，单击上次在测量的点，在弹出的对话窗中选择删除发射器，该点将变成蓝色，然后再选择要测量的其他点进行测量。具体操作方法同上
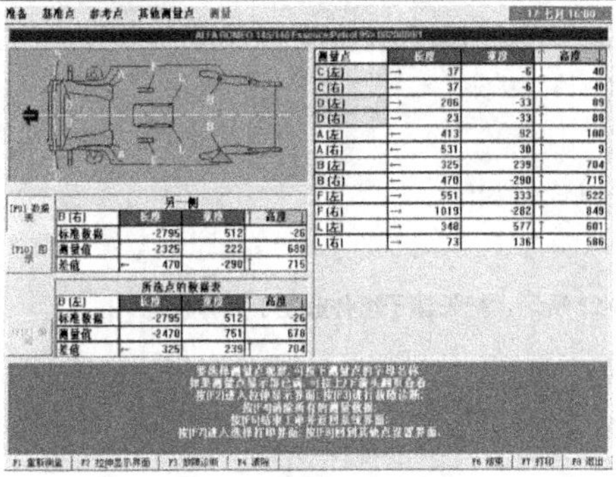 图 3-23	6．测量结束： 如图 3-23 所示，测量完所有要测的点后显示的全部数据。至此，整个测量操作基本结束，可进行其他工作，如打印数据、拉伸校正等。 按 F7 键进入选择打印界面，打印测量数据。按 F8 键及回车键退出系统
 图 3-24	拆除安装的附件及发射器并放回原位，如图 3-24 所示。 做好 5S：整理、整顿、清扫、清洁、素养 结束

项目二：米桥机械测量具体操作步骤及技术要求

 图 3-25	所用设备为米桥式通用机械测量系统，如图 3-25 所示
 图 3-26	1．测量系统基准的建立 如图 3-26 所示，将三根长梯子支撑杆分前、中、后置于校正平台上
 图 3-27	如图 3-27 所示，把长梯子组件放置于支撑杆上
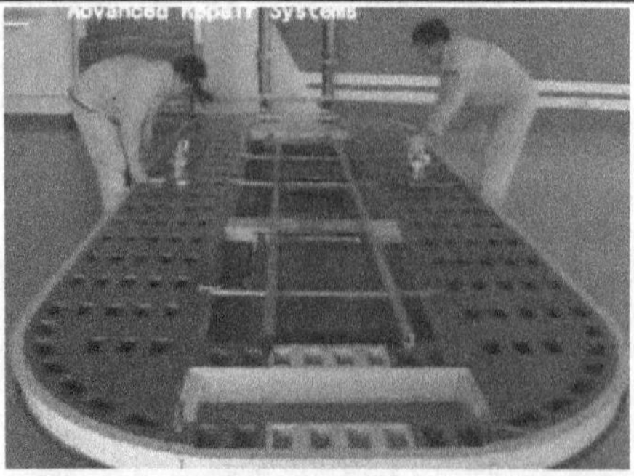 图 3-28	如图 3-28 所示，把两个夹具放置于与中间支撑杆对齐的平台上，两夹具的插销插在第一个孔（上边）

续表

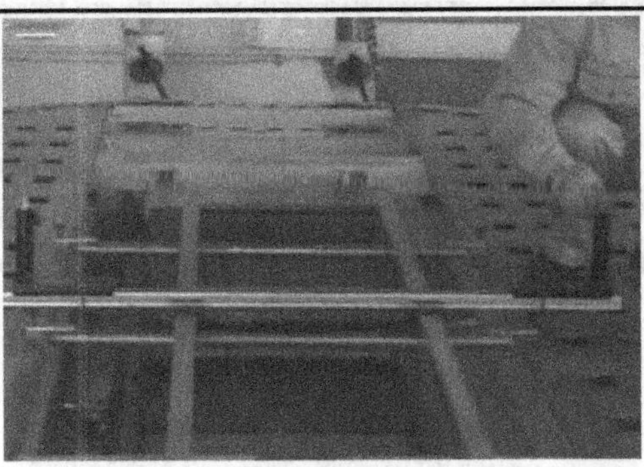 图 3-29	把中心线杆放置于长梯子组件上，与两夹具中心线对齐。将两个垂直标尺固定器安装在中心线杆上。取两个 150～260mm 测量范围的垂直标尺安装在垂直标尺固定器上，并在垂直标尺上装上 C 锥，如图 3-29 所示
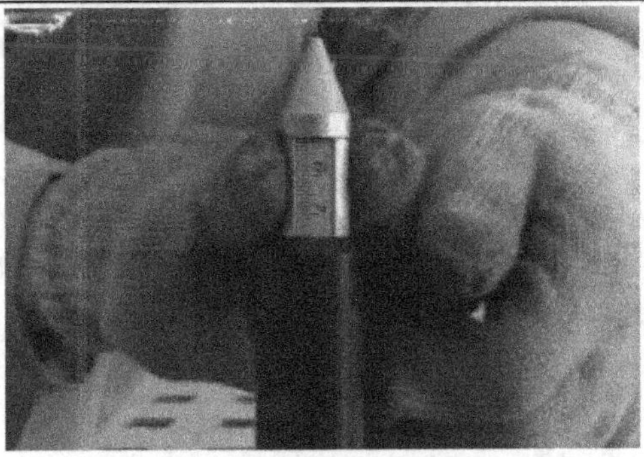 图 3-30	如图 3-30 所示，使垂直标尺高度定在 176mm 处
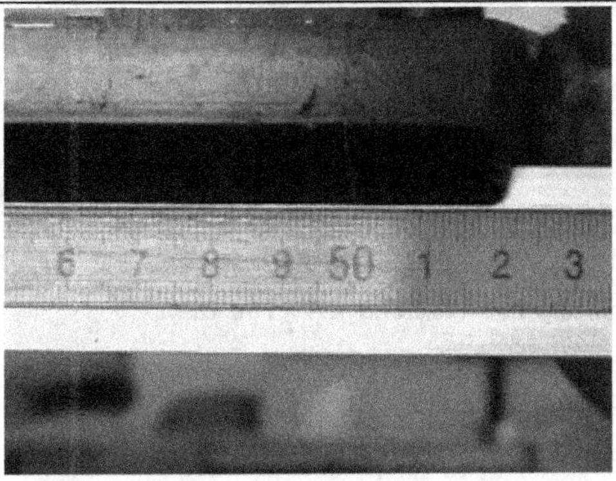 图 3-31	如图 3-31 所示，分别使两个垂直标尺固定器上的刻度线对准中心线杆尺带上 500mm 处，即为垂直标尺的宽度定位
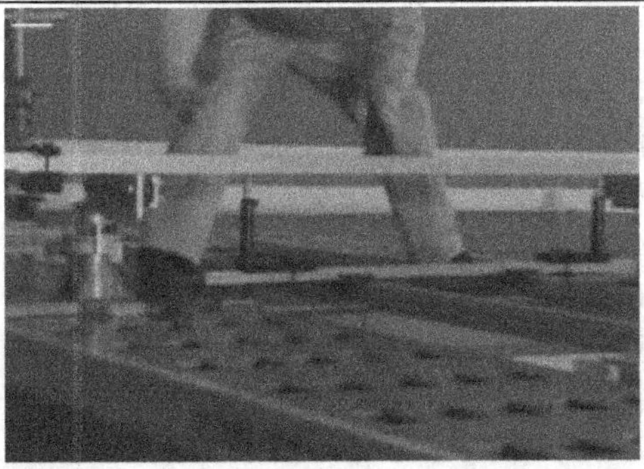 图 3-32	如图 3-32 所示，把一根横梁放在两夹具上并对准垂直标尺

续表

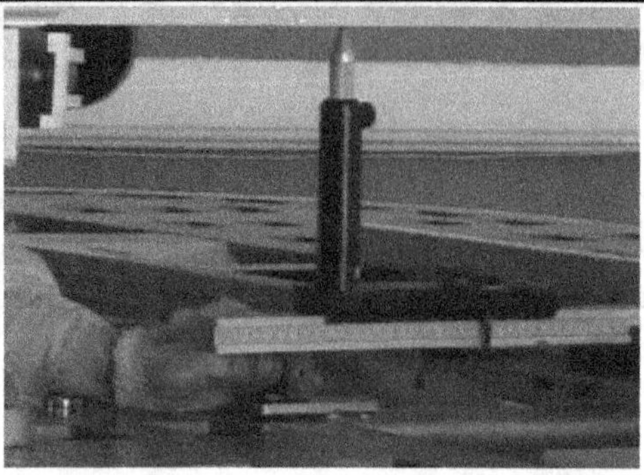 图 3-33	调整长梯子支撑杆两端的调整螺丝，使垂直标尺上的 C 锥刚好与横梁接触，后用扳手锁紧调整螺丝上的螺母，如图 3-33 所示
 图 3-34	按以上方法调整好前后两根长梯子支撑杆。 然后在每根支撑杆及对应的平台上贴上标签并编好序号，下次使用按对应序号摆放支撑杆即可，如图 3-34 所示
 图 3-35	2．测量系统的使用 如图 3-35 所示，把四个夹具放置平台上合适的位置并固定好，分别使四个夹具的插销插在第一个孔（上边）
 图 3-36	把测量车辆按数据图的要求放置于夹具上，并锁紧夹具。 分别把三根长梯子支撑杆放置在平台上对应的位置（即上一步已做基准的标签位置）。 把长梯子组件放置在支撑杆上，并调整长梯子组件的中心线与车辆中心线大致重合，如图 3-36 所示

续表

 图 3-37	（1）基准点标尺的安装 以本田雅阁为例，前基准 20 号点的信息为：圆孔、A 锥、高度为 135mm、宽度为 470mm。取中心线杆一根，两端分别装上垂直标尺固定器，使其刻度线对准中心线杆尺带上 356mm 处，拧紧固定器上的螺钉，如图 3-37 所示
 图 3-38	取 110～185mm 测量范围标尺筒柱组件，拔出标尺，在标尺筒中放入弹簧，再把标尺重新插入标尺筒内，把标尺压入筒中一定深度后拧紧螺钉，把 A 锥适配块压入标尺上端，最后把标尺筒柱组件旋入垂直标尺固定器上，如图 3-38 所示
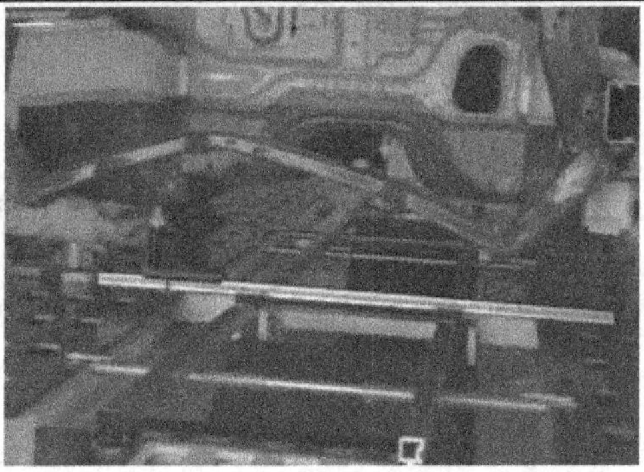 图 3-39	如图 3-39 所示，把中心线杆安装到长梯子上。中心线杆上的导块有左右之分，不能装反
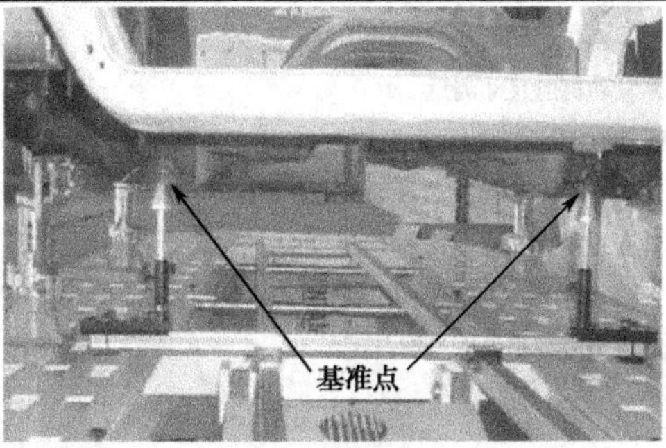 图 3-40	把中心线杆缓缓推到基准点的底部，并使标尺杆对准基准点（孔），松开标尺筒上的紧固螺钉，释放标尺杆，使 A 锥压向基准孔内，如图 3-40 所示。 用同样的方法安装好后基准点的标尺杆

续表

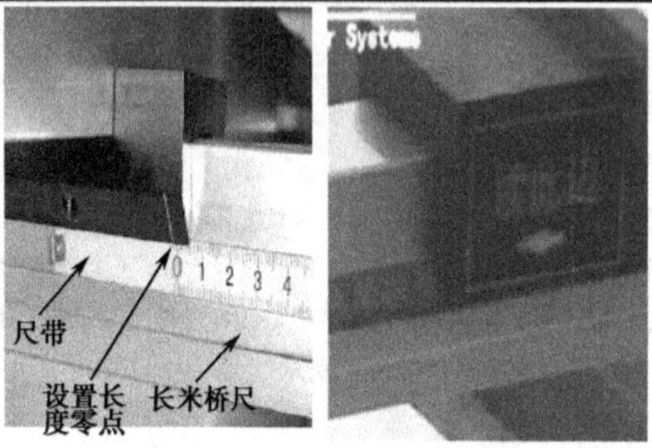 图 3-41	滑动长梯子右侧的尺带，使其零点与前部基准点中心线杆上导块后边缘对齐。 滑动长梯子左侧的尺带，使其零点与后部基准点中心线杆上导块刻度线对齐，如图 3-41 所示
 图 3-42	（2）底盘点的测量 底盘其他点的测量与上一步基准点标尺的安装过程相似，取中心线杆一根，装上标尺固定器及垂直标尺筒柱组件，然后装到长梯子上，使标尺上的适配块压向测量点，如图 3-42 所示
 图 3-43	如图 3-43 所示，高度的数据为标尺筒边缘对齐尺寸。 宽度数据为与垂直标尺固定器刻度线对齐尺寸； 长度数据的读取：在左边读取时为中心线杆上导块刻度线所指尺寸；在右边读取时为中心线杆上导块后边缘所指尺寸。 所得三维数据与标准数据对比确定变形情况，以便进行拉伸校正
 图 3-44	（3）发动机舱尺寸测量 如图 3-44 所示，把短梯子放置在长梯子前部，注意短梯子左右朝向，在长梯子的左边设置长度，根据车身数据图，短梯子导块刻度线对齐长梯子尺带上的 1 992mm 处。 拧紧锁紧螺钉，调整短梯子两边的高度支撑块，使其紧贴平台上，避免短梯子受压损坏

续表

 图 3-45	在短梯子两端安装三角架。通过导块把三角架滑入短梯子直到不能滑动为止，拧紧固定螺钉，如图 3-45 所示
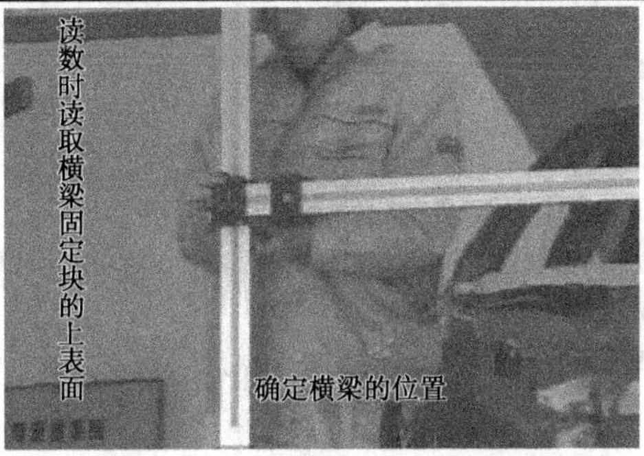 图 3-46	根据数据图把横梁固定在三角架上 800mm 处，读取横梁固定块上边缘对齐的尺寸，如图 3-46 所示
 图 3-47	在左右三角架按数据要求的高度固定好横梁，如图 3-47 所示
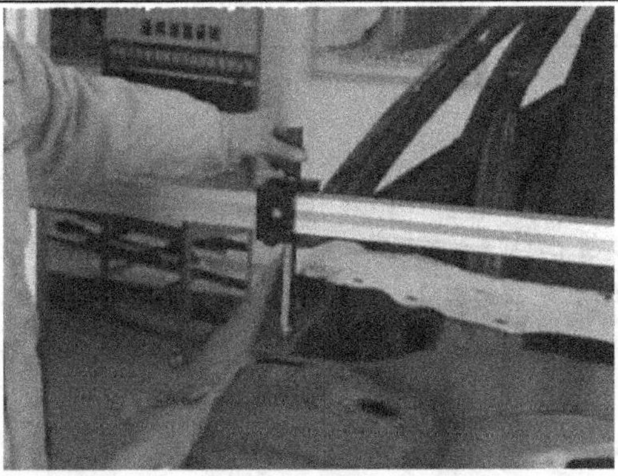 图 3-48	测量发动机舱有倒三角符号测量点的尺寸： 把上标尺导块安装到横梁上。取 C 锥压入上标尺柱上，把上标尺柱从上部插入导块的孔中，并使 C 锥紧贴在测量点上。 宽度数据读取导块刻度线对齐尺寸。 高度数据读取导块上表面边缘对齐的尺寸，如图 3-48 所示

续表

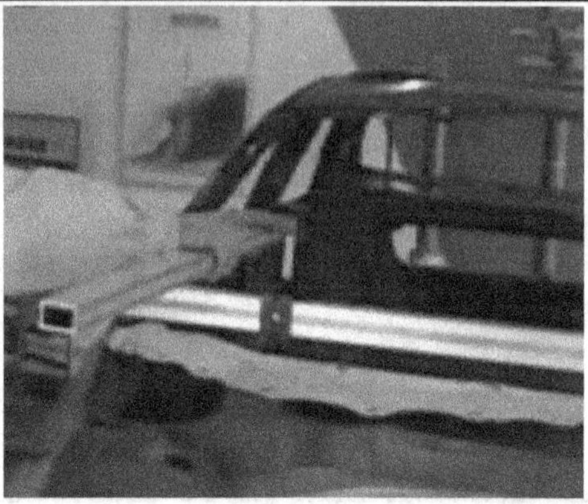 图 3-49	大多数发动机舱测量点的尺寸是通过刚性量规来测量的。 把刚性量规一端上的圆柱销插入上标尺导块的孔中，拧紧导块后面的螺钉，如图 3-49 所示
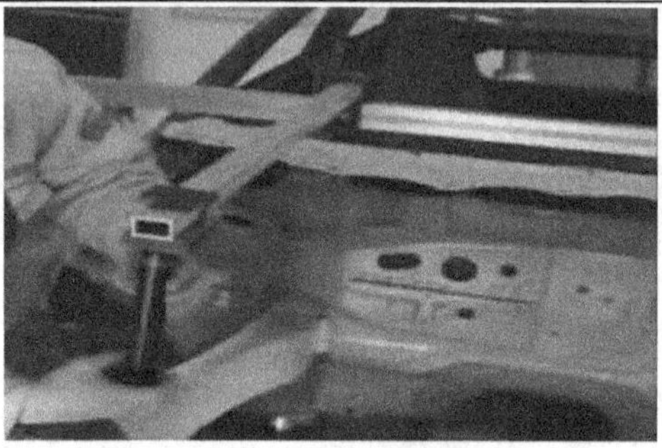 图 3-50	取单孔垂直标尺固定器安装到刚性量规上； 把垂直标尺筒柱组件旋入标尺固定器上并使测量标尺上适配块紧贴测量点； 拧紧横梁导块及标尺固定器上的紧固螺钉。 如图 3-50 所示
 图 3-51	宽度尺寸在横梁导块上刻度线对齐尺寸读取；高度尺寸在垂直标尺尺带上读取；长度尺寸在刚性量规垂直标尺固定器上刻度线对齐尺寸读取，如图 3-51 所示
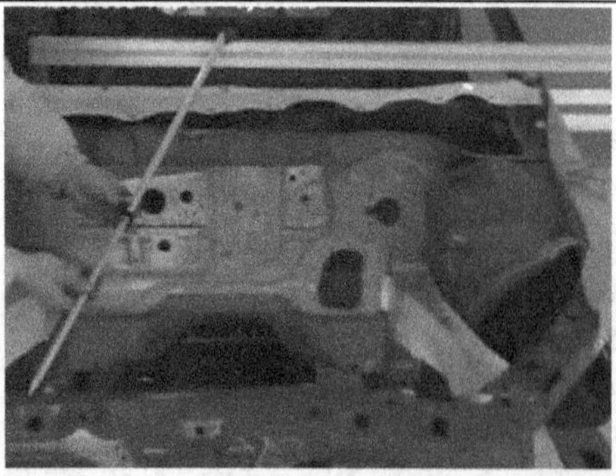 图 3-52	为了简化发动机舱的测量，可把探测量规一端定位在横梁的中心线上，另一端指向左右测量点，检查尺寸是否一致，如图 3-52 所示

续表

 图 3-53	（4）车辆外壳及侧面数据的测量 也是通过上部测量系统来测量。根据数据图要求找到要测量的点，放置好短梯子，安装好三角架，方法与前面步骤相同。 取车身量规块（有左右之分）安装到三角架相应的高度上，本例为 460mm。高度数据读取车身量规块上边缘对齐的尺寸，如图 3-53 所示
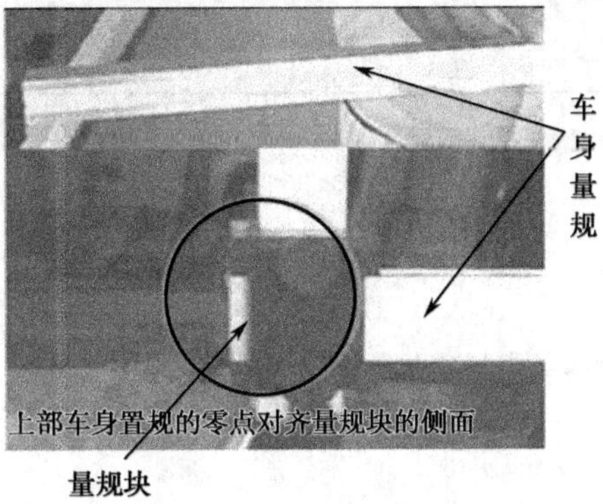 图 3-54	将车身量规安装到量规块上，且必须在三角架外侧，尺带朝上，量规的零点对齐量规块的侧面，如图 3-54 所示
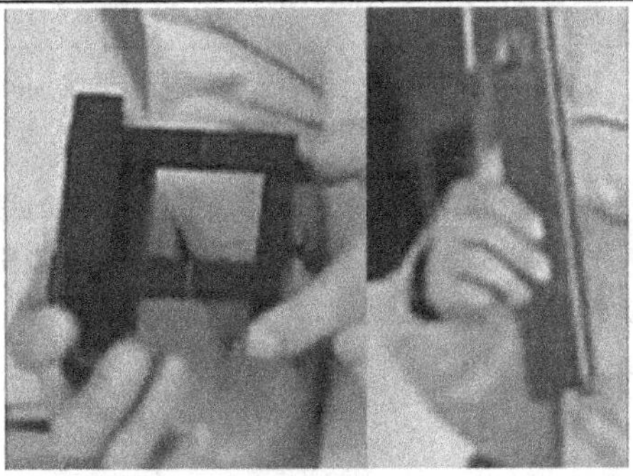 图 3-55	如图 3-55 左所示，在车身量规上安装不对称垂直标尺固定器，按测量点要求，位置在车身量规 278mm 处，拧紧螺钉。 如图 3-55 右所示，把不对称垂直标尺安装到固定器上，标尺的零点朝上，高度值读取固定器上边缘对齐的尺寸，本例为 48mm 处，拧紧螺钉
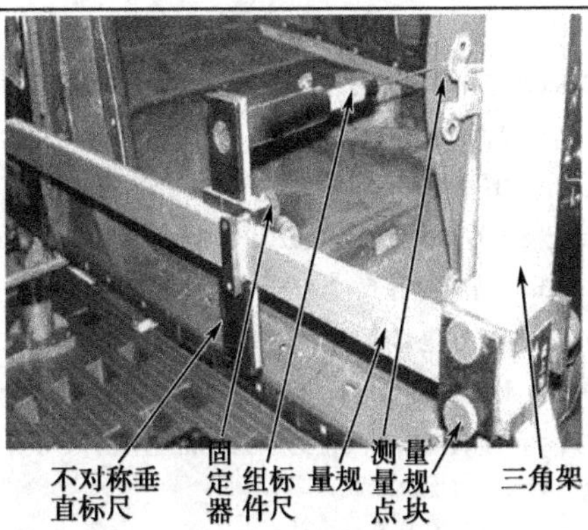 图 3-56	最后把垂直标尺筒柱组件旋入不对称垂直标尺螺孔内，测量点的宽度从标尺柱的尺带上读取，若对应图纸规定的位置，即 138mm（本例），表明无变形偏差，如图 3-56 所示

续表

图 3-57

（5）车身底部 228mm 基准杆的使用

当建立上部车身测量系统测量发动机舱尺寸时前部底盘测量点的测量会受到短梯子的干涉，此时要用到 228mm 基准杆来测量。

228mm 基准杆上标有“x”、“y”、“z”标签的三个固定垂直标尺筒柱组件的螺孔，如图 3-57 所示

图 3-58

把 228mm 基准杆放到短梯子上，如图 3-58 所示

228mm标尺柱尺寸数据

孔号	尺柱位置	长度	⬡ 高度	○ 高度
11	X	117	GE19140	
12	Y	154	E13242	
13	Z	34	E19115	C197

长度尺寸设置均以Y为基准

图 3-59

如图 3-59 所示，参考测量的车身数据图纸，选择用合适的垂直标尺筒柱组件旋入 228mm 基准杆上对应的孔，如要测量 11 号点，垂直标尺筒柱组件应旋入 228mm 基准杆上的“x”孔，选用 GE19 号适配块

图 3-60

移动 228mm 基准杆，使垂直标尺柱及适配块对准要测量的孔，松开标尺筒上的固定螺钉，使垂直标尺柱及适配块紧贴测量点（孔），如图 3-60 所示。

11 号点无变形的情况下长度值应为 117mm，读取 228mm 基准杆“y”孔下刻度对齐尺寸（无论标尺放“x”、“y”、“z”哪一个孔，长度值都读“y”孔下刻度对齐尺寸）；高度值应为 140mm，读垂直标尺柱尺带与标尺筒上边对齐的尺寸；宽度为原点尺寸，读取短梯子尺带上与 228mm 基准杆导块上刻度对齐尺寸

实训报告 3-1 超声波电子测量操作

表 3-1

<table>
<tr><td>实训车型</td><td colspan="2"></td><td colspan="3">测量数据</td></tr>
<tr><td colspan="3">实 训 步 骤</td><td>长</td><td>宽</td><td>高</td></tr>
<tr><td>1</td><td colspan="2">进入测量系统</td><td colspan="3"></td></tr>
<tr><td rowspan="2">2</td><td rowspan="2">基准点的建立</td><td>左</td><td></td><td></td><td></td></tr>
<tr><td>右</td><td></td><td></td><td></td></tr>
<tr><td rowspan="2"></td><td rowspan="2">参考点的建立</td><td>左</td><td></td><td></td><td></td></tr>
<tr><td>右</td><td></td><td></td><td></td></tr>
<tr><td rowspan="2"></td><td rowspan="2">测量点 1</td><td>左</td><td></td><td></td><td></td></tr>
<tr><td>右</td><td></td><td></td><td></td></tr>
<tr><td rowspan="2"></td><td rowspan="2">测量点 2</td><td>左</td><td></td><td></td><td></td></tr>
<tr><td>右</td><td></td><td></td><td></td></tr>
<tr><td rowspan="2"></td><td rowspan="2">测量点 3</td><td>左</td><td></td><td></td><td></td></tr>
<tr><td>右</td><td></td><td></td><td></td></tr>
<tr><td rowspan="2"></td><td rowspan="2">测量点 4</td><td>左</td><td></td><td></td><td></td></tr>
<tr><td>右</td><td></td><td></td><td></td></tr>
<tr><td></td><td>其他点</td><td></td><td></td><td></td><td></td></tr>
<tr><td>15</td><td colspan="2">5S 工作</td><td></td><td></td><td></td></tr>
<tr><td>教师评语</td><td colspan="5"></td></tr>
<tr><td>成绩</td><td></td><td>指导教师签名</td><td></td><td>日期</td><td></td></tr>
</table>

任务考核单 3-1 超声波电子测量操作

表 3-2

<table>
<tr><td>班 级</td><td></td><td>姓 名</td><td colspan="2"></td><td>学 号</td><td></td></tr>
<tr><td rowspan="2">考核内容</td><td colspan="4" rowspan="2">超声波电子测量操作</td><td>规定考核时间</td><td>60 分钟</td></tr>
<tr><td>实际考核时间</td><td>分 4 次</td></tr>
<tr><td>序号</td><td colspan="3">检查维修内容/评分标准</td><td>配分</td><td>考核及评分记录</td><td>得分</td></tr>
<tr><td rowspan="2">1</td><td rowspan="2">准备</td><td colspan="2">检查车辆状况，安装固定情况</td><td>5</td><td></td><td></td></tr>
<tr><td colspan="2">安全防护工作</td><td>5</td><td></td><td></td></tr>
<tr><td>2</td><td>进入系统</td><td colspan="2">进行相应操作，进入相应界面</td><td>10</td><td></td><td></td></tr>
<tr><td rowspan="7">3</td><td rowspan="7">基准点及参考点的建立及测量</td><td colspan="2">进入基准点界面</td><td>10</td><td></td><td></td></tr>
<tr><td colspan="2">建立基准点，完成附件及发射器安装</td><td>10</td><td></td><td></td></tr>
<tr><td colspan="2">进入参考点界面</td><td>10</td><td></td><td></td></tr>
<tr><td colspan="2">建立参考点，完成附件及发射器安装</td><td>10</td><td></td><td></td></tr>
<tr><td colspan="2">进入测量点界面</td><td>10</td><td></td><td></td></tr>
<tr><td colspan="2">完成至少四对以上测量点的检测</td><td>10</td><td></td><td></td></tr>
<tr><td colspan="2">完整记录测量数据</td><td>10</td><td></td><td></td></tr>
<tr><td rowspan="2">4</td><td rowspan="2">安全文明</td><td colspan="2">防护措施得当，作业规范安全整洁</td><td>3</td><td></td><td></td></tr>
<tr><td colspan="2">工具、零件不落地</td><td>2</td><td></td><td></td></tr>
<tr><td rowspan="2">5</td><td rowspan="2">工具使用</td><td colspan="2">工具选用合理</td><td>2</td><td></td><td></td></tr>
<tr><td colspan="2">5S 是否到位</td><td>3</td><td></td><td></td></tr>
<tr><td>6</td><td>考核时间</td><td colspan="2">每超 1 分钟扣 3 分，超时 3 分钟终止考核</td><td></td><td></td><td></td></tr>
<tr><td colspan="4">合计</td><td>100</td><td></td><td></td></tr>
<tr><td>监考教师</td><td colspan="2"></td><td colspan="2">考核日期</td><td colspan="2">年 月 日</td></tr>
</table>

● 知识链接

一、车身测量的作用与基准的建立

车身测量，是通过一定的方法或手段，去获取车身某些控制点（装配点）、工艺孔之间的数值，并与原始的车身标准数值进行比较的一种检查方式。

车身构件的位置偏差不能过大，一般不超过 3mm。否则，装配在车身上的总成，如发动机、水箱、转向、悬架等，将会改变其理想位置，从而破坏汽车的操纵稳定性或产生异响。而车身测量就是要找出这些位置偏差，特别是要找出用肉眼辨别不出的位置偏差，指出哪些板件偏离了正常位置，并确定偏移方向和程度。

1．车身测量的作用

（1）作业前的检测：确认车身损伤状态，掌握变形程度，为合理地制定维修方案提供依据。

作业前的检测应尽可能了解车身碰撞时的事实真相，如车身碰撞时的角度、方向、车速及乘员人数等。再凭借经验，通过车门及后备厢盖等部件开关时的感觉，车身轮廓线是否平齐、间隙是否均匀等，并沿撞击力的方向“顺藤摸瓜”，逐一对有可能变形损伤的部位、构件进行初步诊断与分析，再以精确的测量予以确认，为合理制订维修方案提供可靠的依据。

（2）作业过程中的检测：有助于对变形部位进行实时监控，判定修复作业是否循序渐进地在质量控制下，以免修复不到位或造成过度拉伸等。

（3）竣工后的检测：主要任务是复核，以实际测量数据和标准值通过比对，确认是否达到修复标准和预定目标，为验收和质量评估提供有力保证。

2．车身测量基准

（1）基准面

基准面是一个假想的水平面，它位于车辆下方且与车身底板或车架平面平行，如图 3-61 所示。车身高度尺寸就是从基准面开始以直角测量到车身底板的某一给定的检测点或参考点的距离而得出的，如图 3-62 所示。依据厂家使用的测量装备，高度尺寸决定了基准面的位置。维修中对同一车辆可设置不同的基准面。可以从所有的高度尺寸上加减相同的数值以创建一个自己需要的新基准面。

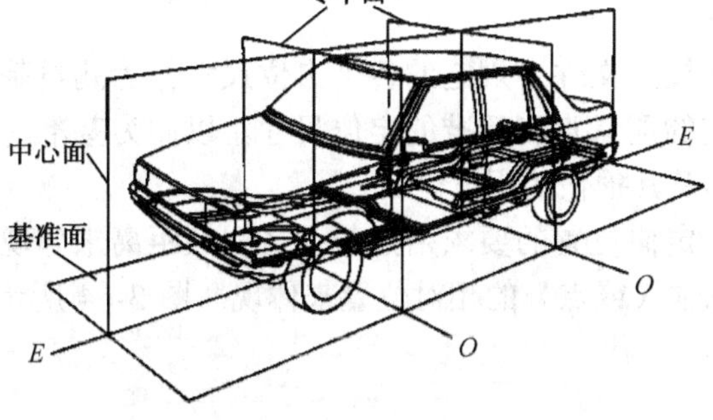

图 3-61 车身测量基准

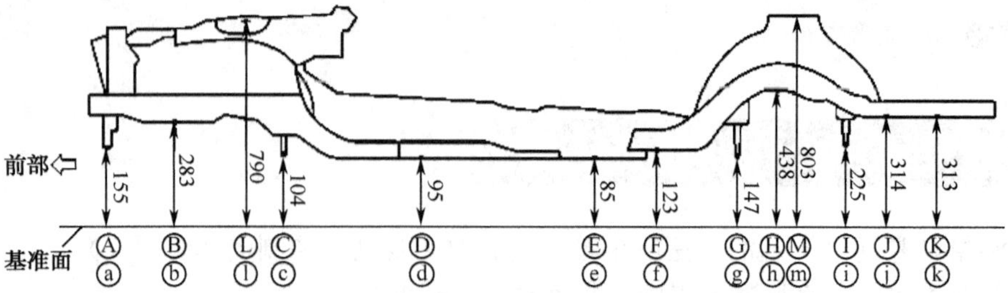

A（a）…K（k） 车身底部检测点（每处 2 点，左右对称）

图 3-62 日产风雅 F50 轿车底部高度尺寸基准

图 3-63 所示为东风日产颐达轿车的车身测量基准，其中 *Z* 坐标的基准（设计平面）就是基准面。

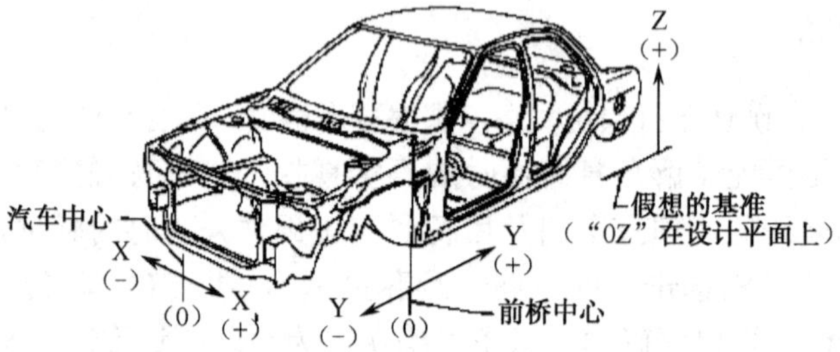

图 3-63 东风日产颐达轿车车身测量基准

（2）中心面

中心面是一个与基准面垂直并与汽车纵向中心线重合的平面（图 3-61）。它也是一个假想的中心面，将汽车纵向对称分开。图 3-63 中 *X* 坐标轴的中心——汽车中心就是中心面。车身的各点通常是以这一平面对称分布，因此，宽度方向的各尺寸参数都以该中心面为基准测量。

（3）零平面

将汽车看作由前、中、后三部分组成，这三部分的基准面称作零平面（图 3-61）。零平面用作检测车身沿长度方向的变形测量基础，所有纵向尺寸的测量及对称度检测都是以零平面为基准。图 3-63 中 *Y* 坐标的中心——前桥中心就是一个零平面。

3．测量基准参数的确定

（1）采用标准参数法

这种方法是以图样或技术文件中规定的各个定位尺寸作为测量基准参数。汽车车身尺寸图中，注明了车身上特定的测量点和标准的定位尺寸。以此为基准对车身的定位尺寸进行测量，可以准确地评估变形及其损伤的程度。

这种方法在测量中，定向位置的要求用点与点之间的距离来体现，对称性的要求用模拟轴线（或点）与实际对称轴（或点）的相对位置来体现。图 3-64 所示为别克荣御轿车车身侧面的基准孔与标准尺寸。

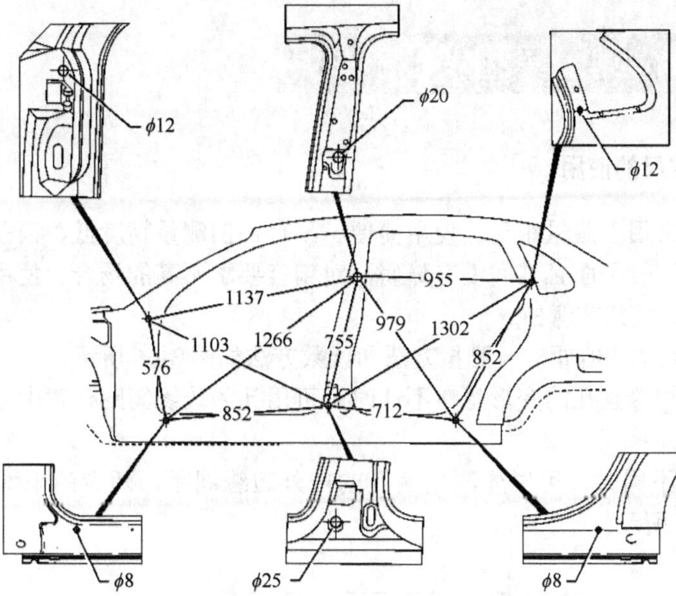

图 3-64 别克荣御轿车车身侧面的基准孔与标准尺寸

（2）采用对比参数法

对比法是以相同汽车车身的定位参数来作为基准。要求所选择的车身应完全符合技术文件规定要求的状况，必要时还可以通过增选车辆数来提高目标基准的精确性。

为了保证对比参数的准确，运用对比法确定测量基准时，还应注意以下两个问题：

1）注意数据的选取方法。正确的做法是：

① 利用车身壳体或车架上已有的基准孔，找出所需的定位参数值；

② 以基础件和主要总成在车身上的正确装配位置为依据；

③ 比照其他同类型车身尺寸图中的标示方法，来确定基准参数的量取方案。

2）注意误差的控制。为防止因测量时累积误差的增加而影响质量。正确的做法是：

① 选择便于使用的测量器具（如测距尺）；

② 不能以损伤的基准孔作为测量依据；

③ 同一参数值最好是一次性量得，而不要间接测量。

对于损伤程度不大的变形，在没有可供选择的车身作为对比条件的情况下，也可以利用车身构件对称性的原则，以未变形一侧的构件参数为基准，进行对角线比较法和长度比较法测量，如图 3-65 所示。

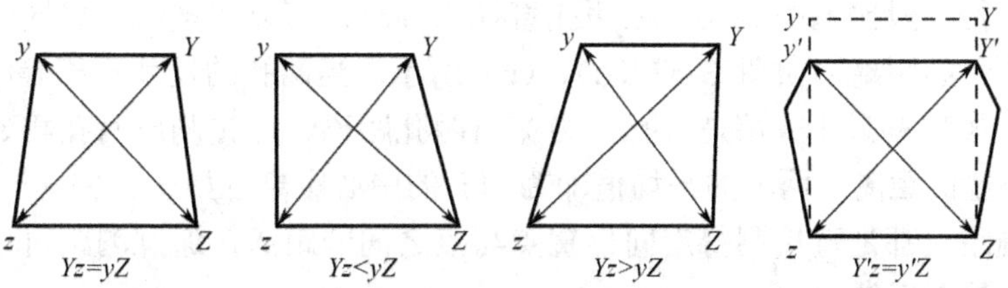

（a）构件未变形 （b）构件左侧变形 （c）构件右侧变形 （d）构件两侧均变形

图 3-65 对角线比较法测量

二、汽车车身检测量具和仪器的使用

1．钢卷尺和皮尺的使用

钢卷尺和皮尺常用于测量距离，使用简便、易行，但测量精度低、误差大，仅适用于那些两测量点之间在同一平面且其间没有障碍，对精度要求不高的场合。使用时，应确保钢卷尺或皮尺没有拉长、绞扭或弯曲。

用钢卷尺测量孔的中心距时，测量方法和读数方法如图 3-66 所示。

当两孔的直径相等且孔的变形忽略不计时，可用孔的边缘间距代替中心距进行读数，如图 3-66（b）所示。

当两孔的直径不同时，可以先测出两孔的内外边缘间距，两者的平均值即为两孔心距离，如图 3-66（c）所示。

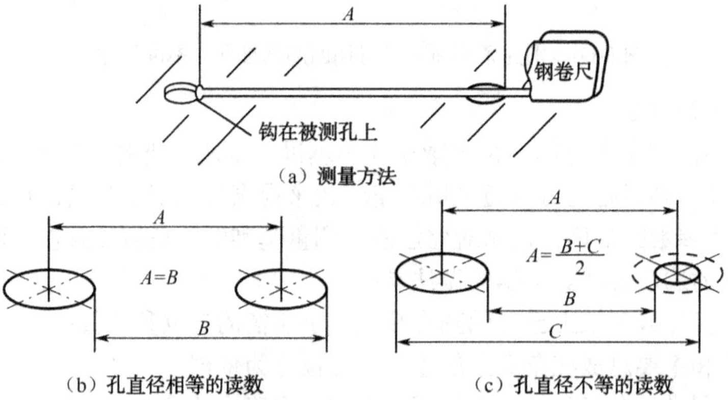

图 3-66　用钢卷尺测量中心距

2．滑轨式测距尺的使用

滑轨式测距尺用于测量中心距，由滑杆和两个测头组成，如图 3-67（a）所示。测头可以在杆上沿长度方向滑动，其自身高度也可以调节，滑杆上有刻度尺，可以直接读出两个测头之间的距离。使用滑轨式测距尺可以测量不在同一平面或中间有障碍物的两孔间的距离，因此，应用起来十分灵活、方便。

测量点的孔径一般比测头尖大，在两孔直径相等时，可以测量两孔壁同一侧的距离，该距离即为两孔的中心距离，如图 3-67（b）、（c）所示。当两孔的尺寸不相等时，它们多半会是同一类型的，如都是圆孔或都是方孔，为测出两孔距离，可先测出两孔相邻壁（内壁）的距离，再测出外壁的距离，两者的平均值即为两孔的中心距离，如图 3-67（d）所示。

钢卷尺和测距尺都是直接测得定向位置点与点之间的距离，通过测距可以诊断车身构件之间的位置状态是否正常。

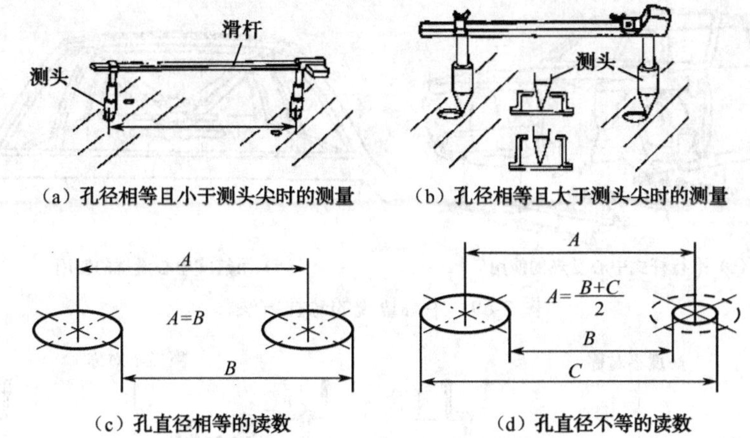

（a）孔径相等且小于测头尖时的测量　（b）孔径相等且大于测头尖时的测量

（c）孔直径相等的读数　（d）孔直径不等的读数

图 3-67　用测距尺测量中心距

3．中心量规（定中规）的使用

中心量规也叫定中规，用于测量和诊断车身或车架与汽车纵向轴线的对称度发生的变形。常见的中心量规有平行杆式和吊链式两种，如图 3-68 所示。中心量规有两个滑动时总保持平行的横臂（平行尺）、中心销（中心销指针或中心观测孔）及挂钩组成。中心量规上的中心销或中心观测孔，不管横臂的宽度为多少，它都保持在量规的中心位置。许多中心量规上左、右侧各有一个立尺，且立尺是可以调节的，以保证量规与底边的距离合适。

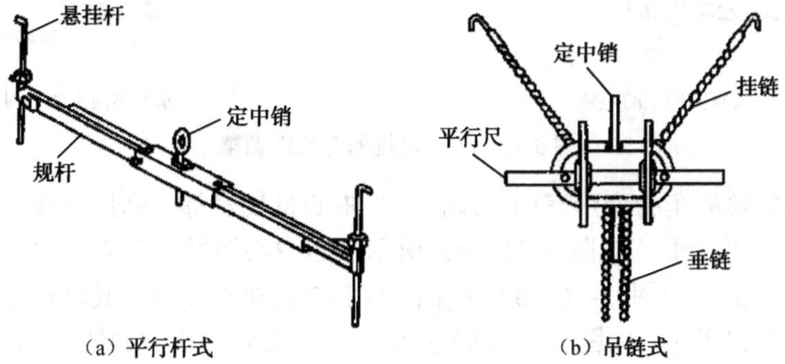

（a）平行杆式　（b）吊链式

图 3-68　中心量规

（1）中心量规的悬挂与调整。单个或双个量规不能用于实际检查，通常是将 3 个或 4 个中心量规挂于车身的基准孔上，如图 3-69 所示。通过目测检查中心销是否处于同一条轴线上，各量规的横臂是否相互平行，就可十分容易地对车身的各种弯曲、翘曲或扭曲变形作出诊断。使用时还要注意调整中心量规的对称性，否则会影响测量的准确性，如图 3-70 所示。

（2）诊断车身变形。在对车身变形的整体检查诊断中常用四个量规，首先在两个无明显损伤的位置上挂好两个中心量规，以此为基准，再在有明显损伤的地方悬挂两个量规，然后用视线检查悬挂在这两个位置上的量规，检验它们是否平行或存在中心销间的错位，以确定车身的变形情况。

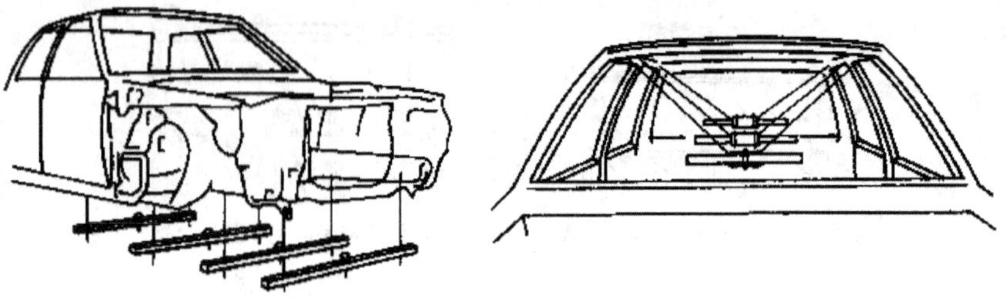

（a）平行杆式中心量规的使用　　（b）吊链式中心量规的使用

图 3-69　中心量规的悬挂方法

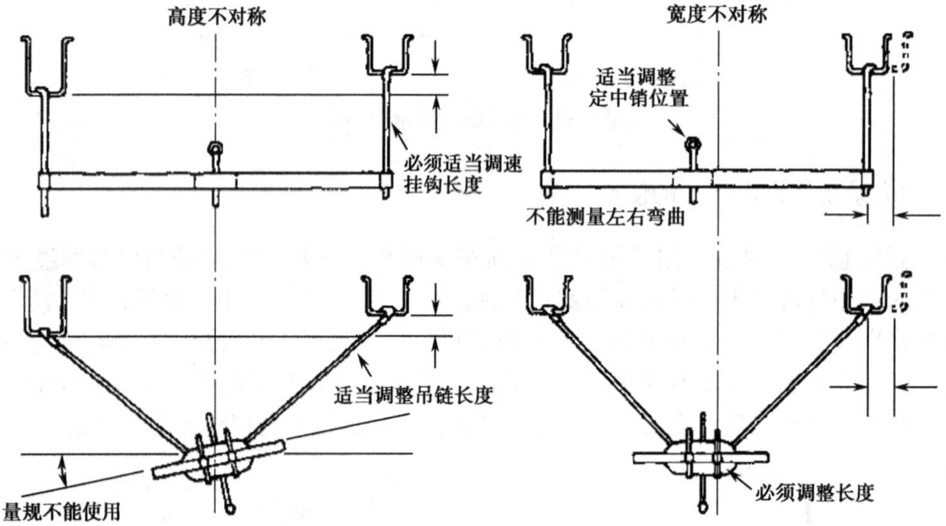

（a）垂直方向上的差别　　（b）水平方向上的差别

图 3-70　中心量规的对称性调整

使用中心量规诊断车身变形有如下规律：当中心量规平等、高度一致，中心销位于同一轴线时，说明车身无变形，如图 3-71（a）所示；当中心销发生左右方向偏离时，可以诊断为水平方向上的弯曲，如图 3-71（b）所示；当中心量规平行但高低位置发生错落时，则可诊断为垂直方向上的弯曲，如图 3-71（c）所示；当中心量规出现如图 3-71（d）的现象时，可以诊断为扭曲变形。

采用吊链式中心量规，还可以诊断车身支柱的损伤情况。检查时，将中心量规挂于车身壳体骨架的基准孔上，通过目测中心销、垂链及平行尺是否平行；中心销是否处于同一轴线上，可以对车身支柱、骨架的变形作出相应诊断。

用中心量规诊断车身变形从理论上讲是精确的，但如果操作不当也很容易出差错，甚至造成测量结果的严重失真，导致误诊。为此，在中心量规使用时应注意下列问题：

（1）不能使用损坏的孔悬挂中心量规，对于必须安装中心量规的检查参考孔，使用前应将其修复完整。

（2）测量时，应保证中心量规的吊杆长度符合要求。也就是说，当其中一个中心量规的高度确定后，应以车身参数表规定的数据为准，对其他中心量规吊杆的长度，按高低差作增减调整，使几个中心量规的悬挂高度符合标准。

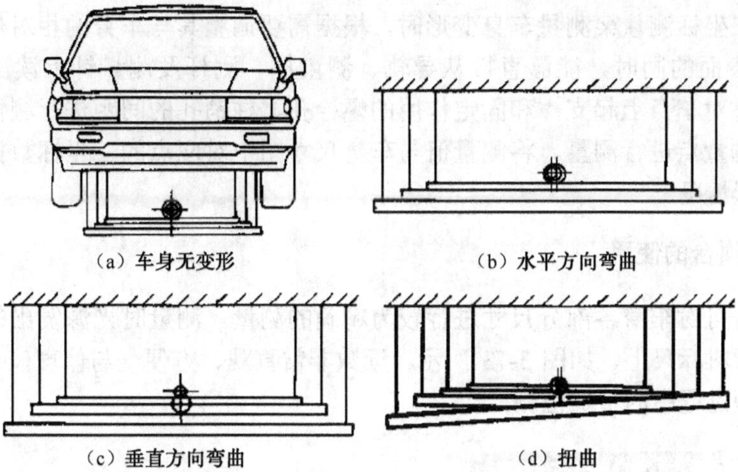

图 3-71 用中心量规检测车身变形

（3）测量车身上不对称结构时，应有针对性地对中心量规的中心销位置和吊杆（挂钩）的长度做好对称性调整，其调整值应以车身尺寸图中提供的数据为准。

（4）不能将中心量规安装在可移动部件上，如转向控制臂及各种弹簧等。

（5）目测检查时，不应从受损截面处的量规一侧看，而应从作为基准量规的一侧看，这样判断更为准确。

（6）目测检查时，不要站离量规太近，以免降低测量精度，但如果站得很远，就会大大影响对量规的视线，而不可能测量准确。因此，目视检查的距离应适当。

（7）用视线瞄准时，只能用一只眼睛，视线要始终对准基准量规的中心销。这样，通过检查其他中心量规的中心销是否偏离了视线，就能诊断车身是否损伤。

4．桥式三坐标测量架的使用

桥式三坐标测量架适用于对车身壳体表面的测量。它主要由底座、导轨、移动式测量柱、测量杆和测量针等组成，如图 3-72 所示。

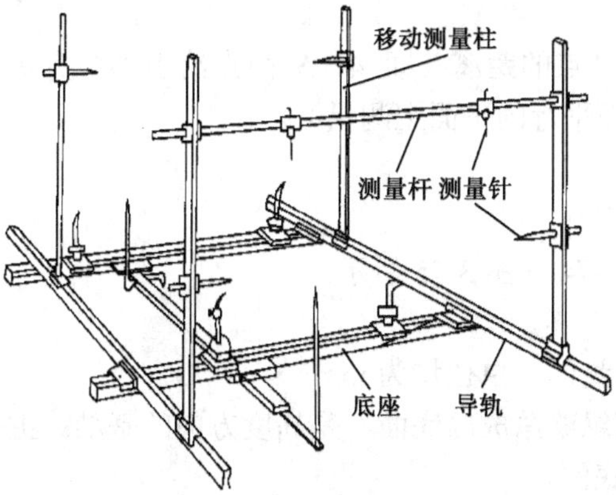

图 3-72 桥式三坐标测量架

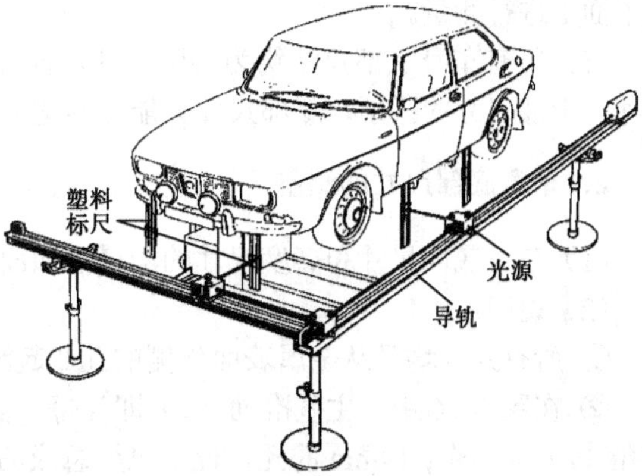

图 3-73 聚光测量台

使用桥式三坐标测量架测量车身变形时，根据需要调整其与车身的相对位置，使测量针在接触到车身表面的同时，能够直接从导轨、测量柱、测杆及测量针上读出所对应的测量值。选点时着重对车身上起支撑和固定作用的螺栓孔、柱销孔的间距进行测量，或按车身尺寸图中规定的测量点进行测量。将测量值与车身尺寸图中对应点的三坐标数据对比，即可判断出车身的变形情况。

5. 聚光测量台的使用

聚光测量台可对车身各部分尺寸进行较为精确的测量。测量时光源发出的聚光束，可将光点投射在各塑料标尺上，如图 3-73 所示。读数非常直观、方便，与修理校正装置配套，能够实现车身修理过程中的精确检测。

三、汽车车身各部的测量

本项目以别克荣御轿车为例，学习车身各部分尺寸的测量方法和要求。

1. 阅读手册

阅读手册的目的是了解被测车辆车身尺寸的标注方法、测量要求、各部分测量点的位置和尺寸标准等相关信息，以便顺利、准确地开展测量工作。例如，别克荣御轿车维修手册中关于车身尺寸的说明有以下几点值得注意：

（1）定位车身构件时必须限定在相应车型维修信息所规定尺寸±1.5mm 范围内（即给出了尺寸偏差范围）。

（2）作为最低要求，必须使用由带两个可调游标的单杆组成的卡尺来精确测量这些尺寸（即不建议使用钢卷尺或皮尺测量，至少使用专用测距尺测量）。

（3）在准备车身底部定位检查时，车辆必须停放在水平面上，最好使用为此项检查以及校正车身定位而专门设计的测量或夹紧工具。

（4）重要注意事项：车身底部尺寸为投影尺寸，即将测量点投射到二维平面上，然后在该平面上进行测量。

（5）所有车身上部尺寸均为实际尺寸，即点到点的距离（即 4、5 两点给出了车身底部尺寸与上部尺寸的区别，底部尺寸只能在与基准面平行的平面上测量）。

2. 车身底部尺寸的测量

（1）车身底部尺寸和高度尺寸的测量点如图 3-74 和图 3-75 所示。

（2）说明：

① 所有尺寸均是从金属表面外侧的孔心起测量的，单位均为 mm。

② 在图 3-74 中，主基准面（1）即为每个前纵梁总成的底面，是高度方向的基准；主基准孔（2）为一个ϕ19mm 的孔，位于纵梁总成的底面。

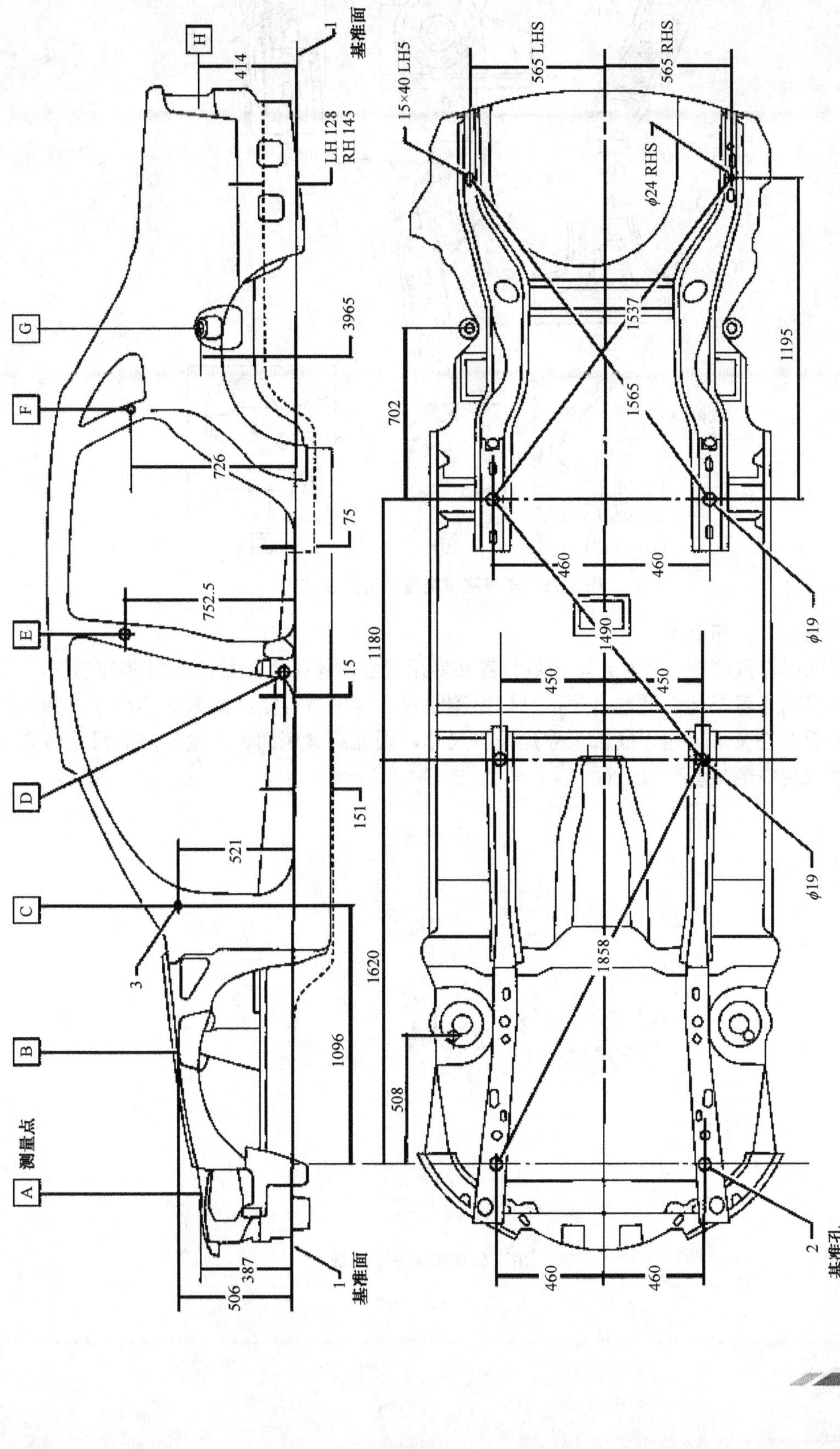

图3-74 别克荣御轿车车身底部尺寸图

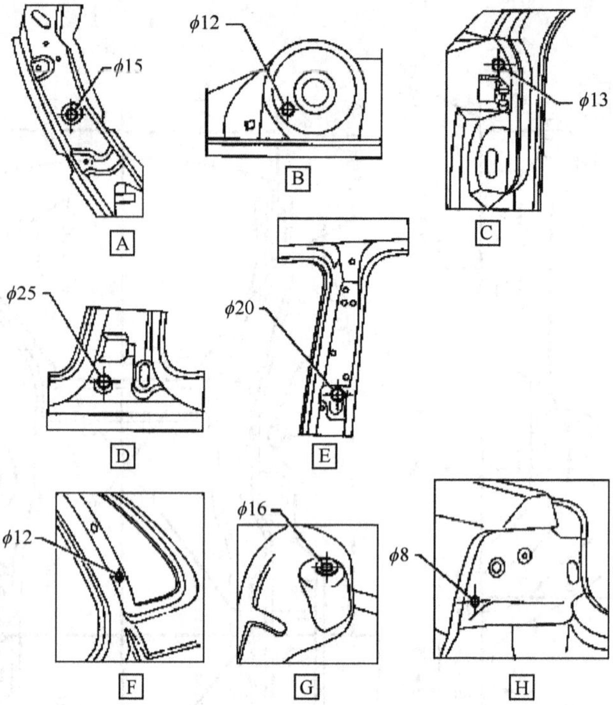

图 3-75　车身底部高度尺寸测量点

（3）测量方法和要求：

为了准确测量底部各尺寸，车辆最好停在专用底盘测量架上测量，如图 3-76 所示。也可以用举升机将车辆举起并调整水平，然后用测距尺、定中规等量具测量底部尺寸，并判断车身底部是否存在变形。由于底部尺寸是投影尺寸，因此测量底部长、宽方向的尺寸时必须保证测距尺或定中规与基准面平行。

图 3-76　车身底部尺寸测量

3. 车身前部尺寸的测量

车身前部尺寸和主要测量点如图 3-77 所示。汽车前部尺寸使用轨道式量规或测距尺进行测量。按图 3-77 所示的测量点进行测量时，注意有些尺寸是对称的，如 697 和 1352，必须成对检测。在维修中，这些尺寸必须控制准确，否则不但影响汽车前部的外观，而且影响发动机、水箱等总成的正确安装。

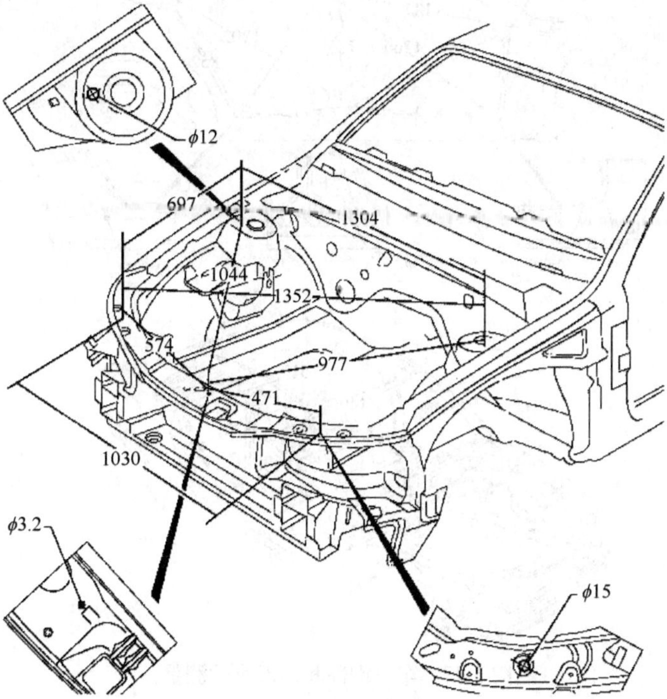

图 3-77　车身前部尺寸

4. 车身侧部和内部尺寸的测量

如果车身侧边覆盖件或构件有损伤，通过车门开关时的感觉可以初步确定。找出侧边车身变形所在位置，应把注意力放在影响车门密封的可能性上。因此必须按照测量点精确测量。

车身侧部和内部尺寸及测量点的部位如图 3-78 所示，其中车厢内部尺寸 1757 是一组对角线，应成对测量。另外，车身左右两边的尺寸是对称的，两边的数据应当完全一样。在没有标准尺寸时，可以利用两边尺寸的对称性进行比对检测。

5. 车身后部尺寸的测量

车身后部的变形可通过后行李舱盖开关时的状况来初步诊断。为了确定损伤及漏水的可能性，应按厂家规定的测量点和尺寸进行精确测量。

车身后部尺寸和测量点的位置如图 3-79 所示，其中 1549 和 883 是对称尺寸，应成对测量。

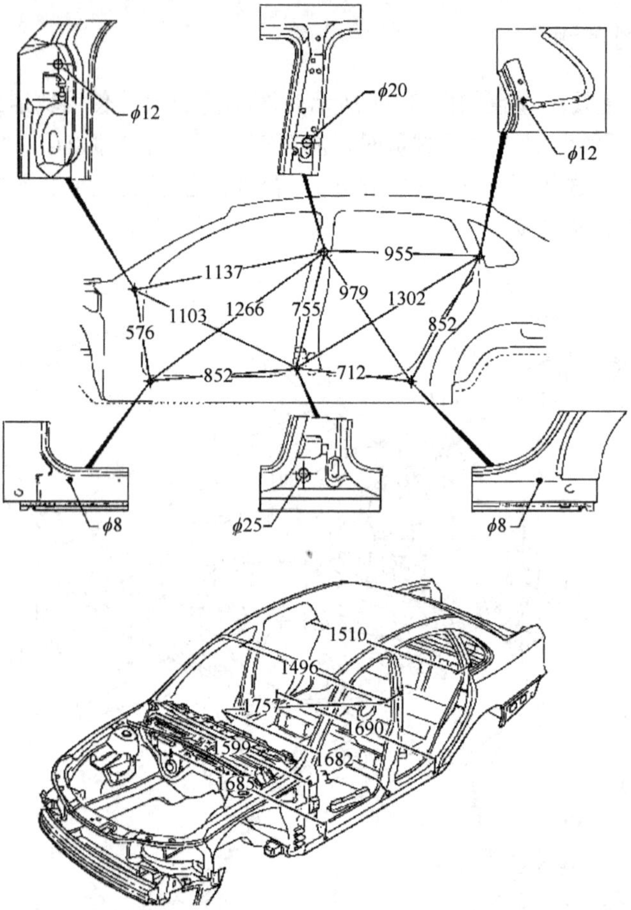

图 3-78　车身侧部和内部尺寸测量

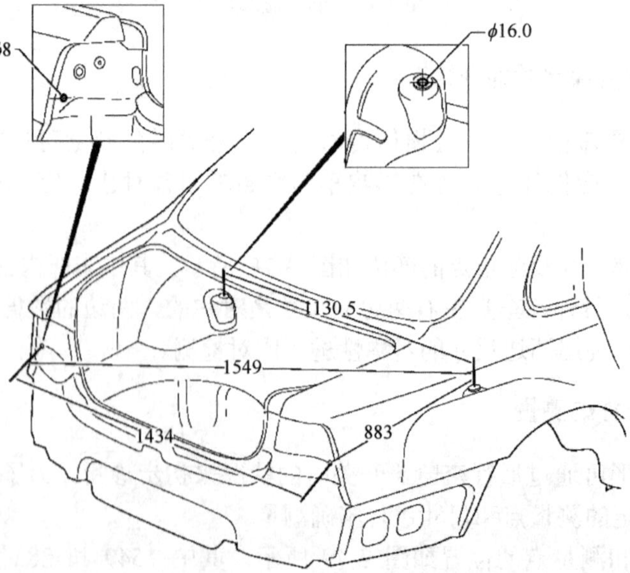

图 3-79　车身后部尺寸测量

四、常用测量设备

1．机械式三维测量系统

图 3-80 所示为门式测量系统，奔腾公司的米桥式通用测量系统，如图 3-81 所示，都属于机械式三维测量系统，图 3-82 所示为测量附件。

机械式三维测量系统能对整个车身包括底盘的所有测量点进行测量，但是测量底盘时必须是无悬架状态下进行，而且要找准长、宽、高的三维基准面。

其原理来源于车身的制造过程，可以对板件进行快速定位、安装、焊接等工作，包含主要测量控制点的测量头（也称为定位器），测量控制点的位置与专用测量头完全配合，一套测量头一般可用来测量同一个型号车身类型的汽车。米桥式通用测量系统可突破只测量某种车型的局限。

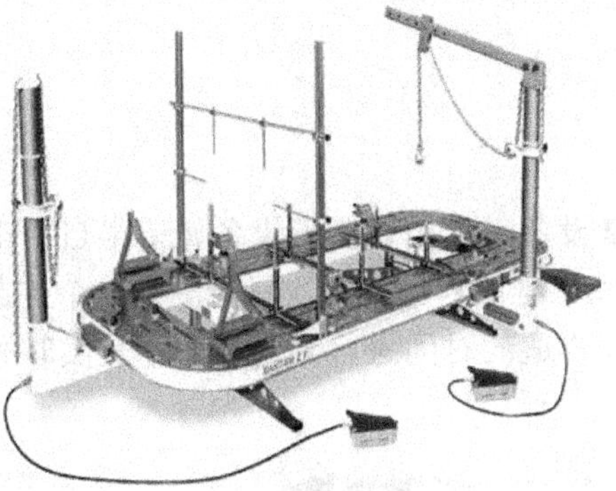

图 3-80　门式机械测量系统

图 3-81　米桥式机械测量系统

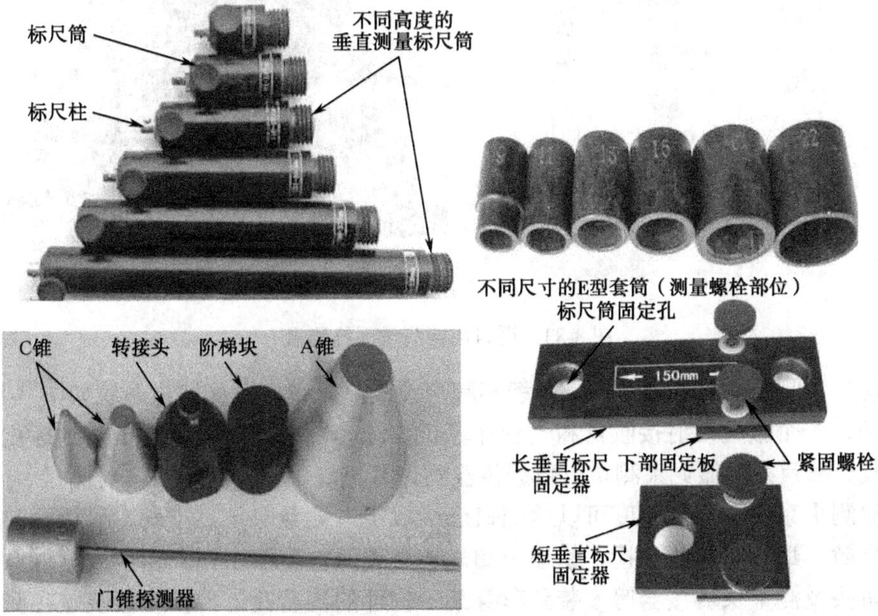

图 3-82　测量附件

立尺固定器　　横尺固定器

图 3-82　测量附件（续）

机械三维测量技术要求：

（1）测量精度达到±1～±1.5mm。

（2）使用过程中操作必须小心，轻拿轻放。

（3）测量前首先找基准。

（4）根据数据图要求选择测量头。

（5）按照数据图测量车身控制点。

2. 电子测量设备

有半自动电子测量设备和全自动电子测量设备。自由臂测量设备属于半自动电子测量设备，如图 3-83 所示。自由臂转动可以实现空间三维的移动，每次只能测量一个控制点，不能做到多点同步进行测量，只能做到适时测量（合适的时间进行测量）而不是实时测量（随时可以显示当时的测量数据）。

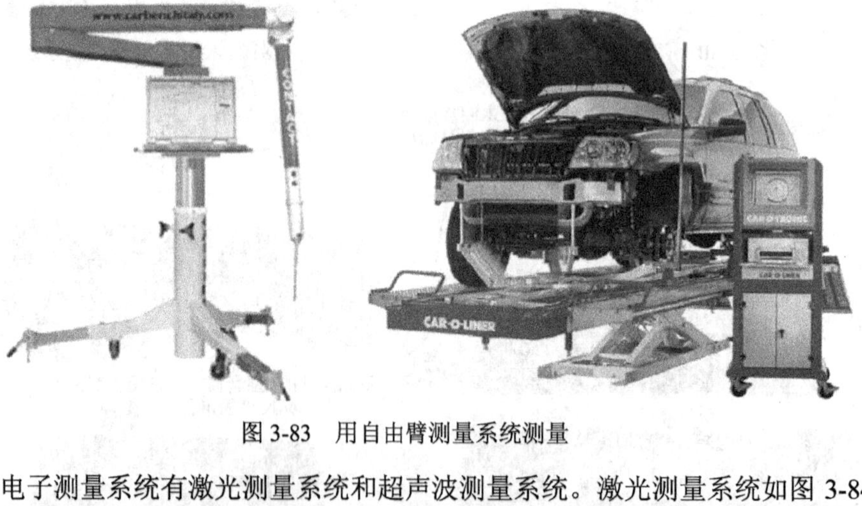

图 3-83　用自由臂测量系统测量

全自动电子测量系统有激光测量系统和超声波测量系统。激光测量系统如图 3-84 所示，包括反射靶、一个激光发射接收器和一台计算机，激光发射器发射激光投射到标靶上，激光接收器接收光栅反射的激光束测量出数据传输到计算机，可以实现多点实时测量

超声波测量系统。测量精度可以达到±1mm 以下，测量稳定、准确，可以瞬时测量，操作简便、高效，适合车辆的预检、修理中测量和修理后检验等工作。超声波测量原理是利用发射器测量头及测量头转接器等安装到车身某一构件的测量孔上，接收器装置在测量横梁，

发射器发送超声波，接收器可快速精确地测量声波在车辆上不同基准点之间传播所用的时间，计算机根据每个接收器的接收情况自动计算出每个测量点的三维数据。图 3-85 所示为发射器和测量横梁。

图 3-84　激光测量系统

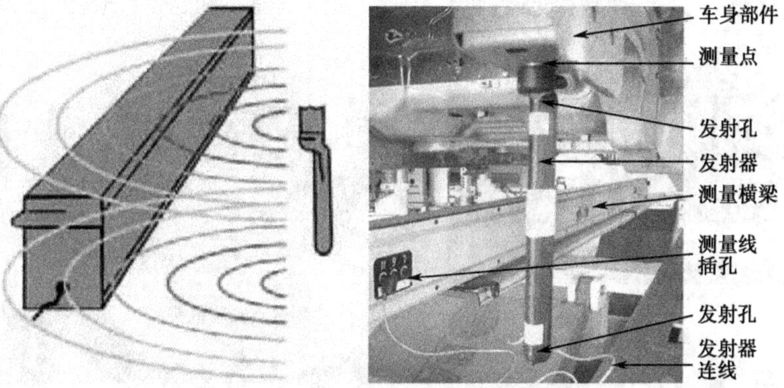

图 3-85　发射器及测量横梁

超声波测量系统的连接示意图如图 3-86 所示。

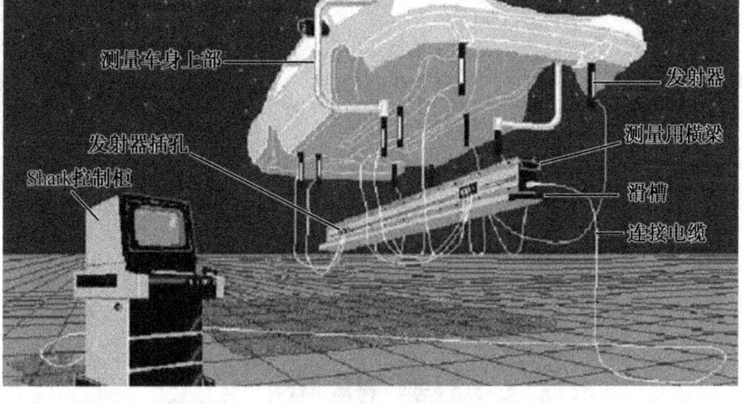

图 3-86　超声波测量系统的连接示意图

基本组成：由发射器、接收横梁、电脑控制柜和测量附件等组成，如图 3-87 所示。图 3-88 为测量附件。

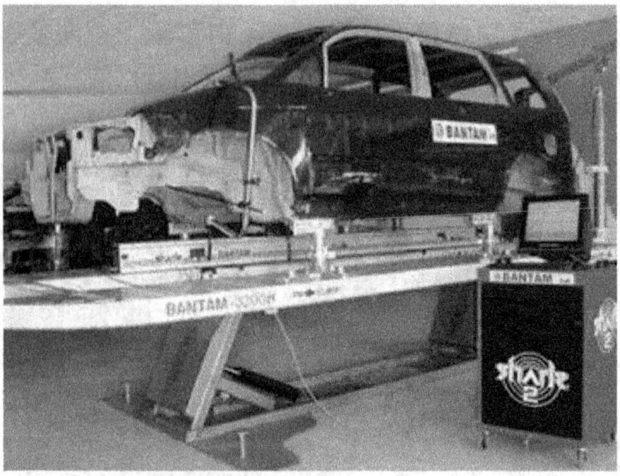

图 3-87　用超声波测量系统测量

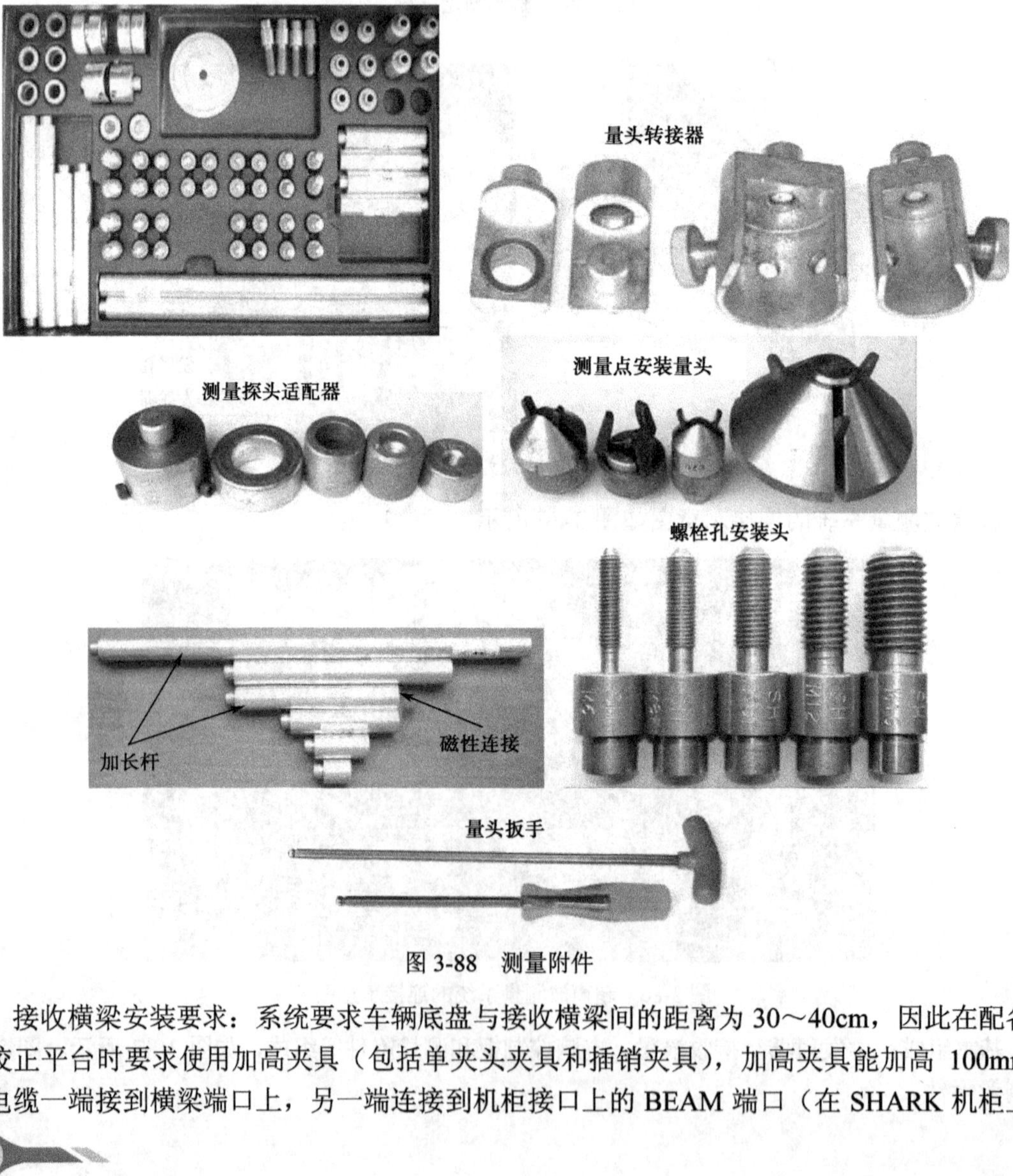

图 3-88　测量附件

接收横梁安装要求：系统要求车辆底盘与接收横梁间的距离为 30～40cm，因此在配备车身校正平台时要求使用加高夹具（包括单夹头夹具和插销夹具），加高夹具能加高 100mm。将电缆一端接到横梁端口上，另一端连接到机柜接口上的 BEAM 端口（在 SHARK 机柜上有两个电缆连接口 BEAM 和 TEST。BEAM 是测量的连接口，TEST 为机柜自检连接口)，通过通信电缆将测量横梁连接到控制柜的电脑上。

超声波全自动电子测量系统具有以下优点：

① 能够在维修前、维修中、维修后随时检验车辆的碰撞，打印维修结果；

② 拉伸过程中，系统能够实时监控多达 12 个测量点的变化情况，自动计算出测量值、测量值与标准值的差值；

③ 拉伸过程中，软件提供给维修技师碰撞变形情况和拉伸方向，通过彩色显示屏和测量数据，实时监控拉伸情况和测量结果，监控整个拉伸过程。

全自动电子测量设备确有很多优点，但也有其不足之处，即对于发动机舱及车身上部的点测量不了，还是要借助机械测量。

五、车身数据图的识读

车身数据图的识读是车身测量的基础，尤其是进行机械测量，更要弄清楚数据图上的各种符号、标识及尺寸。不同的厂家或公司提供的数据图格式可能不同，但要表达的基本内容是一致的，都要反映出车身上测量点的长、宽、高三维数据。以下为几种不同数据图的分析。

1. 车身底部数据图

图 3-89 所示为汽车底部数据图。图的上半部是俯视图，能表达车身底部测量点的宽度数据和对角线数据。中间用虚线隔开，下半部分是侧视图，能表达测量点的高度和长度值。图的左侧部分代表车身的前部，右侧部分代表车身的后部。

（1）宽度数据。在俯视图的中间有一条纵向贯穿整个车身的线，就是中心面的投影，称为中心线。俯视图下面有一排字母 *A* 至 *R* 表示测量点的名称，每个测量点对应的俯视图都有左右两个点，如 *A* 点对应有 *A* 左和 *A* 右两点，这两点之间的距离为 520mm，那么 *A* 点的宽度值为 260mm。

（2）高度数据。侧视图的下方同样有一排字母，与俯视图上的字母对应，字母上面的黑色实线为水平的基准，在进行机械测量时要把高度的基准调整到与数据图的基准重合或平行。字母的上面都有对应的数据，这些数据就是对应点的高度值，如 *A* 点的高度值为 237mm。

（3）长度数据。基准线下排字母中 *K* 点和 *O* 点下都有一个小黑色三角，表示 *K* 点和 *O* 点是长度方向的零点，即车身长度基准点。*K* 点是车身前部测量点的长度基准，*O* 点是车身后部测量点的长度基准。侧视图上部标注的数据为长度数据，如 *A* 点的长度值为 1 410mm。

以同样的方法可找出其他测量点的三维数据。

2. 米桥通用机械测量系统应用的车身数据图

米桥通用测量系统为奔腾公司制造的一种机械测量系统，对应每一种车型都有相应的车身数据图。

（1）如图 3-90 所示，为北京吉普欧蓝德的发动机舱及车身底部数据图，主要通过一张俯视图来表达车身的数据。左侧为发动机舱数据图，代表车身前部；右侧为车身底部数据图，代表车身后部。

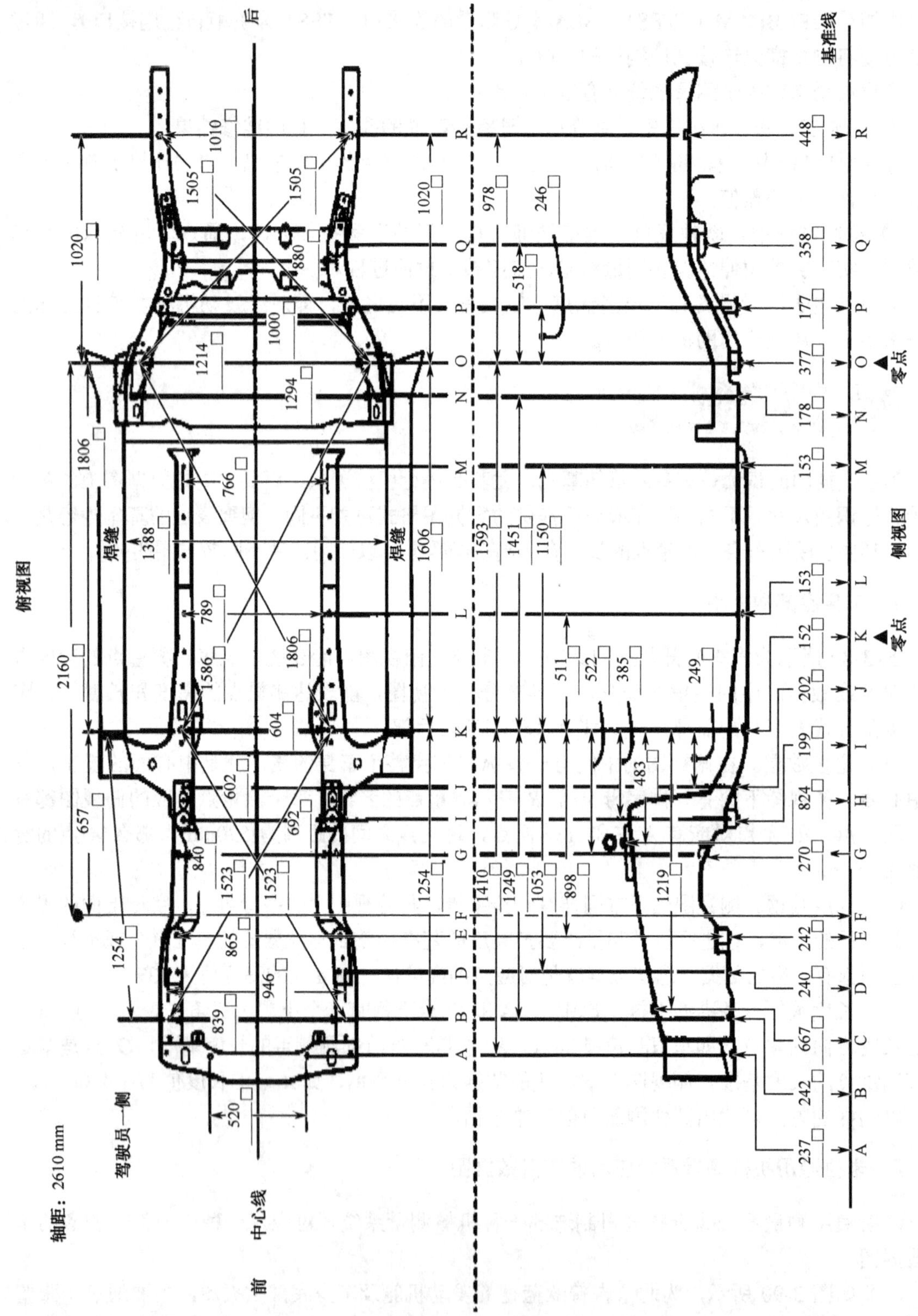

图3-89　车身底部数据图

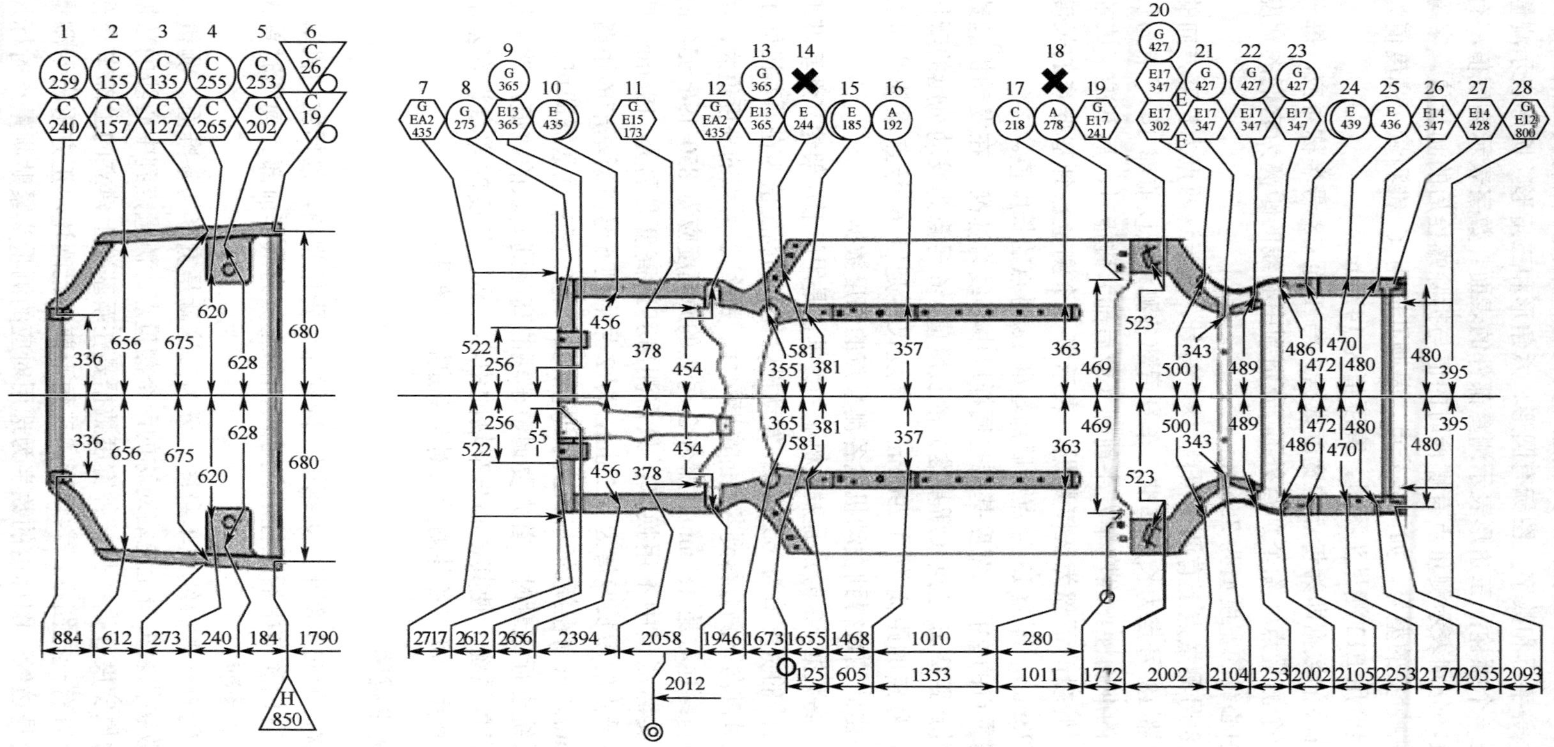

228mm标尺柱尺寸数据

孔号	尺柱位置	长度	⬡高度	○高度
11	X	117	GE19140	
12	Y	154	E13242	
13	Z	34	E19115	C197

长度尺寸设置均以Y为基准

螺钉去除后高度变化

孔号	⬡高度	○高度
2	C 155	C 144
J	CE12 482	
10		B 454
12	E13 242	
26	E19 115	

极限偏差

长度方向：8mm

宽度方向：5mm

高度方向：5mm

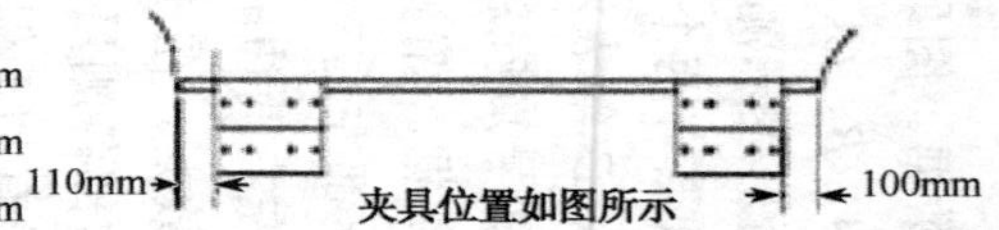

图3-90 发动机舱及车身底部数据图

① 高度数据。图最上边有一排数字 1 至 28 为测量点的名称，紧接下面有对应的图标，图标内部有 *A*、*B*、*C*、*D*、*E* 等字母和数字。图标有圆形、六角形和三角形，圆形表示测量点是孔；六角形表示测量点是一个螺栓；三角形表示测量部件的表面。数字表示高度值，有时同一个测量点有两个高度值，分别表示测量点有螺栓时的值与拆除螺栓后的测量值。字母 *A*、*B*、*C*、*D*、*E* 等表示所用测量头的型号。如 13 号点，是圆孔时用 *C* 锥测量，高度值为 229mm。当 13 号点安装有螺栓时用 E13 测量头测量，高度值为 147mm。

② 宽度数据。俯视图中标注的数据即为量点的宽度数据，与 1 至 28 号名称对应，每一号点在车身上都左右对称有两个测量点（除个别点外），分别到中心线的距离为它们的宽度值。如 13 号左右两边的点到中心线的宽度值为 356mm。

③ 长度数据。在 14 和 18 号测量点上有两个黑色“×”符号，表示这两点为长度方向的基准。车身前部各测量点以后部 18 号点为长度基准；车身后部各测量点以前部 14 号点为长度基准。这样有利于保证基准的准确性。当汽车发生前部（或后部）碰撞时，后基准（或前基准）被损坏的可能性较小。俯视图下部为长度数据，表示每一个测量点到基准点的长度值。如 13 号点的长度值为 1 673mm，即为 13 号点到后部基准 18 号点的长度值。

数据图左侧为发动机舱测量点的数据。宽度基准也同样以中心线为基准。在发动机舱数据图下方的数字是表示 1～5 号点距离 6 号点（新基准）的长度值。6 号点为发动机舱的新长度基准，它距离后部基准 18 号点的距离为 1 790mm。高度尺寸是以 6 号点原基准向上 850mm 处作为新的高度基准，由此测量得到发动机舱各测量点的高度数据。

比如要找 2 号点的长、宽、高数据，2 号点是发动机舱的数据，是用门形尺架建立新基准来测量的。2 号左右测量点到中心线的宽度值为 655mm。发动机舱各点的高度值为在原基准面上 850mm 处建立的新基准，以此基准向下测量得到各点的高度尺寸。那么 2 号点的高度值为：用 C 测量头测量孔是 196mm，测量螺栓时是 187mm。那么 2 号点的原高度应为 850−196=654mm 或 850−187=663mm。其实在实际测量中不用换算，只需测出其新高度是否是 196mm 或 187mm 即可判断变形与否。2 号点的新长度值为 612mm，即 2 号点到 6 号点新基准的距离，原长度应为 1 790+612=2 402mm。只需在新的基准上测出它的长、宽、高三维数据即可。

用这种数据图配合测量系统进行测量时，首先要调整车辆的高度到要求的数值，然后把车辆固定在主夹具上。移动测量系统，使其中心与车辆的中心一致。长度的零点设在基准上，长、宽、高基准与图纸一致后，可用各种测量头对车身进行三维测量。

3. 米桥测量系统上部车身数据图

图 3-91 所示为北京吉普欧蓝德的上部车身数据图。同样为一张俯视图，包括发动机罩铰链位置、前后风窗、前后门、背门和前中后立柱的尺寸，图的左侧为汽车前部。读图时首先要找到图中表示长、宽、高三个基准。

宽度基准面。俯视图的中间有一条心线把车身图一分为二这就是宽度的基准面。测量点用 1～17 的数字表示，每个数字代表车身上左右对称的两个测量点。测量点到中心线的数据即为宽度数据，这种数据称为原宽度数据；另一种宽度数据是在新基准上建立的上部车身测量系统测得的数据。数据图上方有一排图标，六角形、三角形前面已阐述，正方形表示测量部件的表面，菱形表示测量的是边缘，图标内的数字为选用对应的测量头紧贴测量点时标尺显示的宽度值，如 3 号点到新基准的距离为 188mm。

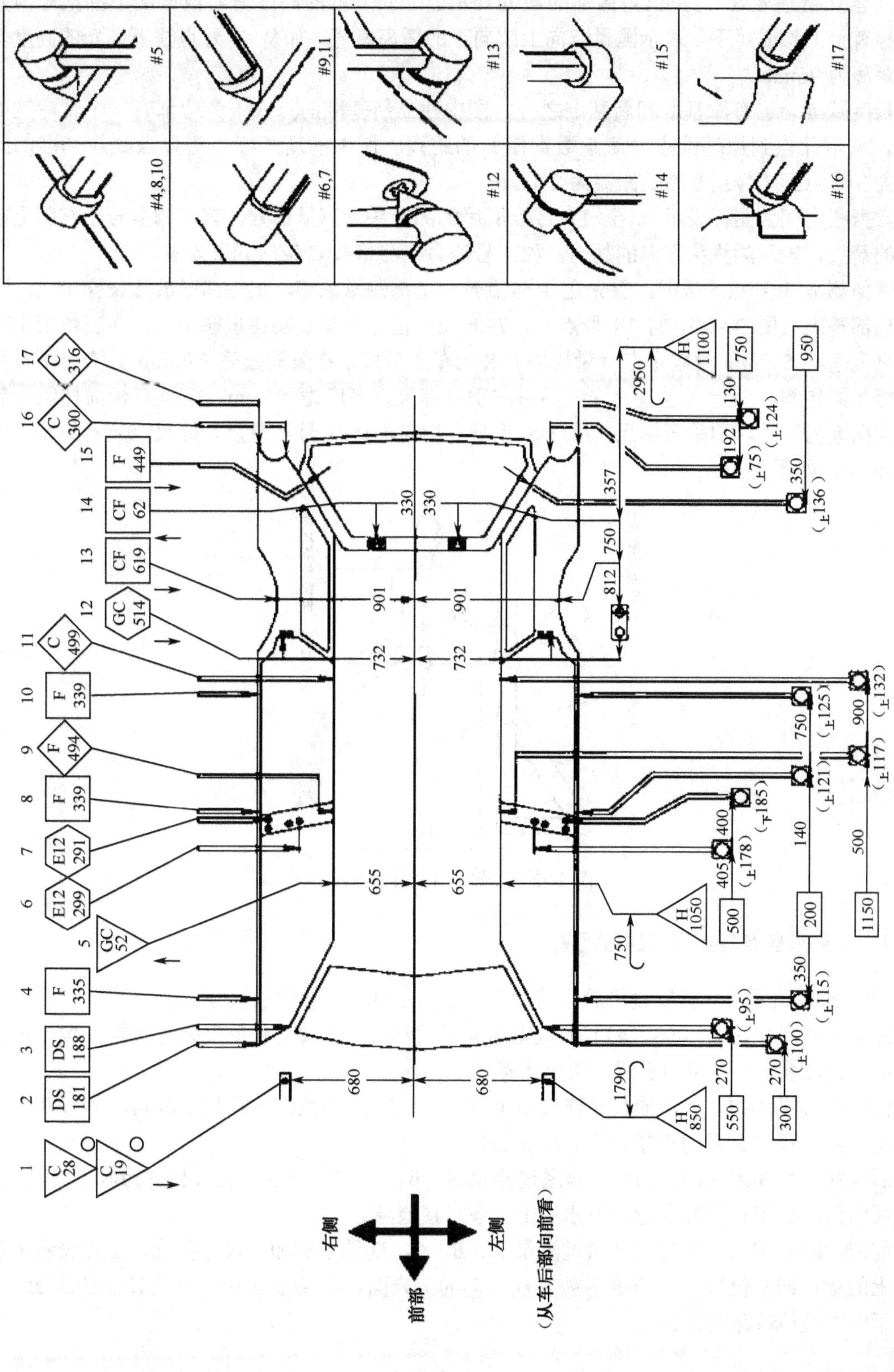

图3-91 上部车身数据图

高度基准面。有原基准和新基准之分，数据图下面的正三角表示测量的基准位置的变化情况（建立新基准处）。正三角内部的数据表示建立新基准的高度值，数据图下部括号内数据前标有“上”或“下”表示测量点向上或向下的新高度值，如从 3 号点往下到新的高度基准的距离为 96mm。

长度基准。也有原基准和新基准之分，图中建立新基准的点底下旁边都有一个带弯钩的箭头，表示此点到原基准点（底盘数据图）的距离。图中的新长度为测量点到新基准的距离，如 3 号点到 1 号新基准的距离为 270mm。

数据图右侧各图标表示 4 至 17 号点所用的测量头及测量位置。有些测量号下有朝上或朝下的箭头，表示测量头方向的朝向。如 1 号测量点测量头 C 锥应朝下安装。

例如测量 3 号点的数据，首先在 1 号点建立上部测量系统，把短梯子放置长梯子上，距离原后部基准（图 3-90 中的 18 号点）1 790mm，把三角架安装在短梯子上，在三角架上距离原高度基准 550mm 处固定车身量规块并装上车身量规，在量规延后 270mm 处安装不对称垂直标尺固定器，朝上（垂直）安装不对称垂直标尺，高度为 96mm，把垂直标筒柱组件旋入（横向朝内）不对称垂直标尺，用 DS 测量头指向车身 3 号测量点，标尺上显示的宽度值为 188mm，如图 3-92 所示。

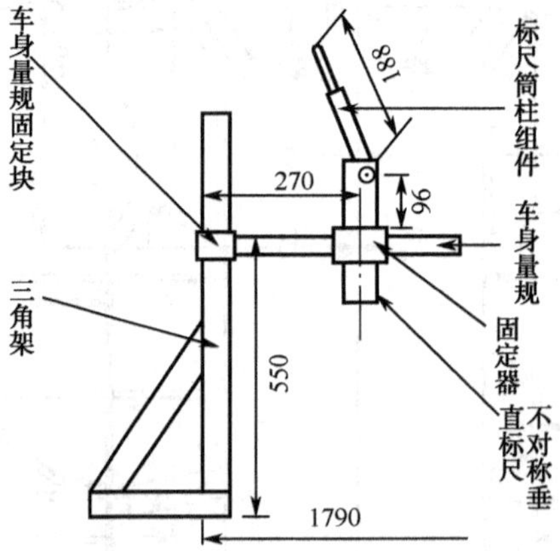

图 3-92　上部车身测量系统

4．上部车身点与点之间的数据图

如图 3-93 所示，包括发动机舱、前后门、中后立柱和行李舱的尺寸。

发动机舱尺寸（图 3-93（a））的数据图显示发动机舱主要部件的安装点数据，可通过点对点的方式测量，一般可用卷尺、轨道式量规进行测量。

前风窗（图 3-93（b））的尺寸通过图中 *A*、*B*、*C*、*D* 四点的相互尺寸得到，*A* 和 *B* 是车顶的拐角，*D* 和 *C* 是发动机罩铰链的后安装孔。

后风窗（图 3-93（c））的尺寸是通过测量 *A*、*B*、*C*、*D* 四点的相互尺寸得到，*A* 和 *B* 是车顶板的角，*D* 和 *C* 是行李舱点焊裙边上一条搭接缝隙。

前门（图 3-93（d））的尺寸通过测量 *A*、*B*、*C*、*D* 四点的相互尺寸得到，*A* 点表示风窗立柱上的裙边凹槽位置，*B* 点表示前立柱铰链的上表面，*C* 点表示中立柱门锁闩的上面，*D* 点表示中立柱门铰链的上表面。

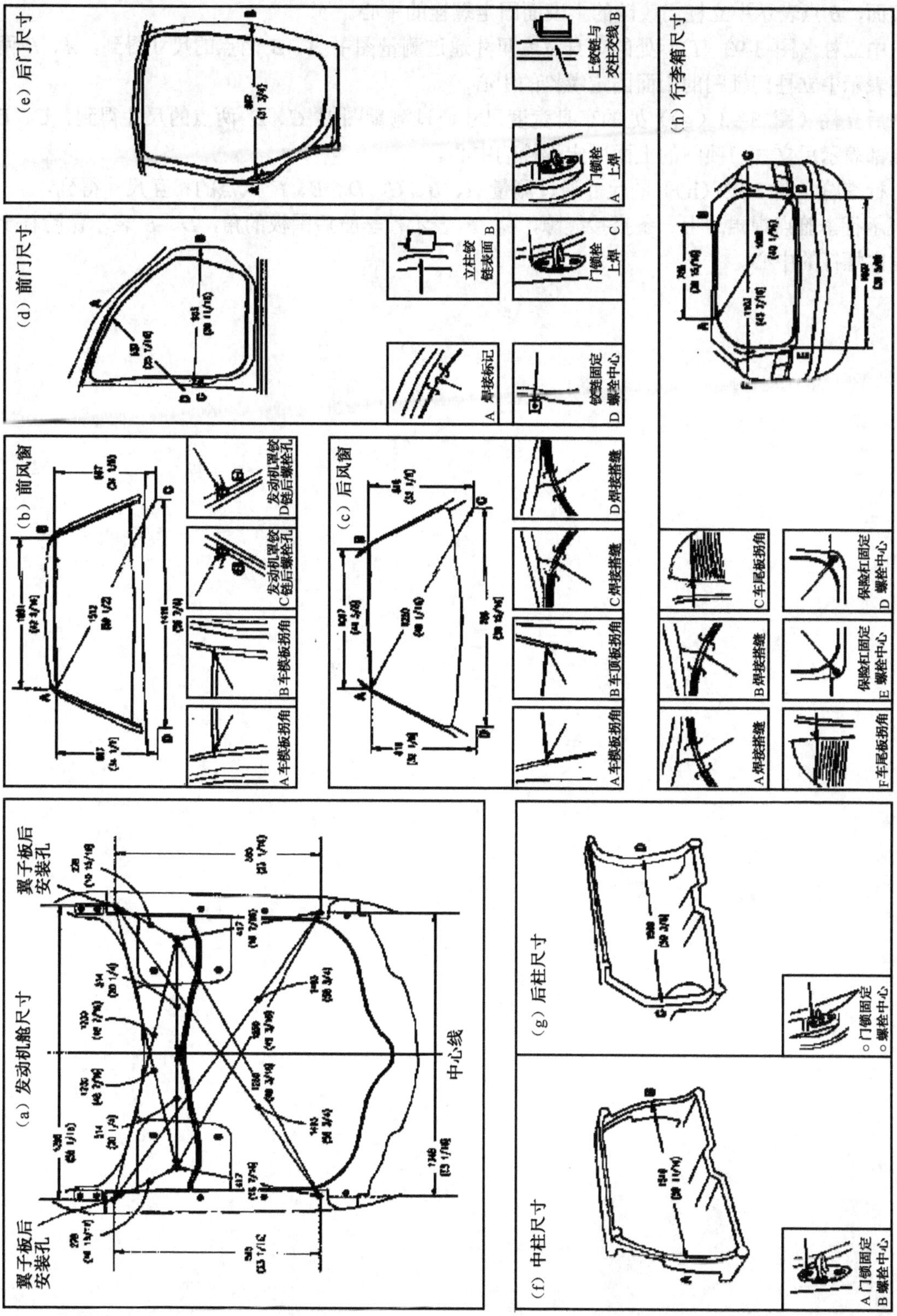

图3-93 上部车身点与点之间的距离

后门（图 3-93（e））的尺寸通过测量 *A*、*B* 两点的尺寸得到，*A* 点表示后立柱门锁闩的上表面，*B* 点表示中立柱门铰链的上表面固定螺栓的中心。

中立柱（图 3-93（f））处的车身宽度尺寸通过测量图中 *A*、*B* 两点的尺寸得到，*A*、*B* 两点都表示中立柱门锁闩的上面固定螺栓的中心。

后立柱（图 3-93（g））处的车身宽度尺寸通过测量图中 *C*、*D* 两点的尺寸得到，*C*、*D* 两点都表示后立柱门锁闩的上面固定螺栓的中心。

行李舱（图 3-93（h））的尺寸通过测量 *A*、*B*、*C*、*D*、*E*、*F* 六点的相互尺寸得到，*A*、*B* 表示行李舱点焊裙边上一条搭接缝隙，*C*、*F* 表示行李舱后围板的角，*D*、*E* 表示保险杠上部固定螺钉的中心。

任务四

汽车车身拉伸校正技术

任务要求

- 了解车身校正的基本原理
- 了解车身校正的设备及使用方法
- 了解整体式车身碰撞对车身的影响
- 熟悉拉伸操作的基本流程及方法
- 能根据损坏分析结果制订拉伸校正的修复计划并实施修复

任务引导

相关知识点学习：要求学生实训课前参考“知识链接”及相关资料独立完成。

相关知识点：要求学生实训课前独立完成以下相应内容。

1．车身校正的方法一般有________________、________________。________________________。

2．拉伸校正过程中消除应力的方法有________________、________________。

3．牵引与支撑的作业程序为：

（1）________________ （2）________________

（3）________________ （4）________________

（5）________________ （6）________________

4．拉伸一个部位用2个夹钳时可以允许比用一个夹钳时增加（　　）的拉力。

A．1/2倍　　B．1倍　　C．2倍

5．拉伸过度的修理方法是（　　）。

A．通过推压的方法将其缩短　　B．更换损坏的板件　　C．采用反方向拉伸

6．当用下拉式装置向下拉伸时，塔柱上的链条（导向环）必须处在（　　）位置。

A．最低　　B．最高　　C．中部

7．车身扭曲后要配合车身尺寸的测量结果首先把车身的（　　）校正到位。

A．长度　　B．宽度　　C．高度

8．拉伸操作在（　　）时，停止拉伸放松应力。

A．链条拉紧　　B．出现一定的变形量　　C．拉到标准尺寸

9．当钢板受到超过 15 000 N 的拉力时就会断裂，而该钢板需要 20 000 N 的拉力才能恢复变形，使用 2 个工具夹住后拉伸（　　）变形。

A．可以恢复　　B．也不能恢复　　C．不一定能恢复

10．拉伸时，操作人员要站在塔柱的（　　）。

A．前面　　B．后面　　C．侧面

11．在使用链条和液压顶杆进行拉伸时，链条的角度不能小于（　　）。

A．60°　　B．90°　　C．120°

12．对车身进行校正时，要遵循（　　）的原则。

A．先里后外　　B．先外后里　　C．里外同时

13．（　　）的方法来处理过度拉伸的板件。

A．用力顶回去　　B．用更换新件　　C．用热收缩处理

14．两个前纵梁都发生了变形，应该（　　）。

A．不拆散热器支架，先校正严重损伤的纵梁

B．不拆散热器支架，先校正轻微损伤的纵梁

C．拆开散热器支架，分开校正

15．纵梁向右弯曲时，校正时要（　　）拉伸。

A．夹紧纵梁右侧的板件

B．夹紧纵梁左侧的板件

C．夹紧纵梁右侧或纵梁左侧的板件

16．校正前端严重碰撞的汽车时，要先校正（　　）。

A．散热器支架　　B．车身中部　　C．前纵梁

17．在车身拉伸校正过程中，其修复程度由（　　）决定。

A．板件变形量　　B．测量的板件尺寸　　C．板件配合间隙

18．A 部件拉伸校正恢复尺寸后，对与它相连的 B 部件进行拉伸，（　　）。

A．拉伸时力量小一些

B．边拉伸 B 件边测量 A 件

C．对 A 件进行辅助固定再拉伸

任务实施

（1）结合超声波电子测量仪对车身前纵梁进行测量拉伸，完成相应的操作过程。

（2）观看多媒体教学课件或视频，了解汽车车身拉伸校正操作过程。

（3）根据任务（1），把测量拉伸数据填写在实训报告表 4-1 中。

项目一：车身拉伸校正具体操作步骤及技术要求

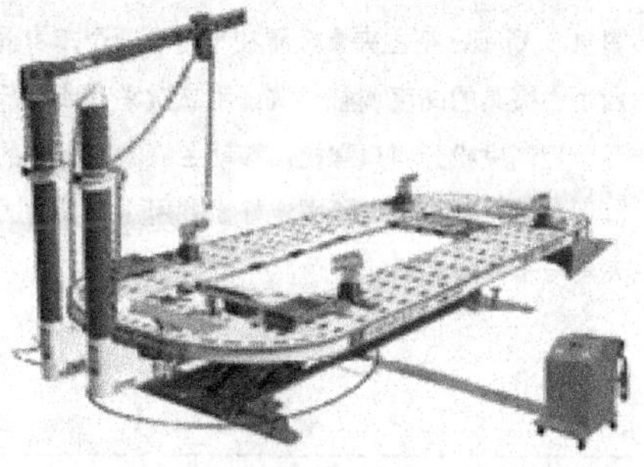 图 4-1	如图 4-1 所示，主要设备为拉伸校正仪。超声波电子测量仪配合对车身进行实时拉伸校正
 图 4-2	当无轮胎或车轮损坏时，用车轮支架替代轮胎。 调整车轮支架的高度，使轮毂的两个螺栓穿过车轮支架的高度定位孔，用轮胎螺母锁紧，然后把车轮支架放入拖车器中，如图 4-2 所示
 图 4-3	如图 4-3 所示，用校正仪配套的牵引器或其他设备把事故车辆牵引上校正平台
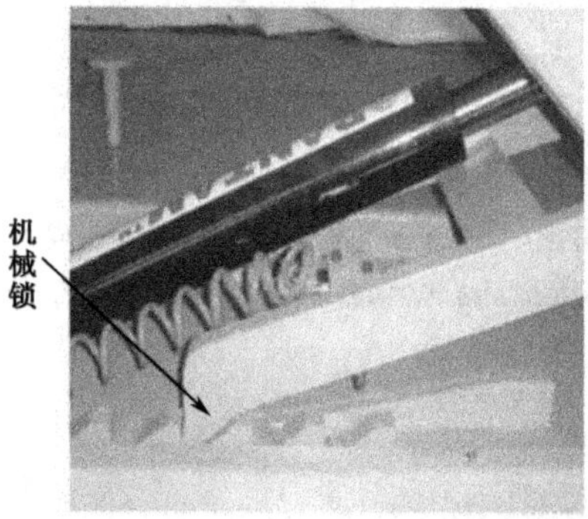 图 4-4	车辆在平台上停稳固定后升起平台，使校正平台上升到合适的位置，然后按下下降按钮，使机械锁处于锁紧状态，如图 4-4 所示。 要下降平台时，先稍微升起平台，踏下气动控制开关，解除机械锁紧状态，然后按下下降开关，使平台平稳下降至地面

 图 4-5	如图 4-5 所示，把主夹具放置在平台上四个车身固定点位置，四个主夹具的高度调整一致。用二次举升或千斤顶把车辆举升一定高度松开钳口螺栓，移动主夹具到车身的固定点处，落下车辆，把钳口螺栓固定好。并用主夹具的固定螺栓把主夹具与平台固定好
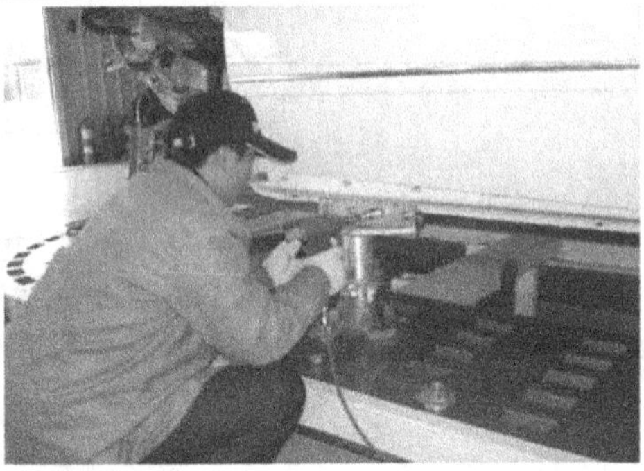 图 4-6	如图 4-6 所示，把主夹具钳口螺栓固定好，夹紧车身
 图 4-7	如图 4-7 所示，有螺栓的主夹具与平台坚固，然后将夹具压板固定到主夹具的底座上
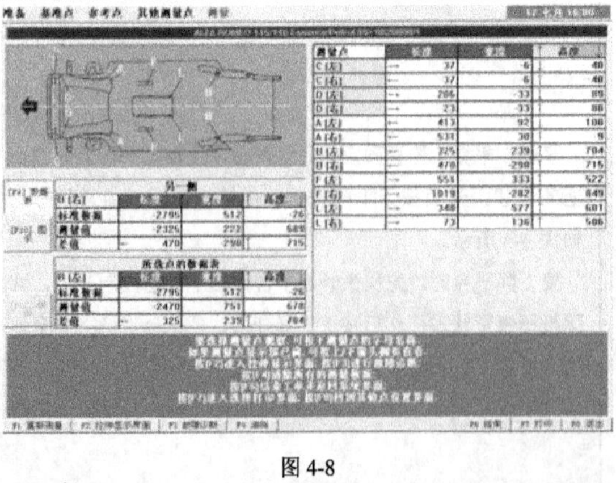 图 4-8	打开超声波电子测量系统电脑，对变形区域的点进行测量，根据测量结果，如图 4-8 所示，判断拉伸的方向

 图 4-9	如图 4-9 所示，松开塔柱固定螺栓或插销，把塔柱沿平台轨道推到要拉伸的位置，使塔柱的螺纹孔与平台的固定孔对齐。注意：塔柱在移动过程中只能推，不能拉
 图 4-10	用螺栓穿过平台固定孔拧入塔柱的螺纹孔上并拧紧，如图 4-10 所示
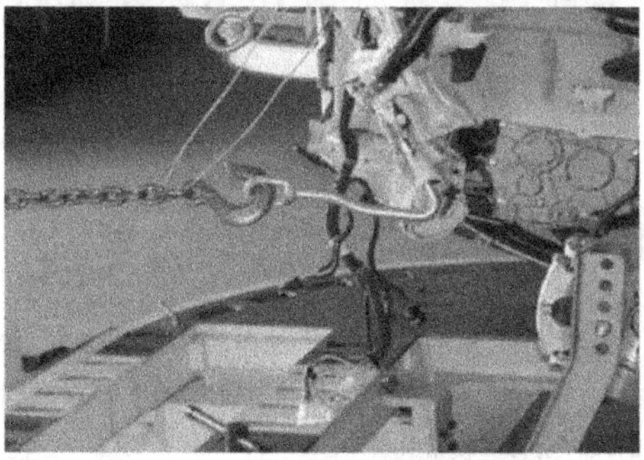 图 4-11	如图 4-11 所示，把塔柱的快速接头连接好，选择合适的钣金工具，检查夹具的各部位、螺栓是否有裂纹、变形，并固定在要拉伸的车身部位；把塔柱链条与夹具连接好，用钢丝绳保险将夹具、链条和车身连接在一起，防止发生危险
 图 4-12	调整导向环在合适高度，注意：导向环的高度严禁超过警戒线，调整链条长度及角度，使链条所有链节在一条直线上，严禁扭曲，链条上最好覆盖保护毯，以免链条断裂飞出伤人，链条另一端固定在顶杆的链条锁紧机构上，如图 4-12 所示

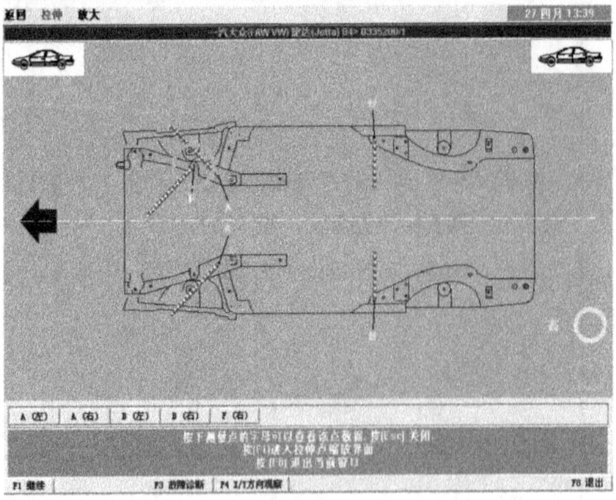 图 4-13	各项准备工作完成后按下电子测量仪电脑键盘的 F2 键，进入拉伸界面，如图 4-13 所示
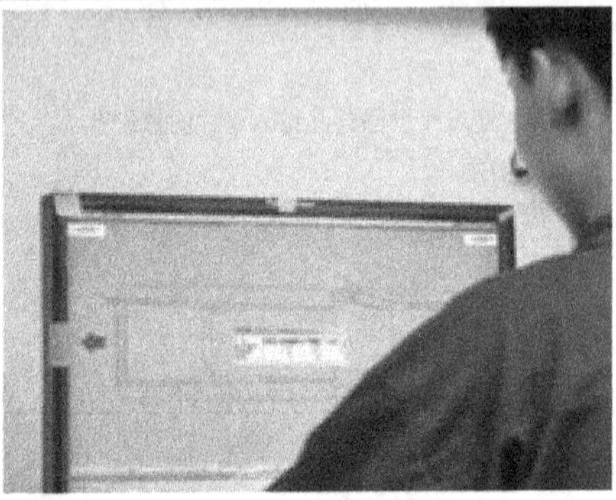 图 4-14	按相应测量点的字母，进入实时拉伸界面，中间弹出测量点一边（左）数据框，再按一下该字母弹出另一边（右）数据框，如图 4-14 所示。 在拉伸过程中随着测量点的变形，尺寸数据跟着变化
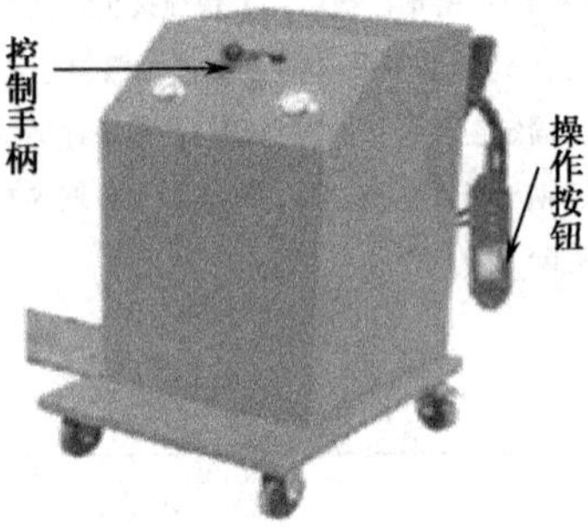 图 4-15	如图 4-15 所示，开始拉伸操作。把油泵控制柜上的手柄扳到“拉伸”位置，按下操作按钮上升键，塔柱里液压缸的顶杆上移，收紧链条
 图 4-16	当链条刚受力时，松开导向环手轮，如图 4-16 所示。 拉伸时，不要站在塔柱的后面，以免发生危险。 拉伸时禁止敲打链条及钣金工具，以免夹头链条断裂飞出，但可敲打变形区以放松应力

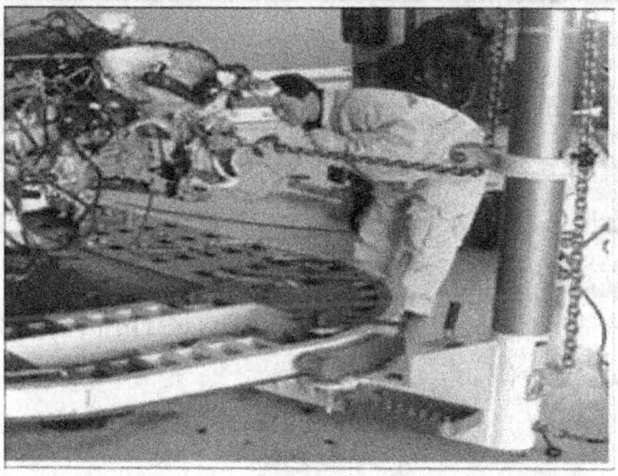 图 4-17	如图 4-17 所示，拉伸中要把注意力放在拉伸工件上，时刻注意工件变化，防止过拉伸，撕裂、撕开工件，致使夹头飞出伤人；拉伸中注意拉力，不要超过钣金工具的承载能力。特别注意：塔柱拉伸时，不能进行斜向或反向拉伸，否则极易损坏平台外导轨及塔柱的导向轮
 图 4-18	边操作按钮进行拉伸边观察实时拉伸界面，与标准数据相比较，看变形点是否回位，如图 4-18 所示。 按照“拉伸”→“保持”→“放松”→“拉伸”循环多次进行，避免过度拉伸
 图 4-19	如图 4-19 所示，拉伸完成后进行复位。 “5S”工作。 结束
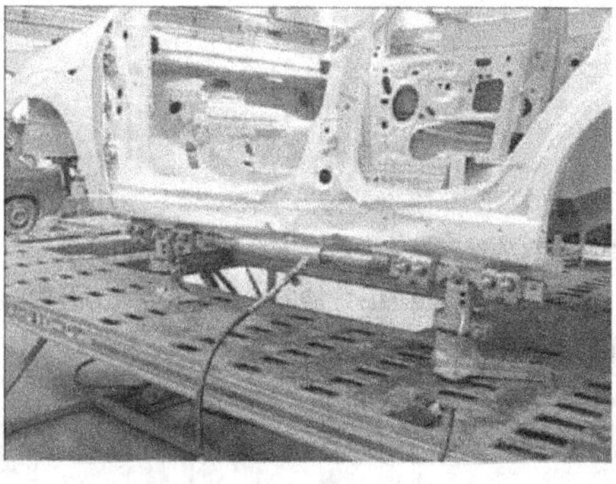 图 4-20	其他变形位置的拉伸方法： 1．纵向拉伸车辆的中部。 如图 4-20 所示，主夹具紧固在车辆的门槛板裙边上，主夹具与平台之间不固定。 用液压顶杆顶在两个主夹具上进行中部向两侧拉伸

 图 4-21	2．横向拉伸中部。 如图 4-21 所示，在中柱门槛上边的裙边上安装两个夹具进行侧向拉伸 中部受损后拉伸力比较大，需要同时进行两个点以上、多个方向的拉伸
 图 4-22	3．前纵梁拉伸。 用尼龙带或其他夹具对前纵梁进行拉伸，如图 4-22 所示
 图 4-23	4．拉伸车辆后端 由于车身后纵梁与前纵梁存在同样的问题也要根据测量尺寸的结果来进行校正，如图 4-23 所示
 图 4-24	5．侧向拉伸车门槛板。 车门槛板承受大量的力，变形量大，有些板件可能需要更换，但必须在进行校正后才能够进行更换，大力拉钩向外进行拉伸，如图 4-24 所示

 图 4-25	6．侧向拉伸中柱。 如图 4-25 所示，车身的中柱在碰撞中也会变形需要拉伸
 图 4-26	7．向上牵拉。 斜拉臂装置可以完成向上的拉伸校正工作，但是斜拉臂的拉伸力较小，只能拉伸车顶等需要校正力比较小的部位，如图 4-26 所示
 图 4-27	拉伸力比较大的部位可以用液压顶杆来辅助向上顶伸，如图 4-27 所示
 图 4-28	8．向下拉伸。 用下拉式装置向下牵拉时，塔柱上的链条（导向环）必须处在最低位置，如图 4-28 所示

实训报告 4-1　汽车车身拉伸校正操作

表 4-1

实训车型			校正测量数据		
实训步骤			长	宽	高
1	打电脑进入测量系统				
2	基准点的建立	左			
		右			
3	参考点的建立	左			
		右			
4	测量点 1	左			
		右			
5	拉伸后测量点 1 的数据	左			
		右			
6	测量点 2	左			
		右			
7	拉伸后测量点 2 的数据	左			
		右			
8	其他点				
9	5S 工作				
教师评语					
成绩		指导教师签名		日期	

任务考核单 4-1　汽车车身拉伸校正操作

表 4-2

班级		姓名		学号	
考核内容	汽车车身拉伸校正操作			规定考核时间	60 分钟
				实际考核时间	分 4 次
序号	检查维修内容/评分标准		配分	考核及评分记录	得分
1	准备	检查车辆状况，安装固定情况	5		
		安全防护工作	5		
2	进入系统	进行相应操作、进入相应界面	10		
3	基准点及参考点的建立及测量	进入电子测量系统完成基准点、参考点的建立，完成测量点操作	20		
		进入实时拉伸界面	10		
		判断拉伸方向	10		
		进行安全操作	10		
		完成相应操作	10		
		完整记录测量数据	10		

续表

班 级		姓 名			学 号	
考核内容	汽车车身拉伸校正操作				规定考核时间	60 分钟
					实际考核时间	分 4 次
序号	检查维修内容/评分标准			配分	考核及评分记录	得分
4	安全文明	防护措施得当，作业规范安全整洁		3		
		工具、零件不落地		2		
5	工具使用	工具选用合理		2		
		5S 是否到位		3		
6	考核时间	每超 1 分钟扣 3 分，超时 3 分钟终止考核				
合计				100		
监考教师		考核日期			年 月 日	

● 知识链接

一、普通钢材的矫正方法

钢材表面和焊接件存在不平、弯曲、扭曲、波浪形等不同变形，以及汽车在使用和维修过程中，对金属构件的损伤，如歪扭、凹陷、断裂和诱蚀等进行加工修理，使之恢复达到技术要求所规定的正确几何形状，这一工艺过程称为矫正。

可以把钢材的厚度方向看成是由很多层纤维组成的。若材料各层纤维长度在任何一段距离内都相等，则材料是平直的。若各层纤维长度在某一段距离内不相等，则材料是弯曲的。材料的变形是因为其中一部分纤维与另一部分的纤维长短不一造成的。矫正就是通过外力或加热作用，使材料变形部分较短的纤维伸长或使较长的纤维缩短，最后使各层纤维的长度相等。根据矫正时的温度，可分为冷作矫正与热矫正两种。

（一）冷作矫正

冷作矫正是在常温下进行的。适用于变形较小，塑性较好的钢材。其基本方法有手工矫正和机械矫正两大类。

1. 手工矫正

手工矫正主要是指采用捶击的方法进行。其操作灵活、简便，但劳动强度大。

（1）薄钢板的手工矫正

手工矫正钢板，首先要分析判明哪些部位纤维长，即松的部位。哪些部位纤维短，即紧的部位。松的部位往往是凸起的部位。通过铁锤的敲击，就是将纤维短紧的部位使其延伸达到矫正的目的。

① 钢板四边起皱，其原因是钢板四边的内部纤维比中间的纤维长的缘故。矫平时，可以用木锤或手锤轻轻捶碾钢板的中间部分，由外向中心捶击。随着中间部分纤维的碾长，钢板纤维组织就能均匀一致，由不平到平，如图 4-29（a）所示。

② 钢板中间凸起，其原因是中间部分的纤维比周围的纤维长的缘故。矫正时，可用木锤或手锤轻轻捶碾钢板四周，由凸起的边缘开始，由里向外逐渐向四周捶击，如图 4-29（b）所示。通过捶击，使钢板的四周纤维组织伸长一致，这样钢板便会逐渐矫正。

③ 钢板不规则的变形，例如钢板出现对角线的扭曲，应捶击没翘的对角线位置，才能矫正，如图 4-30 所示。在实际生产中钢板变形是多样的，其纤维组织“紧”与“松”没有明显的界限，钢板四周也不会都是“松”或都是“紧”，矫正时往往又需要很快地作出准确的判断，这就需要在实践中不断积累经验，反复实践，掌握基本要领才能达到矫平的目的。

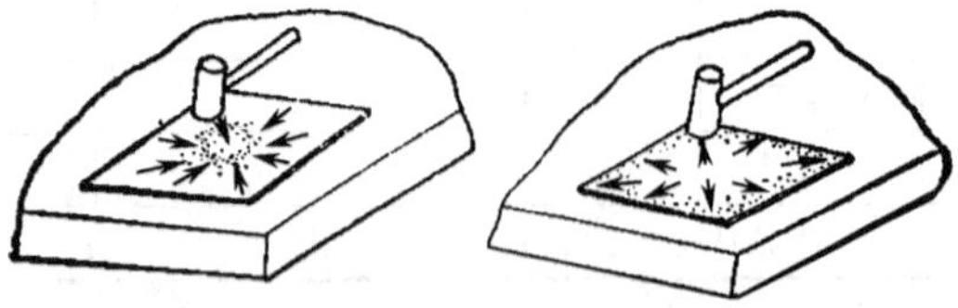

（a）四周起皱捶中间　（b）中间起皱捶四周

图 4-29　钢板中间凸起的矫正

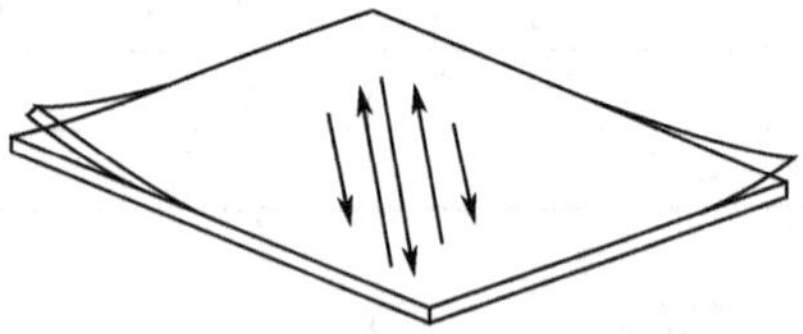

图 4-30　对角线扭曲的矫正

一般经验，凡属“松”的部位，看上去好像多呈现凸出的状态，而那些平的部位一般都是“紧”的部位。因此矫正时应该打平的部位，不要打凸的部位，如图 4-31 所示。

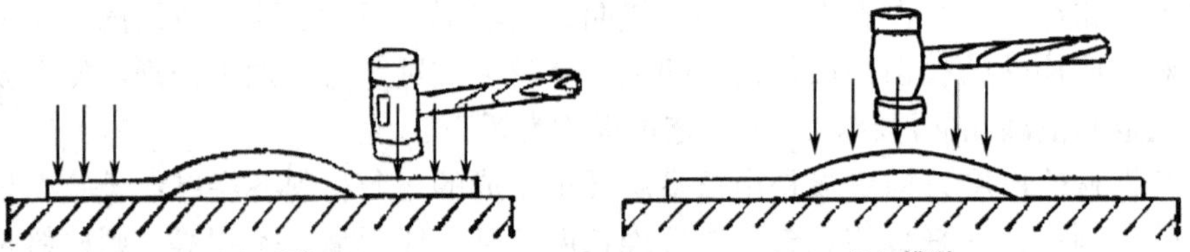

（a）正确　（b）错误

图 4-31　凸出变形的校正

矫正曲面时，如汽车驾驶室顶棚、发动机罩、翼子板等，矫正的原则也是通过捶击使短的纤维伸长，由于曲面形状较复杂，不能在平板上捶击，通常采用形状适宜的垫铁衬在变形处，反复捶击直到矫正为止。

（2）厚钢板的手工矫正

厚钢板的手工矫正，一般采用压缩纤维组织的方法，即捶击纤维组织“松”的部位使材料压缩。一般地说材料凸起的地方为纤维组织比较松弛的地方。所以凡在 4.5mm 以上的钢板，见凸起的部位直接用大锤或通过平锤捶击，使松弛的纤维组织受到压缩而变得平直。

2．机械矫正

机械矫正是利用各种矫正机、压力机和卷板机等设备对钢材进行矫正。其优点是作用力大、劳动强度低、生产效率高。

（1）用钢板矫正机矫正

使用钢板矫正机的方法是：

① 校正前要检查钢板的变形情况（变形部位、变形大小等），依次初步调整两排轴辊间隙。为使钢板充分受压，进料口的上下轴辊垂直间隙要略小于板厚；为使板料平直，出料口

轴辊间隙不宜小于板厚。调整好轴辊之间的间隙后，要进行试辊，使矫出的钢板达到平直，再进行成批矫正。

② 钢板在矫正机上常常一次难以矫正，需要经过多次滚压。在个别情况下，可在工件变形的紧缩区域加垫滚压，使紧缩区域获得校正延展，但不宜垫太厚，以免烙伤轴辊和工件，去掉垫后，再经滚压即可矫正。

③ 对于局部凸凹变形严重的钢板，可先对凸凹处采用其他方法进行初矫，然后再用钢板矫正机进行矫平。

④ 薄钢板的矫正可连同厚板一起滚压。小零件的矫平，也可以利用大板一起滚压，如图 4-32 所示。但要注意两点：一是所矫工件的厚度要一致；二是所矫工件的厚度加垫板的厚度之和应小于钢板矫正机的最大承载能力。

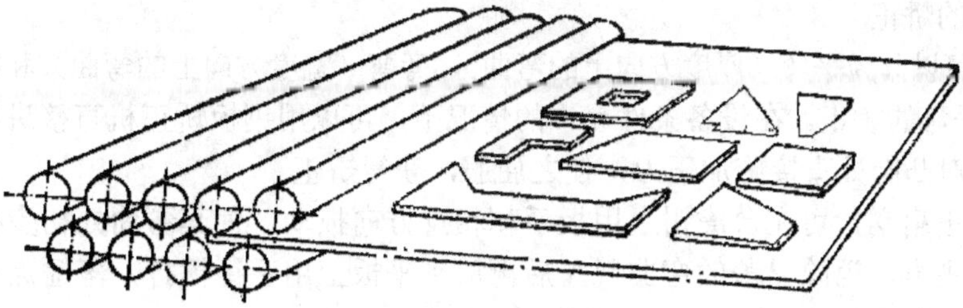

图 4-32 小零件的矫正

⑤ 操作钢板矫正机时，要随时注意安全，防止手或工具被带进轴辊而发生事故。

（2）用卷板机矫正

卷板机的主要功用是将板料卷成筒形。但在缺乏矫正机的情况下，利用卷板机也可以矫正板料，尤其是对厚板料的矫正，用卷板机代替矫正机进行矫正，效果更好。

矫正厚板时，先将板料放在卷板机上滚出适当的弧度，然后翻转滚压，结合调整上、下轴辊距离，反复进行数次，即可将板料矫正，如图 4-33 所示。

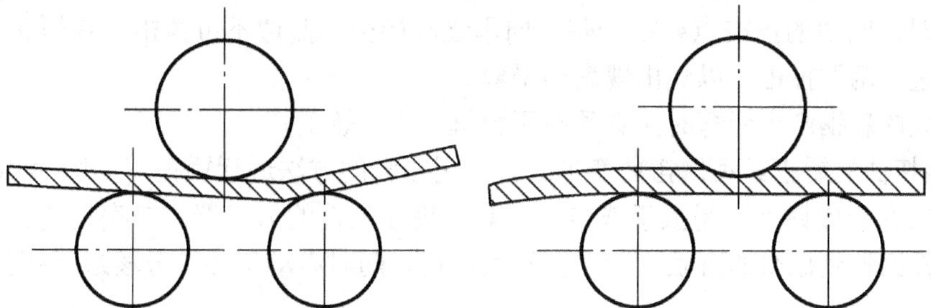

图 4-33 用卷板机矫正厚板

（3）用压力机矫正

压力机用来矫正钢板及其制件，多指较厚钢板及其制件的变形，常用水压机或油压机。其方法是先找出板料变形部位，首先矫正急弯，再矫正慢弯。无论急弯或慢弯，其基本矫正方法都是在板料凸起处施加压力，并在凹下的两侧放置支撑件（如板条），使工件在压力作用下产生塑性变形，以达到矫平的目的。

由于板材都具有抗拒变形的特点，在使用压力机矫正厚钢板的变形施加压力时，要适当考虑钢板的回弹，即压下量要略大于其原有的弯曲量，使钢板略呈反变形，这样才可使板材彻底矫正。另外，摆放在工件下面的支撑，应与上面的压力杠平行，距离要均匀、适当。

3. 型钢的矫正

（1）圆钢的矫正

一般直径在 2mm 以下的圆钢弯曲变形可以用手工矫正。将圆钢在平台上滚动的时候，可以从观察中准确地找出弯凸部分，如果不允许损坏圆钢表面，则应利用型锤罩打。如果要求不严格就用大锤直接捶打。矫正的次序是先矫正大弯，然后再矫正小弯。对于圆角的折角弯曲，必须采用加热后再进行矫正，以防折断。此外，直径在 20mm 以上的圆钢进行手工矫正时，还必须加垫板进行捶击，或者在钢圈上矫正亦可。

（2）扁钢的矫正

扁钢变形可以分为平弯（厚度方向上的弯曲），旁弯（宽度方向上的弯曲）和扭曲三种。

① 扁钢平弯的矫正。在设备条件允许的情况下，可以用钢板矫正机直接进行矫正，也可以利用压力机对凸起处直接施加压力，使之屈服，获得矫正。

用手工矫正扁钢，可在台虎钳上用扳手朝相反方向扳动，使其弯曲处初步扳直或利用台虎钳将它初步夹直。消除显著的弯曲现象后再放到平板上用手锤捶打，落锤点必须沿扁钢纵向中心线捶击，不要偏向扁钢边缘，如图 4-34 所示。

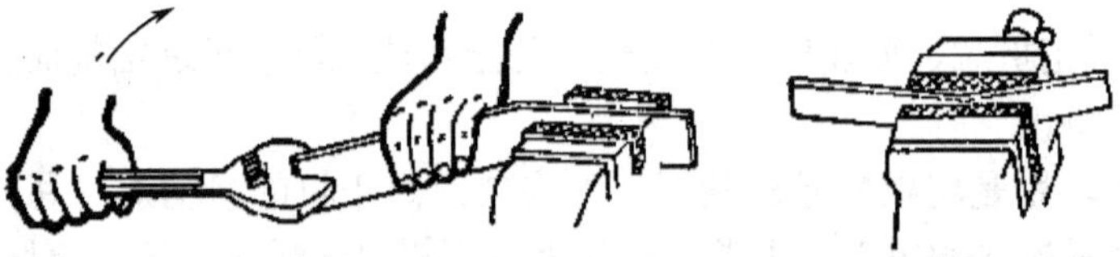

（a）　　（b）

图 4-34　用手工矫正扁钢

② 扁钢旁弯的矫正。厚度较小的扁钢产生旁弯时，常用扩展凹部平面的方法，如图 4-35 所示。捶击时，凹边的捶击点要密一些，向里逐渐稀少，凸边不可捶击。在矫正过程中，可以翻动工件进行两面捶击，以免出现扁钢平弯。

厚度较大的扁钢产生旁弯时，必须在压力机上进行矫正。

③ 扁钢扭曲的矫正。扁钢扭曲变形时，可用扭转的方法进行矫正，如图 4-36 所示。将工件的一端夹在台虎钳上，用扳手或专用工具，夹住工件的另一端，对扁钢的扭曲处施以反向力，使工件扭转到原来的形状。若工件较长，可以随时串动工件，分段进行扳扭。

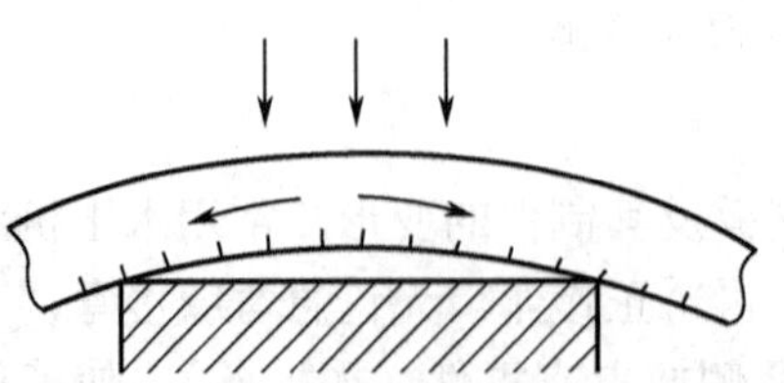

图 4-35　扁钢旁弯的矫正

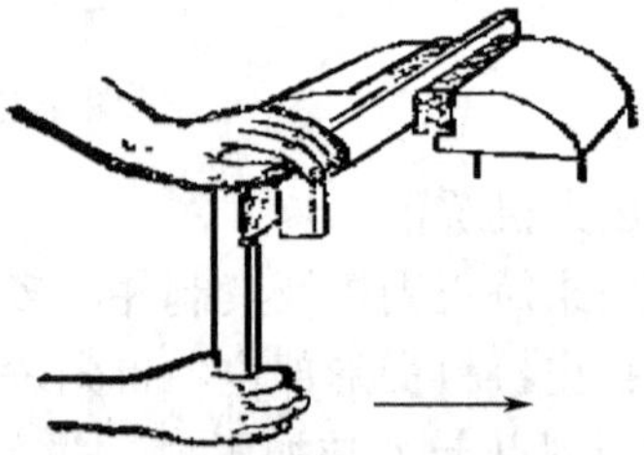

图 4-36　扁钢扭曲的矫正

（3）角钢的矫正

角钢的变形有扭曲、弯曲和角变形三种。其中，弯曲的变形最为常见。

① 角钢弯曲的矫正。角钢的弯曲变形，可以在设有与角钢截面形状相吻合的轧辊的专用角钢矫直机上进行矫正。一般的压力机，当配以适当模具后，也可以用来矫直角钢，如图 4-37 和图 4-38 所示。

用压力机矫正角钢时，应注意以下几点：

1）力作用于工件时，下垫块不需太厚，一般为 5～10mm 即可。垫块要做成与角钢内面相吻合的形状，如图 4-37 所示。为了使用方便和轻巧起见，垫块可以做成空心的，以减轻重量。

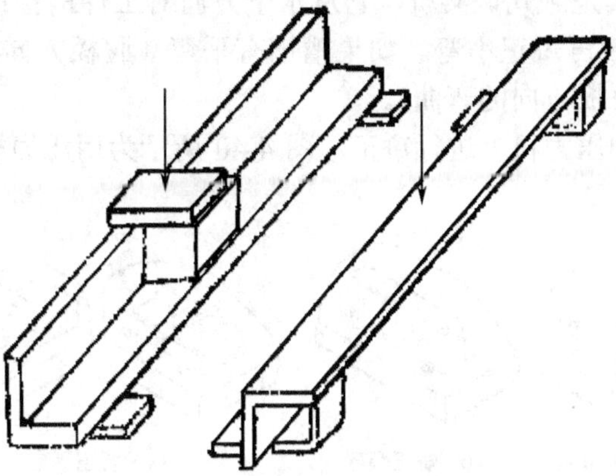

图 4-37 用压力机矫正角钢的垫块布置

2）角钢弯曲的情况，通常是两边同时出现外弯或内弯。矫直时应选取弯曲较剧烈的一边先矫正。

3）根据角钢弯曲程度的不同。两个垫块的距离应根据实际需要来调整，慢弯的距离大些，急弯的距离小些。

此外，角钢弯曲变形还可以用手工矫正，可以用捶击凸起处，扩展凹处，以及三角形加热等方法。

② 角钢角变形的矫正。角钢的角变形是指角钢的两边互不垂直。角钢的两边互不垂直有两种情况，一种是大于 90°，另一种是小于 90°。采用机械压模进行矫正，可以使角钢达到 90°，如图 4-38 所示。

矫正时，为了消除角钢角度的回弹，可在模子内放置垫板。垫板的厚度是根据回弹的大小来决定的，一般是 2mm 左右。矫正的具体步骤是：首先将角钢全长的每一部分都矫正达到直角，然后再进行矫直。

③ 角钢扭曲的矫正。角钢扭曲的手工矫正方法与扁钢的扭曲矫正方法相类似。矫正时，将角钢的一端用台虎钳夹持，用扳手反向扳扭另一端，扭曲变形消除后，再用手锤进行矫正，如图 4-39 所示。

（4）槽钢的矫正

槽钢的变形有弯曲、扭曲和翼板的局部变形等。槽钢的断面几何形状和角钢比较，有着较强的抵抗变形的能力，因此，对槽钢的矫正，应以机械矫正为主，手工矫正只是在单件或受设备限制的个别场合采用，而且往往伴以加热或局部加热来进行矫正。

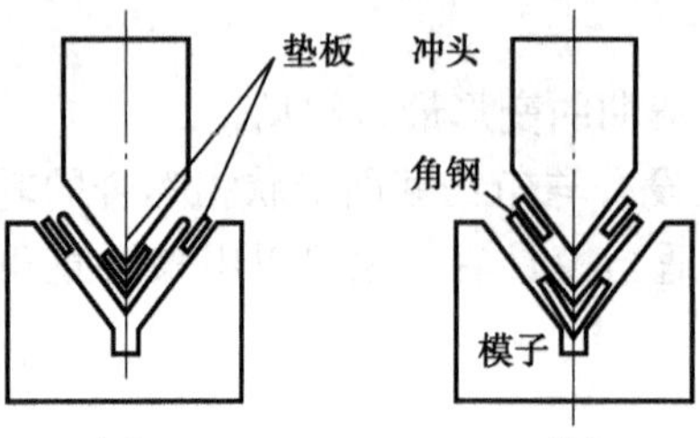

图 4-38　角钢角变形的矫正

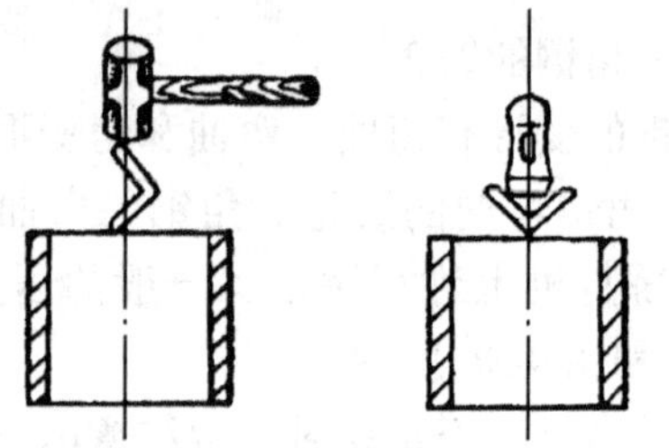

图 4-39　角钢扭曲的矫正

矫正槽钢使用的机具是卧式调梁机，它从水平方向对工件进行顶弯。矫正时的操作步骤是：首先矫正大弯，然后再矫正小弯。如果槽钢有平弯（腹板方向的弯曲），则首先矫正平弯，然后再矫正旁弯（翼板方向的弯曲）。

槽钢还可以在一般的压力机上进行矫正，图 4-40 所示为用压力机矫正槽钢弯曲、扭曲变形的几种方法。

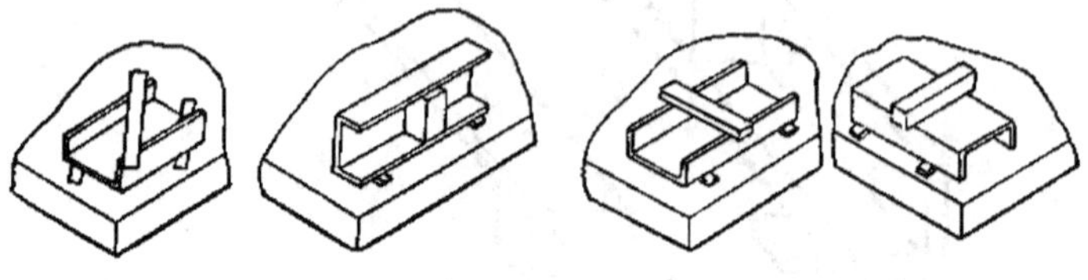

图 4-40　用压力机矫正槽钢

用捶击的方法矫正槽钢的旁弯时，须放在平台上，小型槽钢也可以放在钢圈上进行。捶击的方式和使用的力量应视槽钢弯曲的情况而定。如果槽钢两侧都弯曲，应两点同时交替捶击，如果其中一边弯曲大，而另一边弯曲小，则应分轻重进行捶击；如果只有一边弯曲，则应只捶击一边。此外，如果弯曲大，则应放在钢圈的中间进行捶击；如果弯曲小，则应放在钢圈的边缘进行捶击。

（5）工字钢的矫正

工字钢的变形形式主要是弯曲。由于工字钢的断面形状，决定了其抵抗变形的能力比角钢、槽钢更强。因此，手工矫正较为困难，变形严重时，一般还要加热后矫正。

机械矫正工字钢，大多数是在调梁机上进行冷矫，如图 4-41 所示。没有调梁机的单位，也可以用其他压力矫直。

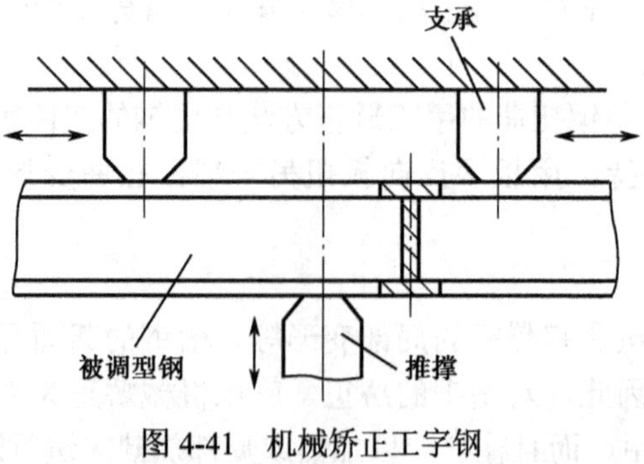

图 4-41　机械矫正工字钢

（二）火焰矫正

热矫正分全加热矫正和局部加热矫正两种。局部加热矫正也就是火焰矫正。就是用氧-乙炔火焰或其他气体火焰，加热变形构件的凸部，使凸部金属加热膨胀受阻而产生压缩应力，因压缩应力超过热态金属的屈服强度时，凸部金属纤维产生压缩塑性变形，从而达到矫正的目的。

火焰矫正适用于变形严重，材料塑性差或维修厂的设备能力不足时使用。

1．决定火焰矫正效果的因素

（1）火焰加热的方式

火焰加热的方式有点状加热、线状加热和三角形加热，如图 4-42 所示。

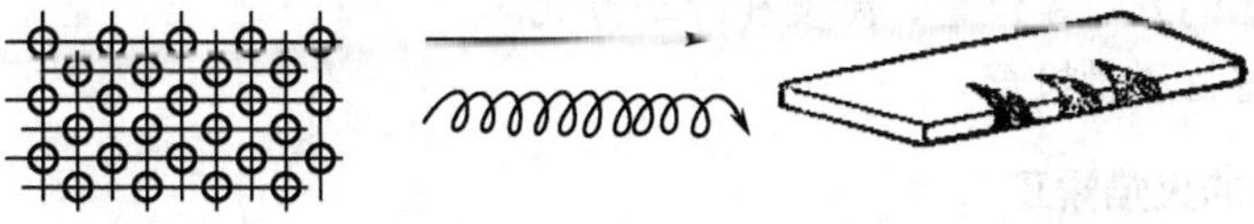

（a）点状加热　（b）线状加热　（c）三角形加热

图 4-42 火焰加热的方式

① 点状加热。适用于薄板凹凸不平、钢管弯曲等的矫正。其加热要领是：变形大，加热点距应小些，加热点直径适当大些。反之，则点距大些，点径小些。为了提高矫正速度和避免冷却后在加热处产生小泡凸起，可以在加热完每一个点后，立即在该点上用锤捶击加热点的周围，捶击停止时，应浇水冷却。

② 线状加热。适用于中厚板的弯曲、T 字梁、工字梁焊后角变形等的矫正。一般加热线宽度约为板厚的 0.5～2 倍，加热深度 1/2～1/3 倍的板厚。变形较大，则加热宽度和加热深度应大些。

③ 三角形加热。适用于变形较严重，刚性较大的构件变形的矫正。三角形加热面积的大小视具体情况而定，一般加热三角形高度约为材料宽度的 0.2 倍，加热三角形底部宽应以变形程度而定，对刚性大、变形大的构件，加热三角形面积大，三角形要多，如还矫正不过来，则往往与机械、火焰法同时并用。

（2）火焰加热的位置

火焰加热的位置应选择在金属纤维较长的部位，或者凸出部位，如图 4-43 所示。

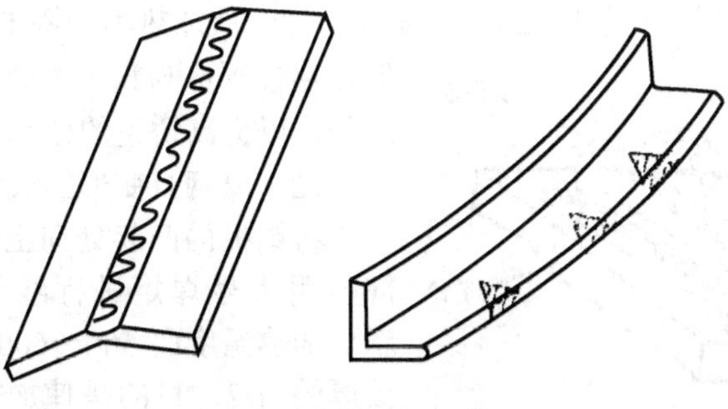

图 4-43　火焰加热的位置

（3）火焰加热的温度

火焰加热常采用氧乙炔加热，氧乙炔加热火焰应采用中性焰。一般钢材的加热温度应在600～800℃之间，低碳钢不大于 850℃，厚钢板和变形较大的加热温度可高些（取 700～850℃），加热速度应慢些，薄钢板和变形较小的，加热温度可低些（取 600～700℃），加热速度应快些。严禁在 300～500℃（蓝脆温度）时矫正，以防脆裂。

火焰矫正只适用于塑性较好的材料，不适用于高合金钢、铸铁等脆性金属材料的变形矫正。

2．火焰矫正的步骤

（1）矫正前要分析构件形状和变形情况。

（2）正确找出变形的部位。

（3）确定加热的方式、位置、温度和冷却方式。

（4）矫正后进行质量检查。

3．几种钢材的火焰矫正

（1）薄钢板变形的火焰矫正

① 中间凸起的矫正。如中间凸部较小，可将钢板四周固定在平台上，用点状加热的方法加热凸起处四周，加热顺序如图 4-44（a）中数字。

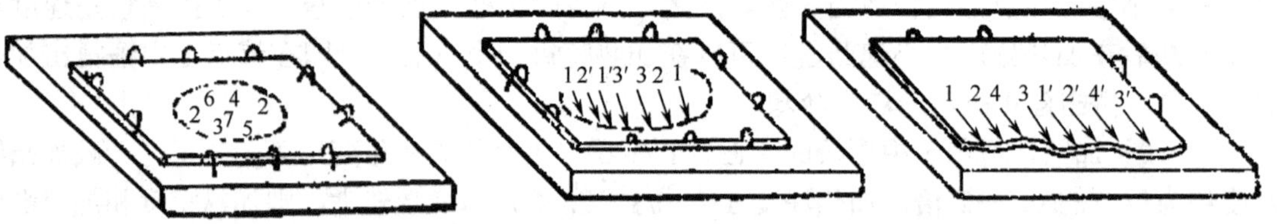

（a）中间凸起变形的矫正　　（b）边缘起皱变形的矫正

图 4-44　薄钢板变形的火焰矫正

如中间凸部较大，也可采用线状加热的方法进行矫正。先从中间凸起的两侧开始，然后向凸起中间围拢，如图 4-44（a）所示。

② 边缘呈波浪形。当钢板边缘呈波浪形变形时，其矫正方法如图 4-44（b）所示，将钢板三条边固定在平台上，使波浪形集中在一个边上，用线状加热，先从凸起的两侧处开始，然后向凸起处围拢。加热长度约为板宽的 1/2～1/3，加热线之间的距离视凸起的高度而定，凸起得越高，距离就越近，一般取 50～200mm。如一次加热不能矫平，则进行第二次矫正，但加热位置应与第一次错开，必要时，可用浇水冷却，以提高矫正的效率。

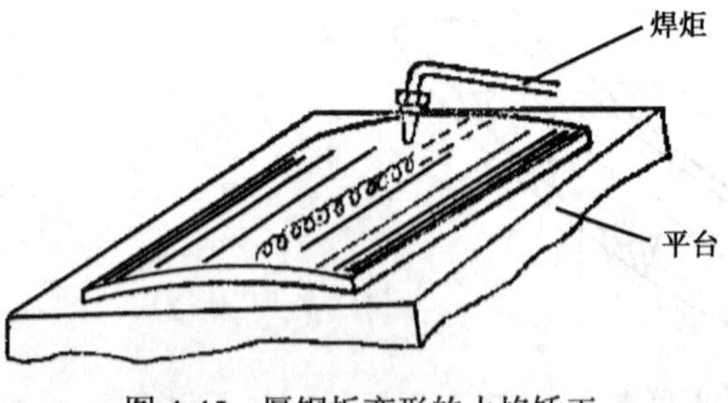

图 4-45　厚钢板变形的火焰矫正

（2）厚钢板变形的火焰矫正

将钢板的凸起处向上平放在平台上，对凸起部位用大号焊炬进行线状加热，如图 4-45 所示，加热温度取 500～600℃，加热深度不要超过板厚的 1/2，目的是使加热温度在钢板厚度方向不均匀收缩，以达到矫正效果。同时还必须注意，加热速度要尽量快，以便不致使热量扩散。

（3）型钢变形的火焰矫正

① 型钢的局部弯曲变形。如图 4-46 所示，矫正时，在槽钢的两翼边处同时向一方向作线状加热。加热宽度按变形程度的大小确定。变形大，加热宽度大些，反之就小些。

② 型钢的旁弯变形。矫正时，在旁弯翼边凸起处，进行若干三角形加热矫正，如图 4-47 所示。

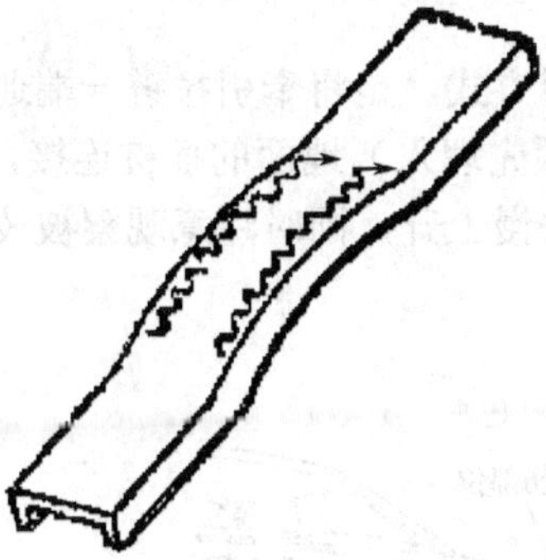

图 4-46　型钢局部弯曲变形的火焰矫正

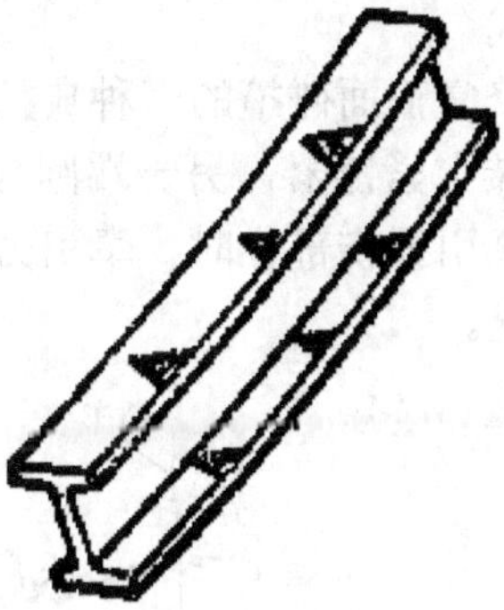

图 4-47　型钢的旁弯变形矫正

③ 型钢的上拱变形。矫正时，在垂直立筋凸起处，进行三角形加热矫正，如图 4-48 所示。

（4）钢管局部弯曲变形的火焰矫正

矫正时，在管子凸起处，采用点状加热，加热速度要快，每加热一点后迅速移至另一点，一排加热后再取另一排，直到矫正为止，如图 4-49 所示。

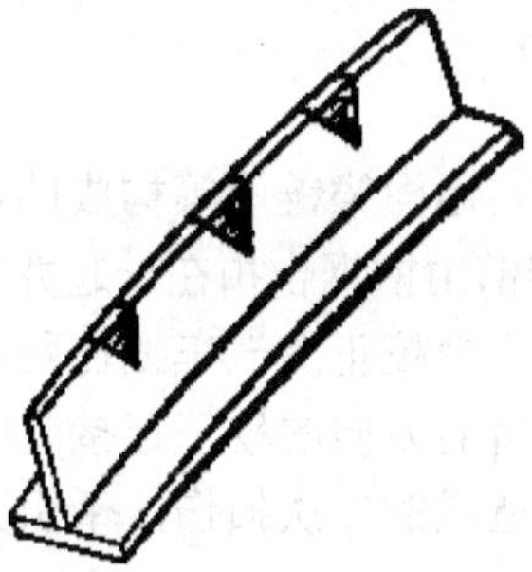

图 4-48　型钢上拱变形的矫正

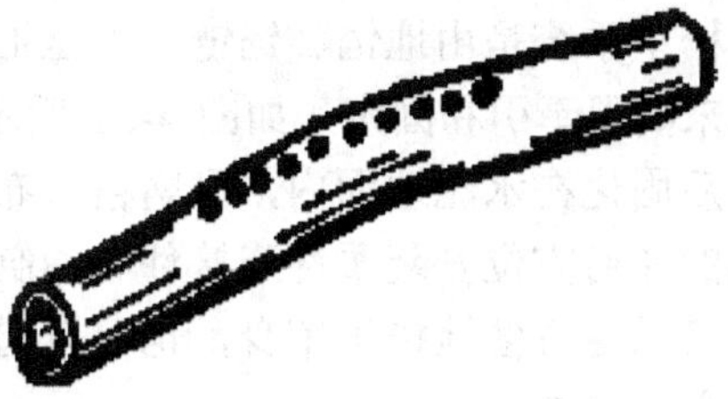

图 4-49　钢管局部弯曲变形的火焰矫正

二、汽车车身变形的校正原理

车身变形的修复校正在传统作业中主要是使用强力对变形部位进行拉伸，直到碰撞变形的区域恢复正常。现在校正更注重车身控制参数的恢复与测量。对于承载式车身而言，校正的精确度在车身修复过程中显得尤为重要，因为它对汽车的安全性、行驶性、经济性有直接的影响。

车身变形的校正原理是利用力的合成、分解、可移性和平行四边形法则等性质，按与车身碰撞力大致相反的方向牵引或顶压变形部位，将车身各关键点恢复到原有的位置，将受损车身恢复到出厂时的状态。

（一）校正工艺的制定

1. 车身固定与牵引方式的选择

根据车辆的变形损坏情况和现有设备情况，选择合适的固定和牵引方式，常见的有以下几种。

（1）插桩式

插桩式是修复正面碰撞的一种典型固定与牵引方式，是将牵引拉链一端通过夹具将损伤部位固定，并装上紧链器，另一端则与插入（或预先埋入）地面的插桩连接，如图 4-50 所示。用拉链等牵引损伤部位时，牵引力的增加应缓慢上升，同时注意观察被校正部位金属受力时的变化情况。

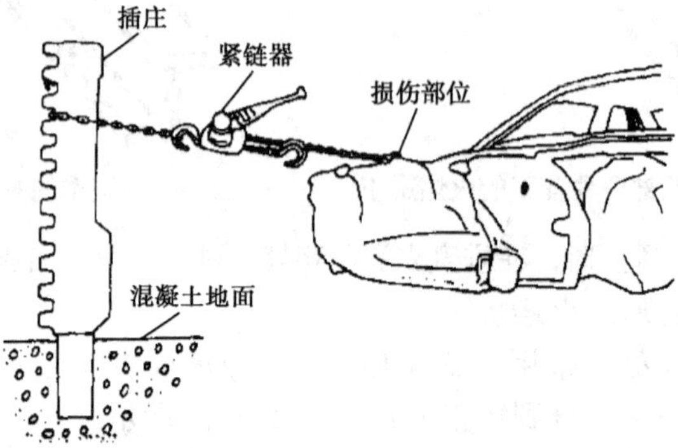

图 4-50　插桩式固定

（2）地锚式

地锚式校正系统是由地锚、锚链、液压油缸、支撑架与地面锚链槽等构成的，用简单的矢量三角形来实现牵引和固定，如图 4-51 所示。地面锚链槽由槽钢合扣在一起并在上平面留出安装缝隙后固化在水泥地面内，呈网格式布置，可保证当被校正的汽车摆在网格中间时，可以从四周的任何方位安装柔性连接件和油缸支座，进行所需方向的校正连接。因此，利用地锚式固定可以更方便地校正车身，也可以防止因校正而造成的二次损伤，牵引力的方向与大小也比较容易控制。

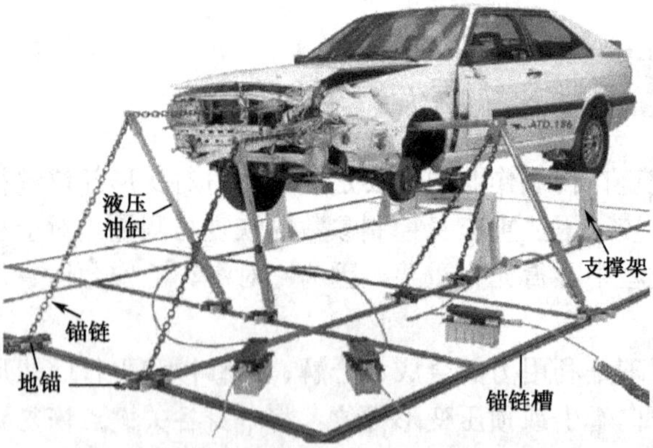

图 4-51　地锚式固定牵引系统

利用地锚式固定时，由于固定点与地面存在着高度差，所以在进行水平方向的校正时，拉链受力后将产生一个向下的垂直分力。拉链与地面的夹角越大（拉链短）则垂直分力也越大；反之，拉链与地面的夹角越小（拉链长）则垂直分力越小。因此，除非是较小的车身变形，否则都要拆除汽车底盘的悬挂装置，改用可靠的刚性支撑。

（3）台架式

典型的台架式测量校正设备如图 4-52 所示。这种台架测量校正装置集三维测量系统和牵引校正装置于一身，不仅可以方便地固定车身，有些还可以垂直升降，为测量工作提供了很大的方便。校正与定位都是在同一台架上进行的，故操作过程中一般不会发生位移误差。作业前的检测、校正过程中参数的校核、竣工验收的质量评价等测量工作，都可以在台架上依次完成。

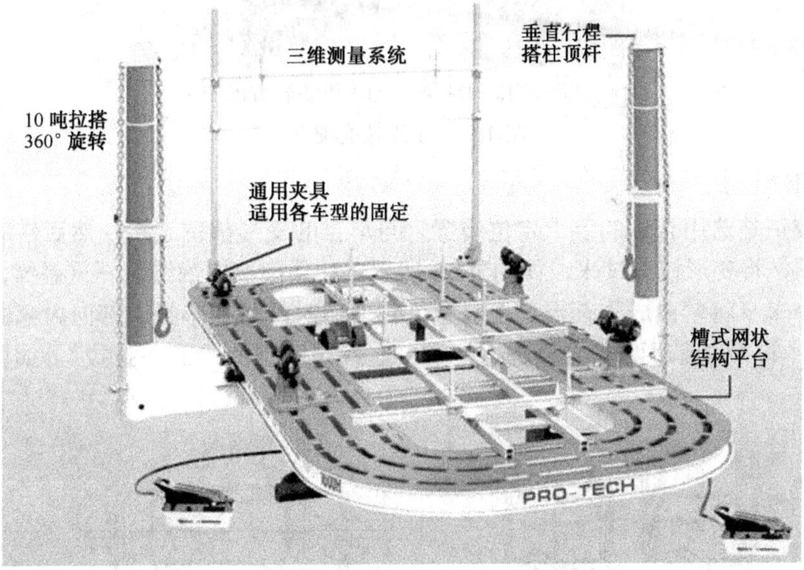

图 4-52 台架式车身测量/校正装置

图 4-53 所示为另外一种简易的车身校正架，由于具有机动性好、构造简单、价格低廉等优点，为车身维修行业所广泛采用。

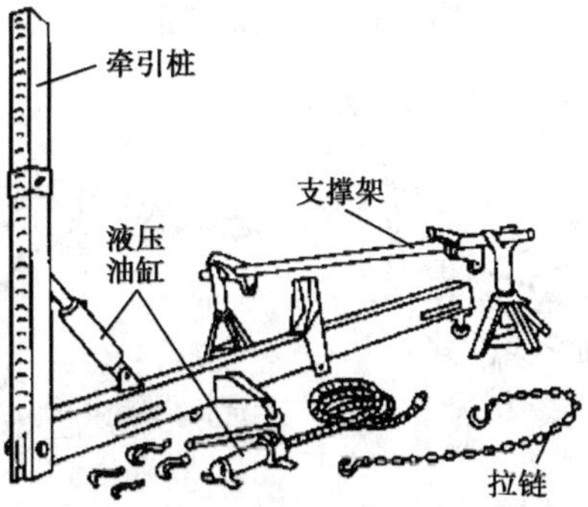

图 4-53 简易式车身校正架

2. 校正方法的选择

（1）手工拉拔法

对于碰撞程度较轻的局部变形，一般运用较为简单的牵引方法甚至是利用手工工具拉拔的方法即可使变形得到校正，如图 4-54 所示。

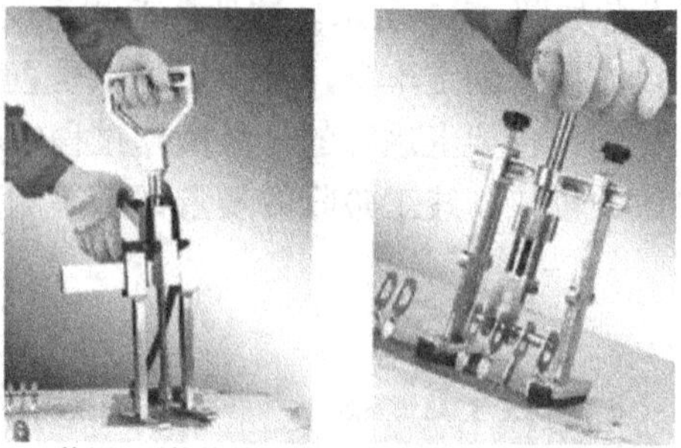

（a）使用H型拉拔枪校正　（b）使用拉架表面校正

图 4-54　手工拉拔校正

（2）牵引法

牵引法校正是选用合适的装卡定位装置，与车身的变形部位连接，然后借助外力朝变形的反方向拉伸，将变形校正过来，如图 4-55 所示。如果门槛中部遭到严重碰撞，车厢地板就会变形，整个车身将弯曲成香蕉形。在修复这种撞伤时，除了车身中部向内弯曲的部位需要向外牵引外，车身的前后两端也要进行拉拔，这就是所谓的“三向拉拔”，如图 4-55（b）所示。

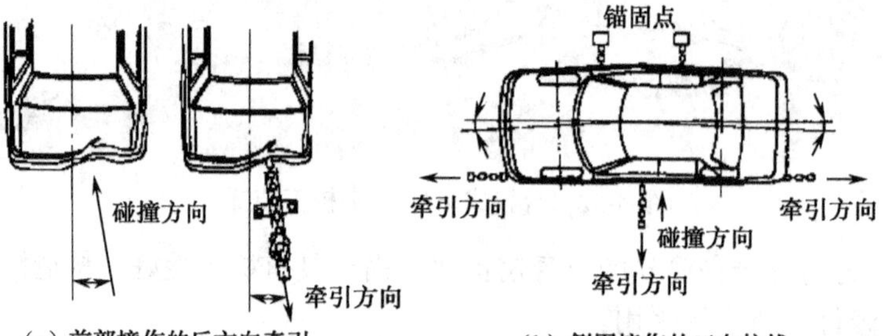

（a）前部撞伤的反方向牵引　（b）侧围撞伤的三向拉拔

图 4-55　牵引法校正

牵引法车身一侧的夹持方式如图 4-56 所示。

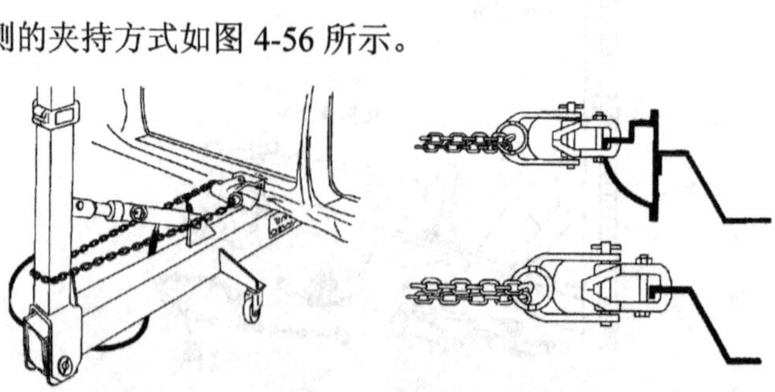

图 4-56　牵引法车身一侧的夹持方法

（3）支撑法

由于受牵引力方向的限制，牵引法比较适宜水平方向的校正。对于开口类框架式结构，如门框、窗框、发动机室、行李舱等的挤压变形，可用支撑法校正，如图 4-57 所示。

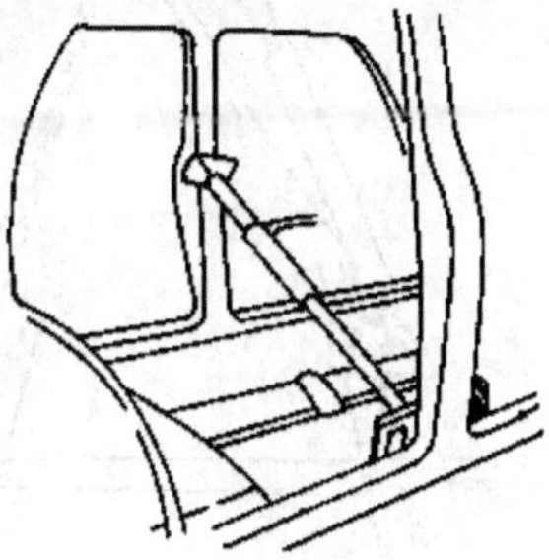

（a）侧窗柱的校正

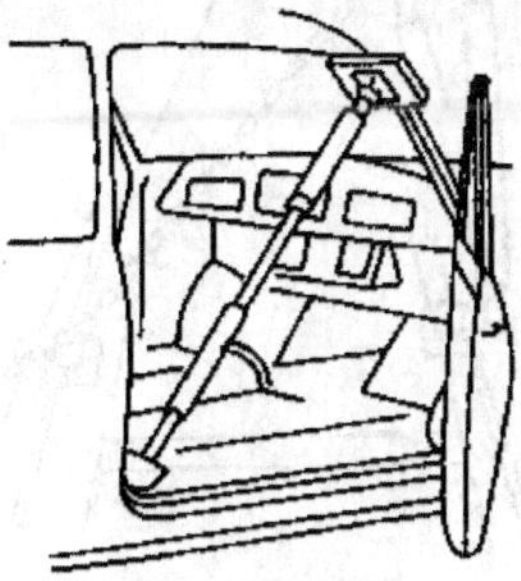

（b）前窗柱的校正

图 4-57 支撑法校正

（4）牵引法与支撑法配合

对于一些综合变形，可以考虑将支撑法和牵引法配合使用。如图 4-58 所示，由于翼子板的严重变形引起前窗立柱变形，假如仅用支撑法直接校正前窗柱的变形是不可行的，因为即使前窗柱支撑好之后，在牵引翼子板时可能会造成前窗柱重新变形；反之，仅用牵引法校正翼子板的变形也很难奏效。两种方法配合运用，就可以获得事半功倍的修复效果。

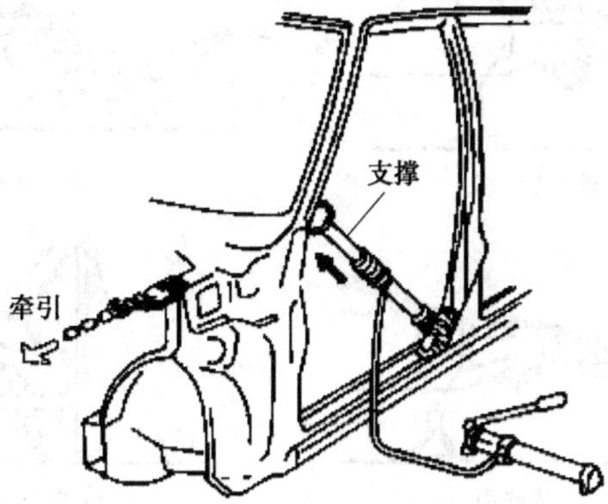

图 4-58 牵引法与支撑法配合使用

3．牵引力与支撑力方向设计

在牵引校正过程中，即使牵引座、拉链和工作油缸构成的三角形相对固定，随着车身损伤部位的拉动，牵引力的方向会自动变换，如图 4-59 所示。因此，操作时应特别注意牵引力的方向变化所带来的影响，必要时应根据需要调节三者之间的位置。因为不同的三角形支撑可获得不同方向的牵引力。

以下是一些具有代表性的牵引方案。

（1）需要产生水平侧向拉力时的安装如图 4-60（a）、（b）所示。当油缸工作时，*A* 点将产生绕 *D* 点的转动，如箭头所示，从而使 *B* 点完成水平侧向向外的拉力。

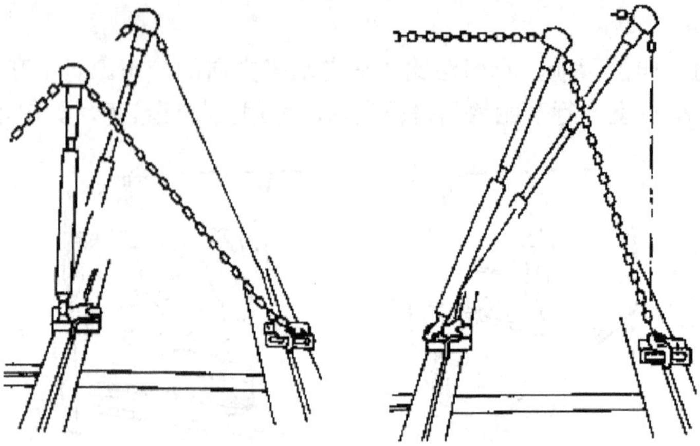

图 4-59　牵引力方向的变化

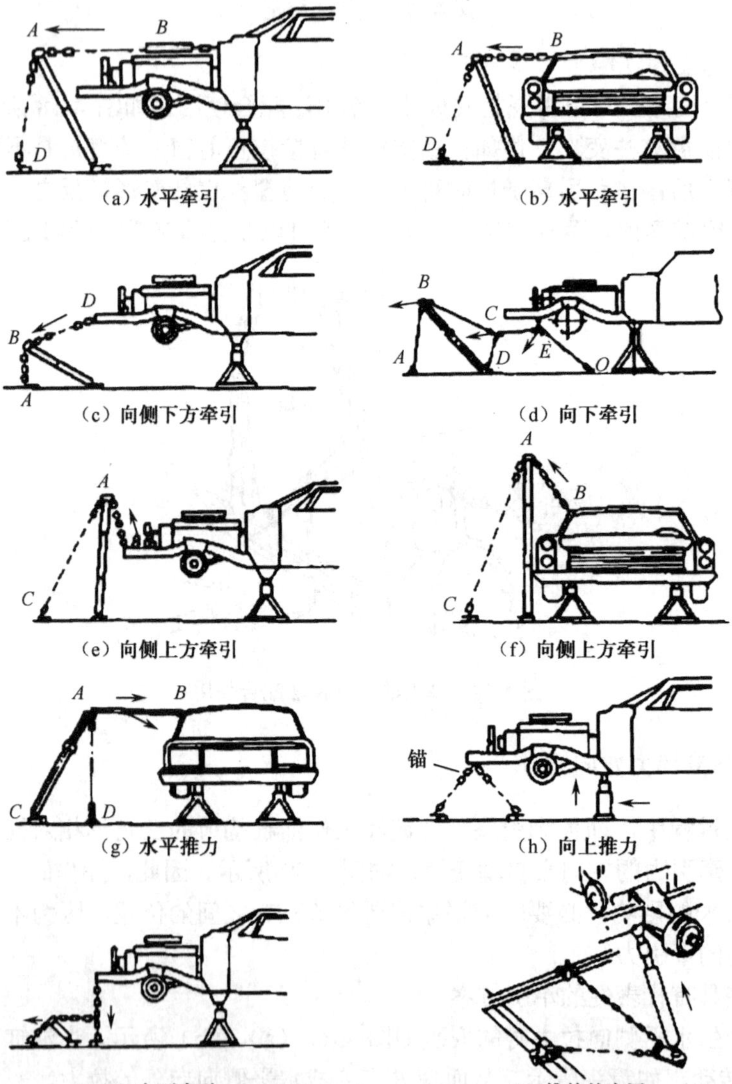

（a）水平牵引
（b）水平牵引
（c）向侧下方牵引
（d）向下牵引
（e）向侧上方牵引
（f）向侧上方牵引
（g）水平推力
（h）向上推力
（i）向下牵引
（j）推挤的应用

图 4-60　校正的典型牵引方案

（2）需要产生向侧下方向拉力时的安装如图 4-60（c）所示，当油缸工作时，*B* 点将产生绕 *A* 点的转动（如弧线箭头所示），从而使 *D* 点完成向侧下方的拉力。

（3）需要产生向下的拉力时的安装如图 4-60（d）所示，当油缸工作时，*B*、*C*、*E* 三点将分别产生沿各自弧线箭头所示方向的运动。利用 *E* 点受力后，产生的绕 *O* 点向下转动的分力完成向下的拉力。

（4）需要产生向侧上方向拉力时的安装如图 4-60（e）、（f）所示。当油缸工作时，*A* 点产生绕 *C* 点的转动，*B* 点便产生沿 *AB* 方向的牵引力。

（5）需要产生水平推力时的安装如图 4-60（g）所示。当油缸工作时，*A* 点产生绕 *D* 点的转动，杆件 *AB* 便对 *B* 点产生水平方向向内的推力。

（6）需要产生向上的推力（也相当于向下的拉力）时的安装如图 4-60（h）所示，它直接由油缸或千斤顶完成。

（7）需要产生向下牵引的另一种施力方式如图 4-60（i）所示，与前者不同之处在于支撑点高度固定，用液压工具横向牵引垂直拉链实现校正。

（8）图 4-60（j）为典型的推挤应用实例。

4．牵引与支撑的作业程序

车身整体变形的牵引与支撑作业程序，一般应遵循如下几个原则：

（1）“先重后轻”，即优先矫正损伤最大的部位。

（2）“先强后弱”，即同一部位的变形，应先由强度大的构件开始矫正。

（3）“先中间后两边”，即从中间部位开始操作。

（4）“先长度后侧向”，即长度和侧向两个方向同时存在变形时，优先矫正车身长度方向的变形。

（5）“先低后高”，即由车身底部开始矫正，而车身顶部的变形则可以放到最后进行。

5．车身校正注意事项

（1）对于整体式车身，必须用固定的方式，至少需要 4 个固定点，根据车身结构，有时还需要另外的固定点。

（2）对于损坏部位的维修，要使用多点拉伸。车身材料金属板件很容易发生移位、收缩和延伸，不正确的拉伸有可能增加车身部件的损坏。

（3）由于整体式车身的高强度对热很敏感，通常不要试图一步就完成整平校正拉伸。一般应该拉伸—保持平衡—再拉伸—再保持平衡，循环往复。

（4）如果一些车身被碰撞以后折叠得太紧，金属有被撕裂的危险，就需要对其加热。但加热只能作为消除金属应力的一种手段，而不能把它作为软化某一部分的方法。

（5）当断裂、磨损或弯曲的部件在不用补丁就修理不好时，应该更换整个部件。

（二）汽车车身变形的校正

1．车身前部损伤的校正

车身前部损伤主要是前部受碰撞（如追尾事故）形成的。损坏的部位包括前部的横梁、纵梁、发动机盖以及两侧的前翼子板等相关区域。整修前端应从前翼子板和纵梁开始，首先需要修复支撑结构件，然后选择需要更换部件的一侧先进行纵梁和上加强筋的牵拉，如图 4-61 所示。根据图中的控制点测量控制尺寸（3 条对角线），对角线尺寸达到要求后，再修理翼子板和纵梁的安装结构。在碰撞不严重时，损坏侧的翼子板或纵梁仅向右或向左偏斜，纵向则无变形。因此，仅测定图中 3 条对角线长度，使之符合出厂要求即达到校正目的。

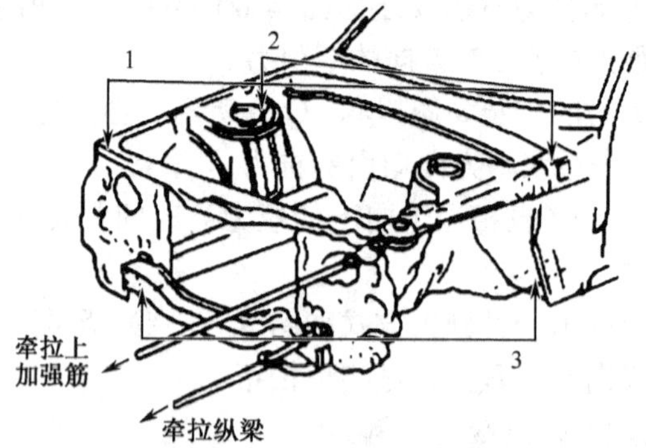

图 4-61　车身前部的拉伸

前车身翼子板比较薄，牵引点的固定可以采用在车身上焊接拉板的方法，如图 4-62 所示。

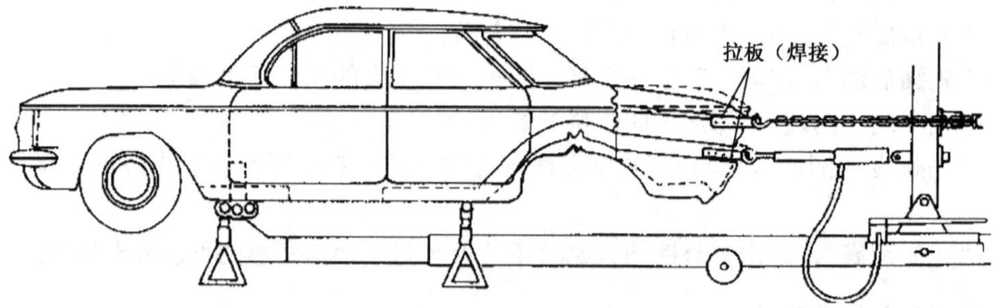

图 4-62　拉板与牵引设备配合使用

如果需修理一侧的纵梁是向外变形的，牵引时应朝前斜拉，如图 4-63（a）所示。同时注意观察对角线尺寸的变化，如果它开始朝向内边变形时，应改向朝前拉，如图 4-63（b）所示。

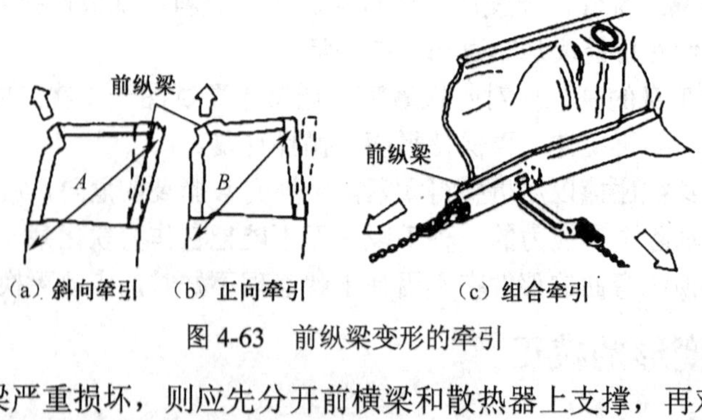

图 4-63　前纵梁变形的牵引

如果该区域纵梁严重损坏，则应先分开前横梁和散热器上支撑，再对纵梁加以校正。此时，应对纵梁实施组合牵引，即在纵向牵拉的同时，应增加一个横向的牵拉，如图 4-63（c）所示。修复后再将断开的支撑点焊接复原。

如果碰撞比较严重，损坏程度会涉及到前窗立柱，使车门关不上。这时应采用牵引法与支撑法配合使用的方式，即在牵拉前柱的同时增加一个液压顶杆支撑门框，如图 4-64 所示。

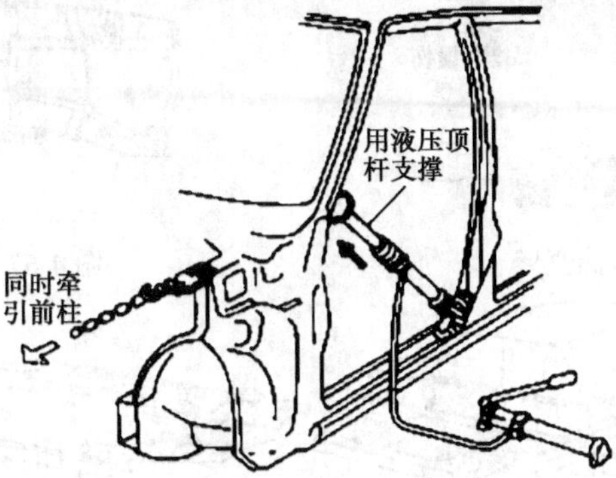

图 4-64 牵引法与支撑法配合使用校正车身前部变形

车身前部碰撞损坏实例分析：如图 4-65 所示，前部横梁一侧的前挡泥板及侧梁损坏严重就需要进行更换。另一侧的前翼板、前挡泥板和纵梁可能只是受到对面严重碰撞的影响，损坏并不严重，需要进行修复。

图 4-65 根据碰撞分析进行修理

左侧水箱框架和前纵梁都受到严重损坏，前柱也向后变形，就需要更换左侧的部件。按照与碰撞方向相反的方向对纵梁和前柱进行牵拉。对前纵梁和挡泥板进行拉伸校正时对发动机舱部的尺寸可以使用点对点测量来对比。

2. 车身侧向损伤的校正

对于车身侧向变形，采用台架校正是当前最佳的选择方案。因为台架校正设备固定车身方便，还可以垂直升降，为测量工作提供了很大的方便，拉链塔可以随意转动，可以同时进行任意方向的校正作业，能有效地使变形及其关联损伤一并得到矫正。

首先要损坏分析确定拉伸程序。门槛纵梁弯曲，地板会变形，车身前后端弯曲，使车身扭曲成香蕉状，如图 4-66 所示。

修理这种类型的损伤，可使用与拉直一根弯铁丝一样的方法，将车身的两端拉开，再将塌下去的车身侧面向外拉，如图 4-67 所示。

使用台架校正设备校正车身变形的连接固定方法如图 4-68 所示。

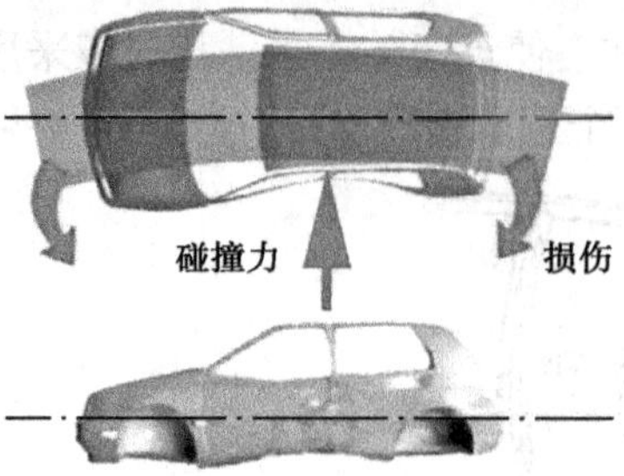

图 4-66　弯曲变形

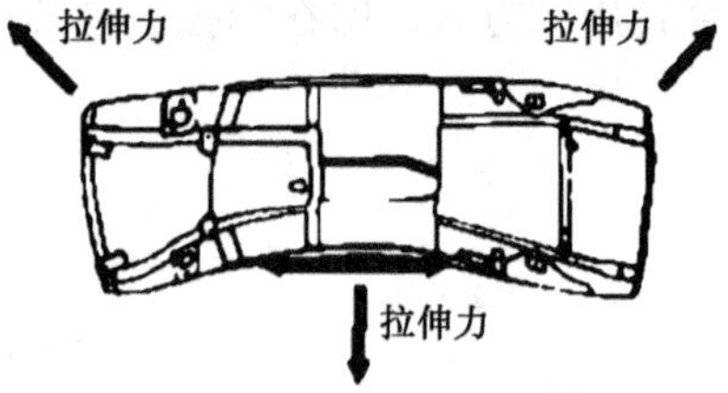

图 4-67　拉伸方向

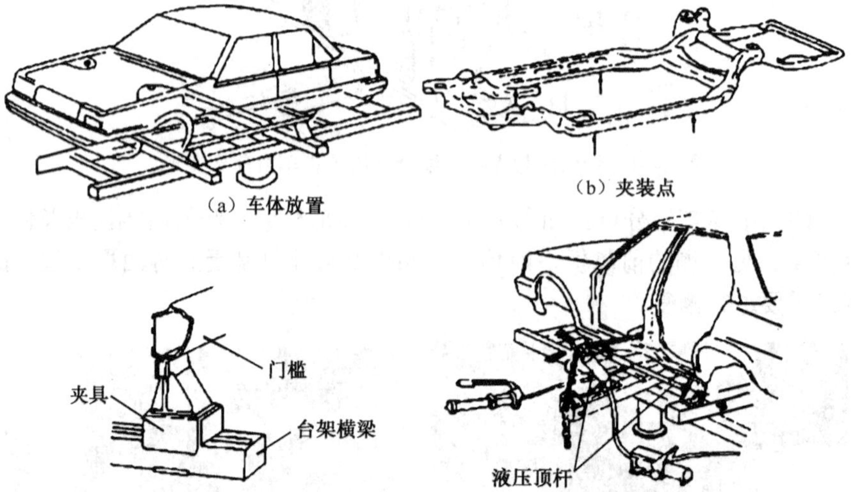

（a）车体放置　（b）夹装点　（c）夹装方法　（d）校正示例

图 4-68　台架校正设备的装夹方法

侧向变形的牵引方案如图 4-69 所示。为了能够增大拉伸的面积，增大受力面，同时避免车身钢板的二次损伤，可以把木块放在车内作为受力点拉伸（图 4-69（a））。若采用拉钩牵引（图 4-69（b）），应注意选择合适的挂钩，因为中央门柱虽为封闭式断面但强度有限，拉伸校正过度或因校正造成变形会使后续作业十分棘手。

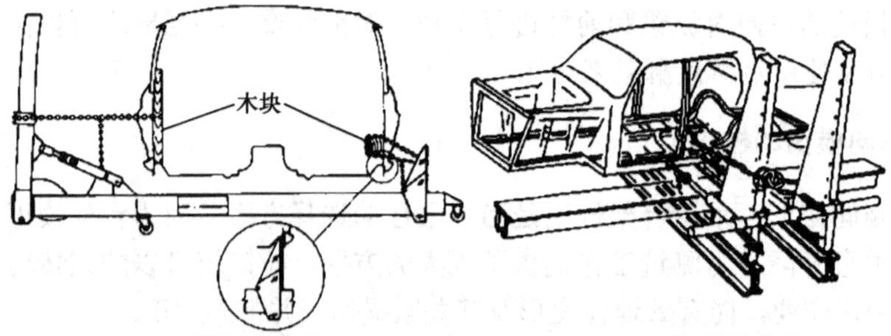

（a）采用木板牵引　（b）采用拉钩牵引

图 4-69　车身侧向变形的牵引方法

中部受损后拉伸力比较大，需要同时进行两个点以上、多个方向的拉伸。一般要对纵向和横向进行同时拉伸。主夹具紧固在车辆的门槛板裙边上，拉伸一边主夹具与平台之间不固定，用液压顶杆顶在两个主夹具上进行中部向两侧对车身进行纵向拉伸，同时在中柱门槛上边的裙边上安装两个夹具进行侧向拉伸，如图 4-70 所示。

图 4-70 车身中部拉伸

3. 车身后部损伤的校正

车身尾部碰撞多数情况下是在后保险杠上，其受到的冲击力由后纵梁与附近的板件分散与传递。造成纵梁的上翘部位的损伤，并引起轮罩变形，后翼子板前移。还有可能会影响到车顶盖板、车门板和中立柱。

如果只是后翼子板轻度变形，可用卡钳在尾箱内侧固定拉链进行牵引，如图 4-71（a）所示。当车身后部发生向上变形时，可采取图 4-71（b）所示的方法进行垂直方向的牵引校正。

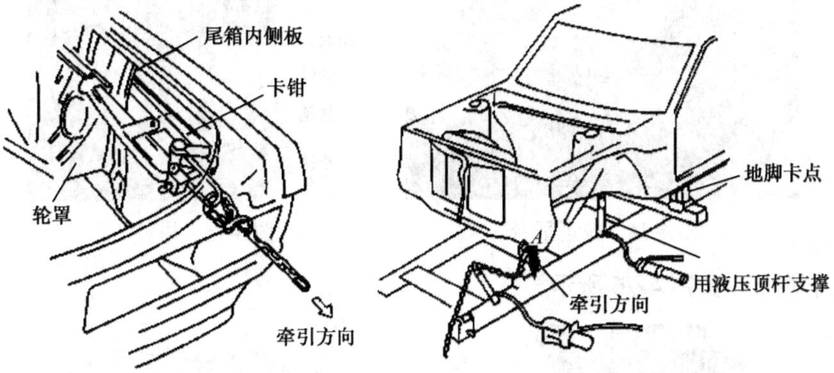

（a）后翼子板的牵引　　（b）车身后部垂直方向的牵引

图 4-71 车身后部损伤的牵引

4. 车身顶部损伤的校正

车顶的损伤主要体现为凹陷。对于车顶及其周围发生的凹陷变形，可以使用便携式液压工具并配以专用橡胶接头顶出，校正过程中使用钣金锤和钣金托模按预定要求进行整形（如虚线所示），直到恢复预定曲面，如图 4-72 所示。

5. 台架式校正设备的正确使用

校正平台的组成如图 4-73 所示，由拉伸塔柱、校正平台和液压控制柜等组成。

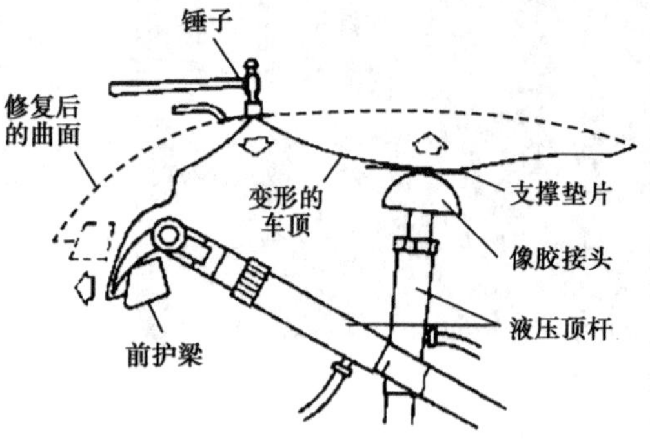

图 4-72 车顶凹陷的校正

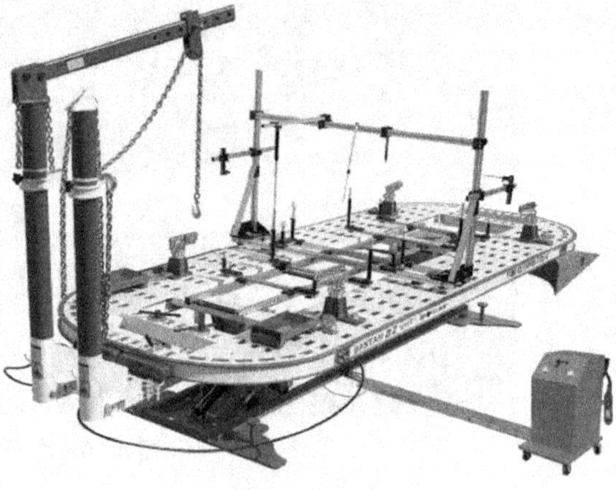

图 4-73 平台式拉伸校正仪

（1）校正平台。平面度误差不大于±2mm，如图 4-74 所示。

（2）塔柱拉伸系统，如图 4-75 所示。

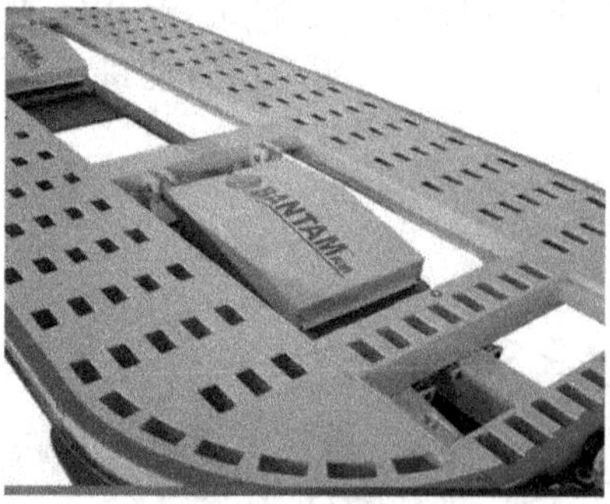

图 4-74 校正平台

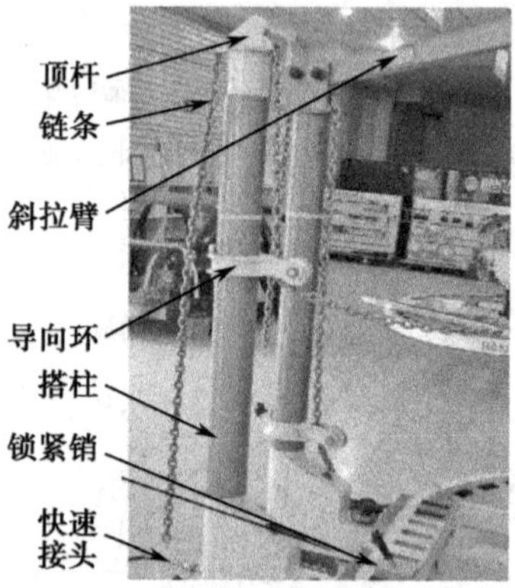

图 4-75 塔柱

（3）上车系统，如图 4-76 所示。

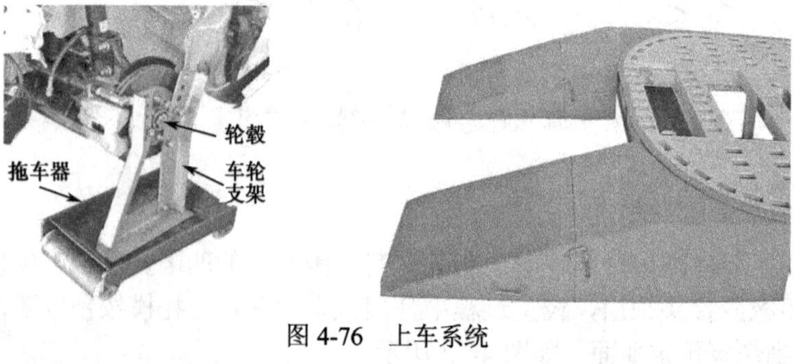

图 4-76 上车系统

（4）平台升降系统，如图 4-77 所示。

（5）主夹具，如图 4-78 所示。

（6）液压与气压系统，如图 4-79 所示。

（7）钣金拉伸夹具，如图 4-80 所示。

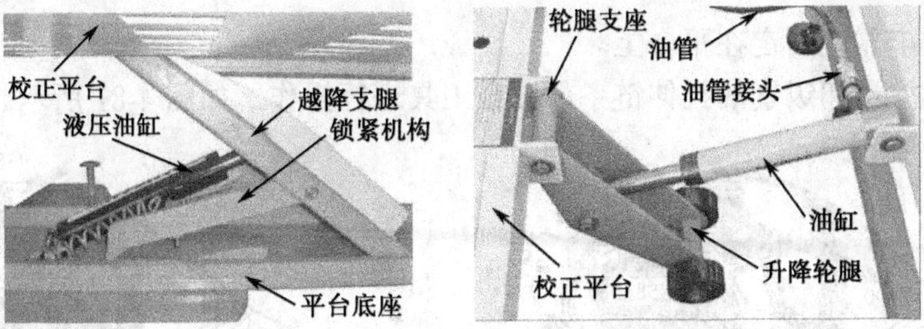

图 4-77 升降系统

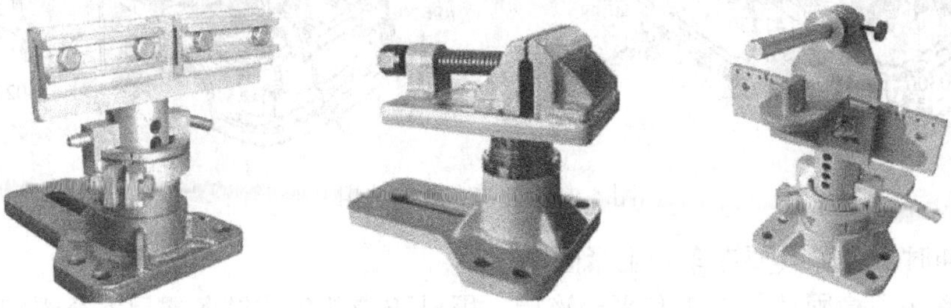

图 4-78 各类夹具

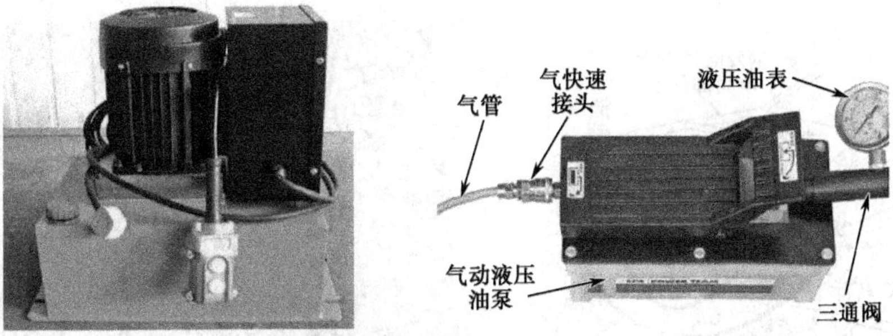

图 4-79 液压与气压系统

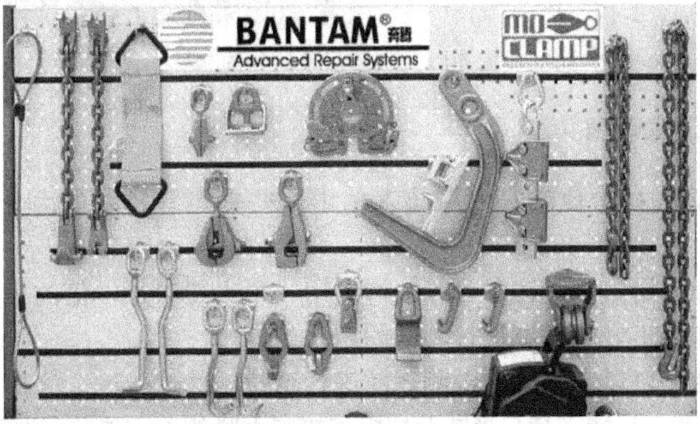

图 4-80 各类夹具

6．拉伸操作的安全事项

（1）正确地使用车身校正设备。

（2）严禁未正式训练的人员操作校正设备。

（3）车辆被牢靠地固定在平台上。

（4）用推荐型号和级别的拉伸链条、钣金工具进行操作，如图 4-81 所示。

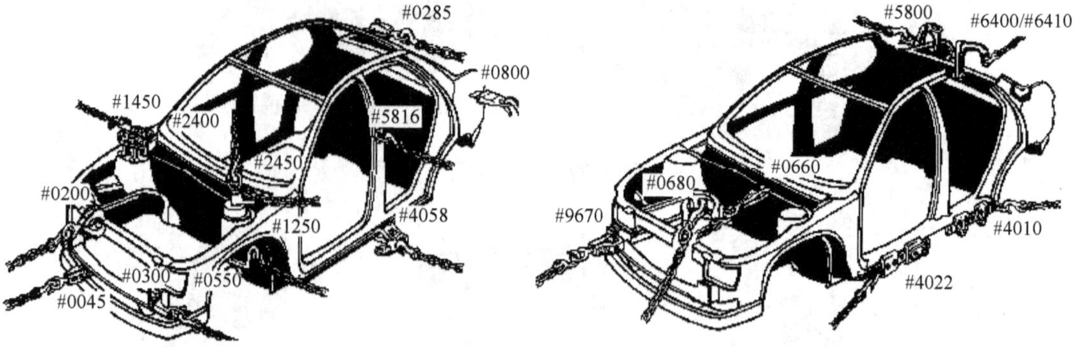

图 4-81　拉伸夹具的选用

（5）拉伸时钣金工具要在车身上紧固牢靠。

（6）链条必须稳固地与汽车和平台连接，用厚防护毯包住链条或用安全绳把链条、钣金工具固定在车身上的牢固部件上，如图 4-82 所示。

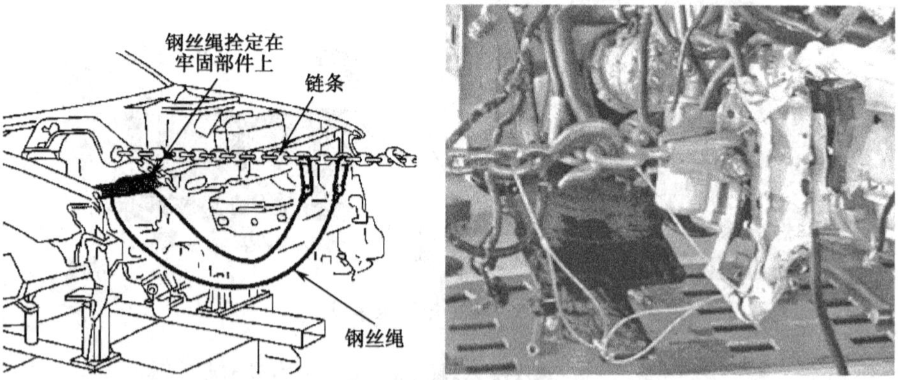

图 4-82　安装保险钢丝绳

7．拉伸操作的注意事项

（1）一个部位施加拉力比较大时应该多使用一些夹钳，将拉伸力分散到板件的更大的区域。

（2）拉伸一个部位用两个夹钳时可以允许比用一个夹钳时加一倍的拉力。

（3）对已经拉伸校正好的部位进行辅助固定。

（4）纵梁的弯曲，可以夹住弯曲内侧表面进行牵拉。

（5）加热时要注意，只能在棱角处或两层板连接得太紧的地方加热，温度不超过 200℃。

（6）车身板件变形整修的顺序：首先校正长度，然后校正宽度，最后校正高度。在修复中总体上应遵循“先里后外”的拉伸原则，避免拉伸程序的混乱。

（7）在校正过程中要经常地（最好是实时地）、精确地测量拉伸部位的尺寸，防止过度拉伸。

（8）过度拉伸唯一的修理方法就是把损坏的板件更换。

任务五

汽车车身焊接技术

任务要求

◎ 了解车身焊接的类型
◎ 掌握气体保护焊的各种焊接方法
◎ 掌握电阻点焊的基本操作方法
◎ 了解其他车身焊接的方式
◎ 了解现代轿车车身应采用的焊接方式

任务引导

相关知识点学习：要求学生实训课前参考“知识链接”独立完成。

相关知识点：要求学生实训课前独立完成以下相应内容。

1．车身焊接一般有________________、________________。________________、________________、________________五种。

2．气体保护焊的调节参数有________________、________________、________________、________________四种。

3．气体保护焊中按工件的摆放位置可分为：

（1）________________________。

（2）________________________。

（3）________________________。

4．气体保护焊中按工件的连接状态可分为：

（1）________________________。

（2）________________________。

（3）________________________。

5．采用惰性气体保护焊时，焊枪角度是（　　）。

A．10°～15°　　B．20°～40°　　C．20°～30°

6．对于惰性气体保护焊，焊枪导电嘴到工件的距离是（　　）。

A．7～15mm　　B．7～16mm　　C．6～16mm

7．惰性气体保护焊的焊炬移动速度是由（　　）决定的。

A．板厚和电流　　B．板厚和电压　　C．电压和电流

8．惰性气体保护焊保护气中的二氧化碳含量增大时，会出现（　　）现象。

A．焊接熔深加大、焊缝宽度加大

B．焊接熔深加大、焊缝宽度减小

C．焊接熔深减小、焊缝宽度加大

9．惰性气体保护焊焊枪导电嘴到喷嘴的距离和焊丝伸出喷嘴的长度分别是（　　）。

A．2mm、5～8mm　　B．3mm、5～8mm　　C．3mm、4～8mm

10．用惰性气体保护焊进行仰焊操作时，要（　　）。

A．调低电压、缩短电弧

B．调高电压、缩短电弧

C．调低电压、加大电弧

11．用惰性气体保护焊进行定位焊时，各焊点间的距离大小与板件的厚度有关，一般距离为板件厚度的（　　）倍。

A．15～20　　B．20～30　　C．15～30

12．定位焊各焊点间的距离大小与（　　）有关。

A．板件的厚度　　B．板件的材料　　C．板件的性质

13．定位焊各焊点间的距离大小一般为板件厚度的（　　）倍。

A．5～10　　B．10～15　　C．15～30

14．在焊接金属薄板时，如果薄板厚度为0.8mm以下，必须采用（　　），以防烧穿薄板。

A．不连续的焊接（即连续点焊）

B．连续的焊接

C．塞焊

15．在焊接金属薄板时，如果薄板厚度为0.8mm以下，可采用（　　）来移动焊炬，因为这样比较容易对准焊缝。

A．逆向焊法　　B．正向焊法　　C．正向和逆向焊法交替

16．进行对接焊（尤其是在薄板）时，每次焊接的长度最好不超过（　　）。

A．10mm　　B．20mm　　C．30mm

17．当需要对接焊的金属的厚度为（　　）时，必须留一个坡口，以确保有足够的熔深。

A．1.2mm　　B．1.6mm　　C．1.8mm

18．在进行惰性气体保护点焊时，（　　）的说法是错误的。

A．较薄的金属焊接到较厚的金属

B．正式焊接前要试焊检验

C．与脉冲焊相比，点焊通常需要较少的热量

19．采用惰性气体保护焊连续焊时，每次焊接长度应该不大于（　　）。

A．10mm　　B．20mm　　C．30mm

20．分段焊接的目的是（　　）。

A．有利于对准焊缝

B．有利于冷却

C．降低焊接难度

21．薄板厚度为 0.8mm 以下，必须采用（　　）的惰性气体保护焊焊接方式。

A．连续点焊

B．连续焊，每次焊接长度不超过 10mm

C．连续焊

22．惰性气体保护焊的焊炬移动过慢时，会产生（　　）现象。

A．焊缝变窄　　B．熔穿　　C．熔深变浅

23．为了防止金属板弯曲，应从工件的（　　）开始焊接。

A．前部　　B．后部　　C．中部

24．惰性气体保护焊焊接的板件厚度超过（　　）时，要留出焊接坡口。

A．1.4mm　　B．1.6mm　　C．1.8mm

25．使用气体保护焊焊接后，不能用水降温的原因是（　　）。

A．会使焊缝变脆　　B．会使焊缝生锈　　C．会使焊缝变软

26．对铝板进行气体保护焊焊接时，要采用（　　）的保护气。

A．100%氩气

B．100%二氧化碳

C．50%氩气和 50%二氧化碳

27．采用气体保护焊焊接铝板时，焊炬的焊接角度是（　　）。

A．5°～15°　　B．10°～15°　　C．10°～20°

28．在铝板上只能采取（　　）的气体保护焊的焊接方式。

A．逆向焊接

B．逆向焊接和正向焊接都可以

C．正向焊接

29．采用气体保护焊焊接铝板时，（　　）的说法是正确的。

A．使用直径为 0.8mm 的铝焊丝

B．送丝速度比焊接钢板快

C．在焊接前只对板件进行清洗

30．气体保护焊塞焊的板件扭曲破坏后，修复时下面的工件上必须有直径不小于（　　）的孔。

A．8mm　　B．10mm　　C．12mm

任务实施

（1）进行气体保护焊设备焊接参数调整及安全防护练习。

（2）进行电阻点焊设备焊接参数调整及安全防护练习。

（3）观看多媒体教学课件或视频，了解汽车车身焊接基本方法。

（4）根据任务（1）和（2），把调整参数的名称、数据及作用填在实训报告表 5-1 上。

（5）了解氧乙炔焊及电弧焊的作用及焊接方法。

项目一：气体保护焊的具体操作步骤及技术要求

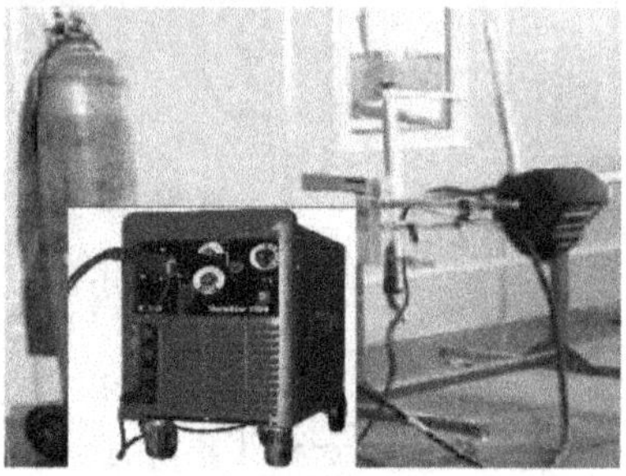 图 5-1	1. 准备工作： 如图 5-1 所示，为气体保护焊焊接设备，保护气体有二氧化碳、氩气或两者的混合气
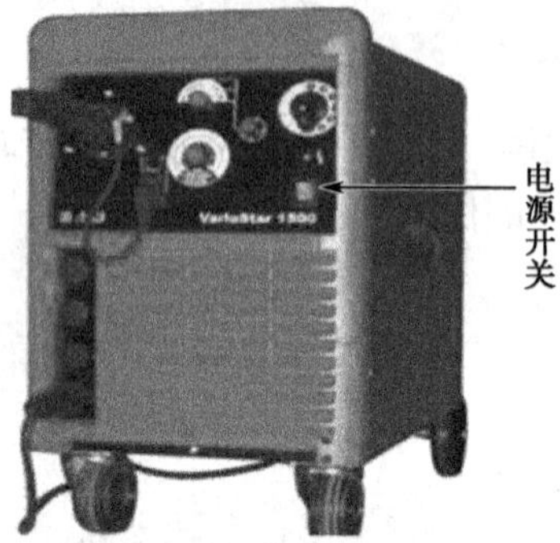 图 5-2	如图 5-2 所示，打开焊机电源开关，焊机进入工作状态
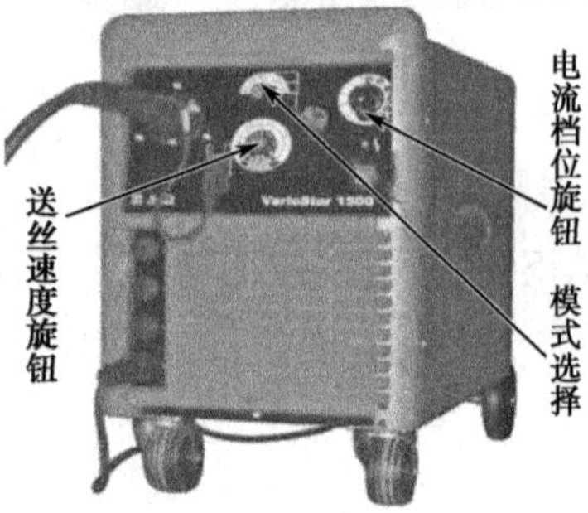 图 5-3	如图 5-3 所示，调整焊机工作参数，电流档位及送丝速度根据焊接钢板厚度来调节。模式旋钮调在焊接位置
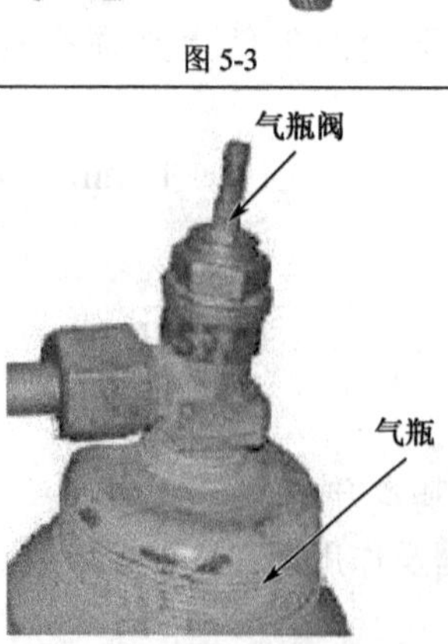 图 5-4	如图 5-4 所示，打开保护气体钢瓶阀门

<table>
<tr>
<td>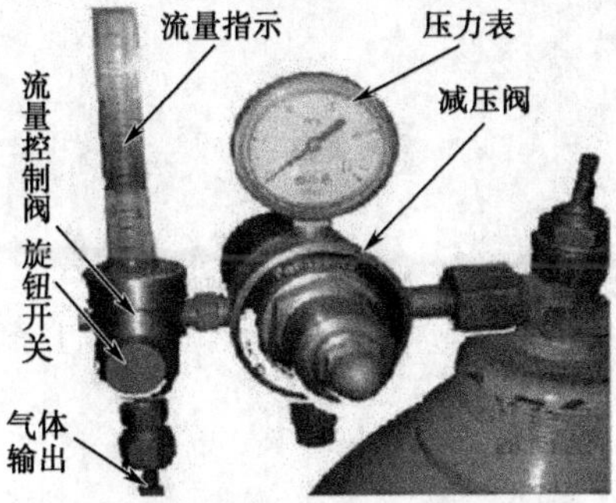

图 5-5</td>
<td>如图 5-5 所示，打开保护气体流量控制阀旋钮，并按动焊枪开关调整送气流量。流量为 10～15L/min，练习时可调小些</td>
</tr>
<tr>
<td>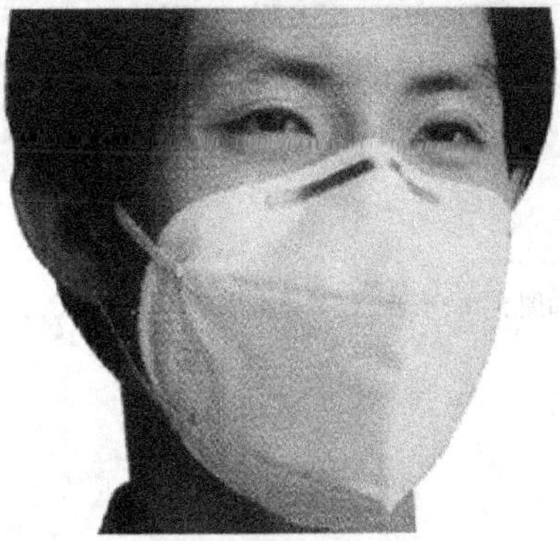
图 5-6</td>
<td>2．佩戴焊接防护用品：
如图 5-6 所示，佩戴好防尘面罩</td>
</tr>
<tr>
<td>
图 5-7</td>
<td>如图 5-7 所示，穿好焊接工作防护服</td>
</tr>
<tr>
<td>
图 5-8</td>
<td>如图 5-8 所示，穿好绝缘安全鞋</td>
</tr>
</table>

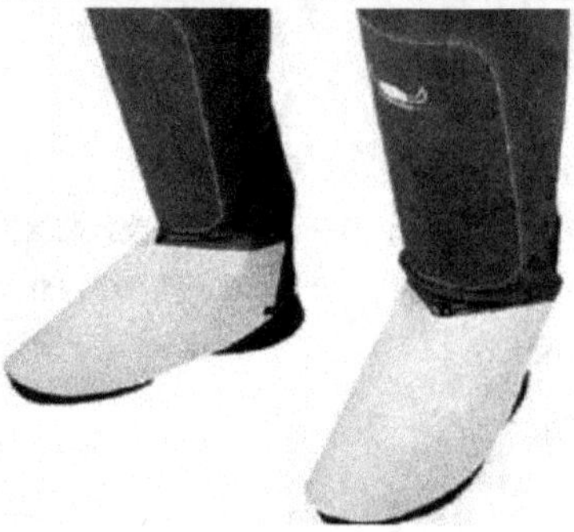 图 5-9	如图 5-9 所示，佩戴护膝及护脚防护套
 图 5-10	如图 5-10 所示，佩戴焊接皮手套
 图 5-11	如图 5-11 所示，佩戴好有深色镜片的防辐射安全头盔或护目镜
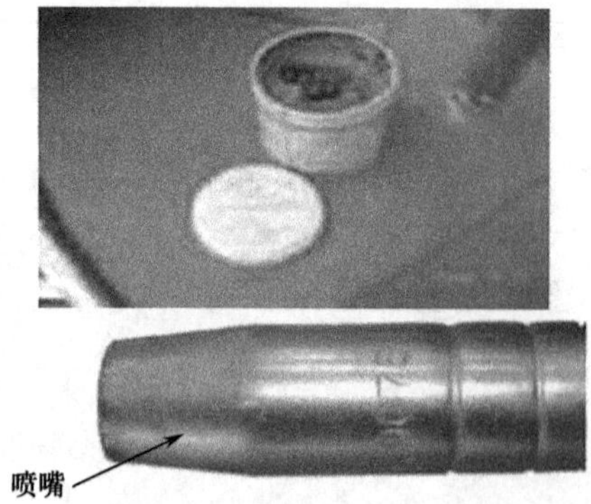 图 5-12	3．开始焊接操作： 如图 5-12 所示，将焊枪的喷嘴蘸一下防堵剂，以防焊接飞溅物堵塞喷嘴

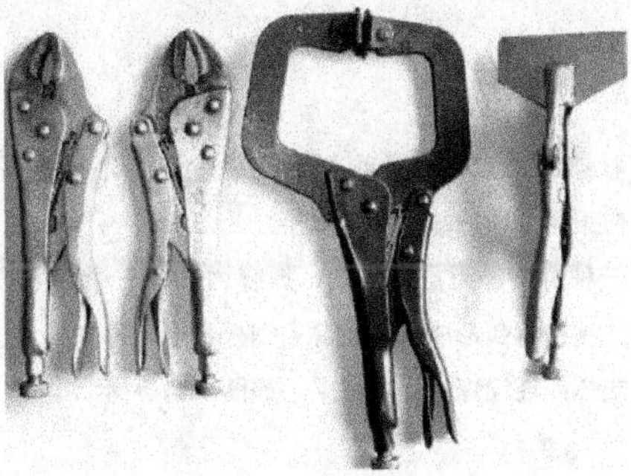 图 5-13	如图 5-13 所示，用各种夹具把工件夹紧
 图 5-14	(1) 进行对接焊。 对接焊有放背板和无背板两种形式，根据实际需要选择。 如图 5-14 所示，两对接工件要平齐
 图 5-15	如图 5-15 所示，焊枪的喷嘴距离工件表面为 8～15mm，与工件平面成 75° 角
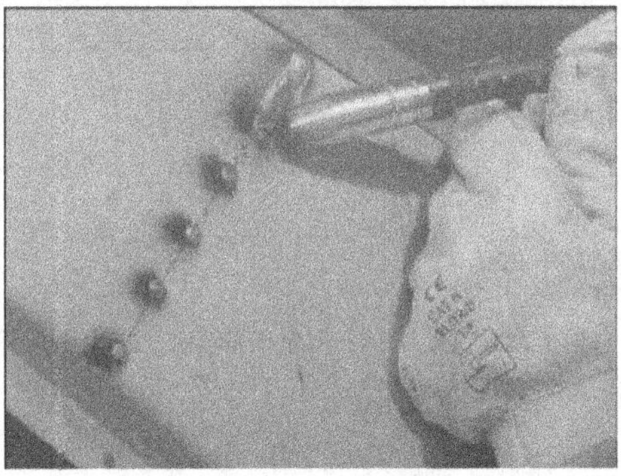 图 5-16	先对工件进行定位焊，如图 5-16 所示

<table>
<tr><td>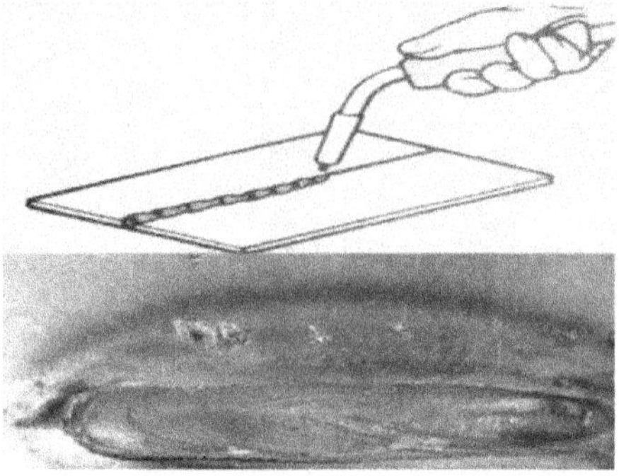
图 5-17</td><td>进行连续焊操作时为了避免工件变形，不要从头焊到尾。应采用分段冷却的方式焊接。
另一种对接焊为点焊方式，焊缝由一个个焊点组成，不是由连续的电弧形成。比较薄的钢板常用此种方法。
对接焊用连续焊的焊接效果，如图 5-17 所示</td></tr>
<tr><td>
图 5-18</td><td>（2）进行搭接焊。
两块工件互相搭起来而不是平齐的焊接方式。其他操作方法相同。
如图 5-18 所示，两工件进行搭接焊</td></tr>
<tr><td>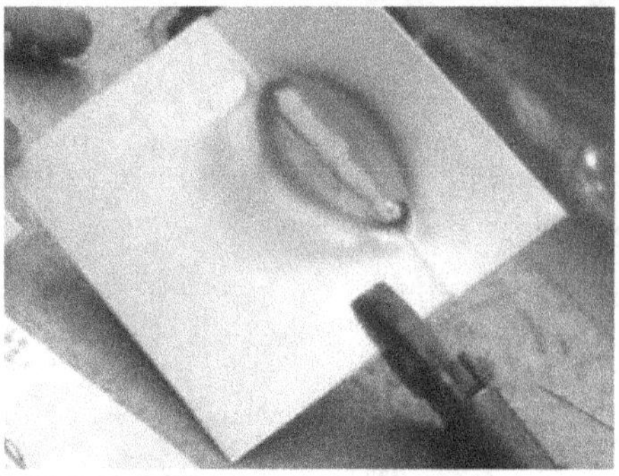
图 5-19</td><td>如图 5-19 所示，搭接焊的效果</td></tr>
<tr><td>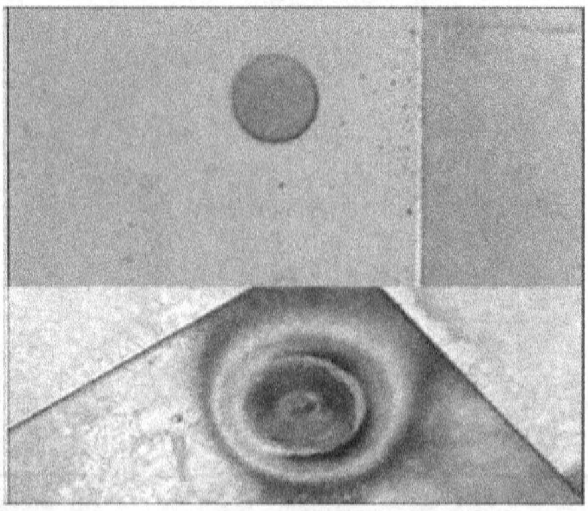
图 5-20</td><td>（3）塞焊操作。
塞焊也称为填孔焊，可用来代替车身上的电阻点焊焊点，如图 5-20 所示</td></tr>
</table>

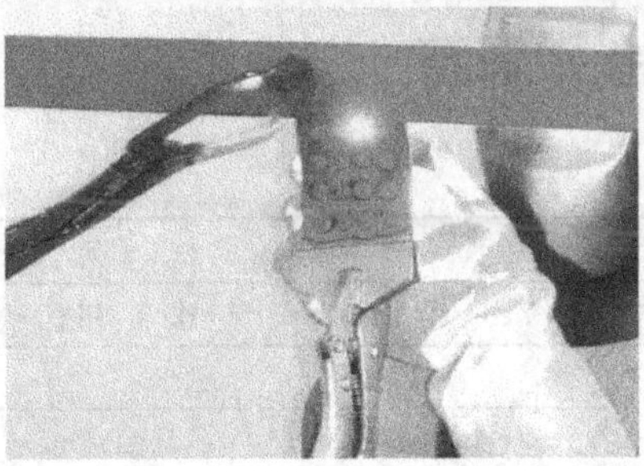 图 5-21	进行塞焊操作，如图 5-21 所示
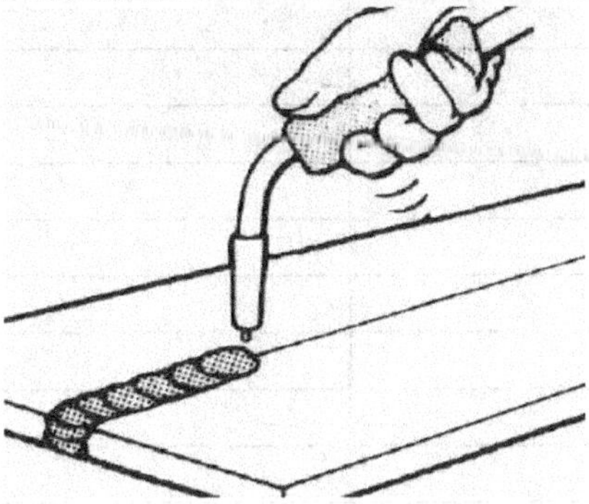 图 5-22	根据工件位置的条件限制，又可分为： 1）平焊操作，如图 5-22 所示
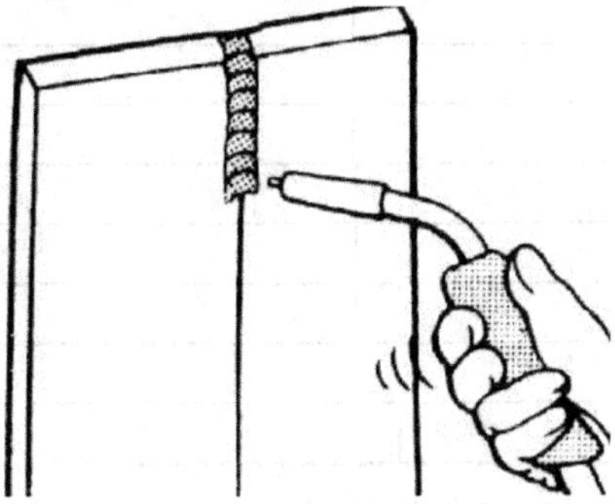 图 5-23	2）立焊操作，如图 5-23 所示
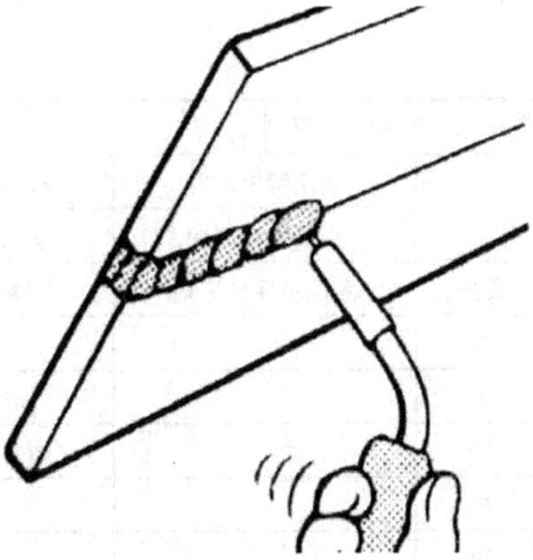 图 5-24	3）仰焊操作，如图 5-24 所示。 采用不同的焊接方式时，焊机参数的调整会有所不同。焊接质量与操作水平有关，而操作水平又与练习及操作时间的长短有关，作为一门技术是要练习较长时间才会有效果的

实训报告 5-1　焊接参数调整

表 5-1

实训车型			任　务	作　用
实训步骤			名称与参数	作　用
1	气体保护焊的调整参数			
	（1）			
	（2）			
	（3）			
	（4）			
2	电阻点焊的参数调整			
	（1）			
	（2）			
	（3）			
3	安全防护			
	（1）			
	（2）			
	（3）			
	（4）			
	(5)			
4	5S			
教师评语				
成绩		指导教师签名		日期

任务考核单 5-1　焊接参数调整

表 5-2

班　级			姓　名		学　号	
考核内容	焊接参数调整				规定考核时间	30 分钟
					实际考核时间	分 3 次
序号	检查维修内容/评分标准			配分	考核及评分记录	得分
1	准备	设备检查		5		
		安全防护		10		
2	示范	穿戴安全防护用品、用具		10		
3	调整及效果	调整气保焊参数并试焊		20		
		调整电阻点焊焊接参数并试焊		20		
		操作是否规范		20		

续表

班级		姓名		学号	
考核内容	焊接参数调整			规定考核时间	30 分钟
				实际考核时间	分 3 次
序号	检查维修内容/评分标准		配分	考核及评分记录	得分
4	安全文明	防护措施得当，作业规范安全整洁	5		
		工具、零件不落地	3		
5	工具使用	工具选用合理	2		
		5S 是否到位	5		
6	考核时间	每超 1 分钟扣 3 分，超时 3 分钟终止考核			
合计			100		
监考教师		考核日期		年 月 日	

知识链接

一、车身的连接与焊接方式

（一）车身连接方式

车身连接方式可分为可拆卸连接和不可拆卸连接。

1．可拆卸连接方式

（1）螺钉连接

① 螺栓螺母连接。主要用于受力较大的结构件的连接，如图 5-25 所示。

② 螺母焊接螺栓连接。主要用于受力较大的结构件的连接，如图 5-26 所示。

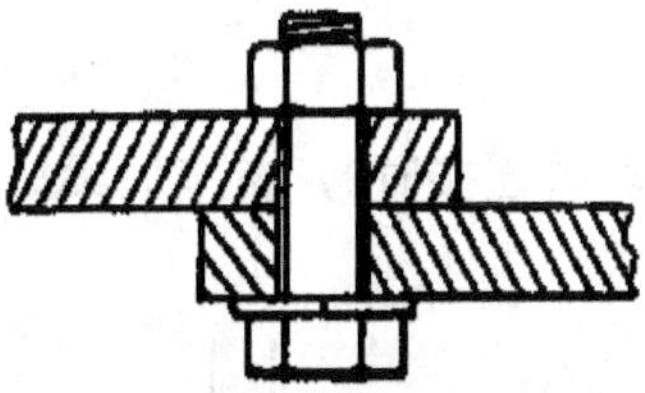

图 5-25 螺栓螺母连接

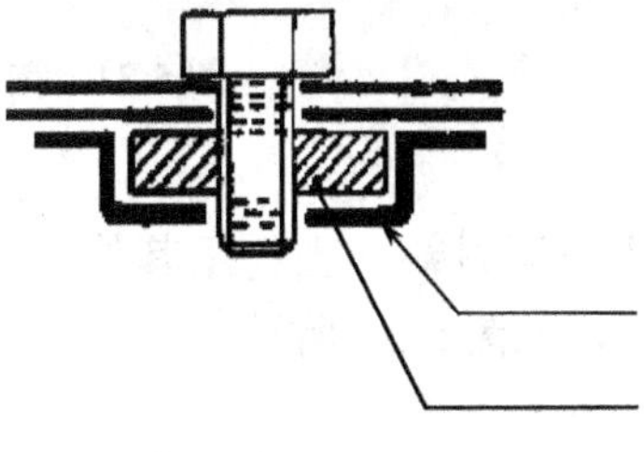

图 5-26 螺母焊接螺栓连接

③ 螺钉卡扣连接。主要用于灯架及装饰件的连接，如图 5-27 所示。

④ 自攻螺钉连接。主要用于手把及装饰件的连接，如图 5-28 所示。

（2）塑料卡扣连接

用来安装室内装饰件、装饰条，外部装饰件、线路等，如图 5-29 所示。

（3）铰链连接

用来连接车门、发动机罩、行李箱盖等，如图 5-30 所示。

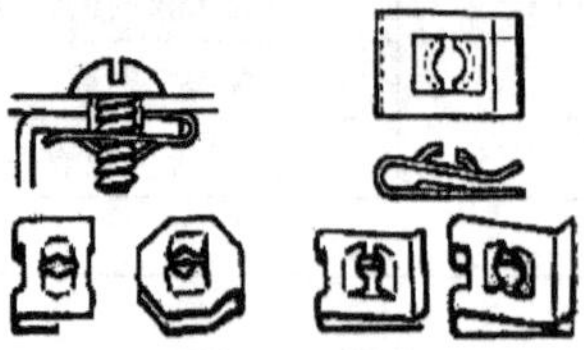

图 5-27　螺钉卡扣连接

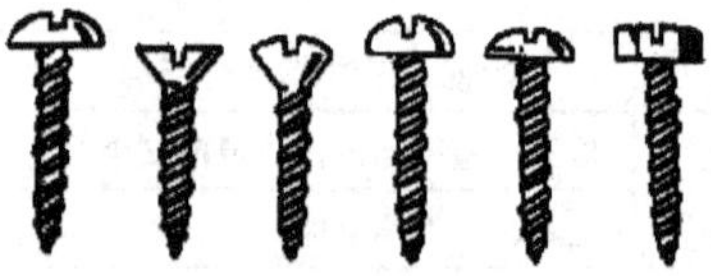

图 5-28　自攻螺钉连接

图 5-29　塑料卡扣连接

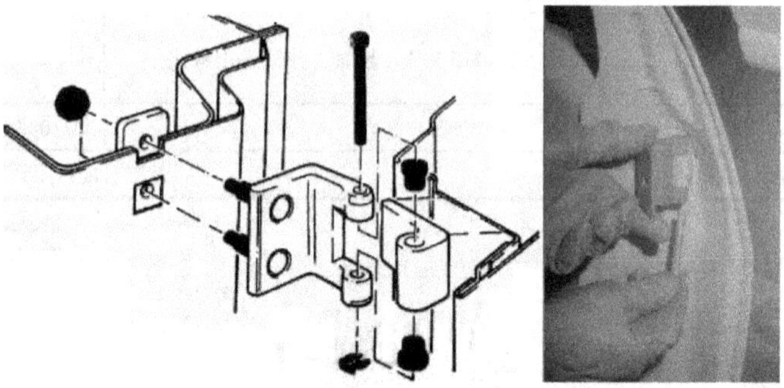

图 5-30　铰链连接

2．不可拆卸连接方式

（1）搭边连接

用来连接车门内外板、发动机罩内外板、行李箱盖内外板等，如图 5-31 所示。

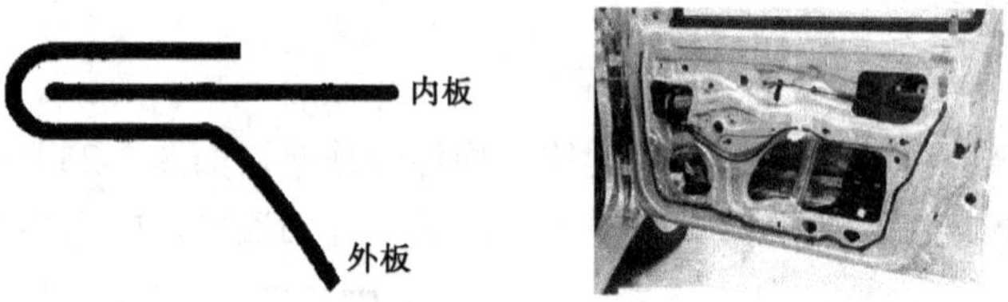

图 5-31　搭边连接

（2）铆钉连接

用来连接车身上不同材料（当使用其他方式不能有效连接时），货车大梁，或者用来连接铝、镁或塑料车身，如图 5-32 所示。

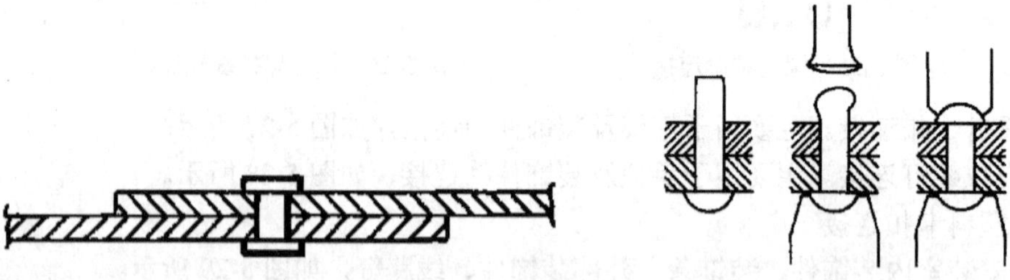

图 5-32　铆钉连接

（3）黏接连接

主要用于车身需要密封的板件，一些车身大面积面板，铝车身板件，塑料车身件等。黏接连接如图 5-33 所示。

黏接连接方式如图 5-34 所示：图 5-34（a）为黏接与电阻点焊，图 5-34（b）为黏接与铆接，图 5-34（c）为黏接与螺栓连接，图 5-34（d）为黏接与摺边连接。

图 5-33 黏接连接

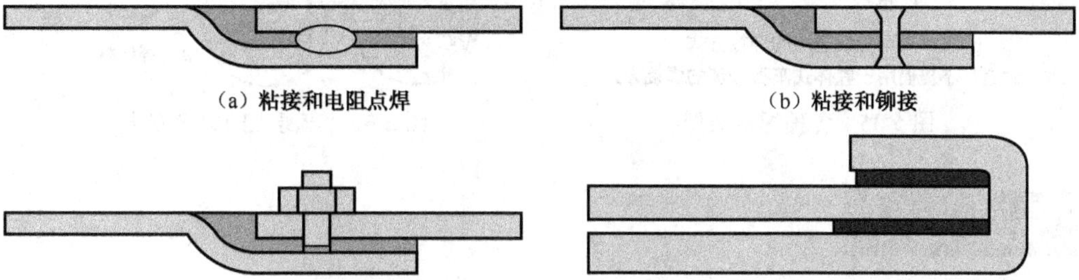

（a）粘接和电阻点焊　（b）粘接和铆接

（c）粘接和螺栓连接　（d）粘接和摺边连接

图 5-34 黏接连接方式

（4）焊接连接

（二）车身焊接方式

焊接种类：

（1）压焊：这种方法用电极给金属加热使其熔化，并加压使金属连接。在各种压焊方法中，电阻点焊是汽车制造业不可缺少的焊接方法，但在汽车修理业中应用很少。

（2）熔焊：这种方法将金属件加热到熔点，使它们连接在一起（通常是焊条），然后冷却。

（3）钎焊：在需要焊接的金属件上，将熔点比它低的金属熔化（金属件不需熔化）而进行连接。根据钎焊材料的温度，可分为软钎焊和硬钎焊。各种焊接类型更进一步的细分如图 5-35 所示。

值得注意的是当今汽车上使用的新型合金钢是不能用电弧焊和氧乙炔焊的。车身各部位所采用的焊接方式如图 5-36 所示。

车身焊接要求：

（1）由于焊接的形状不受限制，它适合于连接整体式车身结构，焊接后仍保持车体的完整性。

（2）可减轻重量（不需要增加接合件）。

（3）对空气和水的密封性好。

（4）生产效率高。

（5）焊接接头的强度很大程度上受到操作者技术水平的影响。

（6）如果过多地加热，周围板件将会变形。

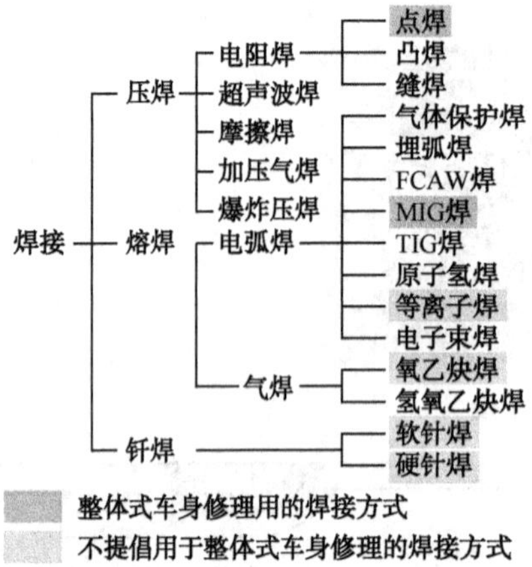

图 5-35　各种焊接类型

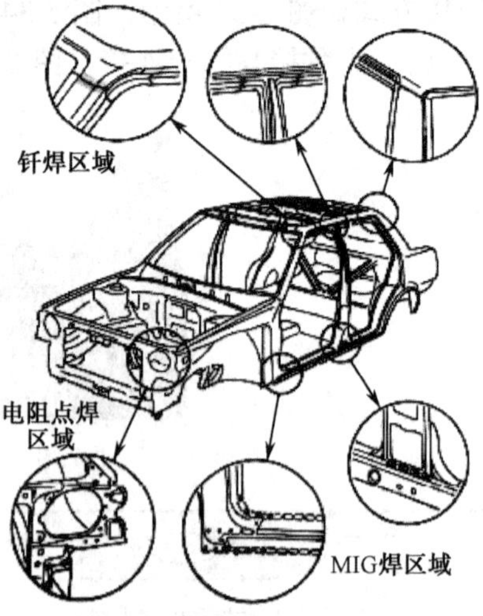

图 5-36　车身上的焊接方法

二、手工电弧焊

手工电弧焊是以手工操作的焊条和被焊接的工件作为两个电极，利用焊条与焊件之间产生电弧热量熔化金属进行焊接的一种方法。适用于碳钢、低合金高强度钢、不锈钢及耐热钢的焊接，也可用于铸铁、有色金属如铝、铜及其合金的焊接，设备简单，操作方便，是应用比较广泛的一种焊接。

（一）电弧焊的基本概念

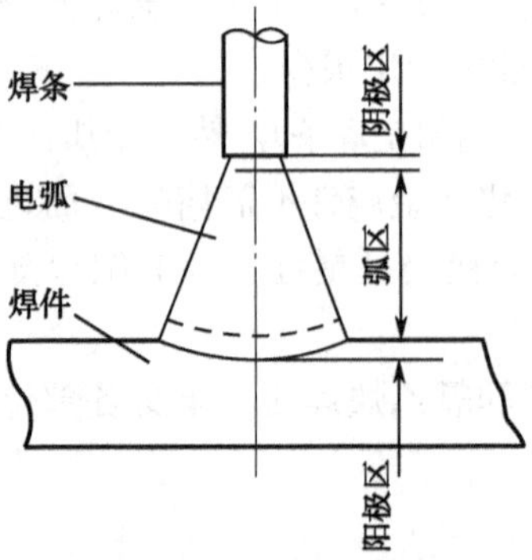

图 5-37　电弧的产生

电弧产生强烈的光和大量的热。电弧焊就是利用大量集中的热，使焊条和被焊的工件熔化达到连接的目的。

电弧是由阴极部分、弧柱部分和阳极部分组成的，如图 5-37 所示。从图中可以看出，电弧产生于焊条和焊件之间，阴极部分位于焊条的末端，阳极部分位于焊件表面，弧柱部分位于阴、阳极之间，呈截锥形，周围被电弧焰包围着。电弧中三个区域的温度是不同的；一般阳极附近区域温度可达 2 600℃，阴极部分区域温度可达 2 400℃，弧柱中心温度可达 600℃。

（二）手工弧焊机分类

手工弧焊机的分类方法很多，按焊接电流种类可分为弧焊变压器（交流弧焊机）、弧焊发电机（直流弧焊机）、弧焊整流器（直流弧焊机）三类。其型号表示方法如下：

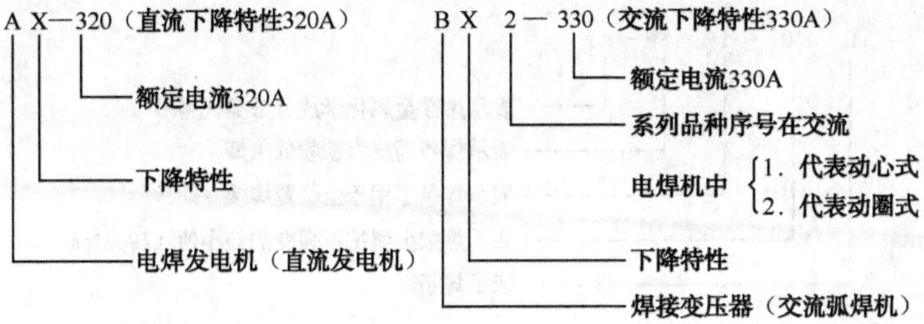

（三）焊条

1. 焊条的组成及其作用

焊条由焊芯和药皮组成。在焊接过程中，焊条既传导电流，又起到焊缝的填充金属作用。

（1）焊芯。焊芯的作用是作为电极，产生电弧。焊芯熔化后成为焊缝中的填充金属。焊芯是一根具有一定直径和长度的金属芯，它的直径和长度即代表焊条的直径和长度。常用的焊芯材料为碳素结构钢、合金结构钢和不锈钢等。

（2）药皮。药皮由各种不同的矿石粉、铁合金和有机物（如木粉、淀粉、纤维等）、化工产品（如钛白粉、碳酸、钾、水玻璃等）等组成。为便于起弧，焊条前端的药皮做成 45° 左右的倒角。

药皮的基本功能是：利用药皮放出的气体和形成的熔渣，起到机械地隔离空气的作用。同时，通过熔渣与熔化金属的冶金反应，除去氧、氢、硫、磷等有害杂质和添加有益的合金元素。保证焊缝金属的化学性能和力学性能，并且改善焊接工艺性能，使电弧稳定，飞溅减少，焊缝成型好，易脱渣等。

2. 焊条的分类

焊条按其药皮熔化后的熔渣特性，分酸性焊条和碱性焊条两大类。

酸性焊条的药皮成分，主要是酸性氧化物二氧化硅、二氧化钛、三氧化二铁等。这类焊条对铁锈不敏感，要求在使用前经 75～150℃烘焙 1 小时。电弧稳定，可用于交流或直流弧焊。钛型、钛钙型焊条就属于这一类。

碱性焊条的药皮成分，主要是碱性氧化物碳酸盐和萤石等。这类焊条焊接后焊缝金属的力学性能好，可以用来焊接高强度的低合金钢和特种性能的合金钢。因其对铁锈产生气孔的敏感性较大，使用前经过 350～400℃和 1～2 小时烘干，但由于药皮中含有恶化电流稳定性的氟化物，故必须用直流施焊，只有当药皮中加稳弧剂后，才可交、直流使用。

3. 焊条型号的表示方法

焊条型号表示焊条的类别、焊条的特点（如抗拉强度、使用温变、焊芯金属类型、熔敷金属化学成分类型等）、焊条药皮类型及适用的焊接电源。根据国家标准 GB5117—85、GB51118—85，其编制方法如下：

每一种型号的焊条，又可以有若干个牌号的产品。至于各牌号焊条的具体性能、化学成分、物理性能及使用注意事项等则由焊条制造厂在该牌号的焊条说明书及其焊条产品样本中注明。

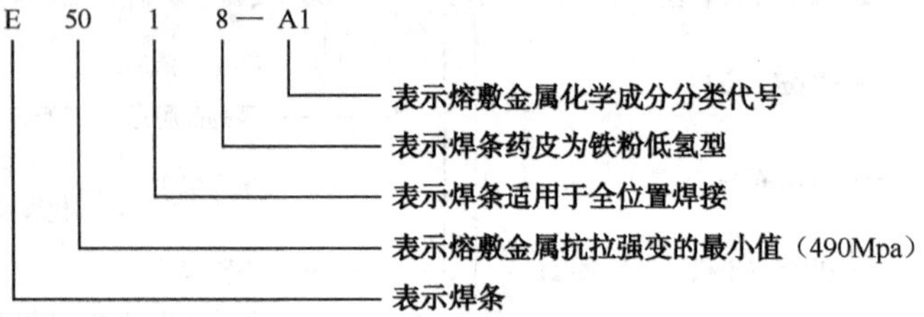

（四）手工电弧焊操作方法

1. 焊接电流的调整

焊前必须作好焊接电流的调整工作。若电流过大，会使焊炬及电缆发热，焊条前半节发红，药皮过早脱落，甚至造成焊缝两侧咬边，烧穿焊件等现象；若电流过小，焊条容易粘在焊件上，并出现熔深不够、焊不透而易夹渣成型不好等缺陷。

焊接电流应根据焊条类型、焊条直径、焊件厚度及焊缝位置来选择。在使用结构钢焊条时，也可根据下面经验公式进行选择

$$I=Kd$$

式中 I——焊接电流（A）；

d——焊条直径（mm）；

K——系数，其值与焊条直径有关，见表 5-3。

表 5-3　不同焊条直径对应的 K 值

d（mm）	1.6	2～2.5	3.2	4～6
K	15～25	20～30	30～40	40～50

如使用含合金元素较多的合金钢焊条时，电流应当减小。

根据位置调整电流，平焊时的焊接电流较其他位置的焊接电流可适当增大。

电流的调整还可根据弧长来确定，电弧长，则电弧电压高；反之，电弧电压要低。在使用酸性焊条焊接时，电弧电压较同直径的碱性焊条可适当增高。

2. 引弧

开始焊接时先要引燃电弧，简称引弧。引弧方法有两种：擦弧法和碰击法，如图 5-38 所示。

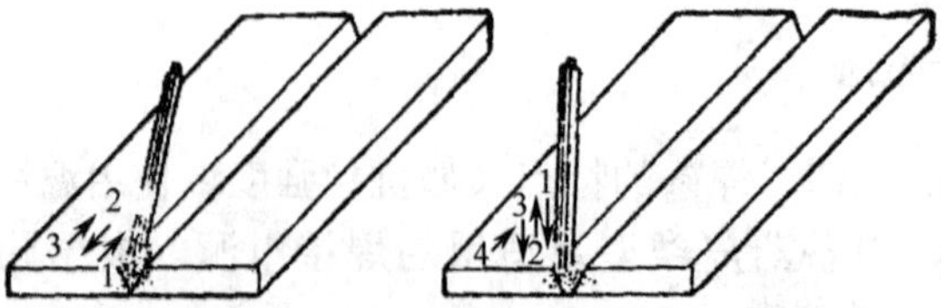

（a）擦弧法　　（b）碰击法

1—擦弧；2—擦弧后回弧；3—引弧后焊接　　1—碰击；2—碰击后提升；3—引弧后焊接

图 5-38　引弧方法

（1）擦弧法。即在焊件表面划动一下，其动作类似划火柴。擦划时，焊工握住焊钳，将焊条在坡口内轻划一下即可。划动长度一般在 20～25mm，引着电弧后，立即使焊条末端与焊接表面的距离保持在 3～4mm 之间的高度，以便维持电弧稳定燃烧。使用碱性焊条引弧时，焊条容易与工件粘住，故擦弧时可采用平行轻移方法。

（2）碰击法。引弧时，用焊条末端轻轻地垂直碰击焊件表面，引着电弧后便迅速提起焊条，并使末端与焊件表面保持 3～4mm 的高度，维持电弧燃烧。

3．运条

电弧引燃后就进入正常的焊接过程，这时焊条有三种方向运动：

第一是焊条被电弧熔化变短，为保持一定的弧长就必须使焊条沿其中心线向下送进，否则就会发生断弧。

电弧长短对焊缝质量有很大影响。电弧的长度超过焊条直径的叫长弧，小于焊条直径的为短弧。用长弧焊接时，电弧燃烧不稳定，焊缝质量较差，表面鱼鳞不均匀，焊缝熔深较浅，当焊条熔滴向熔池过渡时，周围空气容易侵入形成气孔，而且熔化金属飞溅严重，造成浪费。因此，施焊时应该采用短弧，特别是使用碱性焊条时，一定要用短弧焊接，才能保证焊缝质量。

第二是为了形成一条焊缝，焊条要延着焊缝方向移动。移动速度即焊接速度的快慢，要根据焊条直径、焊接电流、工件厚度、接缝装配情况及所在位置来决定。移动太快，电弧来不及熔化足够的焊条和基本金属，造成焊缝熔深太小，容易形成未焊透等缺陷。移动太慢，会使焊缝过高，工件过热，薄件则容易烧穿。

第三是为了获得一定宽度的焊缝，焊条必须作横向摆动。焊条横向摆动，不但使焊缝加宽，还有利于熔池中的焊渣和气体浮出，提高焊接质量。

常用的几种运条方法如图 5-39 所示。

（1）直线形运条法。如图 5-39（a）所示，使用此法焊接时，焊条以直线移动，不作摆动。因此，电弧较稳定，能获得较大的熔深。但焊缝宽度较窄。常用于不开坡口的薄板对接平焊等。在多层焊的第一道焊缝和多层多道焊也可使用。

（2）直线往复运条法。如图 5-39（b）所示，焊接时，焊条末端沿焊缝的纵向作来回直线摆动。这种运条法的特点是焊接速度快、焊缝窄、散热快、适用于薄板和接头间隙较大的多层焊的第一层焊道。

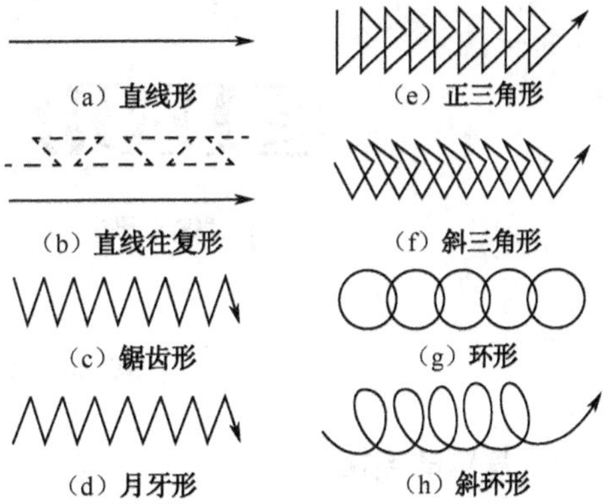

图 5-39　常用的几种运条方法

（3）锯齿形运条法。如图 5-39（c）所示，焊接时，焊条末端作锯齿形连续摆动及向前移动，并在两边稍停片刻。摆动的目的是为了控制熔化金属的流动和得到必要的焊缝宽度，以获得较好的焊缝成型。这种方法应用较广，常用于较厚钢板的平、仰立焊的对接接头和立焊的角接接头。

（4）月牙形运条法。如图 5-39（d）所示，焊接时，焊条末端沿着焊接方向作月牙形的左右摆动，其优点是金属熔化良好，焊缝两侧有足够的熔深，焊缝增强量较高，适用于平焊缝。

（5）三角形运条法。如图 5-39（e）所示，焊接时，焊条末端作连续的正三角形运条，并不断向前移动，适用于开坡口的对接接头和丁字形接头焊缝的立焊，特点是一次能焊出较厚的焊缝断面，焊缝不易产生夹渣等缺陷。

（6）斜三角形运条法。如图 5-39（f）所示，这种运条方法的特点是能借运条动作来控制熔化金属，促使焊缝成型良好，适用于焊接平、仰位置的 T 形接头的焊缝和有坡口的横焊缝。

（7）环形运条法。如图 5-39（g）所示，焊接时，焊条末端作圆圈形运条并不断前移，适用于焊接较厚焊件的平焊。

（8）斜环形运条法。如图 5-39（h），适用于横焊、平焊、仰焊位置的角焊等。

4．焊缝的收尾

焊缝收尾不当，最容易在焊缝末尾产生气孔、未熔合、接头不平整，以及弧坑裂纹等缺陷，影响焊件质量。收尾的方法有以下几种：

（1）划圈收尾法。如图 5-40（a）所示，收尾时，焊条在收尾处作圆弧运条，等弧坑填满时再拉断电弧，这种方法适用于厚板收尾。

（2）后移收尾法。如图 5-40（b）所示，在焊缝收尾时，焊条停止前进，并压低电弧向后移动一段距离，同时改变焊条角度；焊条在位置 1 转到位置 2，等弧坑填满后，再把焊条稍稍往后移转到位置 3，再慢慢拉断电弧。这种方法对碱性焊条较适用。

（3）反复断弧收尾法。收尾时在较短时间内，反复数次点燃和熄灭电弧，直到将弧坑填满。这种方法适合于薄钢板焊接和多层焊的第一层，但不适用于碱性焊条。

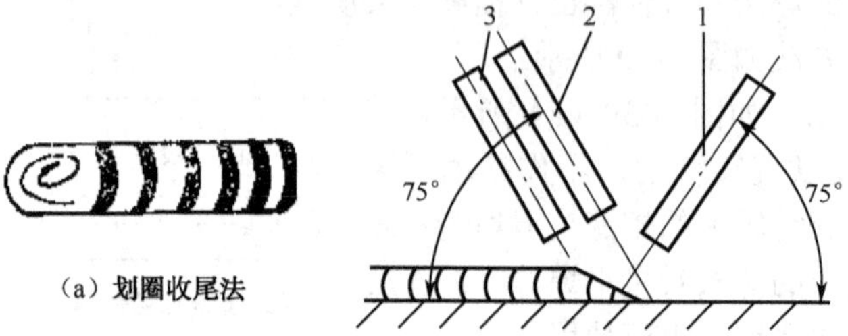

（a）划圈收尾法

（b）后移收尾法

图 5-40　划圈收尾法与后移收尾法

5．焊缝的连接

焊缝的连接一般有以下几种情况，如图 5-41 所示。

第一种情况的接头使用较普遍，接头方法是在弧坑稍前（约 10mm）处引弧，电弧约比正常焊弧略长一些，然后将电弧移到原弧坑的三分之二处，填满弧坑后即向前进入正常焊接。如图 5-42（a）所示，此种方法适用于单层焊及多层焊的表层接头。

当电弧引燃后，将电弧引到图 5-42（b）中 1 的位置，这时电弧一半的热量将弧坑前方坡口钝边的坡口熔化，电弧另一半热量将一部分弧坑重心部位熔化，从而形成一个新的熔池。

这种方法适用于多层焊的根部焊接。

当弧坑存在缺陷时，电弧引燃后应移到图 5-42（b）中 2 位置，这样由于整个弧坑重新熔化，因而有利于消除弧坑中存在的缺陋。

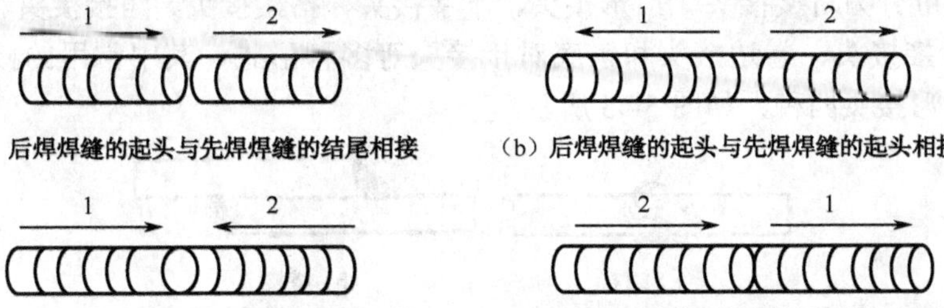

（a）后焊焊缝的起头与先焊焊缝的结尾相接　（b）后焊焊缝的起头与先焊焊缝的起头相接

（c）后焊焊缝的结尾与先焊焊缝的结尾相接　（d）后焊焊缝的结尾与先焊焊缝的起头相接

图 5-41　焊缝的连接

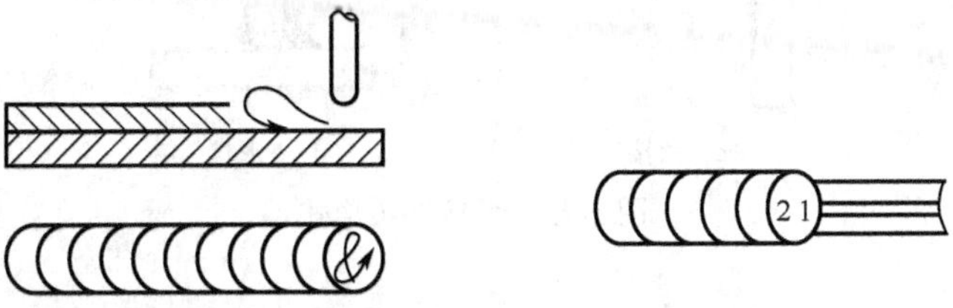

（a）用于单层焊及多层焊的表层接头　（b）用于多层焊的根部焊接

图 5-42　后焊焊缝的起头与先焊焊缝的结尾相接的操作

第二种情况接头，要求在先焊焊缝的起头处略低处，这样接头时，在先焊焊缝的起头处略前处引弧，并要覆盖前焊缝的起头处，待起头处焊平后，再向焊接方向移动，如图 5-43 所示。

第三种情况的接头，后焊缝到先焊焊缝的收尾处时，焊接速度应略慢些，以填满前焊缝弧坑，然后以较快的焊接速度再略向前焊一些，再熄弧，如图 5-44 所示。

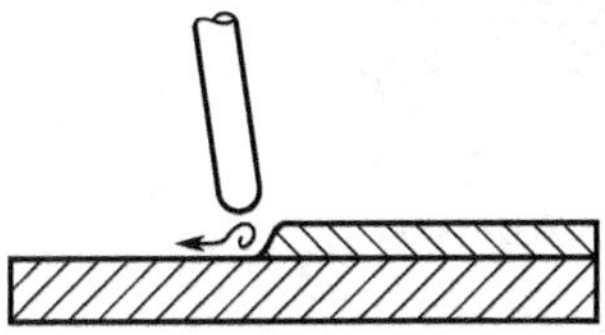

图 5-43　起焊处与前焊缝头相接

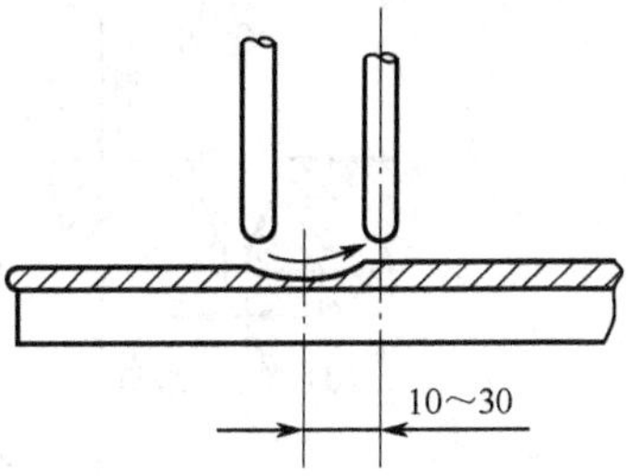

图 5-44　焊缝收尾与前焊缝头相接

第四种情况接头方法与第三种情况基本相同，只是前焊缝的起头处与第二种情况一样，应略为低些。

（五）焊接接头及坡口形式

用焊接方法连接的接头叫焊接接头。根据设计工艺需要，在焊接的待焊部位加工成一定几何形状的沟槽，叫坡口。在手工电焊焊接中，由于焊件的结构形状、厚度及质量要求不同，其接头及坡口形式也不一样。

1. 接头形式

焊接接头可分为对接接头、T 形接头、十字接头、搭接接头、角接接头、端接接头、套管接头、斜对接接头、卷边接头和锁底对接接头等多种形式，其中常用的接头有对接、搭接、角接及 T 形接头四种，如图 5-45 所示。

（a）对接

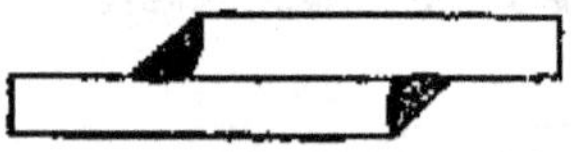
（b）搭接

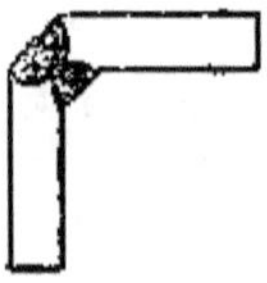
（c）角接

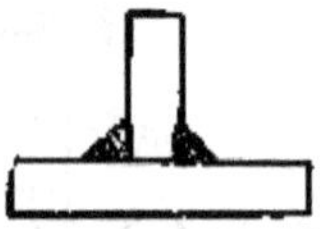
（d）T形接

图 5-45　焊接接头形式

2. 坡口形式

根据坡口形状的不同，坡口可分成 I 形（不开坡口）、V 形、X 形、单 U 形和双 U 形等几种，如图 5-46 所示。

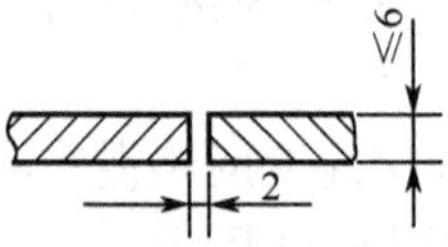

（a）不开坡口

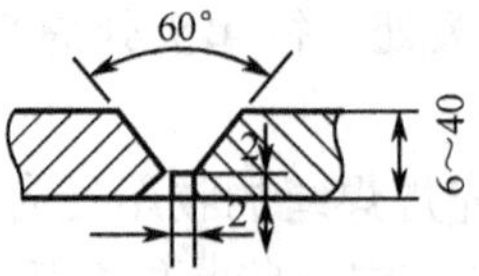

（b）V型坡口

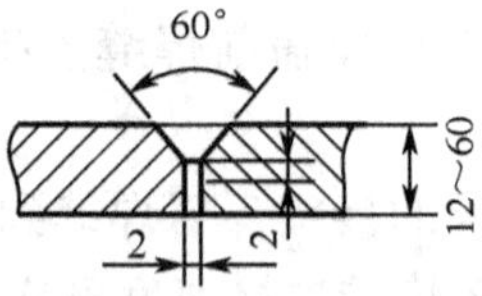

（c）X型坡口

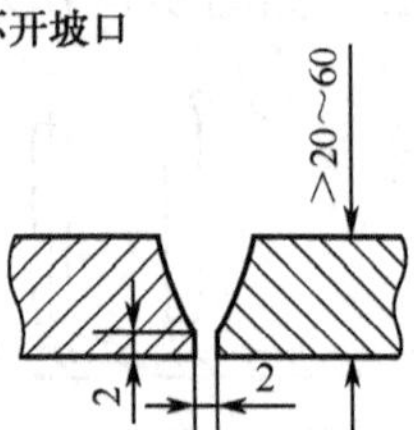

（d）单U型坡口

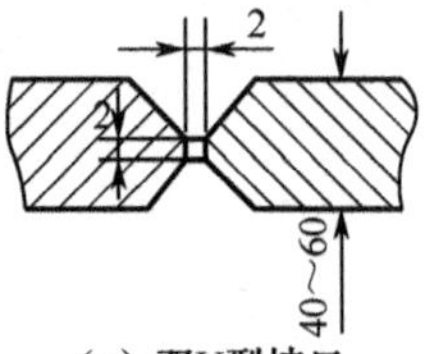

（e）双U型坡口

图 5-46　坡口的形式

坡口的作用是使电弧能深入焊缝的底部，使根部焊透。当板缝在 6mm 以下，一般就不开坡口，但有些重要的结构件，也有开坡口的。

（六）各种位置的焊接方法

金属构件焊接时，由于焊接位置的变化，对操作技术和焊接规范的选择也提出不同的要求，但焊接的方法都有着共同的规律，一般分为平焊、立焊、横焊和仰焊等，如图 5-47 所示。

1. 平焊

焊缝位于水平或略有倾斜位置的焊接，称为平焊。

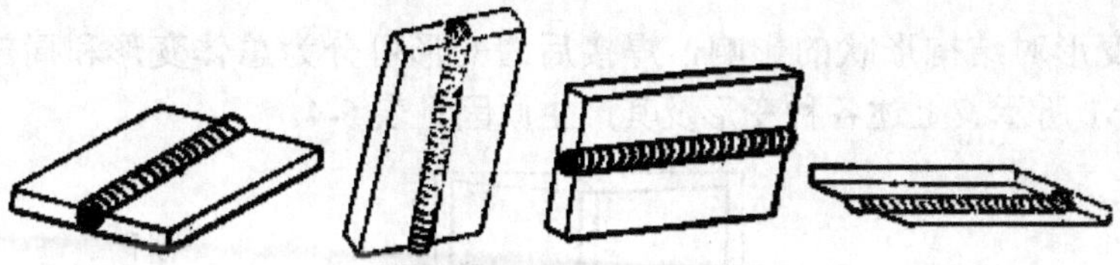

图 5-47 焊缝的种类

焊接时熔滴金属靠自重自然过渡，操作技术比较容易掌握，可选用较粗直径的焊条和较大的焊接电流，生产率高，能获得优质的焊缝。所以，应尽量采取在平焊位置上进行焊接。

2. 立焊

在工件的垂直面上焊缝成垂直位置的焊接称为立焊。

焊接时，宜采用小直径焊条和小电流施焊，并采用短弧焊法，使焊条的熔滴金属过渡到熔池的距离缩短，以防止熔化金属下滴。在操作中，一般采用由下往上的焊接方法，焊条角度应向下倾斜至 60°～80°，电弧指向熔池中心，要特别注意控制熔池温度不要过高，焊接电流一般应较平焊时小 10%～15%。采用短弧焊时，可用半圆弧形的横向摆动加挑弧（灭弧）的操作方法，以延长熔池金属冷却和凝固的时间。

3. 横焊

位于工件垂直面上焊缝成水平位置的焊接称为横焊。

焊接时，由于熔化金属受重力的作用，容易下淌而产生咬边。因此，在横焊时，应采用较小的电流，短弧焊接。由于上坡口温度高于下坡口，故焊条在上坡口处不作稳弧动作而是迅速地带至下坡口根部上，作微小的横拉稳弧动作，如此均匀进行。

坡口间隙小时，应增大焊条倾角；间隙大时，可减小倾角；如间隙太大时，可采用两道焊法，即在下坡口面上先推堆焊一道焊缝，然后再焊接上坡口面焊缝，如图 5-48 所示。

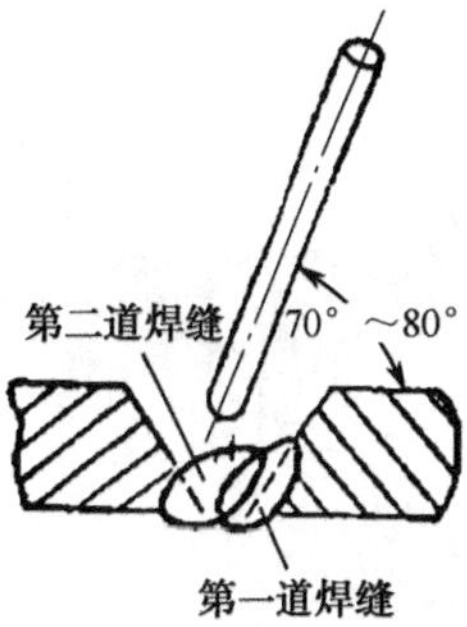

图 5-48 坡口间隙太大时焊接

4. 仰焊

焊缝位于工件下方仰视焊缝进行的焊接称为仰焊。

仰焊是最难操作的一种焊接。铁水因自重易下坠滴落，不易控制熔池形状和大小，故易出现未焊透、凹陷现象。所以必须采用尽可能短的电弧，以利于焊条金属过渡到焊缝中去。

使用的焊条直径不宜过大，一般为 3～4mm，焊接电流比立焊时稍大些，以增强电弧的吹力，有利于焊条金属的过渡，同时也能得到一定的熔深。

（七）焊接变形及其预防措施和矫正

焊接过程中，由于局部加热和冷却，高温区域的金属热胀冷缩受到阻碍，以及焊件的刚度和材料特性等因素，容易产生变形。变形的基本形式表现为三种基本尺寸的变化，即垂直于焊缝的横向收缩，平行于焊缝的纵向收缩和绕焊缝旋转的角变形，如图 5-49 所示。

根据焊接变形对结构形状的影响，焊接后的变形可分为总体变形和局部变形两类，如图 5-50 和图 5-51 所示。上述各种变形及其产生原因见表 5-4。

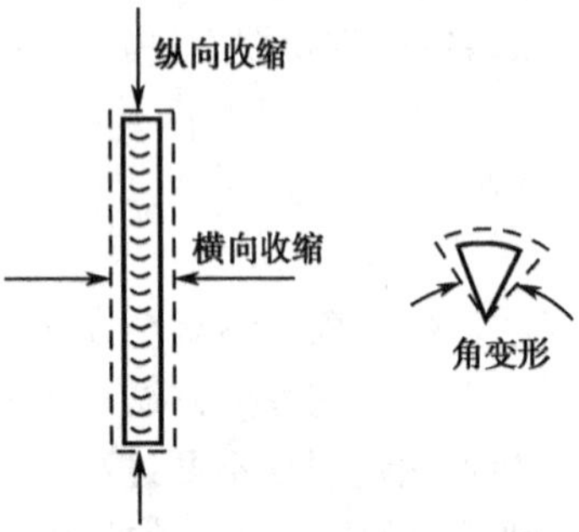

图 5-49　焊接变形

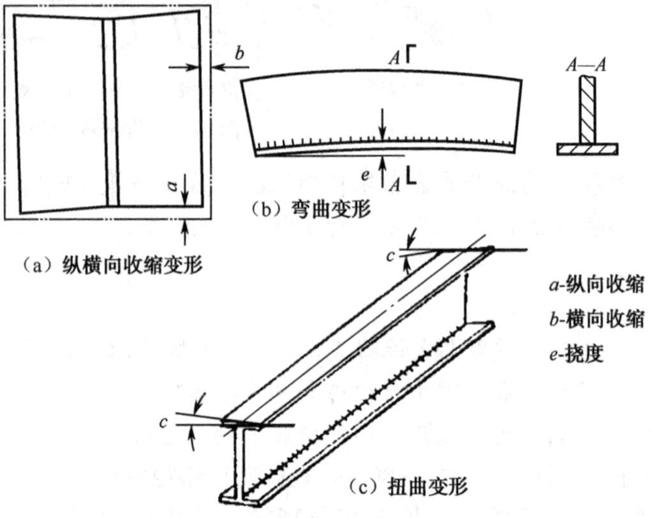

图 5-50　焊接总体变形

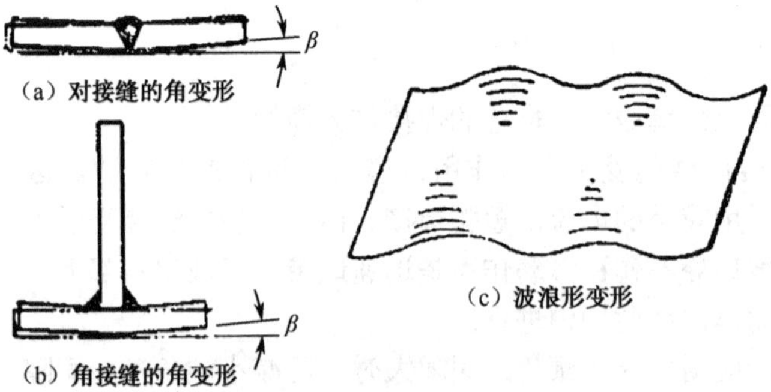

图 5-51　焊接局部变形

表 5-4　各种变形形式及其产生原因

变 形 种 类	变 形 形 式	产 生 原 因
总体变形	纵横向收缩变形	由焊缝纵横向收缩所致
	弯曲变形	由焊缝结构不对称所致
	扭曲变形	由装配不好，特别是搁置不当，焊接和方向不合理所致
局部变形	角变形	由焊缝截面上下收缩不一致所引起
	波浪形变形	由焊缝纵向收缩造成的压应力及焊缝角变形所致，多见薄壁焊接结构中

预防焊接变形的措施主要有：

1．设计措施

（1）尽量采用大尺寸的板材，用型材或压肋板替代焊接梁，力求减少焊接接头数量。

（2）由于焊缝单位长度上的纵向收缩远小于横向收缩，焊接接头应布置在与要求较小变形的方向相平行。

（3）避免焊缝密集或布置在应力集中处，也不要布置在线型曲率较大的部位。

（4）焊缝应布置在结构断面对称处或变形中性轴上，以减小弯曲变形。

（5）焊接接头应处于同一新断面或整个轴线上，以免由于收缩不均匀而造成变形。

（6）选取合理的焊接方式、接头和坡口形式，使焊接接头中的熔敷金属量最小，使焊缝的收缩量最小。

2．工艺措施

（1）尽量减少热输入量，为此须减少金属熔敷量。例如，采用深熔焊，减小坡口间隙，角度和焊缝增强量，角焊缝的表面应呈凹形或平直，不应呈凸状，不超过规定的焊脚尺寸。

（2）除打底焊采用小直径焊条以保证一定的根部焊透外，以后各层均应采用大直径焊条以减少焊道，从而减少角变形。

（3）尽量采用平焊位置的焊接，避免仰焊。

（4）选择合理的焊接顺序，如采用对称焊接。焊缝不对称时，先焊焊缝少的一侧。对接缝应先于角接缝焊接，多层焊应先于单层焊。采用分中焊、分段跳焊或逐步退焊法代替直通焊接。不应在纵横缝交叉处中断焊接。

（5）板材原始状态应平整，事前应校平。

（6）采用分部件装焊，使结构变形分散于各零件中，并在总装时用余量来弥补，以求最终的变形为最小。

（7）采取反变形措施来抵偿构件焊后的变形。

（8）在夹固状态下进行焊接，如采用各种临时加强材料、夹具或置于横架上。

（9）捶击焊缝使之伸长，以抵消焊缝金属冷却时的收缩。捶击时避开蓝脆温度区，宜在150℃以下捶击。

（10）焊接前对焊件采用外加刚性拘束，强制焊件在焊接时不能自由变形，这种防止变形的方法叫刚性固定法。例如，焊接法兰盘时，将两个法兰盘背对背地固定起来，可以有效地减少角变形。在坡口四周利用压铁防止薄板的波浪变形，也会有一定效果，如图 5-52 所示。不过，这种方法将使焊接接头中产生较大的焊接应力，所以对于一些焊后易裂的材料应该慎用。

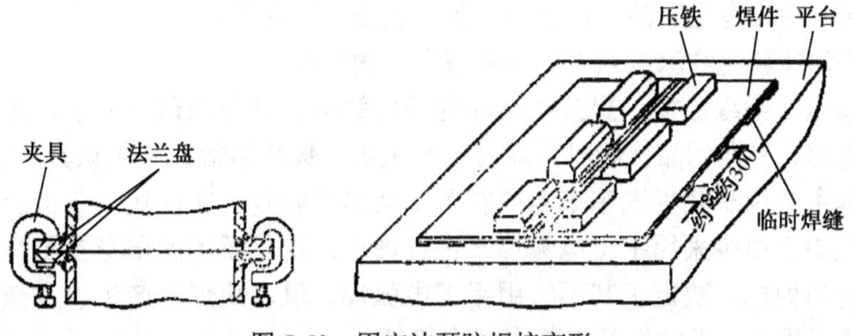

图 5-52　固定法预防焊接变形

焊接变形的矫正方法一般有机械矫正法和气体火焰矫正法两种。

（八）手工电弧焊安全技术

1．防止触电的安全措施

（1）电焊操作时，必须按劳动保护规定穿戴防护工作服、绝缘鞋和防护手套，并保持干燥和清洁。如在潮湿地面工作时，还应铺橡胶板或其他绝缘材料。

（2）各种焊机应在规定的电压下使用，其通电部分都须有良好的绝缘。为防止电焊机壳体意外带电，还必须采取可靠的接地。

（3）焊机的工作负荷应遵守铭牌规定，即在允许的负载持续功率下工作，不得任意长时间超载运行。

（4）电焊钳应有可靠的绝缘，不允许使用无绝缘外壳的自制电焊钳。使用的电缆必须有可靠的绝缘和足够的截面尺寸，且不宜过长。

（5）改变电焊机接头，更换焊件需要改接二次回线，以及转移工作地点和焊件发生故障需要检修时，均须切断电源并关后，才能进行。

（6）在夜间或较暗处工作时，应采用 36V 照明灯。检修时，均须切断电源开关后，才能进行。

2．预防弧光伤害的安全措施

（1）工作时，必须戴有护目玻璃的面罩，面罩不得漏光。

（2）电焊工作服采用白色帆布制作，破损后要及时修补，以防操作者的皮肤外露被弧光灼伤。

（3）引弧时，操作者应通知周围人员，免受弧光伤害。

（4）室内工作场地应采用可移动的屏风板，避免其他人员受弧光伤害。

3．防火及防爆的安全措施

（1）加强安全生产、防火防爆的宣传教育，建立和健全防火防爆规章制度。

（2）禁止在贮有易燃易爆品的场地或仓库附近进行焊接。在可燃物品附近进行焊接时，必须距离 5m 以外；在露天焊接时，必须设置挡风装置，以防火星飞溅引起火灾。

（3）工作场所应设有足够的消防器材，如灭火器、砂包等。

（4）禁止在油漆和绝缘涂料未干的仓库或容器内焊接。

（5）若焊接电缆绝缘破损，焊接回路的地线接触不良及导线截面太小，都能发生火花和过热，一旦与易燃、易爆物品接触时，就会引起火灾、爆炸事故，必须认真防范。

手工电弧焊主要用于载货汽车车厢或客车车架等的修复。在现代汽车钣金修理中特别是轿车的钣金修理中已很少采用手工电弧焊来进行焊接。现代轿车的车身多用高强度及超高强度钢这些薄板材料做成，决定了其不宜用手工电弧焊、氧乙炔焊等产生较大热量与高温的设备来修复。一般采用气体保护焊及电阻点焊来代替。

三、氧-乙炔焊接与切割

（一）氧-乙炔设备

氧-乙炔焊属于熔焊的一种，是利用可燃气体（乙炔气）和助燃气体（氧气），在焊炬的混合室内混合、喷出并点燃后，通过发生剧烈的氧化燃烧（可达 3000℃左右）来熔化焊件金属和焊丝并使之熔合的一种焊接方法，因此也称气焊。

由于气焊的氧乙炔火炬的热量不易集中，并且焊接过程加热面积较大以及金属热传导的作用，不仅会使构件发生较大的变形，而且还会改变原有金属材料的性质，使机械性能劣化而影响焊接件的寿命。因此，车身制造过程中不采用氧乙炔焊接工艺，车身维修作业中一般也要尽量避免使用氧乙炔焊接或利用火焰加热。

1. 氧-乙炔焊接设备的认识

氧-乙炔焊接设备主要包括焊炬、减压器、回火防止器、气瓶及橡胶管等，如图 5-53 所示。

（1）焊炬

焊炬（俗称焊枪）是气焊的主要工具，实物如图 5-54 所示。由于氧气瓶和乙炔瓶分别输出的气体，要通过焊炬按适当比例混合并以一定流速喷射，才能在焊嘴出口形成满足焊接要求的稳定火焰。依可燃气与氧气的混合方式分为射吸式焊炬和等压式焊炬两类；按焊炬尺寸和质量可分为标准型和轻便型两类；按火焰数目则将其分为单焰和多焰两类，如图 5-55（a）所示。

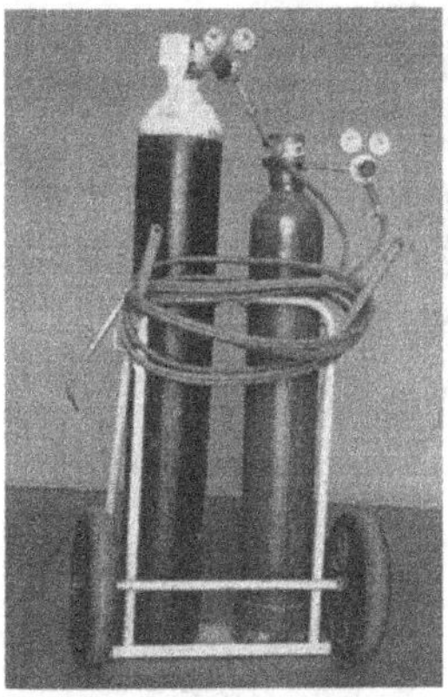

图 5-53 氧-乙炔焊接设备

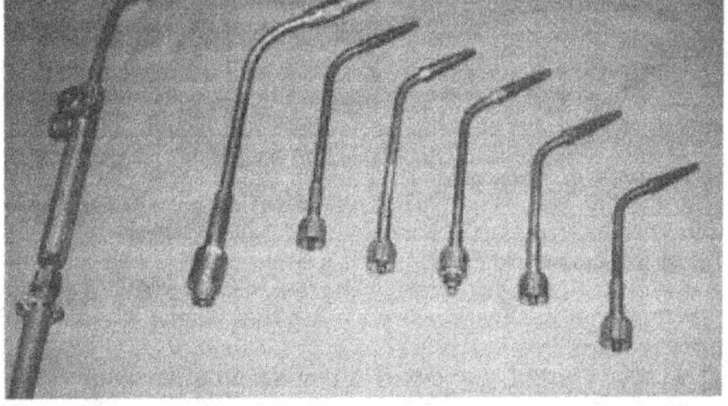

图 5-54 焊炬

射吸式焊炬是靠氧气快速喷射所形成的负压，将聚集在喷嘴周围的乙炔气吸出，并在混合管中按一定比例混合后由焊嘴喷出。因此，无论使用何种压力的乙炔气源，都能满足射吸式焊炬的工作条件，这也是射吸式焊炬使用得较为普遍的原因。

射吸式焊炬的构造如图 5-55（b）所示。氧气通过喷管以高速射出时，在乙炔气通道处形成负压，乙炔气同时被吸出，经混合室混合后由喷嘴射出。

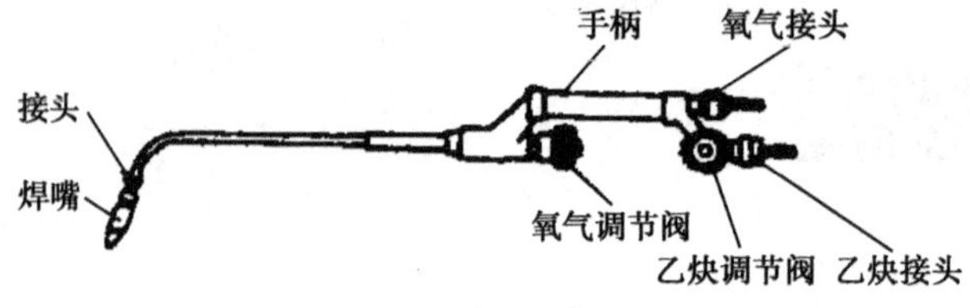

（a）焊炬的构造

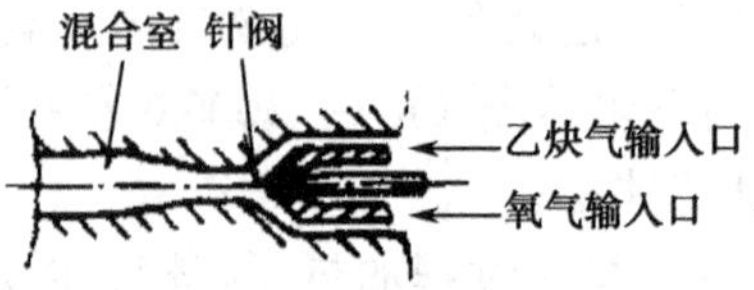

（b）射吸式焊炬

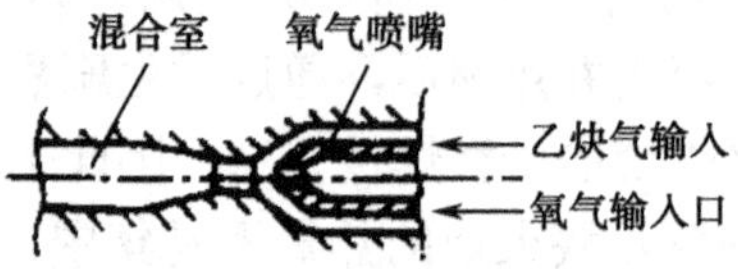

（c）等压式焊炬

图 5-55　焊炬的构造

等压式焊炬可燃气的压力与氧气的压力是相等的。其优点是使用过程中不易造成回火，缺点是等压式焊炬不适宜使用低压乙炔气源，因此限制了这类焊炬的使用条件，很少采用。

等压式焊炬的构造如图 5-55（c）所示。氧气和乙炔气以近乎相等的压力同时送入各自的通道，经混合室混合后由焊嘴射出。等压式焊炬需要乙炔气依靠自身压力与氧气混合，须使用中、高压乙炔气。

分别调节氧气阀和乙炔阀，可以获得不同比例和流量的可燃混合气，火焰的能率也由此得到控制。通常，有针阀焊嘴的大小以每小时所消耗的乙炔气容积来表示。无针阀的固定压力式焊嘴，则以能焊接工件的厚度来表示。

割炬构造如图 5-56 所示，割炬与焊炬的主要区别在于，割炬多了一根用于切割的氧气通道，割嘴主喷孔周围所环绕的即为预热用混合气喷口。切割前先用预热通道输送的混合气加热，达到一定温度时再用主喷口送出的氧气切割。

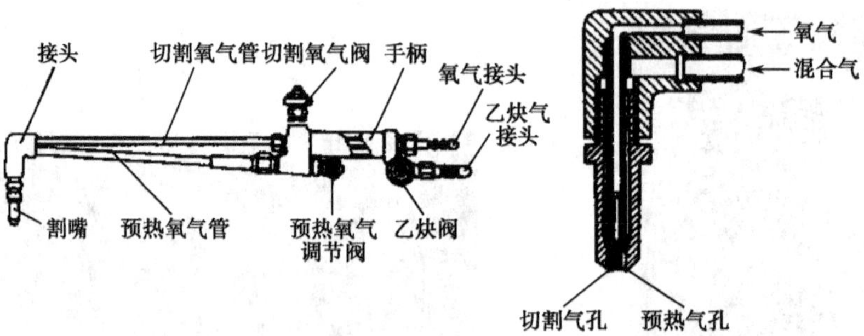

图 5-56　割炬的构造

（2）调节器

调节器可以将气瓶输出的高压经调节后输出恒定的低压，因此也称之为减压器。其中，氧气调节器的承受压力较高，连接部分的安装螺旋为右旋；乙炔调节器的承受压力较低，连接部分的安装螺旋为左旋。

压力调节器分为两种形式，即单级和双级调节器。单级压力调节器可以一次将高压减小到工作压力输出；而双级调节器则通过双级减压方式，将气压调节到工作压力输出。减压器中的膜片通常是用特殊橡胶或不锈钢薄钢板制作。

每种调节器上均设有压力调节螺杆，用于调节氧气或乙炔气的输出压力。由减压器（氧气）构造图 5-57 可以看出，当低压腔的气体压力升高时，作用在减压膜片上的压力增大，使阀体下移并且调压主弹簧（也称平衡弹簧）被压缩，进气阀门的开度也随之变小甚至关闭。当低压腔的压力下降后，调压主弹簧将阀体推回并打开进气阀，使高压腔的气体再度进入低压腔。如此反复动作，可使低压腔，即输出端的气压恒定。旋进或旋出减压器调整杆，调压主弹簧的作用力发生变化，输出压力也因此得到调整。乙炔减压器的构造与氧气减压器结构大致相同，只是调压弹簧比氧气减压器平衡弹簧的弹力小得多，因为二者的输入与输出压力差别很大。减压器与乙炔气瓶采用特殊的夹环连接方式，指示表上还有极限压力警告线以防超载，使用时应严格加以控制。

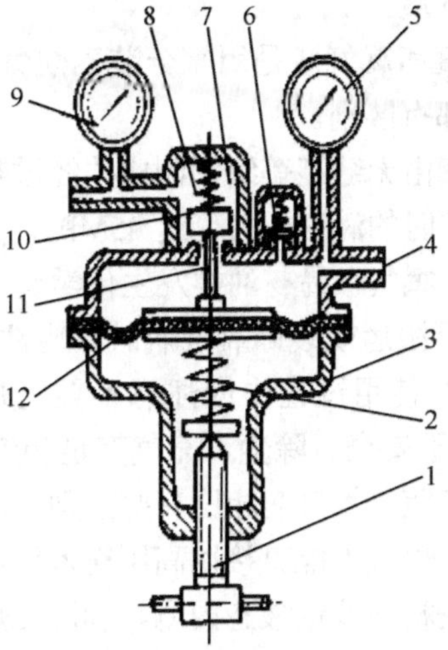

1—调节螺栓；2—调压主弹簧；3—壳体；4—低压出口；5—低压表；6—减压器安全阀；
7—高压气室；8—调压副弹簧；9—高压表；10—阀门；11—推杆；12—减压膜片

图 5-57 氧气减压器

大多数压力调节器上装有高、低两块气压表。其中一块指示气瓶的储存压力；另一块则用于指示输出压力。压力表多为弹性金属曲管（布尔登）式，当有压力的气体进入金属曲管后，使之趋向伸直并驱动指针摆动机构动作，从而达到指示气体压力的目的。所以，气压表对工作条件和使用方法要求较为严格。除了应避免剧烈振动和冲击外，在开启气瓶阀门前应将压力调节杆处于松弛状态，以避免突然打开气阀时气流冲击金属曲管使之损坏或造成示值误差。同样，作业结束后应将气瓶阀门关闭，然后将调压杆松开和释放管路压力。

（3）乙炔回火防止器

在气焊或气割作业时，由于枪嘴阻塞、过热或供气压力过低等因素，使点燃的气体火焰进入喷嘴内逆向燃烧，这种现象在焊接作业中称为回火。如果不能有效地抑制回火，就会发生燃烧或爆炸事故。乙炔回火防止器的作用是，在气焊或气割过程中发生回火时，可以防止逆向燃烧的火焰倒流至乙炔发生器或乙炔瓶，或阻止回火后形成的火焰在管路中燃烧。按回火防止器的作用原理可以分为水封式和干式两种，其中以中压干式回火防止器应用得较为普遍。图 5-58 所示为中压泄压膜干式回火防止器的工作原理，这种回火防止器的特点是：不采用水封，而是采用由膜座、膜盖和泄压膜组成的泄压装置。

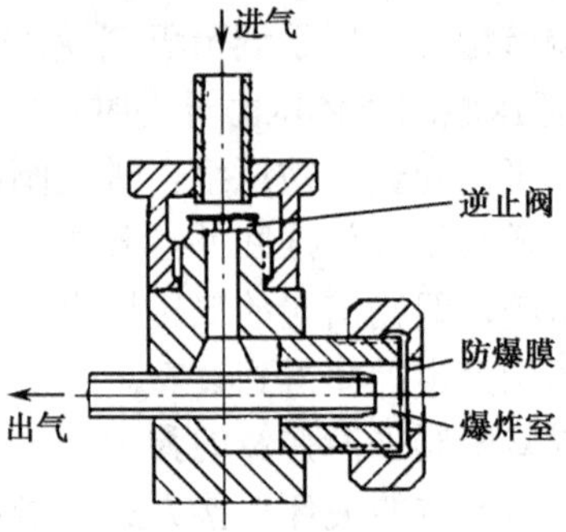

图 5-58 中压泄压膜干式回火防止器

（4）气瓶

乙炔瓶和氧气瓶是用来分装乙炔气体和氧气的容器，二者在结构、尺寸、外形、颜色等许多方面都有区别。

氧气瓶由无缝高等级钢制成并经过热处理，具有耐压强度高，抗冲击力好等优点。瓶身为蓝色，35℃时的满瓶压力可达 15MPa，氧气瓶在使用过程中应避免阳光直射和剧烈的振动与冲击。另外，氧气极易与油类发生化学反应而起火，这也是使用过程中应当充分注意的事项。

当需要搬运或装卸氧气瓶时，应注意瓶口处的金属安全帽装配良好，并且保持阀杆处无漏气现象。使用过程中应注意不要将瓶中氧气全部用完（至少保持 100kPa 以上的氧气压力）。以便于安全、除尘、充气充足和纯净。

乙炔气瓶与氧气瓶相比有些区别。乙炔气瓶瓶身为白色且瓶径较粗，用较薄的钢板焊接而成，因为乙炔气不能直接以高压充入钢瓶内，故瓶内充以多孔性材料，如石棉、活性炭、轻木等，在这些材料浸透液态丙酮，利用乙炔能溶解于丙酬的特性，像吸水纸那样通过丙酮吸收大量液化乙炔。而这种状态下的乙炔是十分稳定的，非自由状态的乙炔便不会改变其组成。

乙炔瓶的工作压力是 14.7MPa，使用时应避免振动、高温和 10m 以内的明火等。放置时瓶体应直立，否则会因丙酮溢出而引发火灾及爆炸事故。

2．氧乙炔焊接设备的组装

氧乙炔焊接设备应合理地组装在一起，否则非但不能正常使用，甚至会造成火灾或其他事故。

组装注意事项：

氧乙炔焊接设备在使用中应注意清洁和轻拿轻放。组装前应使气瓶可靠固定，然后将安全帽拆下并将气阀轻微松开，清洁阀口并确认无杂物及阻塞后关闭阀门。安装压力调节器后，在压力调节阀杆松开前不要急于打开气瓶阀门，并且阀门打开的速度也不宜过快，以免使膜片受到剧烈冲击。

然后装上软管并旋转压力调节阀，用有压力的气体将软管逐个吹净。放气时应注意不要过量，附近也不能有明火、机油、油脂等。最后再装上焊枪或割枪，并确保各部连接紧固、可靠、无泄漏。

使用时，先稍微开启焊枪上的乙炔阀门，再顺时针转动调节器上的压力调节杆，达到工作压力时将阀门关闭。用同样方法，将氧气的输出压力调节至规定值。用无油肥皂水溶液检查各部分连接的可靠性，如有泄漏应查明原因并排除后方可作业。

点火时应先慢慢开启氧气阀然后再开启乙炔阀，点火后可根据使用要求调节氧气和乙炔的比例，以获得焊接所需的火焰形式。

（二）气焊火焰的认识及调整

气焊火焰是由乙炔气及起助燃作用的氧气混合燃烧形成的，选用及调整焊接火焰对焊接品质有直接影响。

火焰的状态取决于氧乙炔的混合比例，通过调整可以得到中性焰、碳化焰、氧化焰 3 种火焰状态。

1．火焰的形式

气焊火焰主要由图 5-59（a）所示四个部分：外焰、燃烧焰、灰色焰和内焰组成。

中性焰（也称标准火）的氧乙炔比例为 1∶1（按体积计算）。火焰的最高温度可达 3 000～3 200℃，外焰呈清澈的蓝色，内焰呈亮白色，如图 5-59（b）所示。中性焰在燃烧时生成的一氧化碳及氢气，能与金属中的氧作用使熔池中的氧化铁还原。使用中性焰可得到均匀的焊波，并且不易造成气孔、气泡，不含氧化物，焊缝质量比较优良。

碳化焰（也称还原焰）的氧气少于乙炔气的含量。碳化焰与中性焰不同的是，焰心和外焰与中性焰大致相同，如图 5-59（c）所示。但其间多了一个灰色的锥形乙炔焰包在焰心上，长度随混合气中乙炔余量的多少而异。

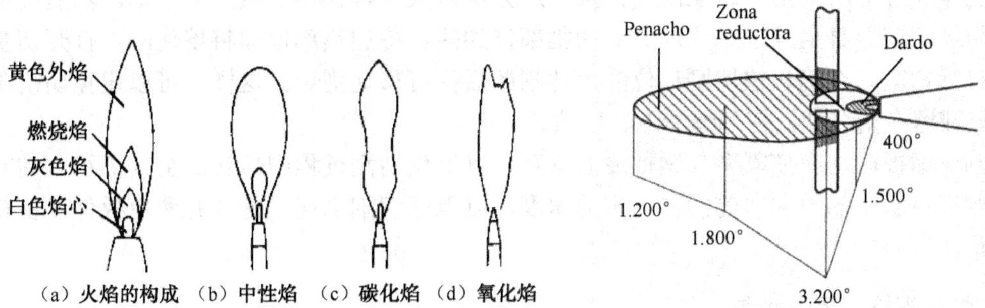

（a）火焰的构成 （b）中性焰 （c）碳化焰 （d）氧化焰

图 5-59 气焊火焰的组成及温度

火焰中所含过剩乙炔可分解为氢和碳，其中氢使钢产生白点，碳则熔化到金属中使焊件的含碳量提高。由此可增加钢的强度、硬度，但塑性降低及可焊性变差。焊接铸铁及铝、镍等合金材料时多用碳化焰。

氧化焰的氧气多于乙炔气的含量，整个火焰具有氧化性。其形态与中性焰类似，但焰心要短一些并显现紫色，外焰也较短且末梢模糊不清，如图 5-59（d）所示。

过多的氧和铁发生作用生成氧化铁，使钢的性质变坏、脆化，熔池的沸腾现象也比较严重。所以对低碳钢构件进行焊接时不能用氧化焰。

氧化焰适合于焊接黄铜及青铜类材料，过量的氧能与黄铜中的锌元素化合，生成氧化锌薄膜覆盖在熔池表面，可以防止锌在焊接过程中的大量蒸发。

各种金属材料气焊时所采用的火焰见表 5-5。

表 5-5　各种金属材料气焊时所采用的火焰

焊件材料	应用火焰	焊件材料	应用火焰
低碳钢	中性焰或轻微碳化焰	铬镍不锈钢	中性焰或轻微碳化焰
中碳钢	中性焰或轻微碳化焰	紫铜	中性焰
低合金钢	中性焰	锡青铜	轻微氧化焰
高碳钢	轻微碳化焰	黄铜	氧化焰
灰铸铁	碳化焰或轻微碳化焰	铝及铝合金	中性焰或轻微碳化焰
高速钢	碳化焰	铅、锡	中性焰或轻微碳化焰
锰钢	轻微氧化焰	镍	碳化焰或轻微碳化焰
镀锌铁皮	轻微氧化焰	硬质合金	碳化焰
铬不锈钢	中性焰或轻微碳化焰		

2. 火焰的调整

进行火焰调整前应先检查并调定氧气、乙炔气的输出压力，并选用合适的焊炬和钣金用标准焊嘴。

操作时先将乙炔调节阀打开约 1/2 圈点火，进而继续开大乙炔阀使之出现红黄色火焰。随后缓慢打开氧气调节阀，使火焰变蓝直至获得清晰鲜明的亮白色焰心为止，这便是如前所述的焊接中性焰。

在中性焰的基础上进行调节，可分别获得焊接所需的碳化焰、氧化焰。

切割作业应选用割炬并装配割嘴，按上述方法点火并将其调节成为中性焰。然后缓慢打开预热用氧阀门，直至呈现氧化焰时对切割部位加热。待加热部位即将熔化时，打开切割氧气阀门进行切割，在确认被切割部位的板件割断后便可移动割炬。这样，可以避免切割时熔化的金属滞留在割缝处，使割缝清晰、整洁。

切割厚钢板时，应使割嘴与钢板表面垂直，以避免切割过程中熔化的金属沉积。切割薄钢板，则应将割嘴的前端向前倾斜一定的角度，以保证切割迅速、整齐并避免板件发生较大的热变形。

3. 焊炬规格与压力限制

氧乙炔焊炬配有一套规格不同的焊嘴，以适于焊接不同板厚的金属。通常，根据焊炬及焊嘴型号可近似地判定其每小时的气体消耗量。如：与 H01-6 型焊炬配套使用的 1～5 号焊嘴的氧气消耗量为 0.15～0.37m^3/h，而乙炔气的消耗量则为 170～430L/h。表 5-6 所示的焊炬型号、焊嘴规格、气压参数及焊接板厚等数据，可供焊接实践中参考。

（三）气焊工艺

1. 焊前准备

（1）选择工件焊接接头的坡口形式，并对焊接接头和焊丝做好清洁工作。

气焊接头清除方法可以用喷砂或直接用火焰烘烤后用钢丝刷清理，彻底清除氧化物、铁锈、油漆、油污及水分等。气焊接头坡口形式及尺寸见表 5-7。

表 5-6 焊炬型号与焊嘴规格及气压参数

焊炬型号	H01-6					H01-12					H01-20					H02-1		
焊嘴号码	1	2	3	4	5	1	2	3	4	5	1	2	3	4	5	1	2	3
焊嘴孔径（mm）	0.9	1.0	1.1	1.2	1.3	1.4	1.6	1.8	2.0	2.2	2.4	2.6	2.8	3.0	3.2	0.5	0.7	0.9
氧气压力（MPa）	0.2	0.25	0.3	0.35	0.4	0.4	0.45	0.5	0.6	0.7	0.6	0.65	0.7	0.75	0.8	0.1	0.15	0.2
乙炔压力（MPa）	0.001～0.1					0.001～0.1					0.001～0.1					0.001～0.1		
氧气耗量（m^3/h）	0.15	0.20	0.24	0.28	0.37	0.37	0.49	0.65	0.86	1.10	1.25	1.45	1.65	1.95	2.25	0.017	0.05	0.11
乙炔耗量（L/h）	170	240	280	330	430	430	580	780	1050	1210	1500	1700	2000	2300	2600	21	60	120
焊接板厚（min）	1	2	3	4	5	6	7	8	9	10	10	12	14	16	18	0.2	0.4	0.7

表 5-7 气焊接头的坡口形式与尺寸

接头形式	坡口形式		各种尺寸（mm）		
	图 式	名 称	板 厚	间隙 *b*	卷边 *p*
对接接头	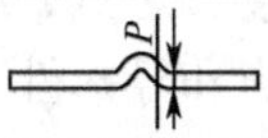	卷边	0.5～1	—	1～2
	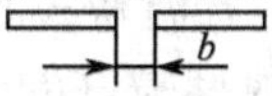	不开坡口	1～3	0.5～1.5	—
角接接头	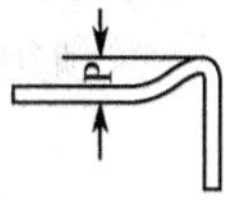	卷边	0.5～1	—	1～2
	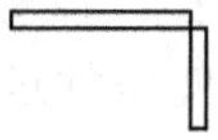	不开坡口	≤4	—	—

（2）焊前定位。焊前必须对焊件进行定位焊，定位焊的长度和间距及顺序如图 5-60 和图 5-61 所示。

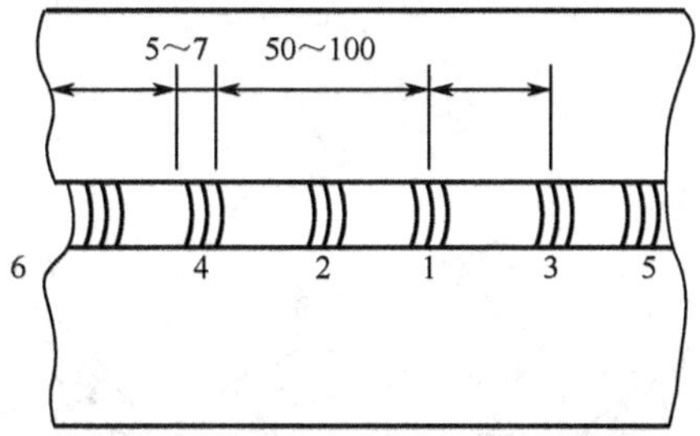

图 5-60 焊前定位

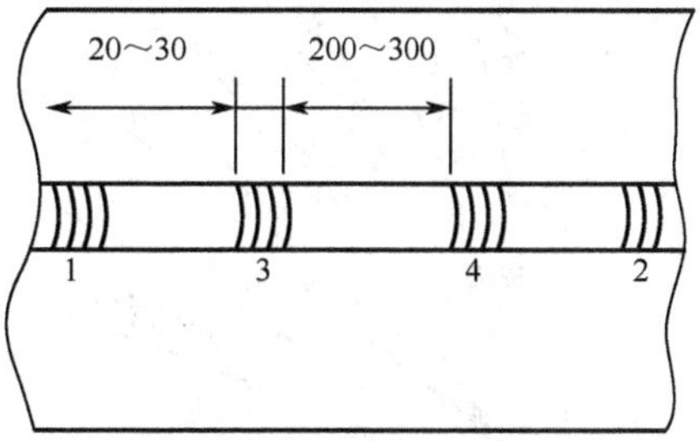

图 5-61 定位焊的长度和间距及顺序

（3）气焊焊接工艺参数选择。气焊焊接工艺参数包括焊丝的材料、直径、熔剂、火焰性质与能率，焊嘴的倾角，焊接方向和焊接速度等。

① 焊丝直径的选择。焊丝的直径一般是根据焊件的厚度来初步选择；试焊后，再参照焊件的坡口形式、焊缝位置、火焰能率等因素进行调整确定。低碳钢焊丝直径与钢板厚度的关系见表 5-8。

表 5-8 焊丝直径与钢板厚度的关系 （单位：mm）

焊件厚度	1～2	2～3	3～5
焊丝直径	1～2 或不用焊丝	2	3～4

② 火焰性质的选择。火焰性质是根据焊件材料的种类及其性能来选择的。气焊时对于需要尽量减少元素烧损和增碳的材料，应选用中性焰；对于允许和需要增碳及还原气氛的材料可选用碳化焰；而对于焊件材料含有沸点低的元素，如锡、锌等的材料，需要生成氧化物薄膜，覆盖在熔池表面，以保护这些元素不再蒸发的材料，则应选用氧化焰。

2. 氧–乙炔焊的焊接技术

提高氧乙炔焊的焊接技术水平，需要通过大量的实践进行体会与摸索。这里所归纳的只是其中的有代表性的一部分。

（1）焊接规范

正确选择气焊规范是确保焊接质量的基础，主要包括焊炬倾角、火焰能力、焊丝直径和操作方法等。

焊炬的倾角指焊嘴与焊接件平面的倾斜角度，由焊接件的厚度、熔点、导热性来决定。焊炬倾角大小主要是根据焊嘴的大小、焊件厚度、焊接材料的熔点和导热性及缝空间位置等因素综合决定。焊嘴倾角大，热量散失少，焊件得到的热量多，升温快；反之，热量散失多，焊件受热少，升温慢。因此，在焊接厚度大、熔点较高或导热性较好的焊件时，焊嘴倾角要选得大一些；反之，焊嘴倾角可选得小一些。焊接碳素钢时，焊嘴倾角与焊件厚度的关系如图 5-62 所示。

焊接速度的选择：对于厚度大、熔点高的焊件，焊接速度应慢些，以免产生未熔合的缺陷；对于厚度小、熔点低的焊件，焊接速度应快些，以免烧穿和使焊件过热，降低焊缝质量。通常操作者常凭自己的熟练程度和焊缝位置等具体情况来控制焊接的速度。焊接方向与焊嘴倾角的关系如图 5-63 所示。

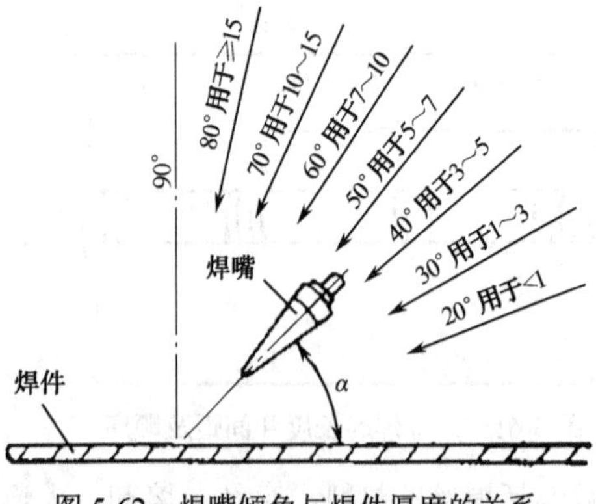

图 5-62 焊嘴倾角与焊件厚度的关系

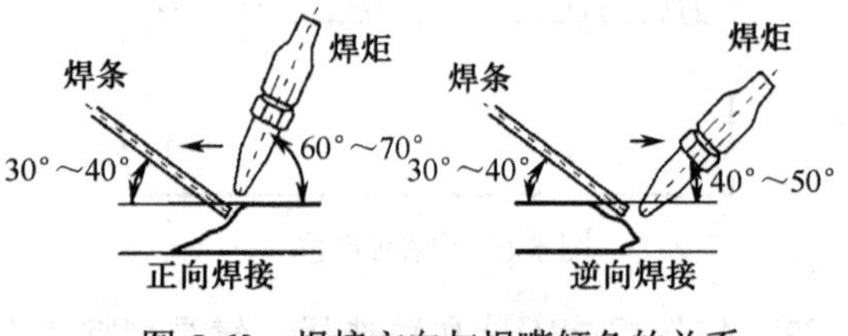

图 5-63 焊接方向与焊嘴倾角的关系

（2）气焊操作方法

① 氧乙炔焰的点燃、调节和熄灭点燃火焰时，先稍开氧气调节阀，然后再开乙炔调节阀，当两种气体在焊炬内混合后从焊嘴喷出时，接近火源即可点燃。刚点燃的火焰通常为碳化焰。然后再根据所焊材料的种类和厚度，分别调节氧气和乙炔调节阀，直至获得所需要的

火焰性质和火焰能率。若发现火焰不正常时，要用通针把焊嘴内的杂质清除干净，使火焰正常后再进行焊接。需要熄灭火焰时，应先关乙炔调节阀，后关氧气调节阀。

② 火焰位置。施焊时应掌握好火焰喷射的方向，使焊缝两边金属的温度始终保持平衡，避免熔池不在接缝正中间，而偏向温度高的一边，凝固后使焊缝成型歪斜。火焰内层焰芯的尖端要距离熔池表面3～5mm，尽量保持熔池的大小、形状不变。

③ 起焊。起焊时，焊件温度为环境温度，焊嘴倾角应大些，以利于对焊件预热；同时火焰在起焊处往复移动，可保证焊接处温度均匀升高。如果两焊件厚度不同，火焰应稍微偏向厚件，使焊缝两侧温度基本相同，熔化一致，熔池刚好在接缝处，当起点处形成白亮而清晰的熔池时，即可加入焊丝，并向前移动焊炬进行正常焊接。

④ 填充焊丝的方法。焊接时，焊工应密切注意熔池的形成情况，并且要将焊丝末端置于外层火焰下进行预热。当焊丝熔滴送入熔池后，要立即将焊丝抬起，让火焰向前移动，形成新的熔池，然后再继续向熔池加入焊丝，如此循环就形成了缝焊。为获得优良的焊接接头，应使熔池的形状自始至终保持瓜子形、扁圆或椭圆形，大小均匀一致。

如果火焰能率大，焊接温度高，熔化速度快，则焊丝应经常保持在焰芯前端，使熔化的焊丝熔滴连续加入熔池。如果火焰能率小，熔化速度慢，则加入焊丝的速度也要相应减慢。当使用熔剂焊接时，还应用焊丝搅拌熔池，以便使熔池中的氧化物和非金属夹杂物漂浮到熔池表面。

当焊接间隙大的和薄壁的焊件时，应将火焰焰心直接对着焊丝，使焊丝阻挡部分热量，同时焊嘴作上下跳动，防止焊缝边缘或熔池前面过早地熔化。

⑤ 焊嘴和焊丝的摆动。正常气焊时，一般焊丝与焊件表面的倾斜角为30°～40°；焊丝与焊嘴中心线的夹角为90°～100°，并且焊嘴和焊丝应作均匀协调的摆动，通过摆动，既可使焊缝金属熔透、熔匀，又可避免焊缝金属的过热或过烧。焊嘴和焊丝的摆动除沿焊缝方向作前进运动外，还要作上下跳动，以调节熔池的温度和保持焊缝高低宽度一致。焊嘴在焊缝宽度方向还应作横向摆动或打圈运动，以使坡口边缘很好地熔透，焊缝不出现烧穿或过热等缺陷。当使用熔剂时，焊丝也应作横向摆动并搅拌熔池。焊嘴和焊丝的摆动如图5-64所示。

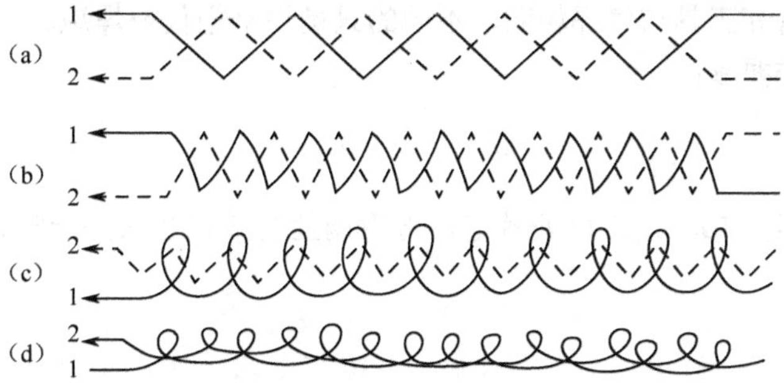

图5-64 焊嘴和焊丝的摆动轨迹

⑥ 接头与收尾。当在焊缝停顿处重新起焊和焊接时，应将原熔池周围用火焰充分加热，待已冷却的熔池及附近的焊缝金属重新熔化形成新的熔池后，方可熔入焊丝。收尾时，由于焊件的温度较高，散热慢，故应减小焊嘴的倾角和加快焊接速度，并多加入一些焊丝，以防止熔池面积扩大，避免烧穿。还可以用温度较低的外焰保护熔池，直至熔池填满，再将火焰慢慢离开熔池。

⑦ 左向焊法和右向焊法。气焊操作时，按照焊炬移动方向和焊炬与焊丝前后位置不同，可分为左向焊法和右向焊法两种。如图 5-65 所示。

右向焊法是指焊炬从左向右移动，焊炬在焊丝的前面，焊接火焰指向焊件已焊部分的操作方法，如图 5-65（a）所示。右向焊法不易掌握，但熔池保护效果好且不易产生气孔、夹渣，冷却速度慢，可改善焊缝组织。当焊件厚度大于 6mm 时，一般用右向焊法。

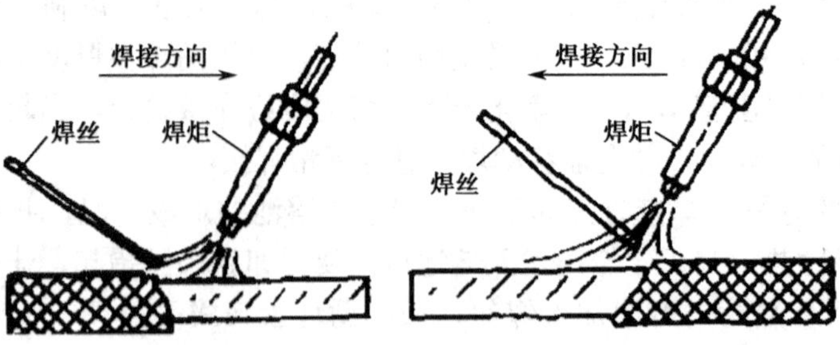

（a）右向焊法　　（b）左向焊法

图 5-65 左向焊法和右向焊法

左向焊法是焊炬从右向左移动，这时焊炬火焰背着焊缝而指向未焊部位，并且焊炬火焰跟在焊丝的后面。如图 5-65（b）所示。左向焊法容易操作，使用较普遍，运用于焊接薄板件和熔点低的金属。

（3）空间各种位置的焊接方法

气焊空间各种位置的焊接方法和手工电弧焊一样也可分为平焊、立焊、横焊、仰焊四种。所不同的是在各种位置焊接过程中，要根据气焊加热的方法，正确掌握工艺参数，控制好熔池温度和焊接速度，防止产生未焊透、过热，甚至烧穿等缺陷。

（四）气割

气割是利用气体火焰的热能，将工件切割处预热到一定温度后，喷出高速切割气流，使其燃烧并放出热量实现切割的方法。

气割所用的设备和工具与气焊相同，不同的只是用割炬代替焊炬。

手工气割的操作要领：

1. 准备工作

气割前，将钢板垫起，使切口处悬空。再用钢丝刷或预热火焰清除切割线附近表面上的油漆、铁锈和油污。

2. 起割

将起割处的金属表面预热到燃点温度（金属呈亮红色或“出汗”状），再开启切割氧气。

3. 切割

在切割过程，应保持熔渣的流动方向基本上与切口垂直，后拖量尽量小，割嘴与割件的表面距离为 3～5mm，并保持均匀。割嘴倾角为 20°～30°。应注意防止回火和熔渣溅起、灼伤。

4. 更换位置

气割较长的直线或曲线型板材时，需更换操作位置，此时应先关闭切割氧气，然后移动身体位置再预热起割。切割薄板时，可先开启切割氧流，然后将割炬的火焰对准切割处继续切割。

切割临近结束时，将割嘴后倾一个角度，使钢板下部先割透，然后将钢板割断。切割结束后，先关闭切割氧，抬起割炬，再关闭乙炔，最后关闭预热氧。

氧乙炔焊在早期的车身修复中大量使用，随着高强度钢在车身应用的比例越来越大，继续使用氧乙炔焊会使高强度钢车身强度严重下降。应采用发热量较小的电阻点焊及气体保护焊进行焊接。

四、电阻点焊

（一）认识电阻点焊

电阻点焊是汽车制造厂在流水线对整体式车身进行焊接最常用的一种方法。在汽车车身修理中，挤压式电阻点焊机适用于焊接整体式车身上要求焊接强度好，不变形的薄型零部件。常见的应用范围包括车顶、窗洞和门洞、车门槛板以及许多外部壁板。图 5-66（a）用于制造厂，图 5-66（b）用于车身修理。

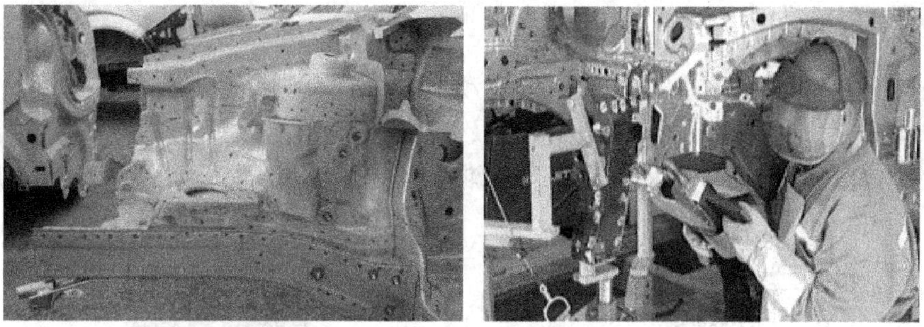

(a)　　(b)

图 5-66　电阻点焊的作用

电阻点焊具有以下优点：

（1）焊接成本比气体保护焊等低。

（2）没有焊丝、焊条或气体等消耗。

（3）焊接过程中不产生烟或蒸汽。

（4）焊接时不需要去除板件上的镀锌层。

（5）焊接接头的外观质量与制造厂的焊接接头完全相同。

（6）不需要对焊缝进行研磨。

（7）速度快。只需 1 秒或更短的时间便可焊接高强度钢、高强度低合金钢或低碳钢。

（8）焊接强度高、受热范围小、金属不易变形

（9）焊接质量受操作者水平影响比较小。

（二）电阻点焊的焊接原理

电阻点焊是利用低电压、高强度的电流流过夹紧在一起的两块金属板时产生的大量的电阻热，用焊枪（焊臂）电极的挤压力把它们熔合在一起的。将焊件装配成搭接接头，并压紧在两电极之间，利用电阻热熔化母材金属，形成焊点的电阻方法，叫点焊。图 5-67 所示是点焊的原理图。

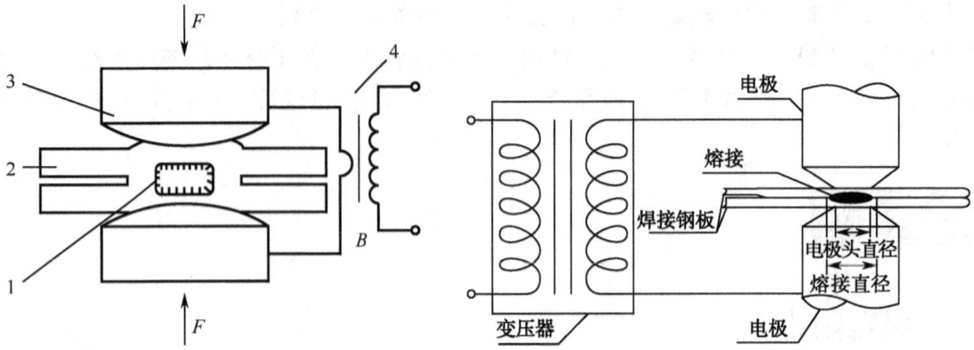

1—焊点；2—焊件；3—电极；4—电源变压器

图 5-67　点焊的原理图

按对焊件供电的方向，点焊可分为单面和双面两种。在汽车、飞机等薄板冲压件的生产中，多采用单面点焊。

1．电阻点焊机类型

点焊机的种类很多，如按加压机构的传动装置分，有脚踏式点焊机、电动凸轮式点焊机、气压传动式点焊机、液压传动式点焊机及气压——液压传动式点焊机等。脚踏加压式点焊机的结构，如图 5-68（a）所示，现在车身维修所用的电阻点焊机如图 5-68（b）所示。

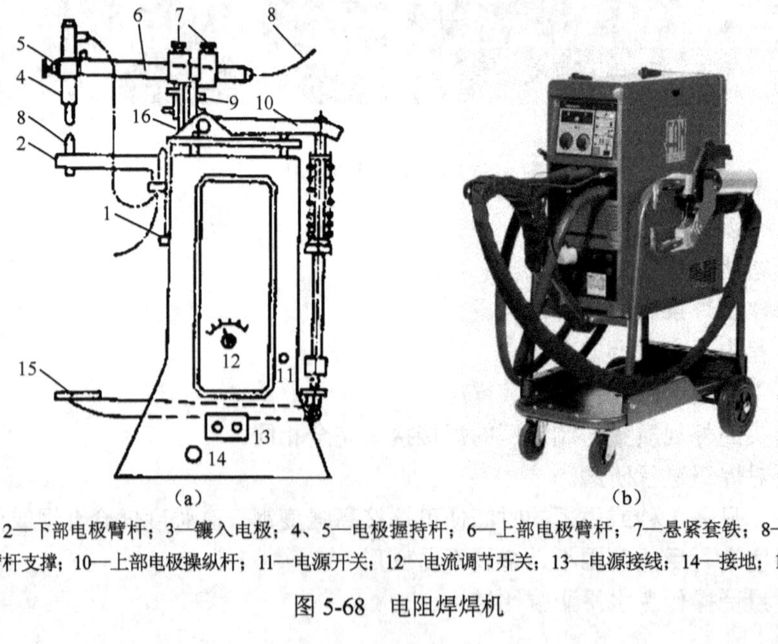

（a）　　（b）

1—前极板；2—下部电极臂杆；3—镶入电极；4、5—电极握持杆；6—上部电极臂杆；7—悬紧套铁；8—冷却水输送管路；9—上部电极臂杆支撑；10—上部电极操纵杆；11—电源开关；12—电流调节开关；13—电源接线；14—接地；15—踏板；16—副线圈

图 5-68　电阻焊焊机

2. 电极压力

强度与焊枪电极施加在金属板上的力有直接的关系，压力太小、电流过大都会产生焊接飞物导致焊接接头强度降低。焊枪电极压力过高会使电极头压入被焊金属软化的部位过深，导致焊接质量降低。焊枪电极压力太大会引起焊点过小，并降低焊接部位的机械强度，如图 5-69 所示。

3. 焊接电流

电流太大或压力太小，将会产生内部溅出物。如果适当减小电流强度或增加压力，便可使焊接溅出物减少到最小值。焊接电流和施加在点焊部位的压力对焊接质量都有直接的影响，如图 5-70 所示。

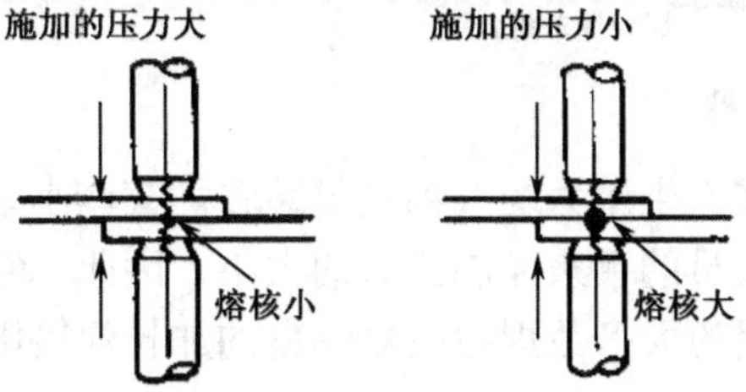

图 5-69 电极压力与焊接质量关系

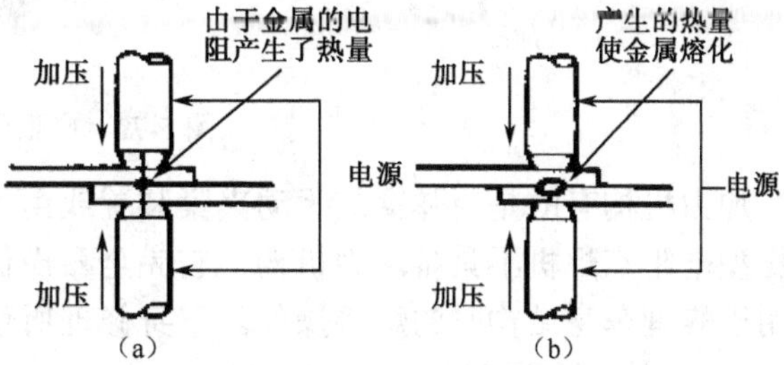

图 5-70 电流与焊接质量关系

4. 电阻焊焊点

如图 5-71 所示，通过对焊点部位的颜色变化就可以判断电流的大小。焊接电流正常时焊点中间电极触头接触部分的颜色不会发生变化，与未焊接之前的颜色相同，如图 5-71（a）所示。焊接电流大时焊点中间电极触头接触部分的颜色变深呈蓝色，如图 5-71（b）所示。

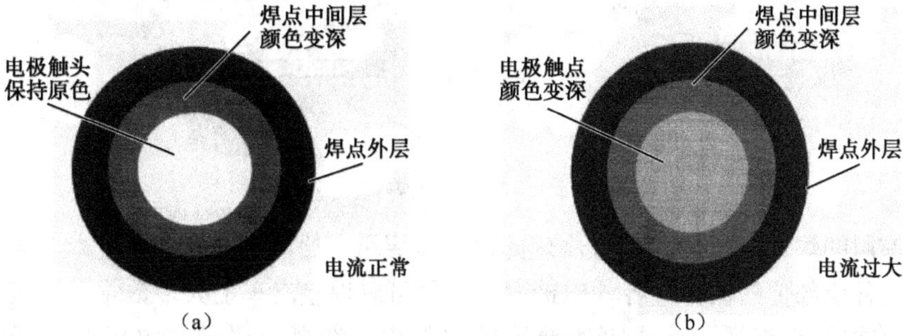

图 5-71 电流大小对焊点质量的影响

5. 加压时间

焊点施加的压力合适会使焊点的结构非常紧密，有很高的机械强度。加压时间是一个非常重要的因素，时间太短会使金属熔合不够紧密。

6. 焊枪

焊枪通过电极臂向被焊金属施加挤压力，并流入焊接电流。电阻点焊机都带有一个加力机构，可以产生很大的电极压力来稳定焊接质量，如图 5-72 所示。

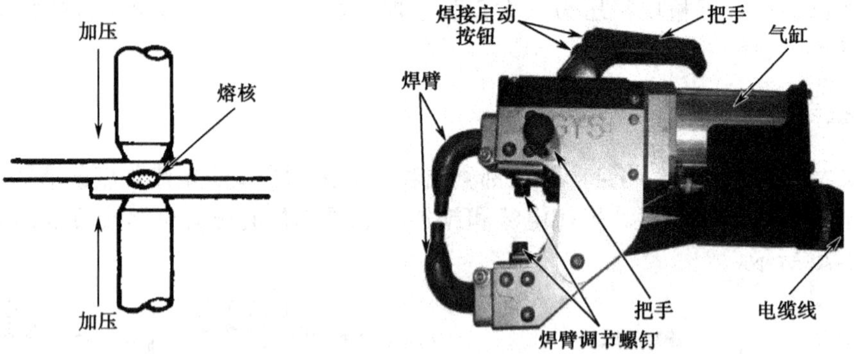

图 5-72 电阻焊焊枪

加力机构有的是用弹簧的手动夹紧装置或由气缸产生压力的气动夹紧装置。有些小型的挤压型电阻点焊机不具备增力机构，它完全靠操作人员的手来控制压力的大小，因此，它不能用于修理车身结构时的焊接操作。车身修理所使用的大多数焊枪随着焊臂的加长焊接压力会减小，焊接质量会下降。

焊臂焊接能力的检验：当配备 100mm 或更短的缩短型电极臂时，其最大焊接能力达二层 2.5mm 厚的钢板。一般要求配有加长型或宽距离电极臂的焊机至少可焊接二层 1mm 厚的钢板，图 5-73 所示。

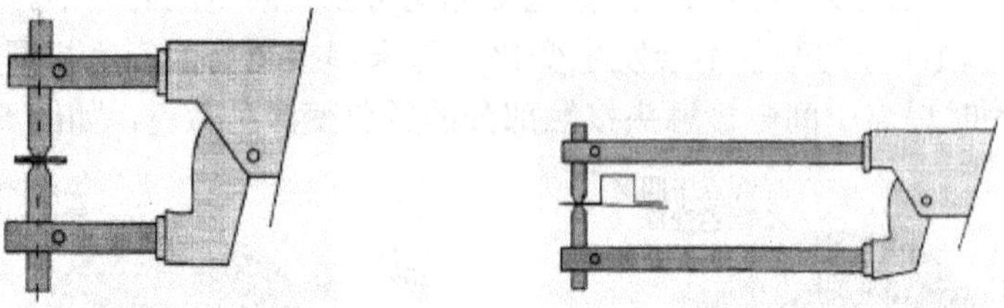

(a) 短焊臂　　(b) 长焊臂

图 5-73 长短焊臂

修理中使用的焊臂。整体式车身修理的电阻点焊机可带有全范围的可更换电极臂装置，能够焊接车身上各个部位的板件。各种电极臂的选用可以焊接汽车上大多数难以焊接的部位。

电极臂的类型与选择。应根据需要焊接的部位来选择电极臂。电极臂选择的原则是多个电极臂都可以焊接某一个部位时，尽量选择最短的电极臂。电极臂的类型和选用如图 5-74 所示。

电极臂调整。为了获得更大的焊接压力，焊炬的电极臂应尽量缩短，要将焊炬电极臂和电极头完全上紧，以使他们在工作中不至于松开。将上、下两个电极头对准在同一条轴线上。电极头对准状况不好将引起加压不充分，会造成电流过小，导致焊接部位的强度降低。如图 5-75 中图 5-75（a）为正确，图 5-75（b）、图 5-75（c）及图 5-75（d）为错误。

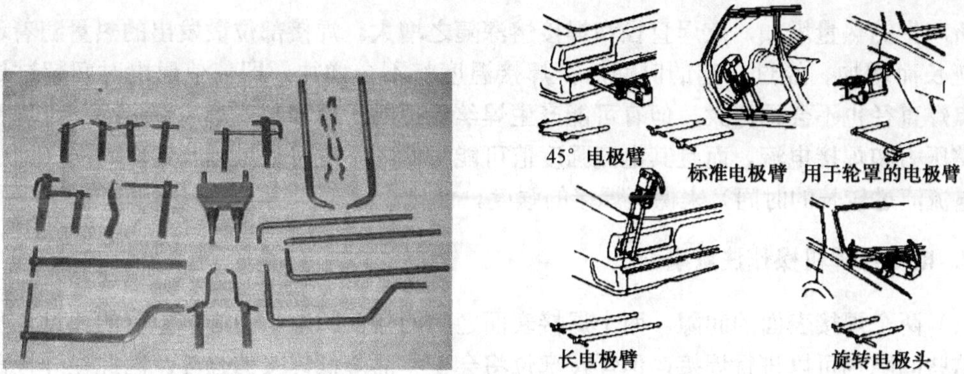

图 5-74 各种焊臂及应用

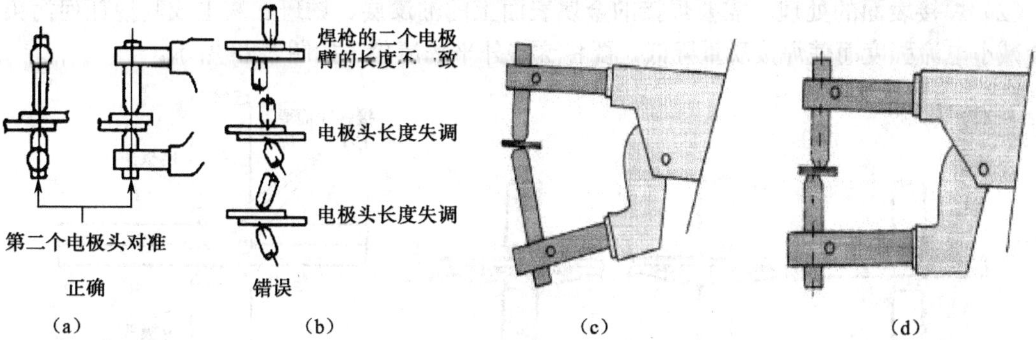

图 5-75 焊臂的安装

电极头的直径大小与修整。电极头直径增加，点焊的直径将减小。但是，如果电极头的直径太小，点焊的直径将不再增大。必须适当控制电极头的直径，以获得理想的焊接深度。根据经验，电极头的直径大小一般等于工件厚度的 2 倍加上 3mm。电极头烧蚀应按要求进行修整，如图 5-76 所示。

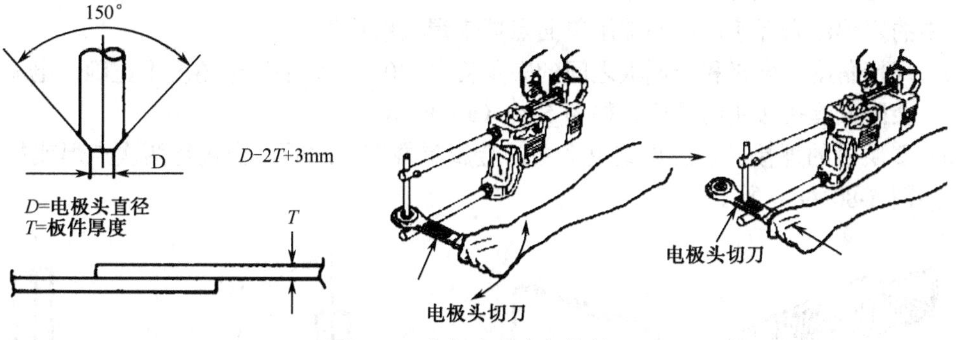

图 5-76 电极头大小与修整

电极的冷却。连续焊接一段时间以后，电缆线和电极头端部会因为散热不好而造成过热。这将使电极头端部过早地损坏而增大电阻，并引起焊接电流急剧下降。在使用没有强制冷却（循环水冷却）的电极操作时，可在焊接 5～6 次后，让电极头端部冷却后再进行焊接。用水对电极头进行外部冷却时要关闭主电源。

电极电流流过的时间。电流流过的时间也和点焊的形成有关。当电流流过的时间延长时，所产生的热量增加，点焊直径和焊接熔深随之增大。焊接部位散发出的热量随着通电时间的延长而增加。经过一定的时间后，焊接温度将不会增加，即使使通电时间超过这一时间，点焊直径也不会再增大，但有可能产生焊丝端部的压痕和热变形。许多简易点焊机都无法调整压力和焊接电流，而且其电流强度值可能很低，不过可通过延长通电时间（即让低强度的电流流过较长的时间）来保证焊接的强度。

7．电阻点焊机操作注意事项

（1）两个焊接表面的间隙。两个焊接表面之间的任何间隙都会影响电流的通过，虽然不消除这些间隙也可以进行焊接，但焊接部位将会变小而降低焊接的强度。因此在焊接前，提前将两个金属表面整平，以消除间隙，或用夹紧装置将两者夹紧，如图 5-77 所示。

（2）焊接表面的处理。需要焊接的金属表面上的油漆层、锈斑、灰尘或其他任何污染物都会减小电流强度而使焊接质量降低。要将这些外来物清除，如图 5-78 所示。

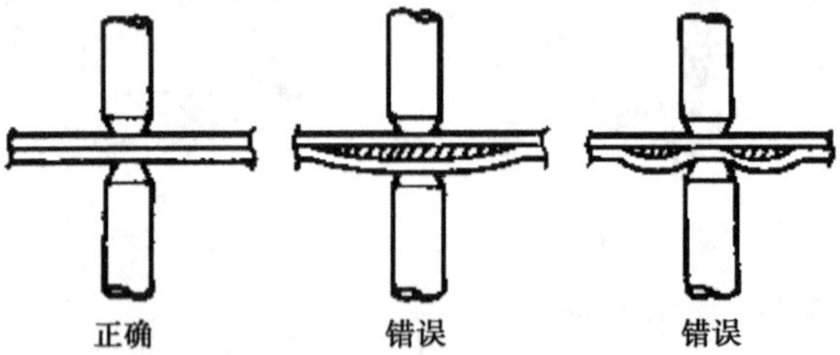

图 5-77　工件接触面间隙对焊接质量的影响

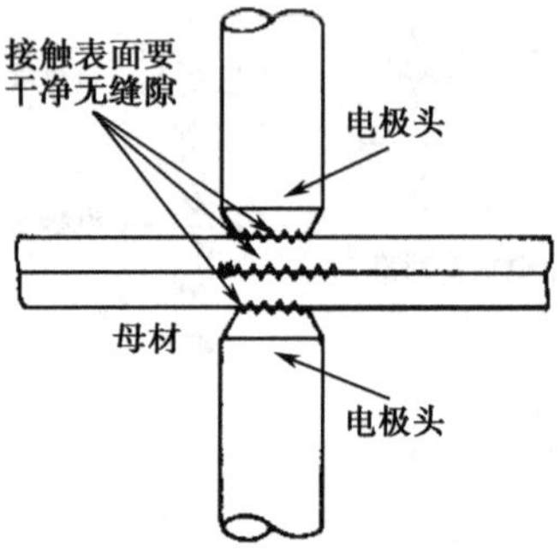

图 5-78　焊接表面清洁处理

（3）金属表面防锈处理。在需要焊接的表面涂一层导电系数较高的防锈剂，必须将防锈剂均匀地涂在金属板上，如图 5-79 所示。

（4）尽量采用双面点焊的方法来焊接工件。无法进行双面点焊的部位，可采用气体保护焊焊接中的塞焊法来焊接，而不能用单面点焊来焊接结构性板件。

（5）焊接角度。电极和金属板之间的夹角应呈 90°。如果这个角度不正确，电流强度便会减小，会降低焊接接头的强度，如图 5-80（a）所示。

（6）多层板的焊接。当三层或更多层的金属重叠在一起时，应进行两次点焊或加大焊接电流，如图 5-80（b）所示。

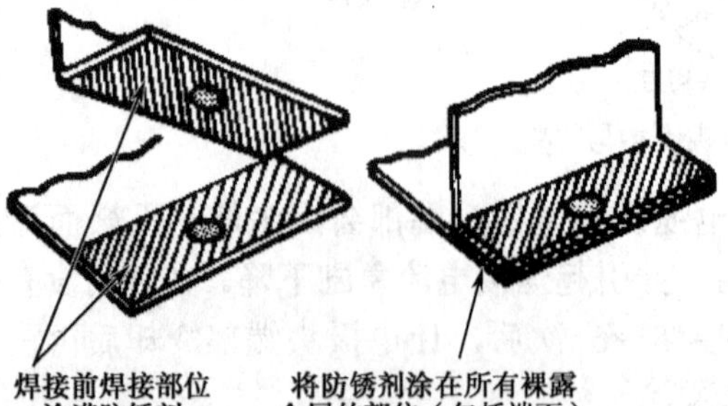

图 5-79　焊接表面防锈处理

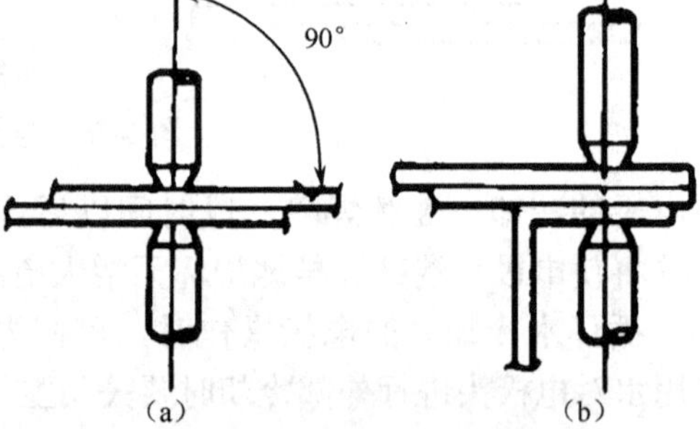

图 5-80　焊接角度与多层焊接

（7）焊点数量。修理厂的点焊机功率一般比制造厂的小，因此修理厂在修理时，应将焊点数量增加 30%。

（8）焊点最小焊接间距。点焊的强度取决于焊点的间距（两个焊点之间的距离）和边缘距离（焊点到金属板边缘的距离）。两层金属板之间的结合力随着焊接间距的缩小而增大。但如果再进一步缩小间距，结合力将不再增大，这是因为焊接电流将流向已被焊接过的焊点产生分流，焊接部位流过的电流变小，焊接强度下降。随着焊点数量的增加，这种往复的分流电流也增加。而这种分流的电流并不会使原先焊接处的温度升高，如图 5-81 所示。

（9）工件厚度、焊点间距与工件边距的关系。如图 5-82 与表 5-9 所示，到边缘的距离也是由电极头的位置决定的。即使点焊的情况正常，如果到边缘的距离不够大，也会降低焊接点的强度。在靠近金属板端部的地方进行焊接时，焊接点到金属端部的距离应符合图表的规定值。如果距离过小，将会降低焊接强度并引起金属板变形。

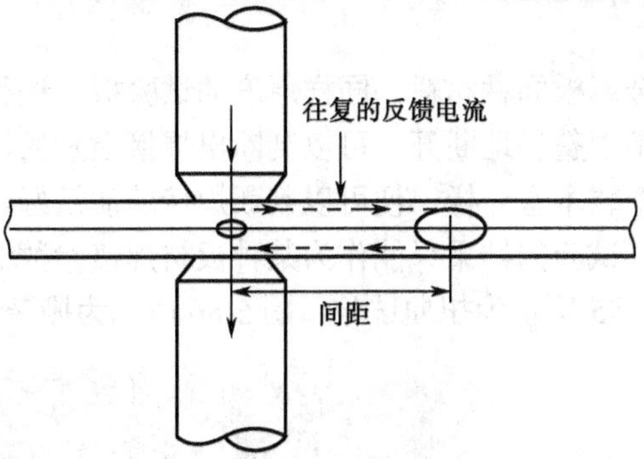

图 5-81　焊点分流作用

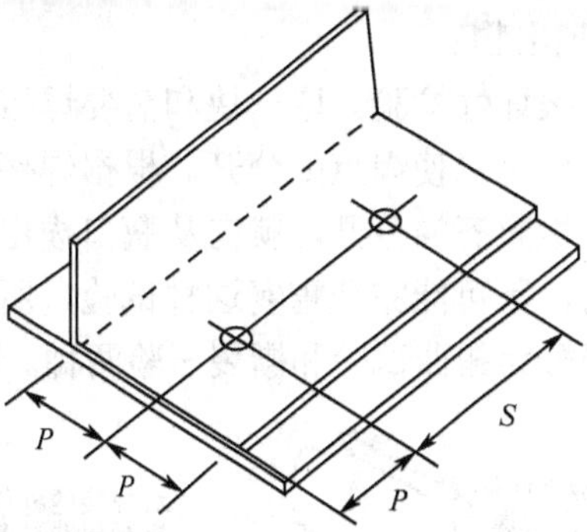

图 5-82　焊点距离

表 5-9　工件厚度与焊点距离关系　（单位：mm）

工件厚度	焊点间距 S	工件边距 P
0.4	≥11	≥5
0.8	≥14	≥5
1	≥17	≥6
1.2	≥22	≥7
1.6	≥30	≥8

（10）点焊的顺序。不要只沿着一个方向连续进行点焊，这种方法会使电流产生分流，而降低焊接质量。当电极头发热并改变颜色时，应停止焊接使其冷却，如图 5-83 所示。

（11）对拐角处的焊接。不要在转角的半径部位进行焊接。对这个部位焊接将产生应力集中而导致开裂。包括前支柱和中心支柱的顶部拐角、后顶侧面的前上方转角、前后车窗拐角等，如图 5-84 所示。

8．电阻点焊焊接质量的检验

（1）外观检验的内容有以下几个方面：

① 焊接位置。

② 焊点的数量。

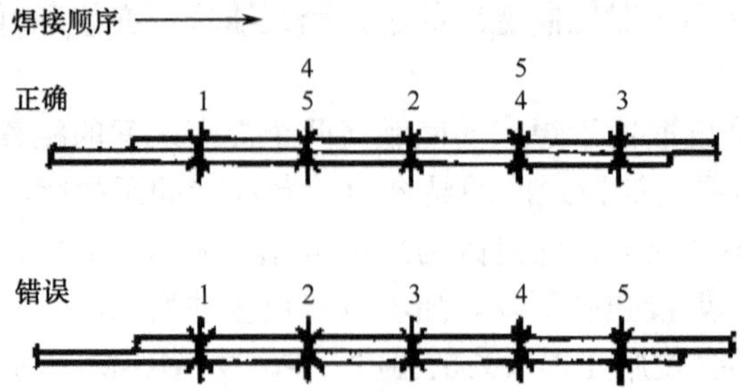

图 5-83　点焊的顺序

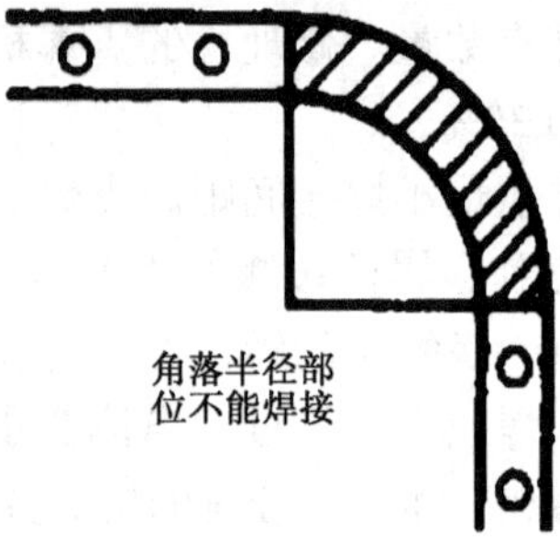

图 5-84　拐角处的焊接

③ 焊点间距。

④ 压痕（即电极头压痕）。

⑤ 气孔。

⑥ 溅出物。

（2）破坏性检验。取一块和需要焊接的金属板同种材料、同样厚度的试验板，进行焊接，然后进行分离，使焊点处分开。根据焊接处是否整齐地断开，可以判断出焊接质量的好坏。如果焊接处被整齐的分开，就向从瓶口拔出一个软木塞一样，便可以判断焊接的质量好。实际进行焊接时，不可能完全重复这种试验，所以，试验的结果只能作为某种板材焊接参数调整的参考。一般分为扭曲试验和撕裂试验两种。图 5-85 所示为扭曲试验，图 5-86 所示为撕裂试验。

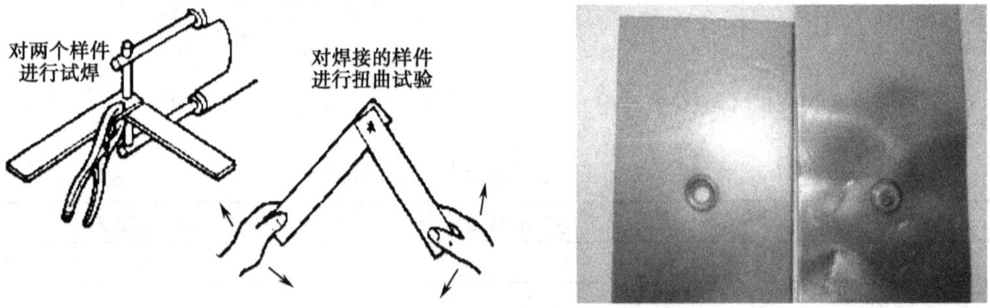

图 5-85　扭曲试验

撕裂或扭曲分离后在其中一个焊片上留有一个大于焊点直径的孔。如果留下的孔过小或根本没有孔，说明焊点的焊接强度太低，需要重新调整焊接参数。一般情况下扭曲试验的孔要比做撕裂试验的孔小 1mm 左右。

（3）非破坏性试验。在一次点焊完成后，可用錾子和锤子按以下方法检验焊接的质量：将錾子插入焊接的两层金属板之间，并轻敲錾子的端部，直到在两层金属板之间形成 3～4mm 的间隙（当金属板大于 1mm 厚度时），如图 5-87 所示。如果两层金属板的厚度不同，操作时两层金属板之间的间隙限制在 1.5～2mm 范围内。如果进一步凿开金属板，将会变成破坏性试验。检验完毕后，一定要将金属板上的变形处修好。

9．点焊工艺

（1）焊前准备

点焊前零件的准备工作包括：打光、矫直、装配，有时还包括修合和几个点的定位焊等。

图 5-86 撕裂试验

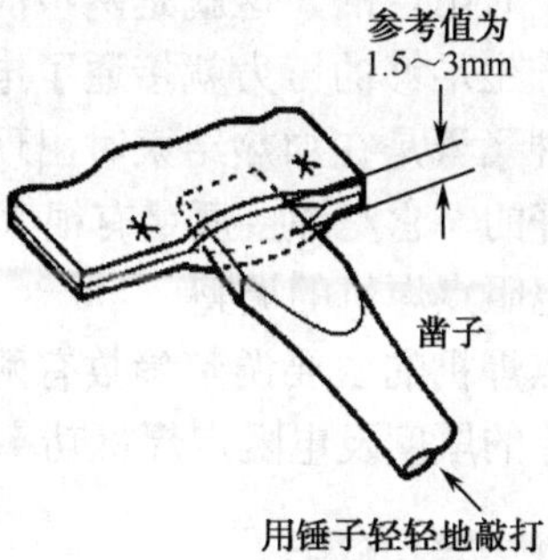

图 5-87 非破坏性试验

点焊时，两配合件之间不应有间隙。否则，接头上会造成很深的压坑或压穿，为此，应在被焊前定位、画线或用手虎钳压紧。

（2）点焊过程

点焊过程如图 5-88 所示。焊件在上下电极之间压紧，电流由变压器通过支臂和夹头传到上下电极及焊件上。点焊机的下电极一般是固定的，而上电极受到顶压机构的作用向下移动，压紧焊件。

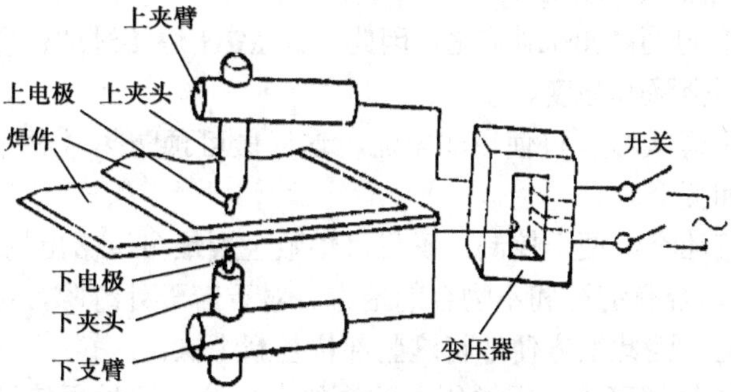

图 5-88 点焊过程

焊件被压紧开始通电加热时，从工件表面上散出的热量，很容易被铜电极导走。因此，加热最强的地方不是在电极和焊件之间，而是在两个焊件相接触的地方。而两个焊件能很好地接触，是需要一定压力，可见点焊焊接就是在焊件上一边通电流一边加压力的情况下进行的。当一个点焊接终了后，由专门装置将开关切断电流，除去压力，电极向上升起，此时，可移动焊件。

从上述过程可以看出，焊机点焊时必须具有以下固定的工作顺序：

① 加压于电极上；

② 接通焊接电流；

③ 断开焊接电流；

④ 除去压力。

（3）飞溅的产生

在点焊过程中，常常从空隙或板料之间溅出一些核心的熔化金属。产生的原因有两方面：一种是在加热开始时出现的，原因是由于电阻大和零件表面上个别凸出部分的熔化所致。飞溅后焊点的形成过程仍很正常，而且焊点的质量并不因此而降低。还有一种情况也是在加热开始时出现的，这就是两极间的压力不够或金属表面不干净造成的。当活动电极靠拢工件还未产生足够的压力就接通了电流，因而产生飞溅，这种飞溅是有害的，甚至将工件烧穿。另一种飞溅是在加热结束时出现的，原因是核心过热和切断电源过迟所致。出现这种飞溅也是不好的，它对焊接质量有很大影响。

（4）电阻点焊机的调整

电阻点焊机的主要调整参数有两个：一是焊接电流的调整，二是焊接时间的调整。要根据焊接工件的厚度及电阻点焊机功率大小来确定。

五、气体保护焊

（一）气体保护焊的优点

气体保护焊的保护气体有氩气、二氧化碳等，惰性气体保护也称 MIG 焊。气体保护焊具有以下优点：

（1）操作方法容易掌握。一般的焊接工人只需接受几个小时的指导并经过练习，都可学会并熟练掌握 MIG 设备的使用方法。

（2）MIG 可使各种母材 100%地熔化，因此，经 MIG 焊接过的位置可修平或研磨到与表面同样的高度，这样不会降低强度。

（3）在薄的金属上焊接时，可使用弱电流，这样做可预防热量对邻近部位的损害，避免可能发生的强度降低和变形。

（4）电弧平稳，熔池小，便于控制，确保可熔敷金属最多，溅出物最少。

（5）MIG 焊接更适合有缝隙和不吻合的地方。对于若干处缝隙，可迅速地在每个缝隙上电焊，不需要清除熔渣。因此很方便地将这些部位重新上漆。

（6）几乎所有的钢材都可用一根通用型的焊丝来焊接，这种焊接设备内的焊丝通常适用于任何焊接。

（7）不同厚度的金属可使用相同直径的焊丝来焊接。焊接设备内的焊丝适用于任何焊接工作。

（8）MIG 焊机可控制焊接的温度和焊接的时间。

（9）采用 MIG 焊接法，可使需要焊接的小区域的受热时间短，因而减少了母材的疲劳和变形。因为金属熔化的时间短，所以能够轻松地进行立焊和仰焊。

（二）气体保护焊原理及工作过程

气体保护焊使用一根焊丝，焊丝和电极以一定的速度自动进给，在母材和焊丝之间出现短弧，短弧产生的热量使焊丝熔化，因而将母材连接起来。由于焊丝以稳定的速度自动送丝，这种方法称半自动电弧焊接法，如图 5-89 所示。

焊接的工作过程：焊丝在焊接部位经过瞬间的短路、回烧并产生电弧，每一次工作循环中都产生一次短路电弧，并从焊丝的端部将微小的一滴液滴转移到熔化的焊接部位。气体保护层可防止大气的污染并稳定电弧。当电弧间隙达到最大值时，焊丝开始冷却并重新送丝，更接近工件。焊丝的端部又开始升温，其温度足以使熔池变平，但还不能够阻止焊丝重新接触工件。因此，电弧熄灭，再次形成短路，上述过程又重新开始。这种自动循环产生的频率为 50～200 次/秒。

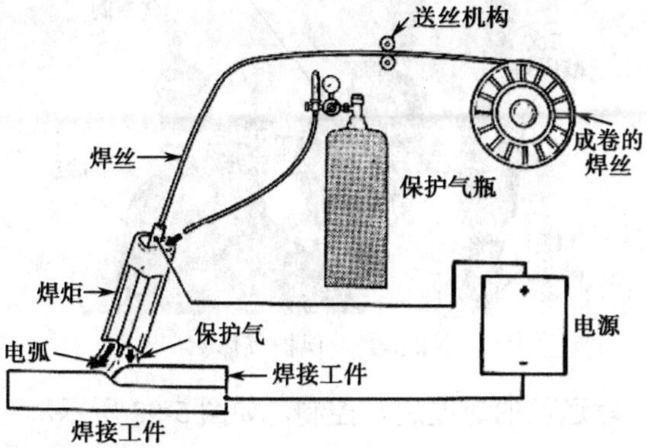

图 5-89 气体保护焊工作方式

（三）气体保护焊的保护气类型

在焊接中，用气体对焊接部位进行保护，以免母材受到空气的氧化。所使用的惰性气体的种类由需要焊接的母材而决定，大多数钢材都使用 CO_2 进行气体保护。车身焊接使用 CO_2 气体（25%CO_2，75%Ar）。对于铝材，则根据铝合金的种类和材料厚度分别采用氩气或氩、氮混合气体进行保护。在氩气中加入 4%～5%的氧气，用这种气体进行保护时，甚至可以焊接不锈钢。

（四）气体保护焊接设备与使用

1. 基本组成

气体保护焊接基本组成如图 5-90 所示。

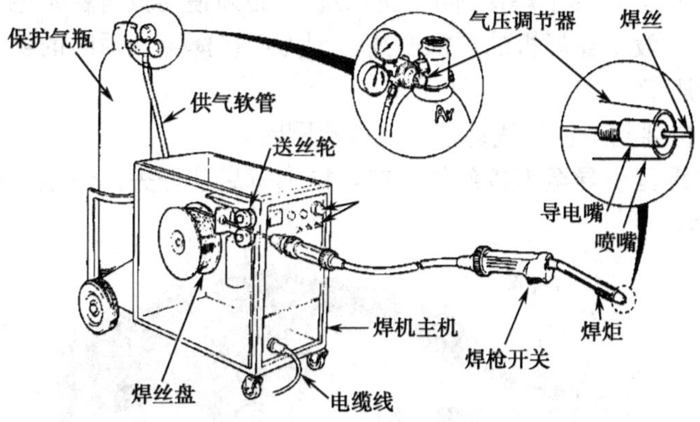

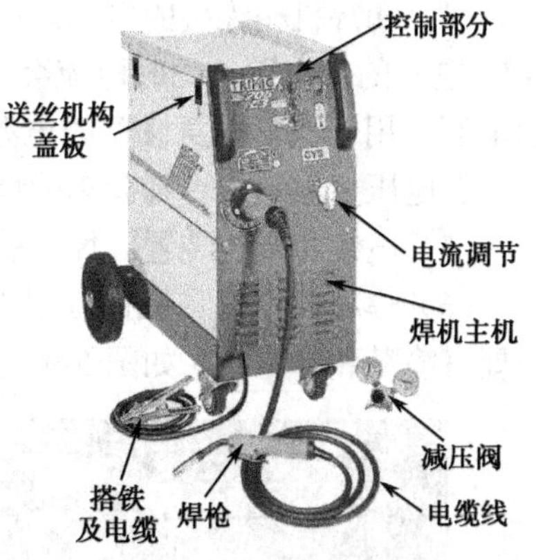

图 5-90 气体保护焊接基本组成

（1）带有气流速度调节器的保护气体供应管道，用以防止熔池受到污染，如图 5-91 所示。

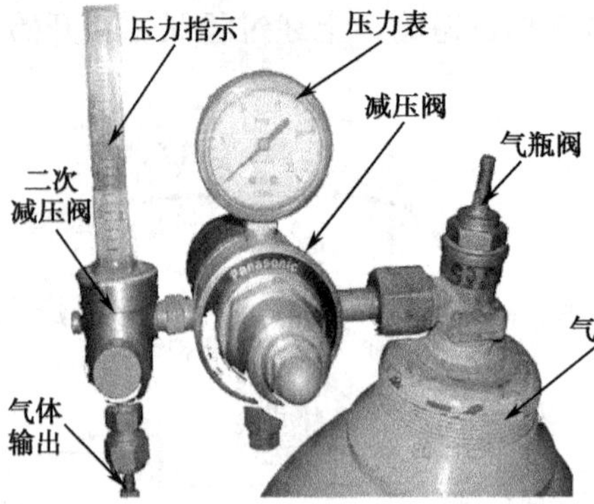

图 5-91　保护气体

（2）送丝控制装置，对送丝的速度进行控制，如图 5-92 所示。

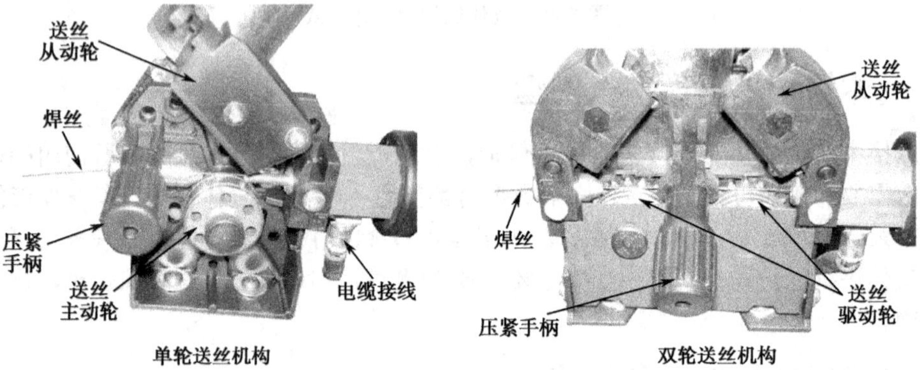

图 5-92　送丝机构

（3）指定类型和直径的成卷的焊丝。车身修理中使用的焊丝的种类是 AWS-70S-6，使用焊丝的直径为 0.6～0.8mm。目前使用最多的是直径为 0.6mm 的焊丝，细的焊丝可以在弱电流、低电压条件下使用，这就使进入板件的热量大为减少，如图 5-93 所示。

（4）和焊机相连接的电源。电源的核心是变压器，它把 220V 或 380V 的电压变成只有 10V 左右的低电压，同时电流会变得很大。鉴于焊接对电源的要求，必须使用具有稳定电压的电源。用于汽车车身修理的电源比一般工业焊机的要求要高，因为焊接薄金属板时的输出电流、电压要稳定，否则会影响焊接质量。

（5）电缆和接线装置。焊接的部位要与搭铁接线连接形成电流回路。

（6）焊枪和电缆。操作者用来将焊丝引导至焊接部位，在焊枪上有启动开关，焊枪前部主要有喷嘴和导电嘴，如图 5-94 所示。

图 5-93　焊丝

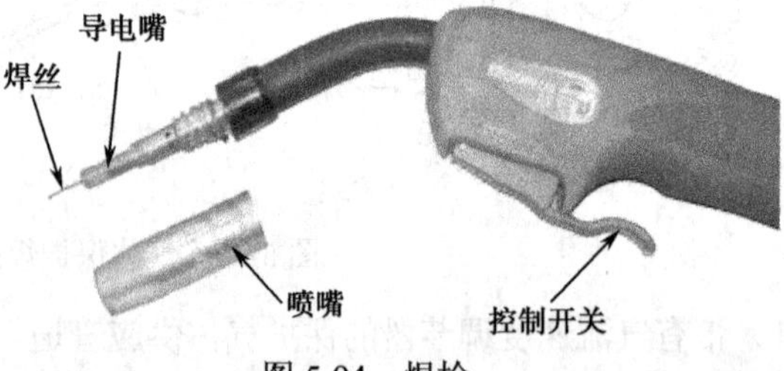

图 5-94　焊枪

2．保护气体对焊接效果的影响

修理车身焊接时，一般用二氧化碳（CO_2）或二氧化碳和氩气（Ar）的混合气体（气体的比例为：75%的氩气、25%的二氧化碳）。采用 100%CO_2 保护气体时可使焊接熔深加大。CO_2 会使电弧变得比较粗糙且不够稳定，焊接时的溅出物增加。所以，在较薄的材料上进行焊接时，最好使用 Ar 与 CO_2 两者混合气。不同的混合比例产生不同的焊接效果，如图 5-95 所示。

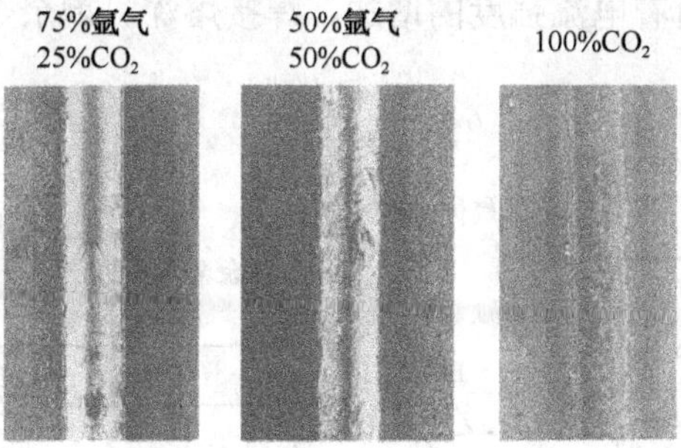

图 5-95 不同混合气比例的焊接效果

3．焊机控制面板

通过控制面板可进行电压、电流、送丝速度调节，同时可以进行点焊和脉冲点焊功能的控制，如图 5-96 所示。

4．焊机的安装调整方法

焊机的电缆与电网相连接，气瓶和焊机连接在一起搭铁安放在车身金属件焊接部位附近清洁的表面。安装焊丝，用手将焊丝送进约 300mm，保证焊丝能够顺利地通过送丝管和焊枪，适当调整送丝轮压力，使焊丝得到足够的推力，能够离开焊丝盘并穿过送丝管及焊枪，如图 5-97 所示。

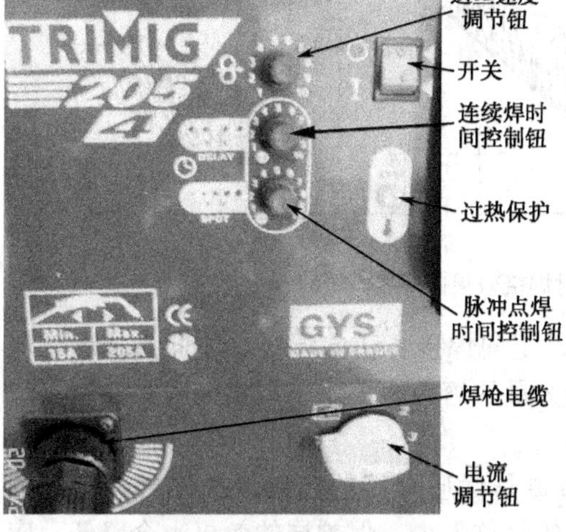

图 5-96 焊机控制面板

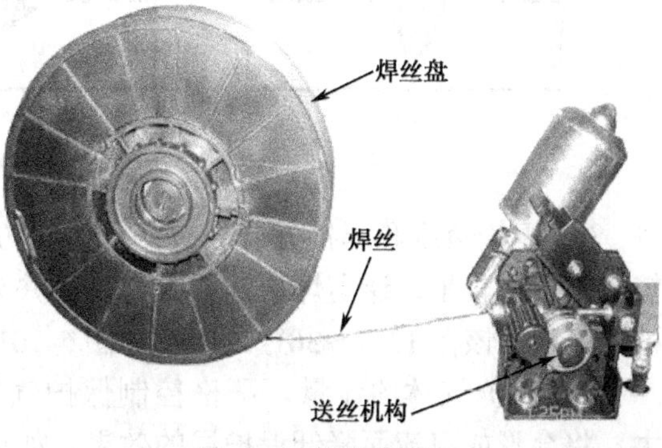

图 5-97 焊丝安装

5. 气体保护焊焊接参数的调整

焊接时，需要对下列参数进行调整（有些参数的数值是可调的）：焊机输入电压、焊接电流、电弧电压、导电嘴与板件之间的距离、焊炬角度、焊接方向、保护气体的流量、焊接速度和送丝速度。

① 焊接电流。焊接电流的大小会影响母材的焊接熔深、焊丝熔化速度、电弧的稳定性、焊接溅出物的数量。随着电流强度的增加，焊接熔深、剩余金属的高度和焊缝的宽度也会增大，如图 5-98 所示。

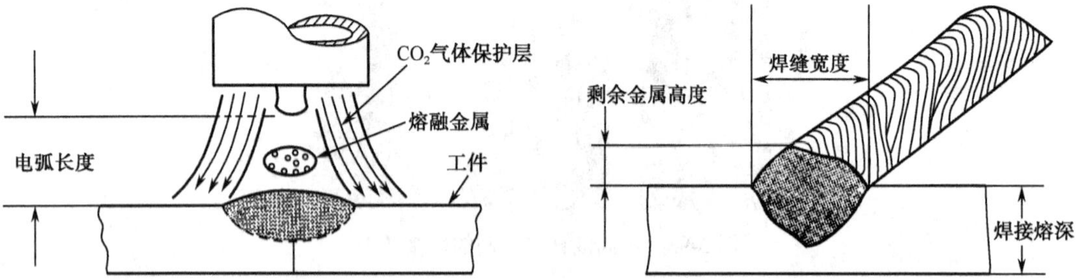

图 5-98　焊接电流对焊接效果的影响

② 焊接电压。高质量的焊接有赖于适当的电弧长度。而电弧长度是由电弧电压决定的。焊接电压过低，电弧的长度减小，焊接熔深增加，焊缝呈狭窄的圆拱状，如图 5-99（a）所示。焊接电压过高，电弧的长度增大，焊接熔深减小，焊缝呈扁平状，如图 5-99（c）所示。

③ 导电嘴到母材的距离。标准的距离应该是：7～15mm。距离过大，从焊枪端部伸出的焊丝长度增加而产生预热，增加了焊丝熔化的速度，保护气体所起的作用也会减小。如果导电嘴到母材的距离过小，将难以进行焊接，因为焊接部位被挡在导电嘴的后面，如图 5-100 所示。

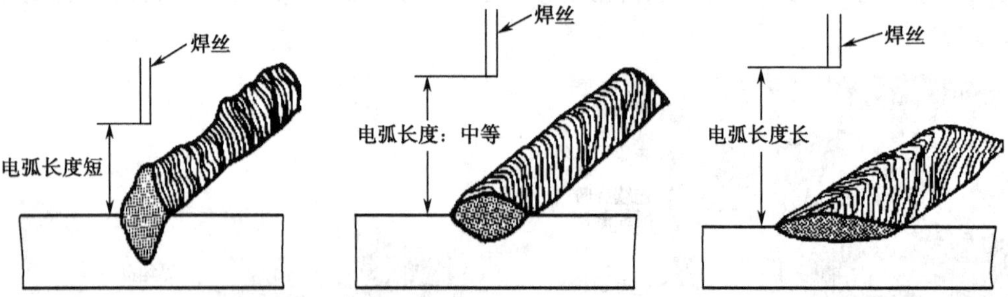

（a）　（b）　（c）

图 5-99　电压与电弧的关系对焊接效果的影响

④ 焊枪角度和焊接方向。有两种焊接方法，既正向焊接和逆向焊接。正向焊接的熔深较小且焊缝较平，逆向焊接的熔深较大，并会产生大量的熔敷金属。采用这两种方法时，焊枪角度都应该在 10°～30° 之间，如图 5-101 所示。

⑤ 保护气体的流量。严格控制保护气体的流量是优质焊接的基础。如果气体流量太大，将会形成涡流而降低保护层的效果。如果流出的气体太少，保护层的效果也会降低。应根据喷嘴和母材之间的距离、焊接电流、焊接速度及焊接环境来调整保护气体的流量。

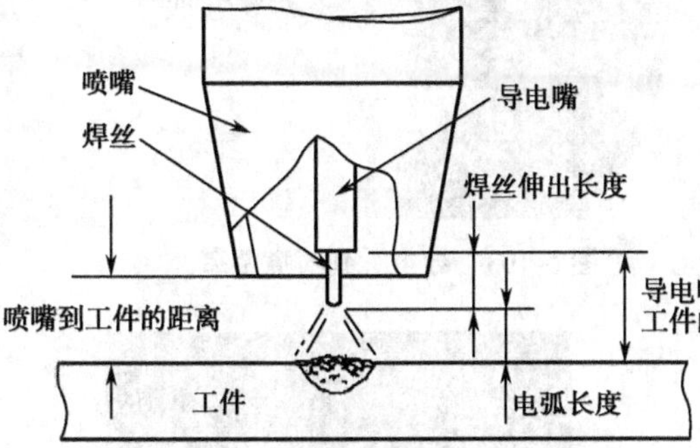

图 5-100 导电嘴到工件距离

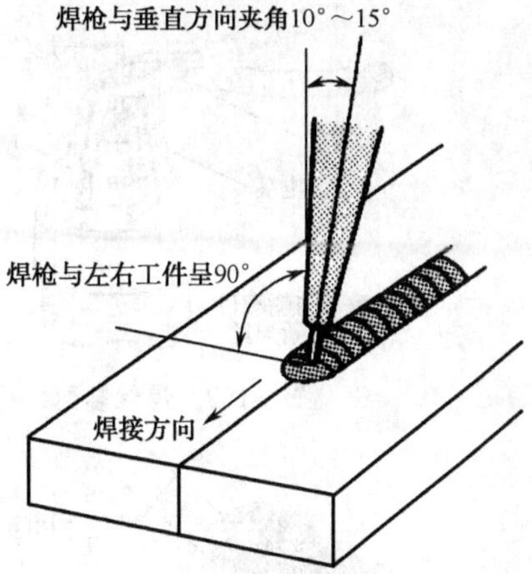

图 5-101 焊枪角度

⑥ 焊接速度。如果操作者快速地进行焊接，焊接熔深和焊缝的宽度都会减小，而且焊缝会变成圆拱形。进一步增加焊接速度时，将会产生咬边。而焊接速度过低则会产生许多烧穿孔。一般来说，焊接速度由母材的厚度、焊机电压二种因素决定。

⑦ 送丝速度。如果送丝速度太慢，随着焊丝在熔池内熔化并熔敷在焊接部位，将听到嘶嘶声和啪哒声，此时产生的视觉信号为反光的亮度增强。送丝速度太快将堵塞电弧。这时焊丝的熔敷速度大于热量和熔池的吸收速度。因此，当焊丝熔化成许多金属熔滴并以焊接部位飞走时，会产生飞溅。这时视觉信号为频闪弧光。在仰焊时，过大的熔池和金属熔滴会带来很大的危险，金属熔滴被重力吸引到导电嘴或进入气体喷嘴，将引起很多麻烦。因此在仰焊时，一定要采用较快的送丝速度、较短的电弧和较小的金属熔滴，并使电弧和金属熔滴互相接近。将气体喷嘴推向工件，以确保焊丝不会向熔池外移动。如果焊丝向熔池外移动，熔化的焊丝将产生金属熔滴，直到形成新的熔池来吸收这些熔滴。

6. 焊炬喷嘴的调整

焊炬的主要功能：①提供合适的气体保护。②给工作部件加压，以防止焊丝移出熔池。如果应流入焊丝的电流转移到气体喷嘴上，引起焊丝的燃烧和飞溅，并将喷嘴烧掉。在脏的或生锈的金属上进行焊接时，会对喷嘴产生严重冲击，应立即进行清洁，以便进行正常的焊接。在焊机的四个主要部件中，喷嘴最关键，其次是送丝机构。受到堵塞或损坏的管道将造成送丝速度不稳定，并造成许多金属熔滴，造成气体喷嘴的短路。

（1）气体喷嘴的基本调节方法。焊丝的端部和母材相接触并产生电弧，如果导电嘴和母材之间的距离稍有缩短，将比较容易产生电弧。如果焊丝的端部形成一个大的圆球，将难以产生电弧，所以应立即用一个焊丝钳修整。剪焊丝时喷嘴朝下，严禁对自己或别人，如图 5-102 所示。

（2）距离调整。导电嘴到喷嘴的距离大约为 3mm，如图 5-103 所示。焊丝伸出喷嘴大约 5～8mm，如图 5-104 所示。

（3）处理溅出物。应迅速清除焊嘴粘附的焊接溅出物，如果溅出物粘附于喷嘴的端部，将使保护气体不能顺利流出而影响焊接质量。可用防堵剂来减少粘附于喷嘴端部的溅出物数量，如图 5-105 所示。

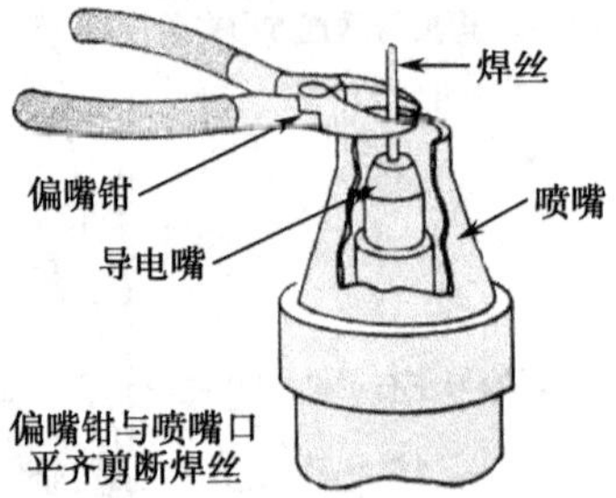

图 5-102　焊丝修剪

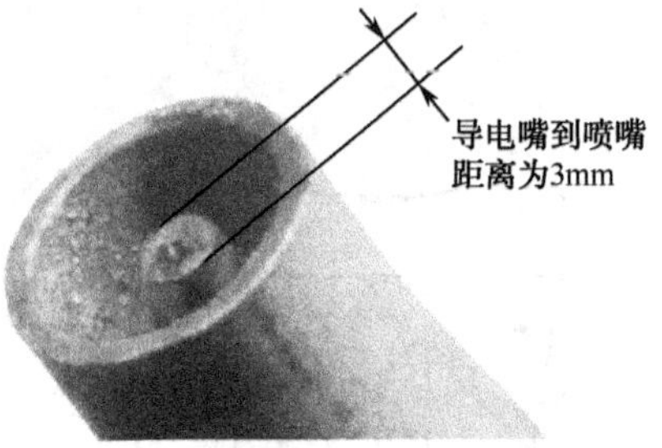

图 5-103　导电嘴到喷嘴距离

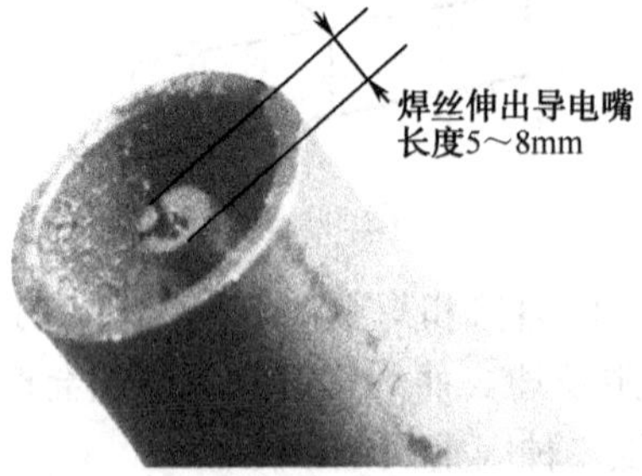

图 5-104　焊丝伸出导电嘴长度

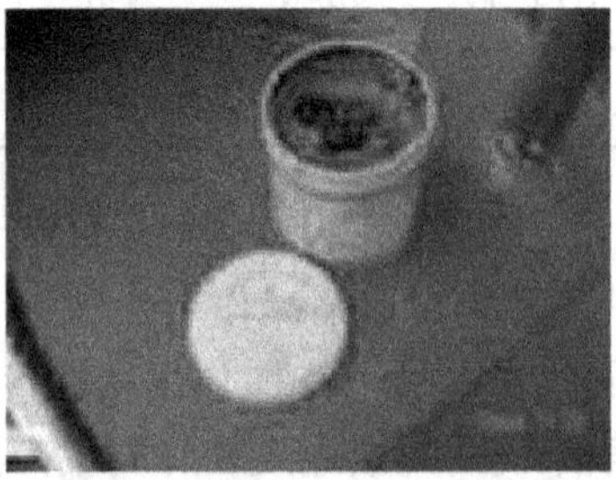

图 5-105　防堵剂

（4）检查导电嘴的状况。已损坏的导电嘴应予更换，以确保产生稳定的电弧。为了得到平稳的气流和电弧，应适当拧紧导电嘴，如图 5-106 所示。

（5）电源的极性调整。直流电源的连接方式一般为直流反向极性连接，即焊丝为正极、工件为负极。采用这种连接时，焊接熔深最大。如果需焊接的材料非常薄，应以正向极性连接方式进行焊接，焊丝为负极而工件为正极，焊接时在焊丝上产生更多的热量，工件上的焊接熔深较浅。采用正向极性的缺点是：它会产生许多气泡，需要更多的抛光。

7．焊接夹具

虎钳、C 形夹钳、薄板螺钉、定位焊夹具和各种专用夹具，都是焊接过程必不可少的工具。图 5-107 所示为各种类型的大力钳，具体使用如图 5-108 所示。

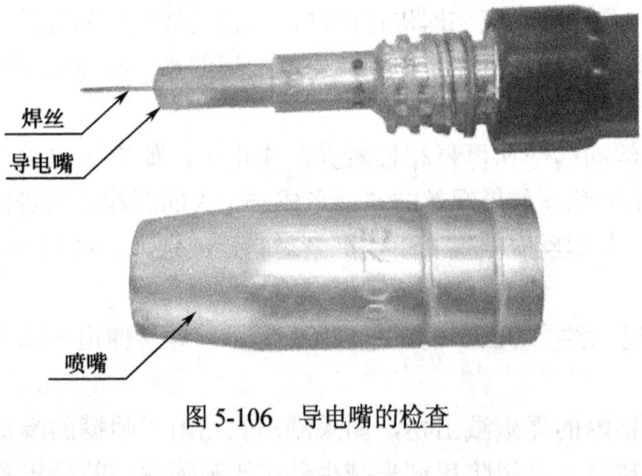

图 5-106　导电嘴的检查

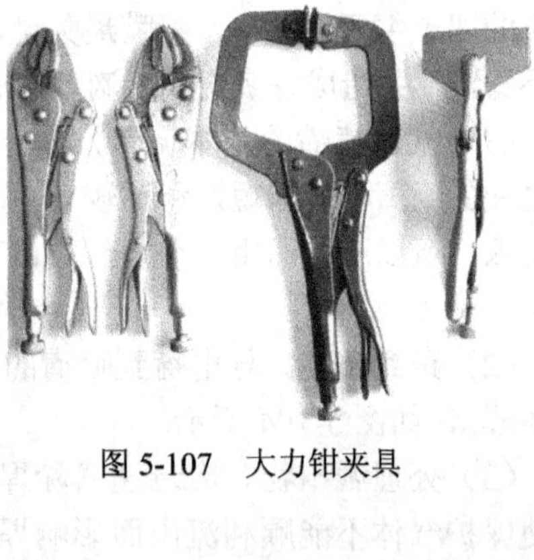

图 5-107　大力钳夹具

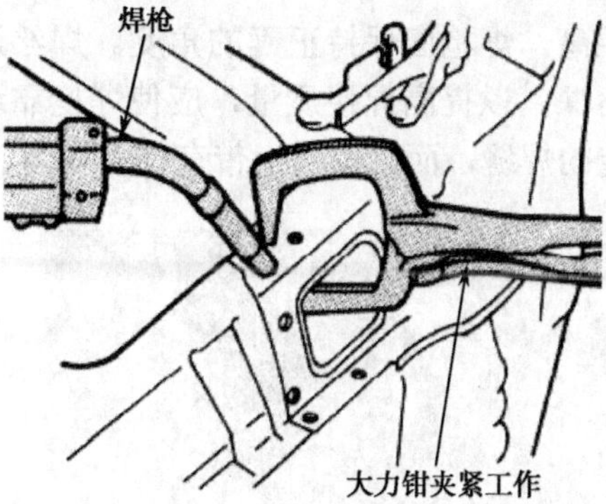

图 5-108 夹具在焊接中的使用

8. 惰性气体保护焊的焊接类型

（1）平焊。平焊一般容易进行，且它的焊接速度较快，能够得到最好的焊接熔深。对从汽车上拆卸下的零部件进行焊接时，尽量将它放在能够进行平焊的位置，如图 5-109（a）所示。

（2）横焊。水平焊缝进行焊接时，应使焊炬向上倾斜，以避免重力对熔池的影响，如图 5-109（b）所示。

（3）立焊。垂直焊缝焊接时，最好让电弧从接头的顶部开始，并平稳地向下拉，如图 5-109（c）所示。

（4）仰焊。仰焊最难进行。熔池过大熔融金属会落入喷嘴而引起故障。在进行仰焊时，一定要使用较低的电压，同时还要尽量使用短电弧和小的焊接熔池。将喷嘴推向工件，以保证焊丝不会向熔池外移动。最好能够沿着焊缝均匀地拉动焊炬，如图 5-109（d）所示。

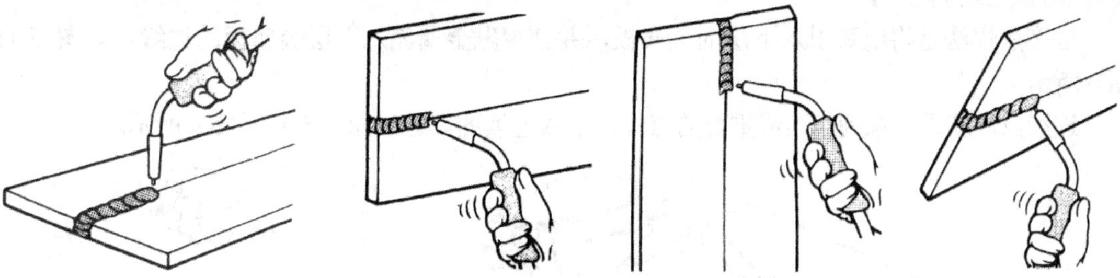

（a） （b） （c） （d）

图 5-109 根据工件位置不同的焊接类型

9. 基本的焊接方式

（1）定位焊。实际上是一种临时点焊，在永久焊接前，用一种很小的临时点焊来取代定位装置或薄金属螺钉，对焊接的工件进行定位。各焊点的距离大小和母材厚度有关，一般情况下其距离为母材厚度的 15～30 倍。定位焊要求母材之间正确的对准，如图 5-110 所示。

（2）连续焊。焊枪缓慢、稳定地向前运动，形成连续的焊缝。操作中保持焊枪的稳定进给，以免产生晃动。采用正向焊法时，连续地匀速移动焊炬，并经常观察焊缝。焊炬应倾斜 10°～15°，以便获得最佳形状的焊缝、焊接线和气体保护效果。导电嘴到板件之间应保持适当的距离，焊枪应保持正确的角度。焊丝过长，金属的焊接熔深将会减小。为了得到适当的焊接熔深，以提高焊接质量，应使焊枪靠近板件。平稳、均匀地操纵焊炬，将得到高度和宽度恒定的焊缝，而且焊缝上带有许多均匀、细密的焊波，如图 5-111 所示。

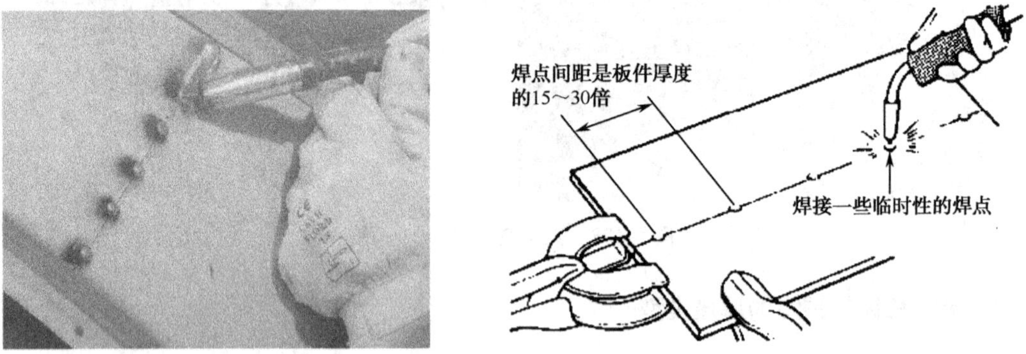

图 5-110　焊点定位距离

图 5-111　连续焊操作

（3）点焊。点焊法是当送丝定时脉冲触发时，将电弧引入被焊的两块金属板。分为搭接点焊和连续点焊两种。

搭接点焊法是将电弧引入下层的金属板，并使熔融金属流入上层金属板的边缘，如图 5-112（a）所示。

连续点焊就是一系列相连或重叠的点焊，形成连续的焊缝，如图 5-112（b）所示。

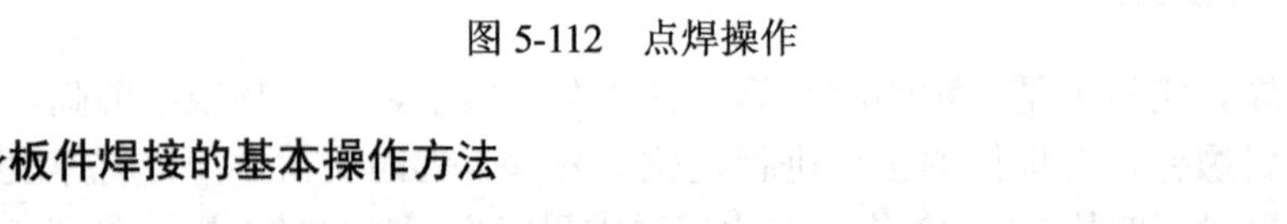

（a）　（b）

图 5-112　点焊操作

10. 车身板件焊接的基本操作方法

（1）对接焊。是将两个相邻的金属板边缘安装在一起，沿着两个金属板相互配合或对接的边缘进行焊接的一种方法。在进行对接焊时注意（尤其是焊薄板），每次焊接的长度不要超过 20mm，要密切注意金属板的熔化、焊丝和焊缝的连续性。同时要注意焊丝的端部不可偏离金属板的对接处。如果焊缝较长，最好在金属板的若干处进行定位焊，以防止金属板变形，如图 5-113 所示。

焊接时要采用分段焊接，让某一段区域的对接焊自然冷却后，然后再进行下一区域的焊接，如图 5-114 所示。分段焊接时，下一段的起焊处应在前一段焊缝的终点前面距离很近的地方起弧，然后立即将焊枪移动到前一段焊缝的终点处，使接焊焊缝平齐，如图 5-115 所示。

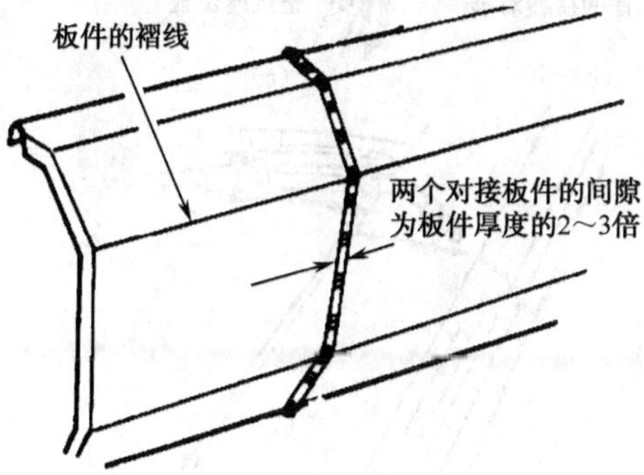

图 5-113　对接焊

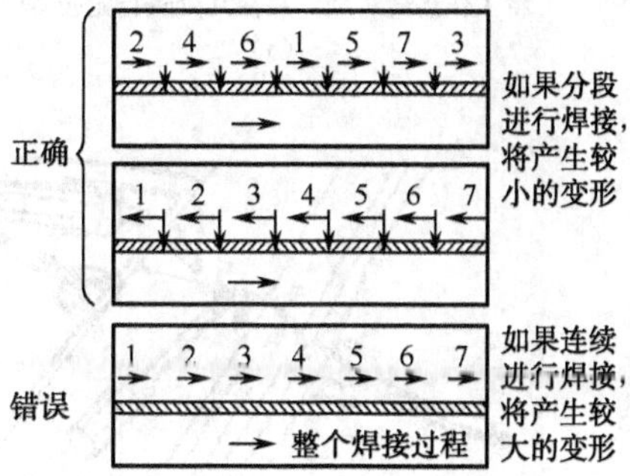

图 5-114　分段焊接顺序

外层低碳钢金属板对接焊的敏感性较小，焊接时也要分段焊接，以防止由于温度升高而引起弯曲和变形。为了将间隔开的焊缝之间的间隙填满，可先用砂轮磨光机沿着金属板表面进行研磨，然后再将间隙中面未经研磨便将焊接金属填入，否则会产生气泡，如图 5-116 所示。

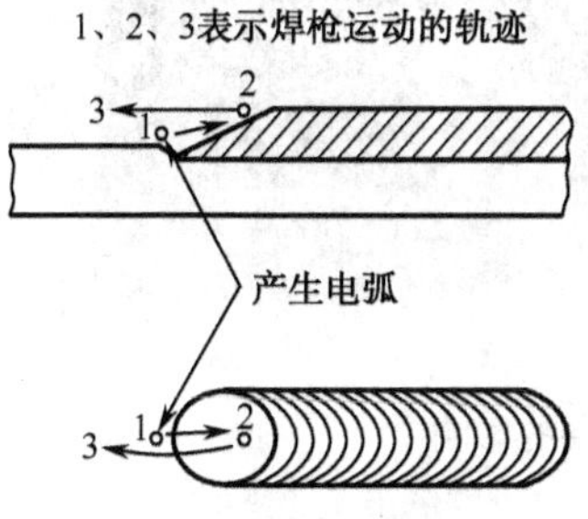

图 5-115　接焊起弧点

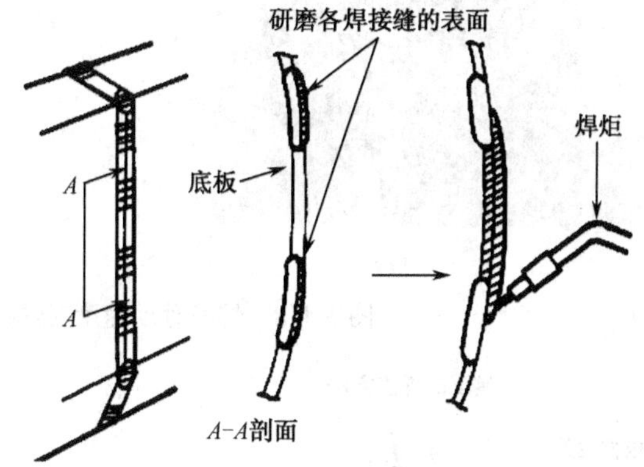

图 5-116　分段填焊

焊接金属薄板时，如果薄板厚度为 0.8mm 以下，必须采用不连续的焊接（即连续点焊），以防止烧穿薄板。保持适当的焊炬角度，并按正确的顺序操作，便可得到高质量的焊缝。可采用逆向焊法来移动焊炬，这样比较容易对准焊缝。对接焊的过程如图 5-117 所示。

焊枪移动得过快或过慢，都将使焊接质量下降。焊接速度过慢将会造成熔穿，如图 5-118（a）所示；相反，焊接速度过快将使熔深变浅而降低焊接强度，如图 5-118（b）所示。

从金属的边缘处或靠近边缘的地方开始焊接，金属板仍会产生弯曲变形，为了防止金属板弯曲，应从工件的中心处开始焊接，厚度越小，焊缝的长度应越短，如图 5-119 所示。

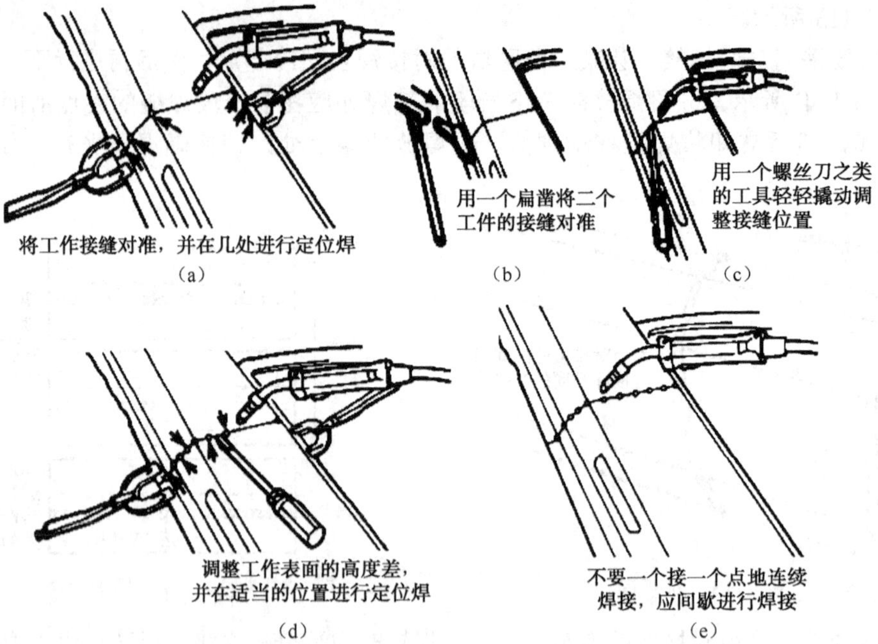

图 5-117　对接焊的操作过程

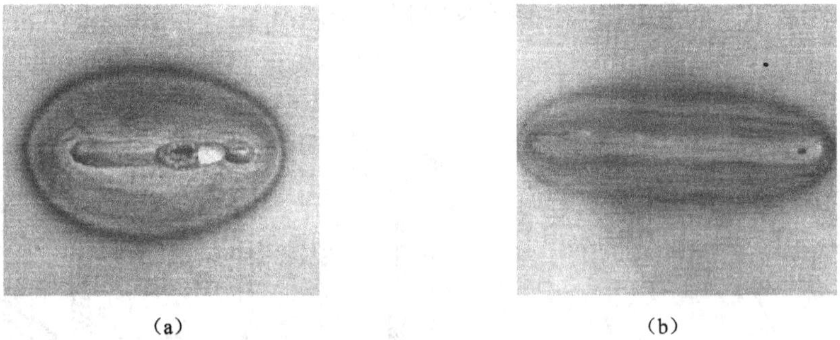

图 5-118　焊枪移动速度对焊接效果的影响

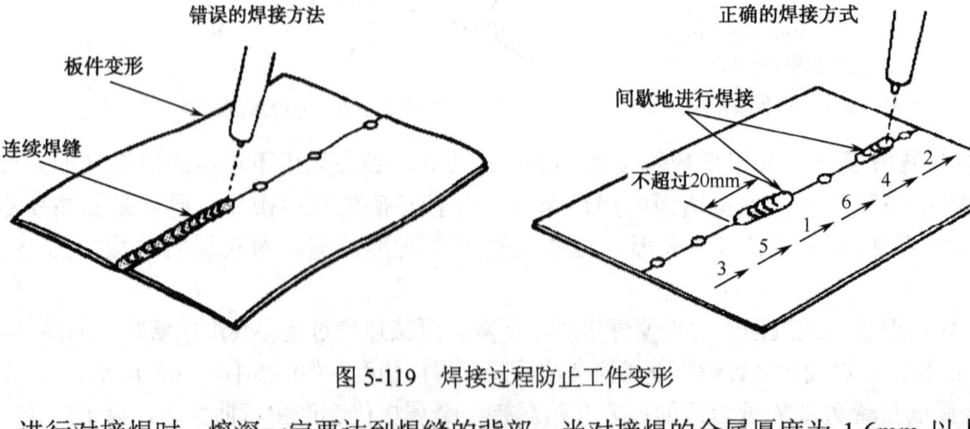

图 5-119　焊接过程防止工件变形

进行对接焊时，熔深一定要达到焊缝的背部。当对接焊的金属厚度为 1.6mm 以上时，必须留一个坡口，以确保有足够的熔深。如果实际需要焊接的地方没有坡口，可在焊缝处磨出一个 V 型坡口，使熔深到达焊缝的背部。对接焊完成后不需要再加固。因为在加固过的地方会产生应力集中，使加固过的焊缝强度低于未经加固的焊缝。

脉冲点焊在对接焊中的使用：焊机都带有内部定时器，在一次点焊后，便会切断送丝装置并关闭电弧，间隔一定时间后重新进行下一次点焊。间隔时间的设定值取决于工件的厚度。

用气体保护焊焊机进行点焊操作时，最好用一个专用喷嘴来代替一般的喷嘴。

（2）搭接焊。搭接焊是在需要连续的几个相互重叠的金属板的上表面的棱边处将两个表面熔化，这与对接焊相类似。所不同的是其上表面有一个棱边。搭接焊只能用于修理原先在制造厂进行过这种焊接的地方，或用于修理外板和非结构性金属板。当金属板多于两层，不可采用这种方法。焊接时不能进行连续焊接，应按照能使焊接部位自然冷却并预防温度上升的顺序进行焊接。

塞焊：塞焊经常用在车身上曾在汽车制造厂进行过电阻点焊的所有地方，它的应用不受限制，而且焊接后的接头具有足够的强度来承受各结构件的载荷。塞焊还可用于装饰性的外部板件和其他金属薄板上。塞焊是点焊的一种形式，它是通过一个孔进行的点焊。在需要连接的外层板件上钻（或冲）一个孔来进行焊接，一般结构性板件的孔直径为 8mm，装饰性板件上孔的直径为 5mm，如图 5-120 所示。

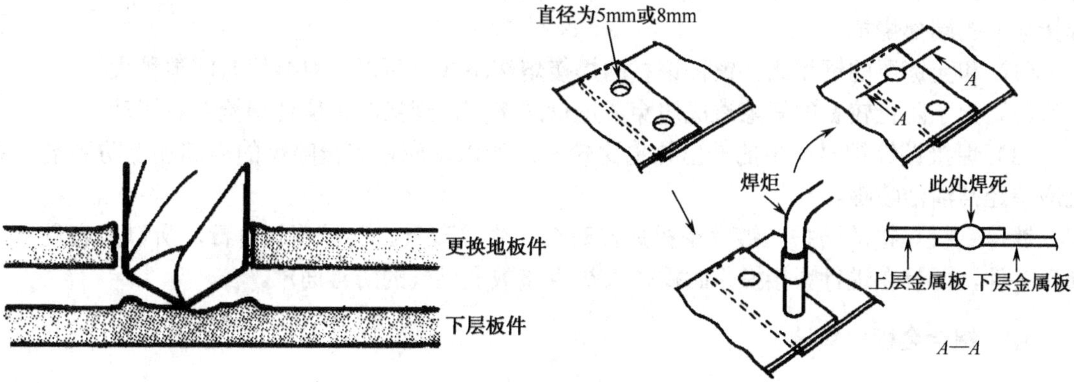

图 5-120 塞焊操作

进行一个孔的焊点塞焊时要求一次完成，避免二次焊接。塞焊焊接过的部位应该自然冷却，不能用水或压缩空气对焊点周围进行强制冷却。塞焊还用于将两个以上的金属板连接在一起。当需要将两个以上的金属板焊接在一起时，应在每一层金属板上冲一个孔（最下面的金属板除外）。每一层附加金属板的塞焊孔直径应小于最上层金属板塞焊孔的直径。采用塞焊法焊接不同厚度的金属板时，应将较薄的金属板放在上面，并在较薄的金属板上冲较大的孔，这样可以保证较厚的金属板能首先熔化，如图 5-121 所示。

高质量塞焊的要素：

① 调整适当的时间、电流、温度。

② 把各工件紧密地固定在一起。

③ 焊丝与被焊接的金属相容。

④ 底层金属应首先熔化。

⑤ 夹紧装置必须位于焊接位置的附近。

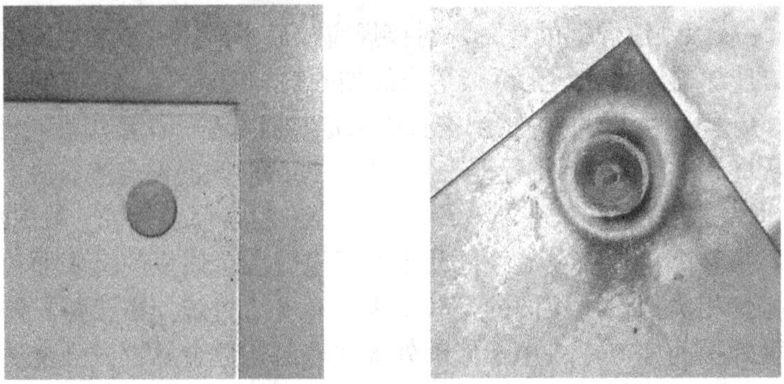

图 5-121　塞焊效果

11．镀锌金属的惰性气体保护焊

镀锌钢材进行气体保护焊接时，不必将锌清除掉。如果将锌磨掉，金属的厚度降低，强度也随之降低，该区域也极易受到腐蚀。

镀锌钢板气体保护焊时参数的调整。焊接镀锌钢材时，应采用较低的焊枪运行速度，这是因为锌蒸气容易上升到电弧的范围内，干扰电弧的稳定性。焊枪运行速度较低，可使锌在焊接熔池的端部烧掉。

（1）和无镀层的钢相比，镀锌钢材的焊接熔深略浅，所以，对接焊时间隙稍大。

（2）为了防止较宽的间隙造成烧穿或过量的熔深，焊接时，应使焊枪左右摆动。

（3）焊接镀锌钢材产生的溅出物也比较多。所以，应在焊枪喷嘴的内部加上防溅剂，并且应该经常清洁喷嘴。

镀锌钢板焊接的防护。镀锌钢板焊接时会产生锌蒸气，而锌蒸气有毒，所以应有良好的通风条件，并且在进行焊接操作时操作人员应该戴上供气的防毒面罩。

12．铝合金板的焊接

由于铝板的导热性好，它最适合采用惰性气体保护焊接，用这种方法更容易进行高质量的焊接。

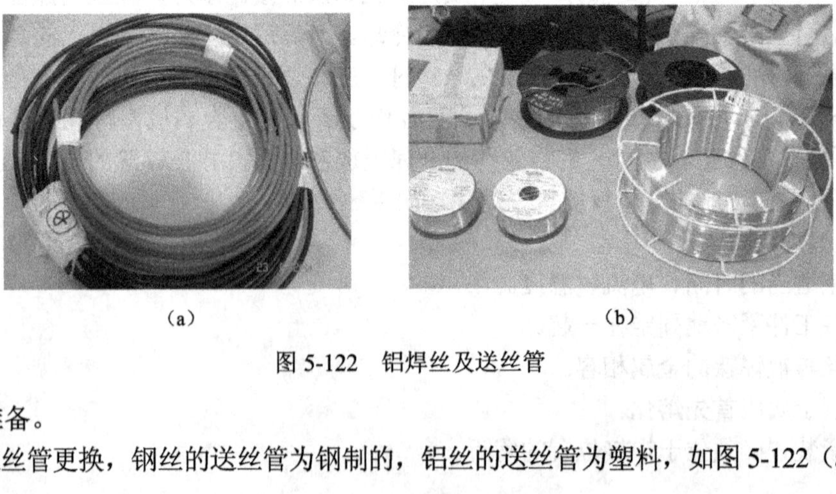

(a)　　(b)

图 5-122　铝焊丝及送丝管

焊接准备。

（1）送丝管更换，钢丝的送丝管为钢制的，铝丝的送丝管为塑料，如图 5-122（a）所示。

（2）导电嘴孔径更换为 1.0mm。

（3）保护气更换为 100%Ar。

（4）铝丝直径一般为 1mm，如图 5-122（b）所示。所以槽式送丝轮应更换为 1.0mm，啮合式送丝轮适当放松压紧力，防止铝合金丝变形。

在焊接之前要清除焊接区域的氧化层，因为氧化层的存在会导致焊缝夹渣和裂纹。铝的熔点为 660.4℃，Al_2O_3 的熔点为 2 050℃。用钢丝刷或钢丝球清洁去除杂质、油污和氧化物，2 小时内未焊接，需重新清洁。

焊接铝板时的注意事项：

（1）要使用铝焊丝和 100%的氩气。

（2）和焊接钢板相比，焊接铝板时的送丝速度较快。

（3）焊接铝板时，焊炬应更加接近垂直位置。焊接方向只能从垂直方向倾斜 5°～15°，如图 5-123 所示。

（4）只能采用正向焊接法，不能在铝板上进行逆向焊接。只能推，不能拉。进行立焊时，应从下面开始，向上焊接，如图 5-124 所示。

图 5-123 焊铝板时焊枪角度

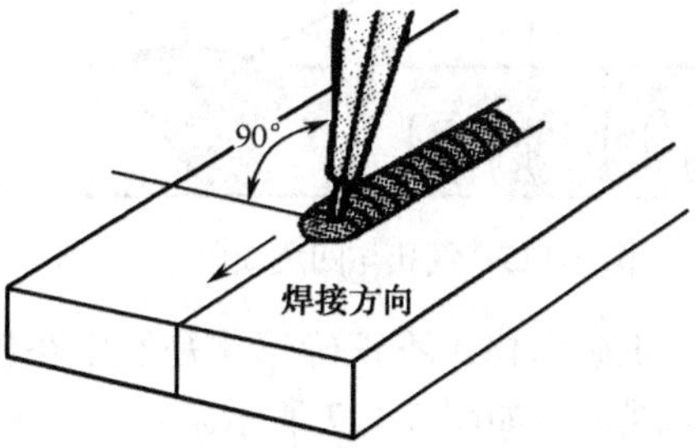

采用正向（即推动焊炬）焊接法
和焊接钢板相比，焊接铝板
时的焊炬角度更加垂直

图 5-124 采用正向焊接

（5）将送丝滚轴上的压力调低一点，以免焊丝弯曲。但压力不能调得过低，防止造成送丝速度不稳定。

（6）焊接铝板会产生更多的溅出物，应在喷嘴和导电嘴的端部涂上防溅剂。

（7）焊接铝板时，保护气体的数量要比焊接钢板时增加约 50%。

13. 气体保护焊常见缺陷

（1）气孔与凹坑。如图 5-125 所示。气体进入焊接金属中产生的气孔或凹坑，原因有以下几方面。

① 母材上有锈迹或污物。

② 焊丝上有锈迹或水分。

③ 保护不当、喷嘴堵塞、弯曲或气体流量过小。

④ 焊接时冷却速度过快。

⑤ 电弧过长。

⑥ 焊丝规格不正确。

⑦ 气体被不适当封闭。

⑧ 焊接表面不干净。

⑨ 惰性气体保护焊。

（2）咬边。如图 5-126 所示，咬边是由于过分熔化的母材形成一个凹坑，使母材的横截面减小，严重降低了焊接部位的强度。

① 电弧太长。

② 焊枪角度不正确。

③ 焊接速度太快。

④ 电流太大。

⑤ 焊炬送进太快。

⑥ 焊炬角度不稳定。

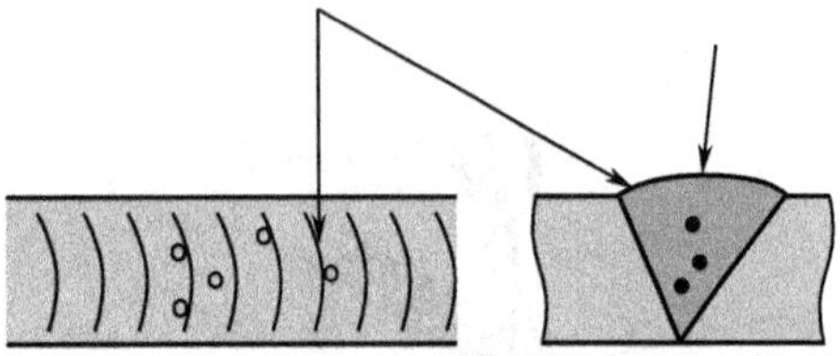

图 5-125　气孔与凹坑缺陷

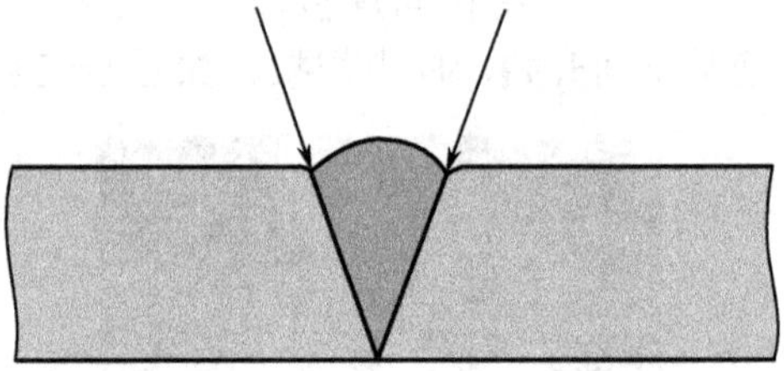

图 5-126　咬边缺陷

（3）不正确熔化。不正确熔化是发生在母材与焊接金属之间，或发生在两种熔敷金属之间的不熔化现象，如图 5-127 所示。

① 检查焊炬的进给。

② 电压过低。

③ 焊接部位不干净。

（4）焊瘤。角焊比对接焊更容易产生焊瘤。焊瘤会引起应力集中而导致过早腐蚀，如图 5-128 所示。

① 焊接速度太慢。

② 电弧太短。

③ 焊炬送进太慢。

④ 电流太小。

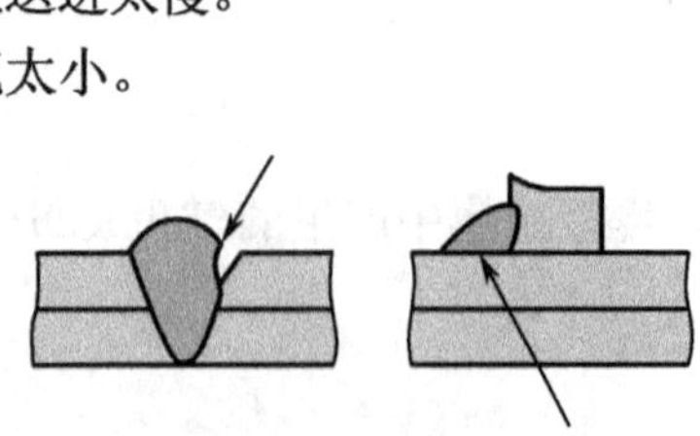

图 5-127　不正确熔化

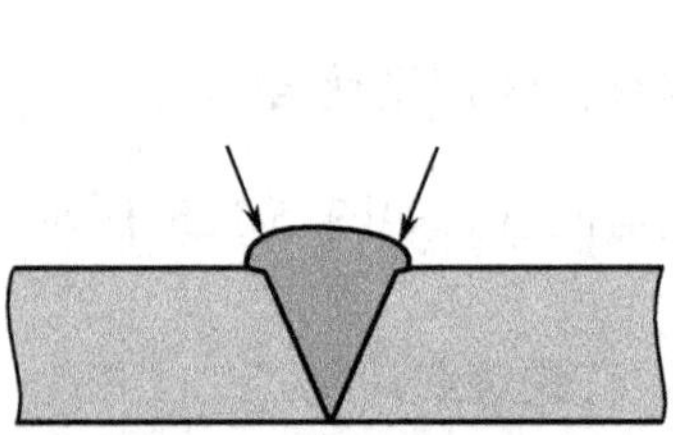

图 5-128　焊瘤缺陷

（5）熔深不足。此种缺陷是由于金属板熔敷不足而产生的，如图 5-129 所示。

① 电流太小。

② 电弧过长。

③ 焊丝端部没有对准两层金属板的对接位置。

④ 槽口太小。

（6）焊接溅出物太多。过多的溅出物在焊缝的两边形成许多斑点和凸起，如图 5-130 所示。

① 电弧过长。

② 母材金属生锈。

③ 焊枪角度太大。

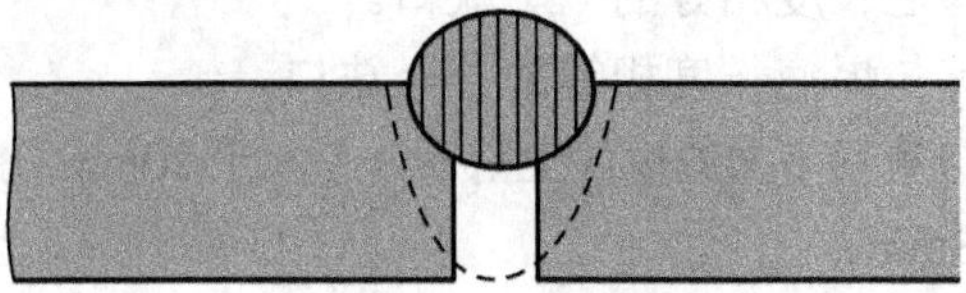

图 5-129 熔深不足

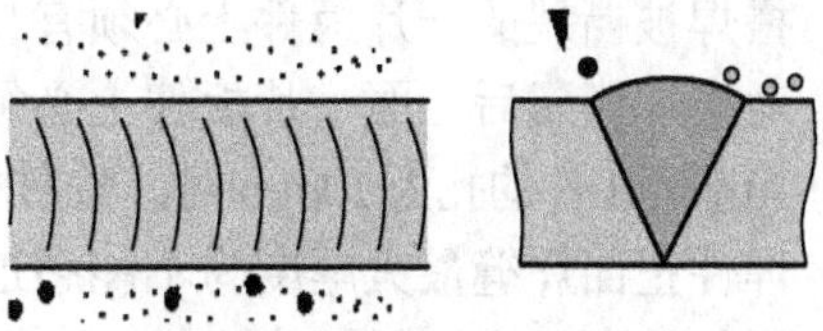

图 5-130 焊接溅出物过多

（7）角焊缝浅、溅出物多。在角焊缝处容易产生溅出物，如图 5-131 所示。

① 电流太大。

② 焊丝规格不正确。

（8）垂直裂纹。裂纹通常只发生在焊缝顶部表面，主要原因是焊缝表面被赃物污染（油漆、油、锈斑）所造成，如图 5-132 所示。

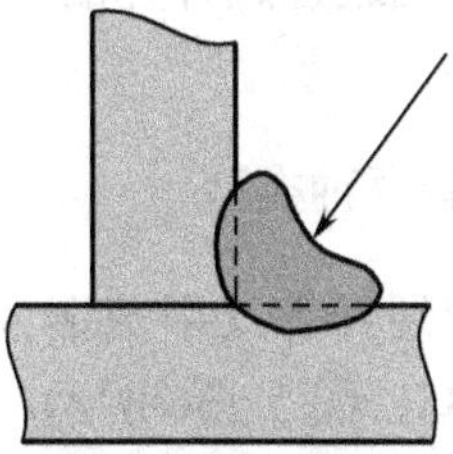

图 5-131 角焊缝浅

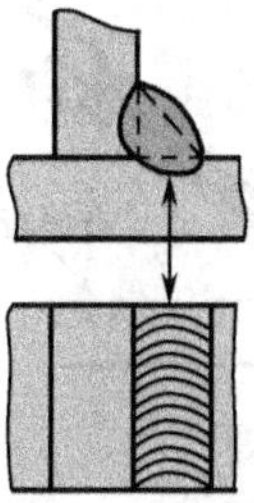

图 5-132 垂直裂纹

（9）焊缝不均匀。焊缝不是均匀的流线形，而是不规则的形状，如图 5-133 所示。

① 焊枪嘴的孔被损坏或变形，焊丝通过嘴口时发生摆动。

② 焊枪不稳定。

③ 移动速度不稳。

（10）烧穿。焊缝内有许多孔，如图 5-134 所示。

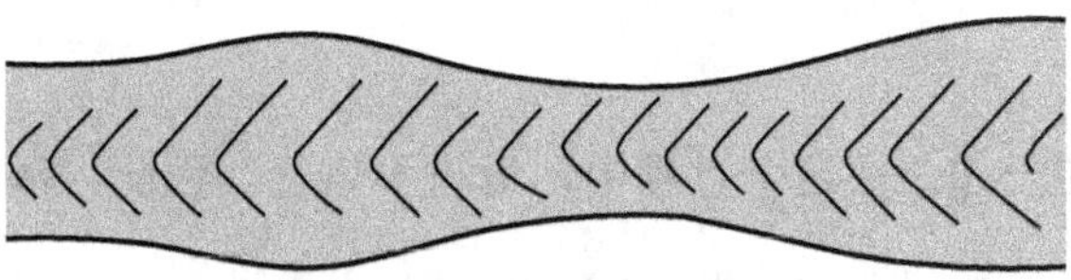

图 5-133 焊缝不均匀

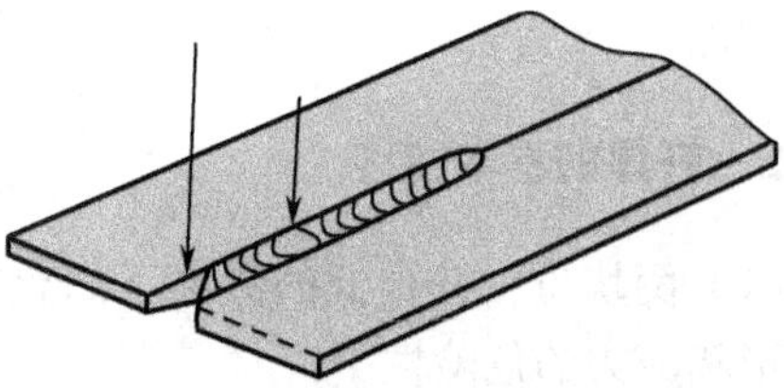

图 5-134 烧穿缺陷

① 焊接电流太大。

② 两块金属之间的坡口槽太宽。

③ 焊枪移动速度太慢。

④ 焊枪到母材之间的距离太短。

14．破坏性实验检测标准

若对某种钢板的材质不熟悉或批量焊接作业前，务必先作焊接实验，以调整出最佳的焊接参数，从而获得可靠的焊接质量。

（1）搭焊被撕裂的一片板件上必须有与焊疤长度相等的一个缺口。

（2）对接焊撕裂后上面一片板件上必须有与焊疤长度相等的一个缺口。

（3）当塞焊工件的孔为 10mm 时，被扭曲分离后下面的板件上留下一个大于 10mm 的孔。

（4）焊件正面焊缝最大厚度为不能超过 3mm。

（5）焊件背面最大穿透厚度为 0～1.5mm。

六、钎焊

钎焊类似于把两个物体粘在一起，在钎焊过程中，熔化的黄铜充分扩散到两层母材之间，形成牢固的熔合区。焊接处抵抗碰撞的抗弯强度小于母材的抗弯强度，但与熔化的黄铜的抗弯强度相等。只能对汽车制造厂已进行过钎焊的部位进行钎焊，其他地方不可焊。

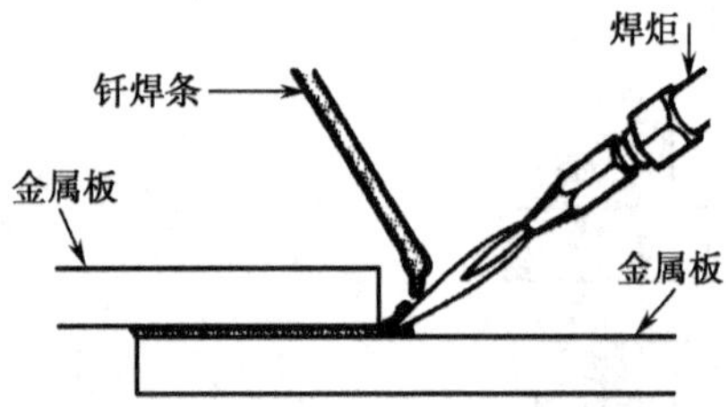

图 5-135　硬钎焊

1．钎焊有两种类型

软钎焊和硬钎焊（用黄铜或镍），钎焊通常指硬钎焊，如图 5-135、图 5-136 所示。

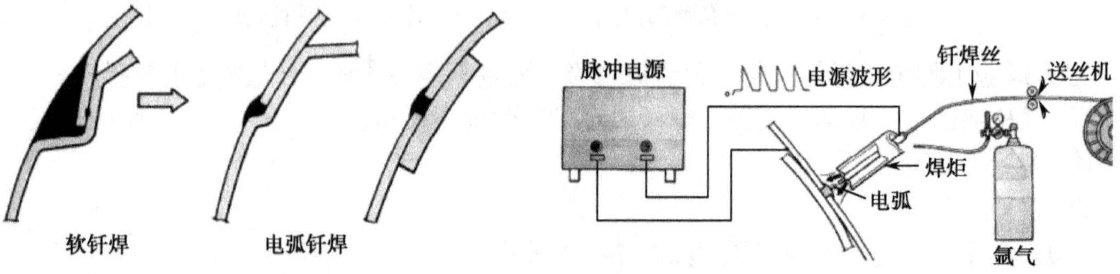

图 5-136　软钎焊

2．钎焊的基本特性

（1）两块母材在很低的温度下结合在一起，在这个过程中，母材不熔化。因此，母材产生变形和应力的危险性小。

（2）由于母材不熔化，所以有可能使采用其他方法时不相容的两种金属结合在一起。

（3）黄铜有优异的流动性，它能够顺利的进入狭窄的间隙中，所以很容易填满焊缝的间隙。

（4）由于母材没有被焊透，而只是在金属表面相结合，所以焊接处抵抗反复作用的载荷或碰撞的强度很低。

（5）钎焊技术很容易掌握。

3. 钎焊材料

为了提高钎焊材料的质量，如流动性、熔化温度、与母材的相溶性和强度等，钎焊材料都由两种或两种以上金属合金构成，见表 5-10。汽车车身用的材料主要成分为铜和锌。

表 5-10 钎焊材料

钎焊材料的类型	主要成分
镍钎料	镍、铬
铝钎料	铝、硅
磷铜钎料	铜、磷
银钎料	银、铜
黄铜钎料	铜、锌

4. 钎焊中焊剂的作用

板件的表面涂上焊剂后，加热会把焊剂变成液体，变成液体的焊剂会清除金属表面的氧化层，如图 5-137 所示。氧化层被清除后，钎焊材料将黏接在板件上。焊剂还可以预防板件表面进一步氧化，增加板件和钎焊材料之间的黏接强度。

5. 钎焊接头的类型

由于钎焊材料的强度低于母材的强度，接头的形状和间隙就变得非常重要。接头的强度取决于需要连接的两个工件的表面积。因此，应尽量加宽搭接头的宽度。即使是同样材料之间的钎焊，钎焊接头也应比焊接接头的表面积大。搭接部位的宽度一般应等于或大于金属板厚度的 3 倍，如图 5-138 所示。

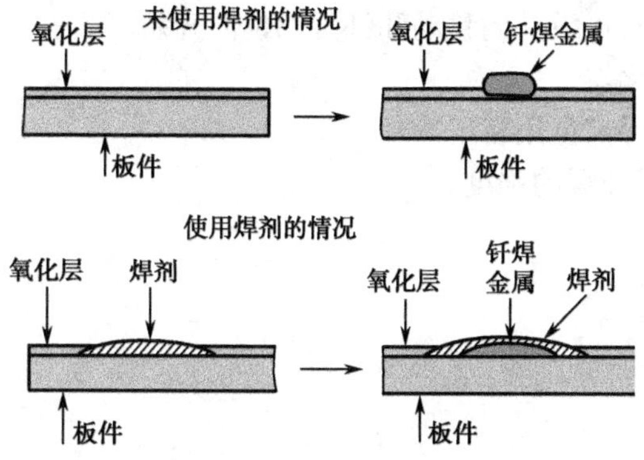

图 5-137 钎焊焊剂

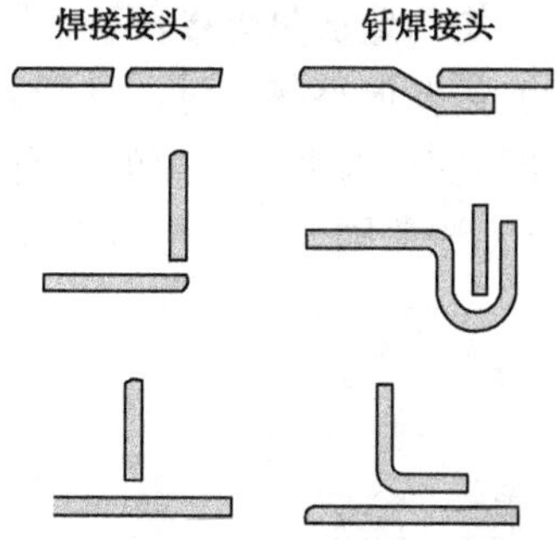

图 5-138 钎焊接头的类型

6. 钎焊的操作

（1）清洁母材的表面。如果母材的表面上粘有氧化物、油、油漆或灰尘，钎焊材料就不能顺利地流到母材上，会导致钎焊失败。

（2）施加焊剂。母材被彻底清洁干净后，在焊接表面均匀地加上焊剂（带焊剂的钎焊条就不需要进行该操作）。

（3）给母材加热。将母材的结合处均匀地加热到能够接受钎焊材料的温度。调节焊炬气体的火焰，使它呈现出碳化焰的状态。根据焊剂熔化的状态，推断出钎焊材料的适当温度。如图 5-139 所示。

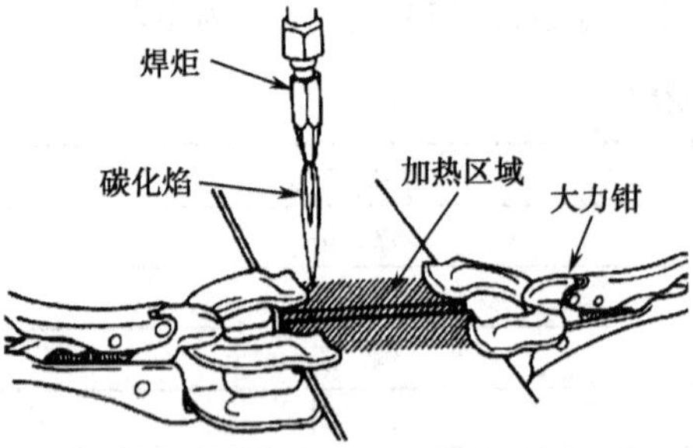

图 5-139　母材加热

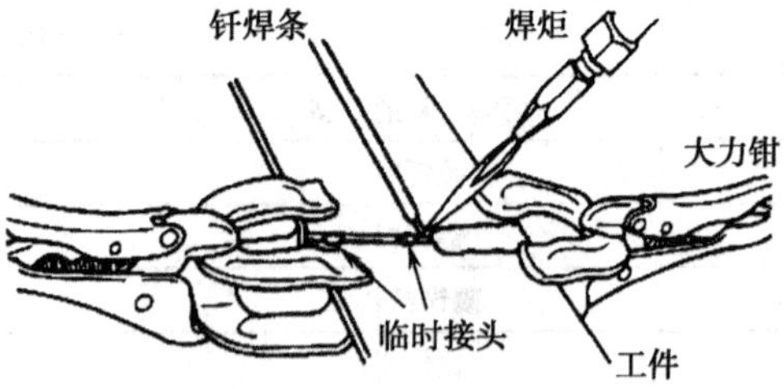

图 5-140　熔化钎焊条

（4）对母材进行钎焊。当母材达到适当的温度时，将钎焊材料熔化到母材上，并让其自然流动。当钎焊材料流入母材的所有缝隙时，停止对母材接合处的加热。如图 5-140 所示。

7. 钎焊时的注意事项

（1）为了使钎焊材料能顺畅流过被加热的表面，必须将整个接合区加热到同样的温度。

（2）不能让钎焊材料在板件加热前熔化，以免钎焊材料不与板件黏接。

（3）如果板件的表面温度太高，焊剂将不能够达到清洁板件的目的，这将使钎焊的黏接力减小，接头的接合强度降低。

（4）钎焊的温度必须比黄铜的熔点高出 30～60℃。

（5）焊炬喷嘴的尺寸应略大于金属板的厚度。

（6）给金属板预热，使硬钎焊得到更好的熔敷效率。

（7）钎焊前要用大力钳固定好金属板，防止板件的移动和钎焊部位的开裂。

（8）均匀地加热焊接部位，防止板件熔化。

（9）需要调整热量时，移开火焰，使钎焊部位短暂地冷却。

（10）应尽量缩短钎焊的时间，以免降低钎焊的强度。

（11）避免同一个部位再次钎焊。

任务六

汽车车身外形修复技术

任务要求

◎ 了车身外形修复所用的钣金工具及设备
◎ 了解车身外形损坏变形的类型
◎ 正确掌握钣金工具及设备的使用方法
◎ 掌握汽车车身外形修复的基本操作方法
◎ 了解车身外形微损伤的修复方法

任务引导

相关知识点学习：要求学生实训课前参考“知识链接”独立完成。

相关知识点：要求学生实训课前独立完成以下相应内容。

1．板件变形后，在弯曲部位强度会（　　）。

A．增强　　B．不变　　C．下降

2．凹陷卷曲的特征是（　　）。

A．长度增加　　B．高度方向的变化　　C．宽度方向的变化

3．箱形截面工件发生铰折时，弯曲的（　　）。

A．上表面受压力、内表面受拉力

B．上表面受压力、内表面受压力

C．上表面受向下拉力、内表面受压力

4．板件发生凹陷铰折后，直接把它弯曲回原先的形状，板件长度会（　　）。

A．变长　　B．不变　　C．变短

5．修复凹陷铰折的办法是（　　）。

A．修复形状后再加热拉伸　　B．通过两个方向拉伸　　C．边拉伸边加热

6．车身板件的折损类型有（　　）种。

A．3　　B．4　　C．5

7．车身板件有（　　）等 3 种类型。

A．单曲拱形、复合拱形和双曲拱形

B．单曲拱形、多向拱形和双曲拱形

C．低拱形、中拱形和高拱形

8．单曲拱形的板件受到下压力作用产生变形，在纵向和横向上所受到的分别是（　　）。

A．拉伸力和压缩力　　B．压缩力和拉伸力　　C．拉伸力和拉伸力

9．车门板上有一条划痕，其中直接损伤的比例是（　　）。

A．80%　　B．50%　　C．10%～15%

10．（　　）的说法是正确的。

A．受到拉伸的部位不存在加工硬化

B．受到压缩的部位不存在加工硬化

C．受到拉伸和压缩的部位都存在加工硬化

11．镐锤只能（　　）。

A．用在修复小的凹陷处　B．用于修理金属板大的凹陷

C．用来敲打损坏的金属板使其大致回到原形

12．冲击锤只能（　　）。

A．用在修复小的凹陷处　B．用于修理金属板大的凹陷

C．用来敲打损坏的金属板使其大致回到原形

13．侧面锉在使用时应（　　）。

A．拉动　　B．推进　　C．拉动或推进均可

14．低速转动的磨光机可用来（　　）。

A．清除金属

B．消除锉平时留下的痕迹或对金属进行抛光

C．清除油漆

15．使用砂轮机时，应使砂轮的背面比金属表面（　　）。

A．升高10°～20°　　B．升高20°～30°　　C．下降10°～20°

16．外形修复机是通过（　　）把垫圈焊接在钢板上的。

A．电弧加热　　B．电阻热　　C．火焰加热

17．在使用垫铁、钣金锤和外形修复机都可以修理的情况下，使用（　　）可以省时省力。

A．垫铁、钣金锤　　B．外形修复机　　C．两种工具都可以

18．使用砂轮机时，砂轮盘要和工件成（　　）。

A．10°～20°　　B．20°～30°　　C．30°～40°

任务实施

（1）进行车身外形修复设备参数调整及安全防护练习。

（2）进行车身凹陷修复操作。

（3）观看多媒体教学课件或视频，了解汽车车身外部各部位变形损坏基本修复方法。

（4）根据任务（2），把修复过程填在实训报告表6-1中。

项目一：车身外形修复具体操作步骤及技术要求

 图 6-1	1．准备工作： 如图 6-1 所示，为外形修复机。 需接通两相 380V 交流电源
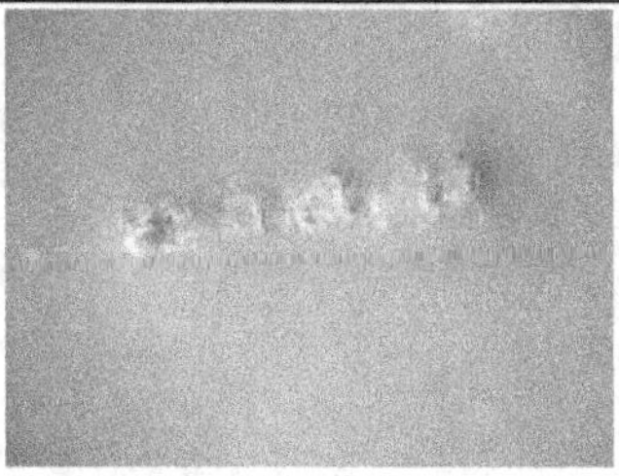 图 6-2	如图 6-2 所示，对车身外形损伤部位进行分析
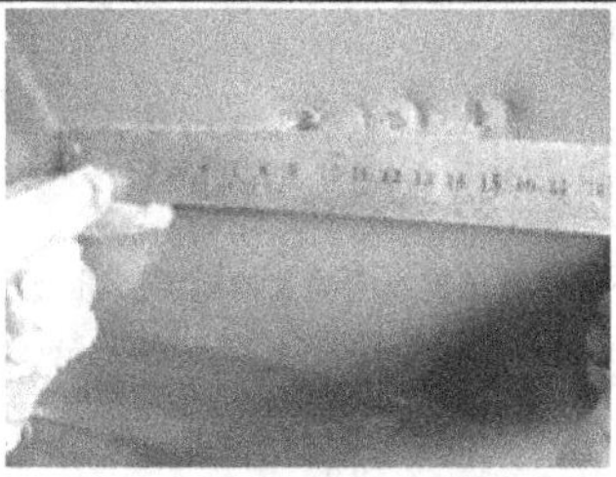 图 6-3	如图 6-3 所示，检查凹陷区域范围
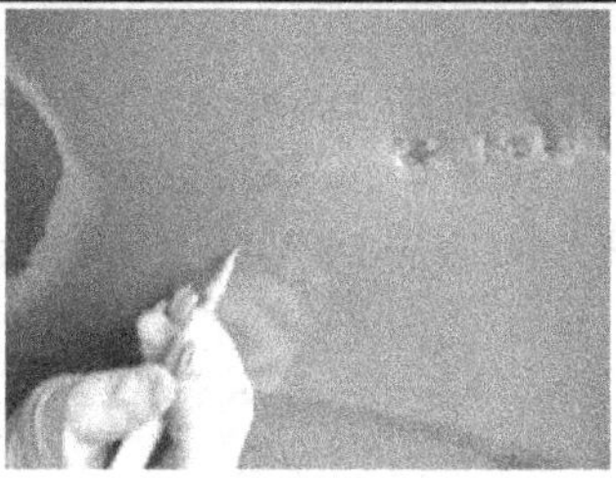 图 6-4	如图 6-4 所示，划出打磨范围
 图 6-5	如图 6-5 所示，戴好耳罩、口罩及手套等防护用具（品）

续表

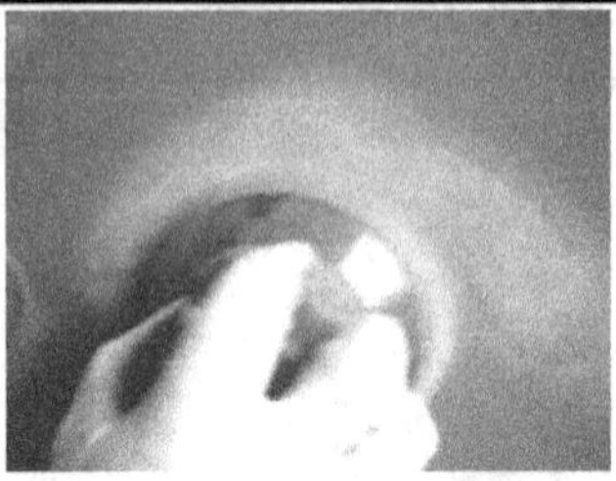 图 6-6	如图 6-6 所示，用气动打磨机对画定的区域进行打磨，砂纸为 80#以下。 若用电动角磨机的砂轮进行打磨，会把钢板磨薄且不均匀
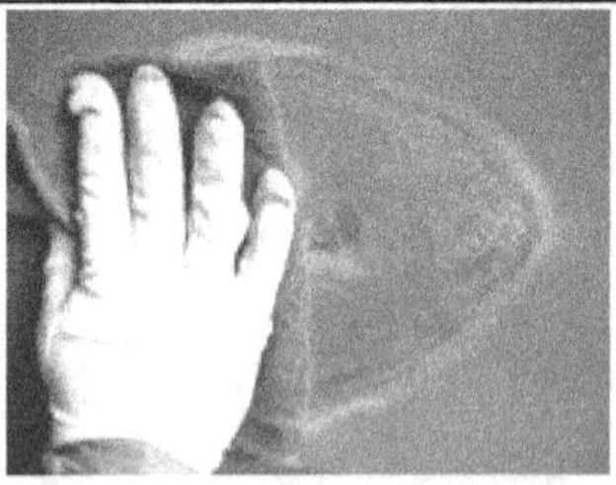 图 6-7	如图 6-7 所示，打磨完毕后用抹布对打磨区域擦拭干净
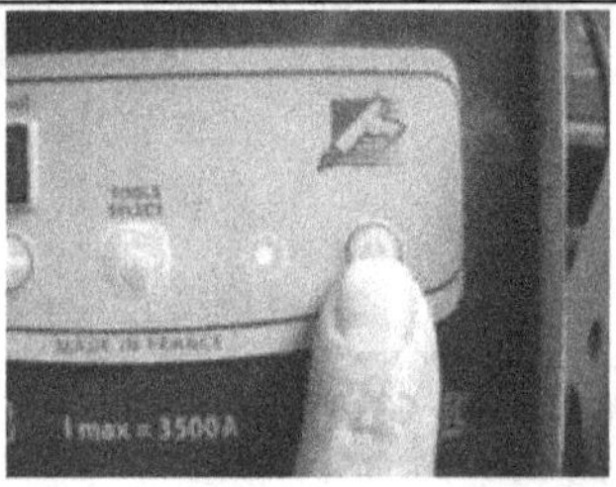 图 6-8	2．进行拉伸修复 （1）单点拉伸。 如图 6-8 所示，按下外形修复机控制面板上的电源按钮
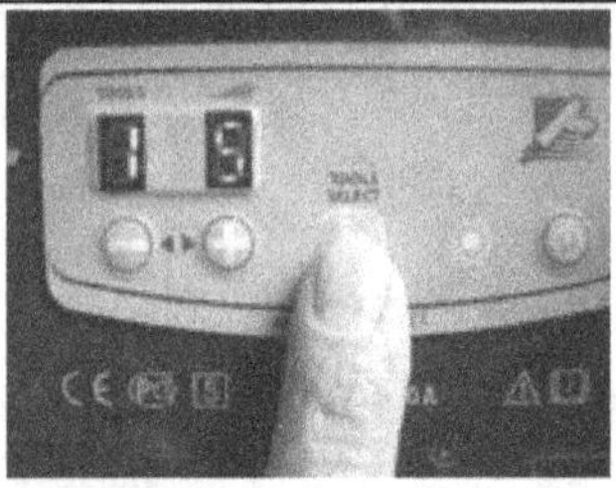 图 6-9	如图 6-9 所示，按下工作模式按钮，然后按“+”、“-”按钮选择工作模式。用介子拉伸选择 1，后再按一下模式按钮确定，后再按“+”、“-”按钮选择电流大小，应从最小开始，避免电流过大烧穿钢板
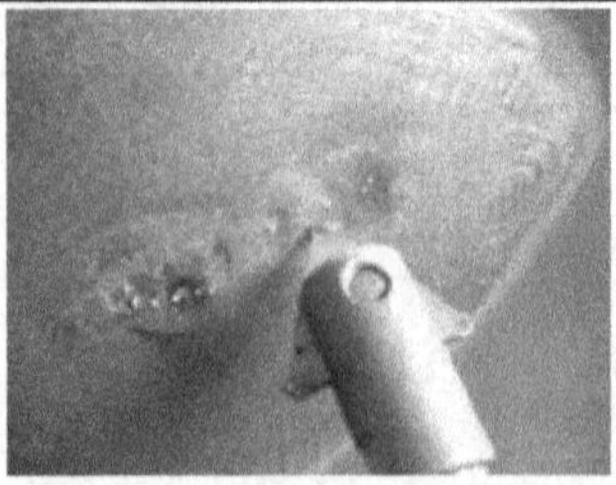 图 6-10	如图 6-10 所示，用三角介子对凹陷区进行拉伸

续表

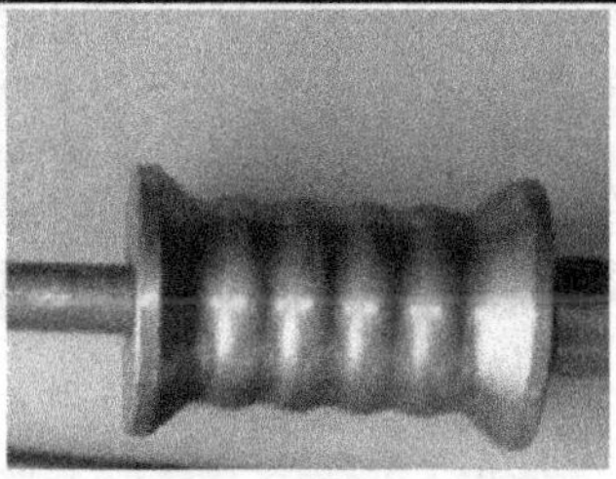 图 6-11	如图 6-11 所示，三角介子与车身钢板焊牢固后，用手握住滑锤用力向后冲击，凹陷点就会被三角介子拉起来，使三角介子转动一定角度，与钢板的焊点就会脱离开。重复这样的动作，通过很多个点就可以把整个凹陷区域拉起来。 操作滑锤时，要掌握力度的大小，避免过度拉伸，每一个拉伸点用手摸，如果尖起，说明过度拉伸
 图 6-12	如图 6-12 所示，在拉伸过程中可用各钣金锤、垫铁（若背后有空间能放垫铁）进行配合
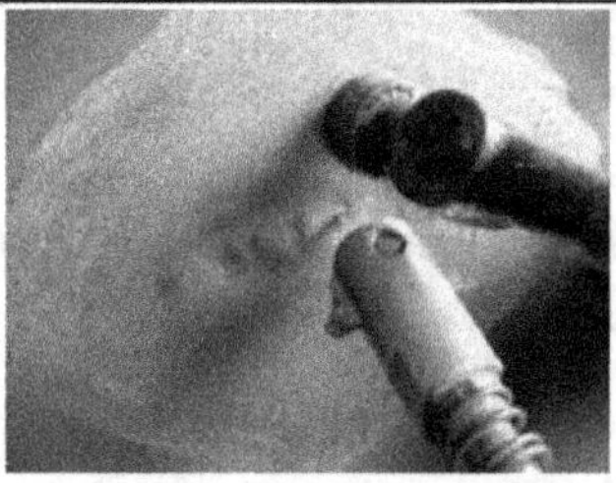 图 6-13	如图 6-13 所示，拉伸过程分为粗拉和细拉。首先进行粗拉，三角介子焊住凹陷较深的地方用力拉住后，用钣金锤轻敲拉伸点周围钢板，拉伸点很快起来。 粗拉差不多后，拉伸点由外向内，上下左右交叉均匀地进行细拉
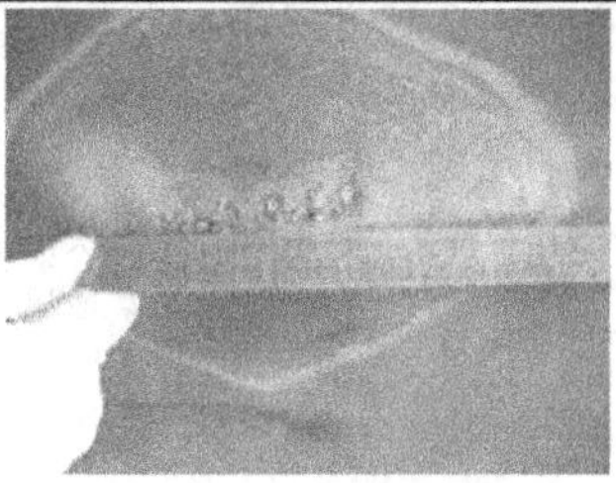 图 6-14	如图 6-14 所示，在拉伸过程中要用钢尺检查拉伸效果。拉伸区域不得高于原钢板平面，低于原平面 1mm 内即可
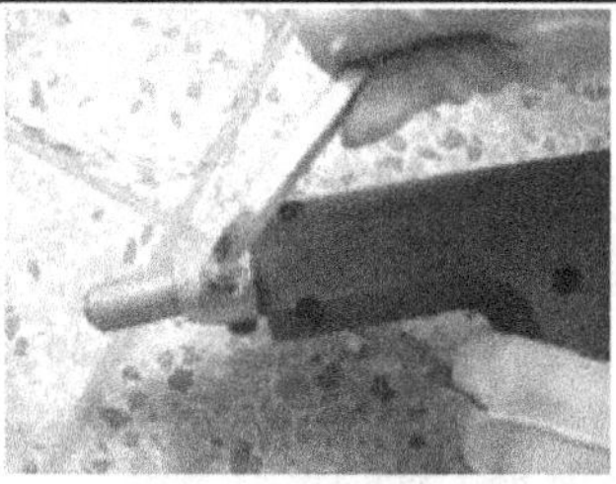 图 6-15	如图 6-15 所示，拉伸完成后，用气动打磨机打磨，擦干净后检查拉伸区的平面度，如果只有少数点高出平面，可用铜棒进行收火。如图 6-15 所示，换上收火铜棒

续表

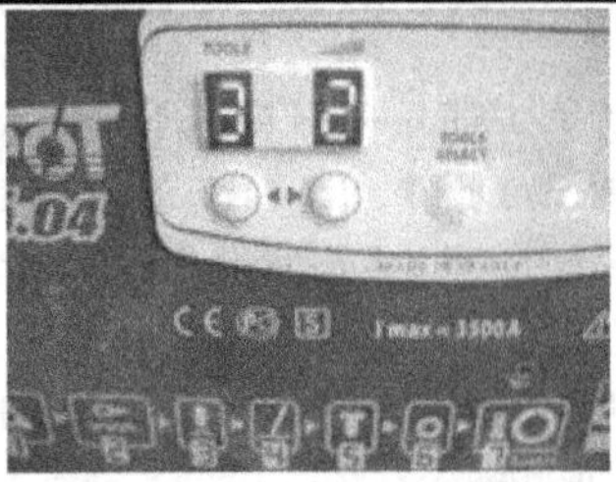 图 6-16	如图 6-16 所示，在控制面板上选择工作模式为 3，电流大小为 2
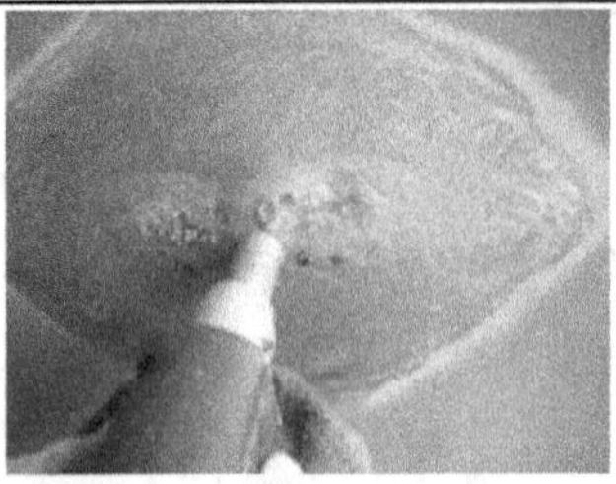 图 6-17	如图 6-17 所示，用铜棒对高出平面的点进行加热，然后迅速冷却
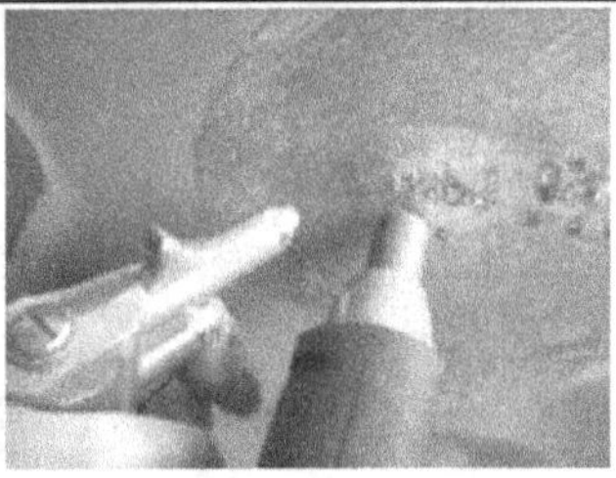 图 6-18	如图 6-18 所示，加热后可用压缩空气冷却。也可用湿抹布进行冷却，但完工后要及时进行防锈处理，不然很容易生锈
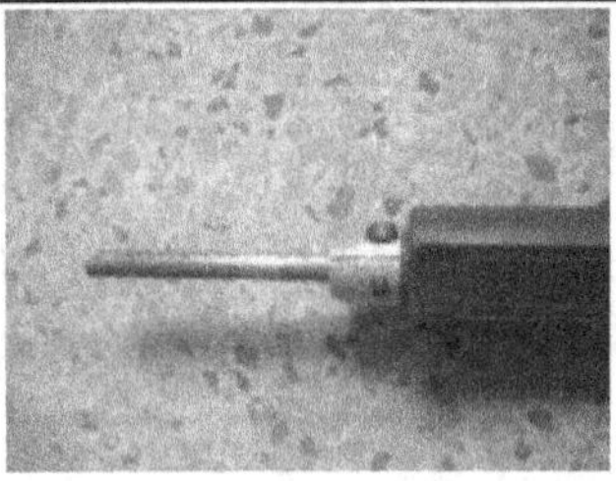 图 6-19	如果高出平面的点过多或面积较大，可用碳棒进行收火，如图 6-19 所示，换上碳棒
 图 6-20	如图 6-20 所示，在控制面板上选择工作模式为 4，电流大小为 3

续表

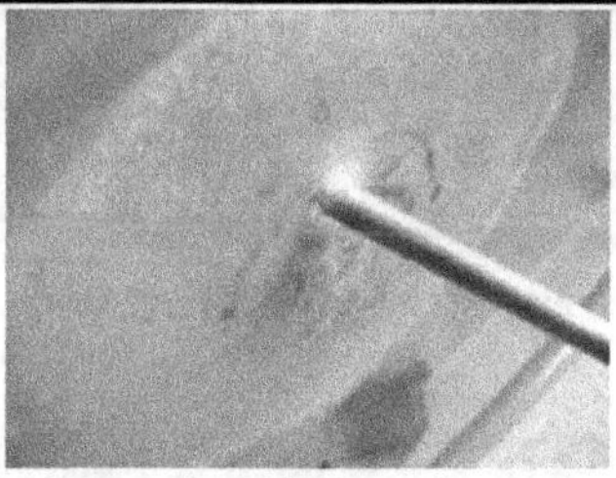 图 6-21	如图 6-21 所示，用碳棒对钢板进行收火。碳棒由中心向外作圆周运动，或在钢板上四周画小圆圈
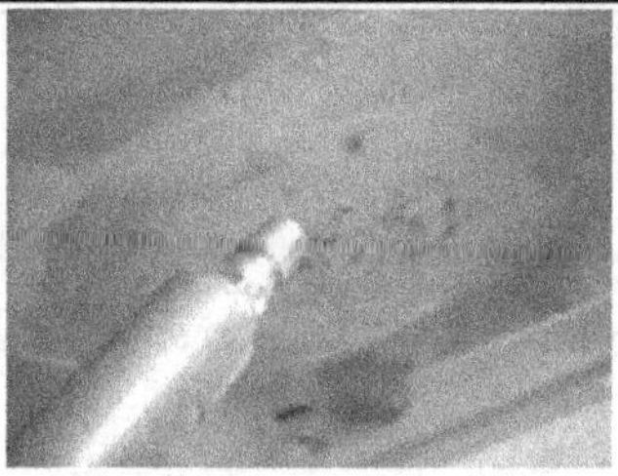 图 6-22	如图 6-22 所示，加热后迅速用压缩空气冷却。 收火后钢板会变硬，操作时避免钢板过度收缩，要不断进行检查。 收火应作为最后一道工序，在拉伸过程中应避免进行收火操作
 图 6-23	（2）多点拉伸。 如果凹陷面积较大，或凹陷区是腰线、棱边等，单点拉伸较难完成，可采用波纹丝或垫圈进行多点拉伸。如图 6-23 所示，在控制面板上选择工作模式为 2，电流大小为 1～2
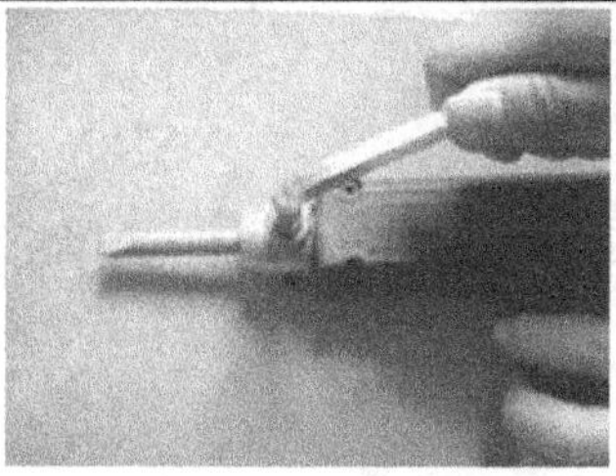 图 6-24	如图 6-24 所示，换上专用焊接头
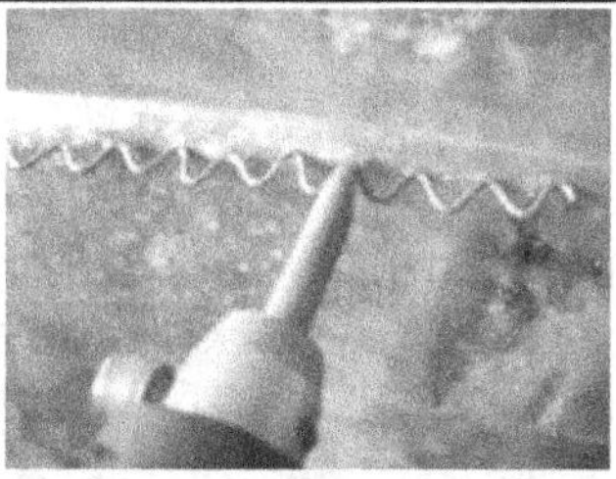 图 6-25	如图 6-25 所示，把波纹丝焊在钢板上

续表

 图 6-26	如图 6-26 所示，用组合拉钩进行拉伸，能提高拉伸效率
 图 6-27	焊垫圈进行拉伸。 如图 6-27 所示，在控制面板上选择工作模式为 6，电流大小为 2
 图 6-28	如图 6-28 所示，把垫圈焊在钢板的腰线或棱边上
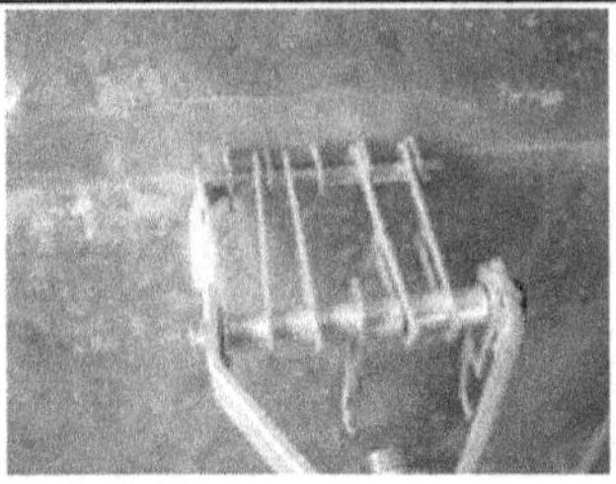 图 6-29	如图 6-29 所示，把一根钢筋插入垫圈的孔内，组合拉钩的钩子钩在钢筋上进行拉伸
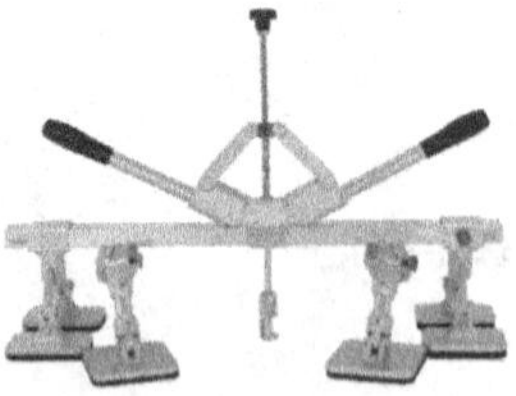 图 6-30	(3) 用强力拉拔组合工具进行拉伸。 如图 6-30 所示，为强力拉拔组合工具，能极大提高拉伸效率

续表

 图 6-31	① 对车身腰线进行拉伸 如图 6-31 所示，在门板的筋线上打磨，去除油漆涂层
 图 6-32	如图 6-32 所示，只需打磨掉筋线上油漆涂层即可
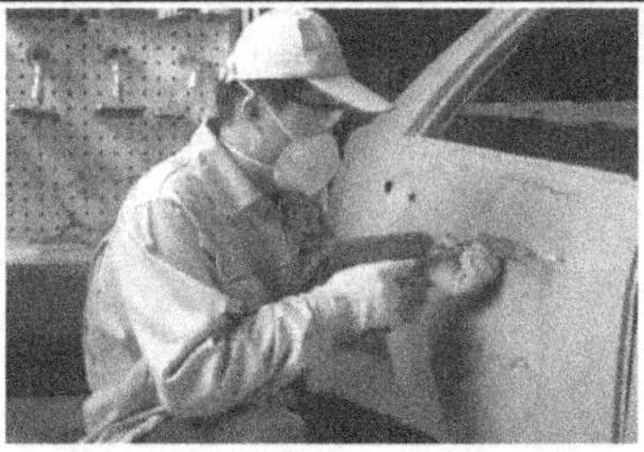 图 6-33	如图 6-33 所示，选择合适的焊接参数，然后在筋线上焊接拉伸垫片
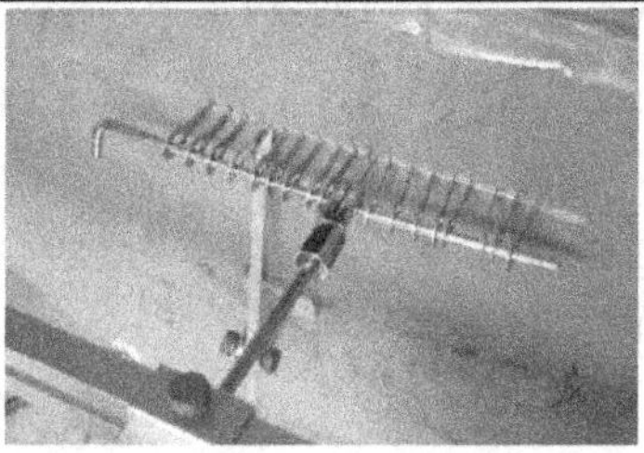 图 6-34	如图 6-34 所示，选择合适长度的拉杆，插进垫片的拉孔中
 图 6-35	如图 6-35 所示，选择合适的组合工具及支腿，安装在车门边框位置，然后进行拉伸

续表

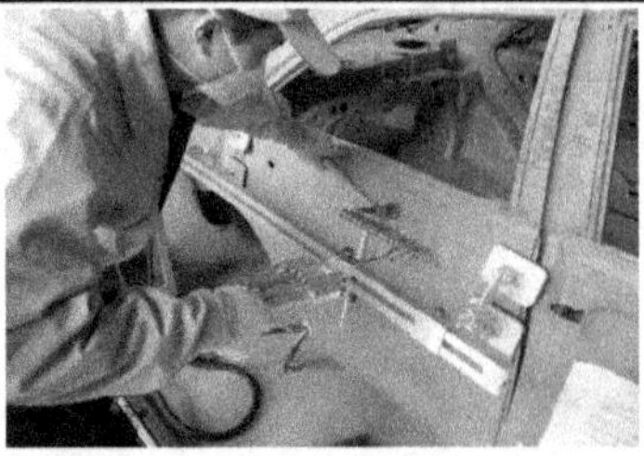 图 6-36	如图 6-36 所示，不要试图一次把凹陷部位拉出，每次拉伸使变形板件出现一定程度的变形。 当把手处于锁紧状态时，使用钣金锤敲打拉伸周边板件，释放变形部位的应力
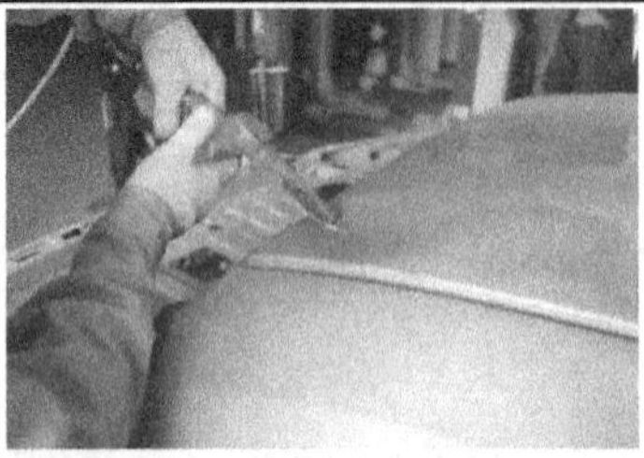 图 6-37	② 车顶损伤修复 如图 6-37 所示，在车顶损伤的最深处打磨，去除油漆涂层
 图 6-38	如图 6-38 所示，在车顶打磨区域焊接垫片
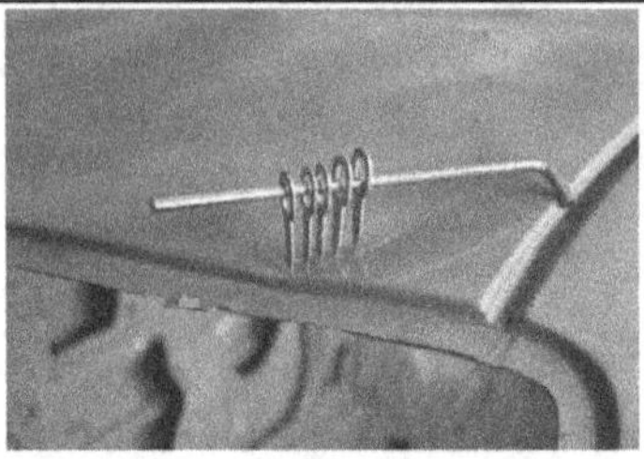 图 6-39	③ 对车身腰线进行拉伸 如图 6-39 所示，选择合适的拉杆插入拉孔中
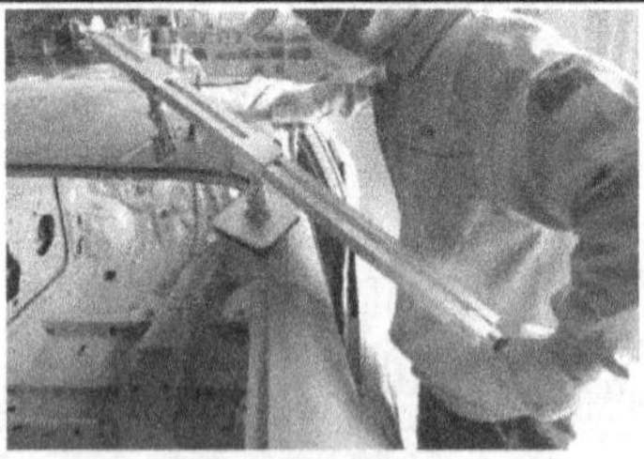 图 6-40	如图 6-40 所示，选择省力拉伸组合工具，支腿支撑在坚固的部位，向下撬动，拉伸凹陷部位。同时用钣金锤敲打，放松应力

项目二：车身外形无损漆面修复具体操作步骤及技术要求

 图 6-41	1．传统的撬镐组合工具维修 如图 6-41 所示，为翘镐组合工具
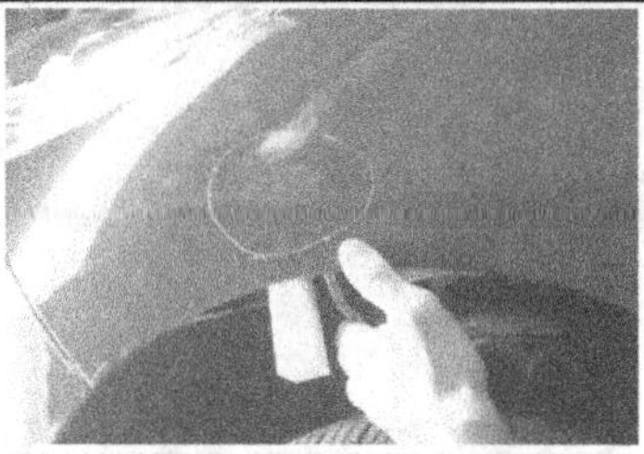 图 6-42	如图 6-42 所示，把撬镐伸到凹陷区背后，利用杠杆原理往上撬
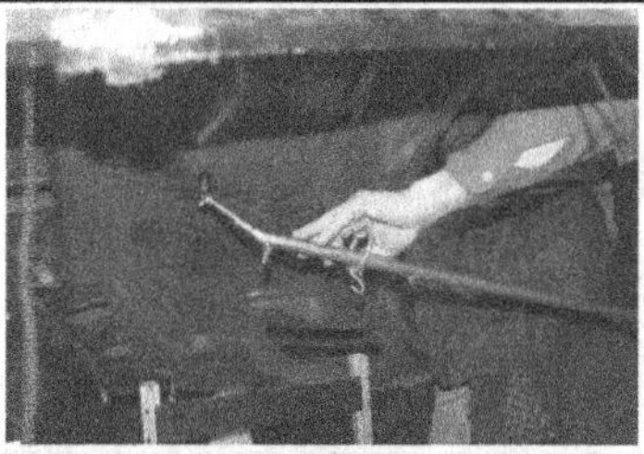 图 6-43	如图 6-43 所示，强度较高的吊环挂在板件有孔的地方作为撬镐支点
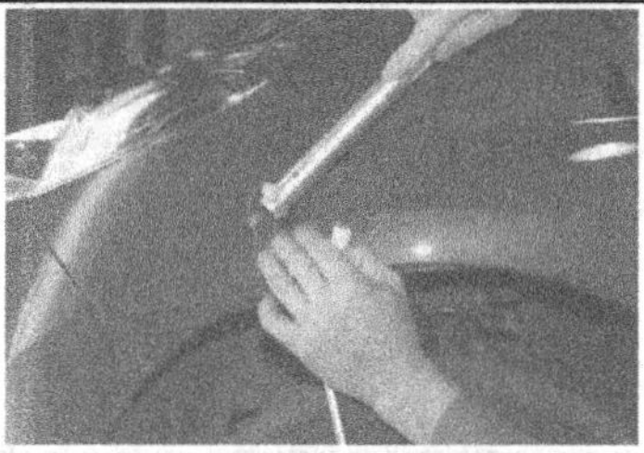 图 6-44	如图 6-44 所示，用塑料棒在表面轻敲高出的部位
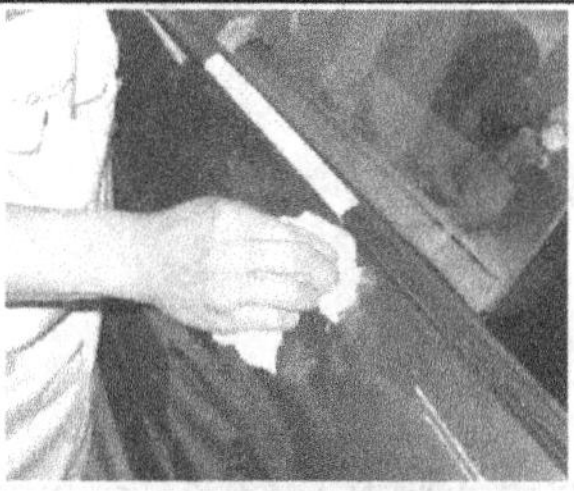 图 6-45	2．胶粘法 如图 6-45 所示，对凹陷区进行清洁

续表

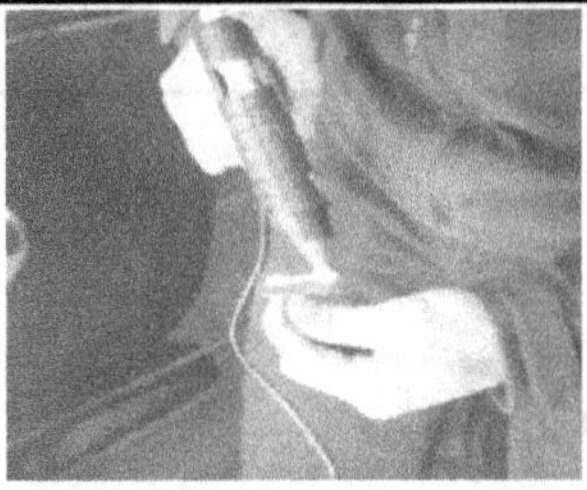 图 6-46	如图 6-46 所示，在拉伸衬垫涂上热熔胶
 图 6-47	如图 6-47 所示，把涂有胶的衬垫粘到凹陷区上
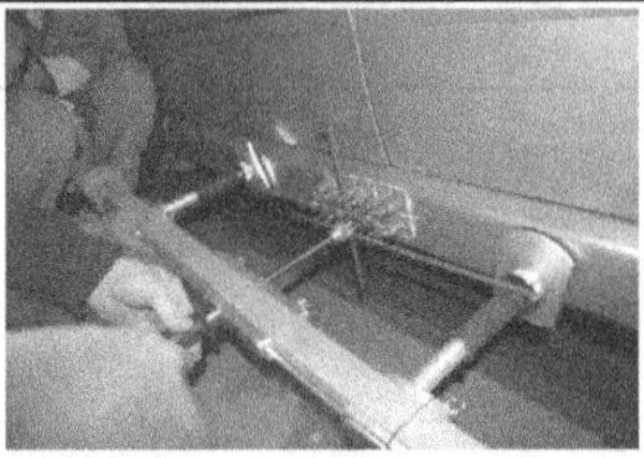 图 6-48	如图 6-48 所示，用强力拉拔组合工具进行拉拔
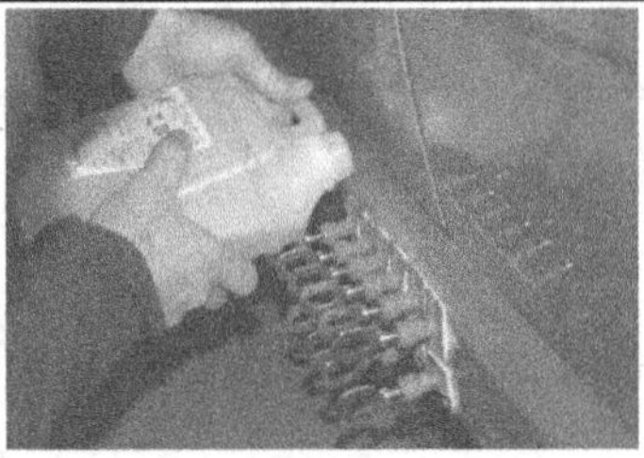 图 6-49	如图 6-49 所示，拉伸完毕后用乙醇溶剂淋在粘于修复区的衬垫上，使粘胶溶解
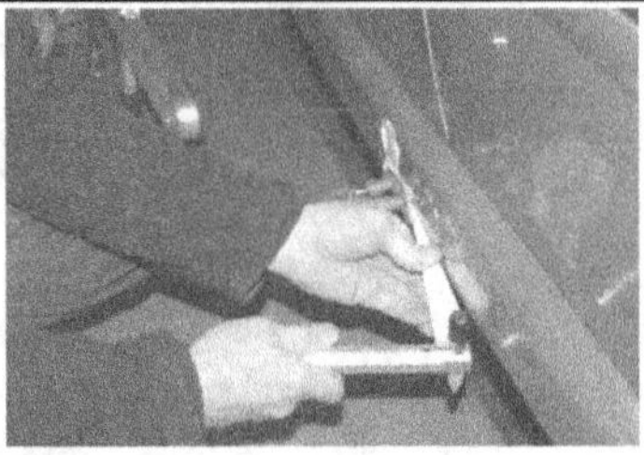 图 6-50	如图 6-50 所示，用塑料铲把衬垫铲下

续表

 图 6-51	如图 6-51 所示，对修复区进行抛光，即可恢复原状
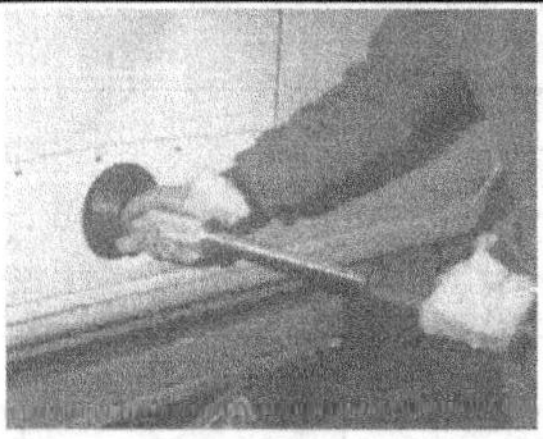 图 6-52	3．吸盘法 如图 6-52 所示，用压缩空气控制吸盘进行拉拔。这种方法只能拉伸凹陷较浅的区域
 图 6-53	4．电磁真空拉伸法 如图 6-53 所示，为电磁真空拉伸机。是一种比较先进的无损拉伸设备
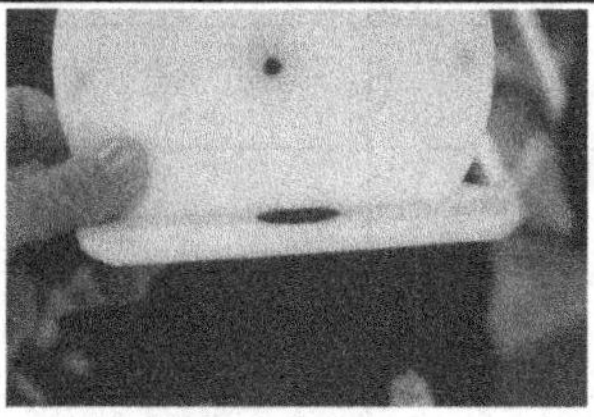 图 6-54	如图 6-54 所示，用保护垫放凹陷区与吸盘之间
 图 6-55	如图 6-55 所示，电磁真空吸盘对准凹陷区，按动开关即可进行拉伸
 图 6-56	5．气囊顶压方法（此种方法不作具体介绍） 如图 6-56 所示

实训报告 6-1　外形修复机调整参数

表 6-1

实训车型			任　务	作　用
实训步骤			名称与参数	作　用
1	外形修复机的调整参数			
	(1)			
	(2)			
	(3)			
	(4)			
	(5)			
	(6)			
	(7)			
2	安全防护			
	(1)			
	(2)			
	(3)			
	(4)			
3	确定打磨区域			原因
	上			
	下			
	左			
	右			
4	5S			

教师评语					
成绩		指导教师签名		日期	

任务考核单 6-1 外形修复机调整参数

表 6-2

班级		姓名		学号	
考核内容	外形修复机调整参数			规定考核时间	30 分钟
				实际考核时间	分 3 次
序号	检查维修内容/评分标准		配分	考核及评分记录	得分
1	准备	设备检查	5		
		安全防护	10		
2	示范	穿戴安全防护用品、用具	10		
3	调整及效果	调整外形修复参数并试操作	20		
		打磨机的正确使用	20		
		打磨修复区域的划分	20		
4	安全文明	防护措施得当，作业规范安全整洁	5		
		工具、零件不落地	3		
5	工具使用	工具选用合理	2		
		5S 是否到位	5		
6	考核时间	每超 1 分钟扣 3 分，超时 3 分钟终止考核			
合计			100		
监考教师		考核日期		年 月 日	

知识链接

一、常用钣金工具设备与使用

（一）常用钣金工具

（1）球头锤。质量为 250～500g，用于校正弯曲的基础结构，修平重规格部件和加工未开始用车身锤和手顶铁作业之前粗成形的车身部件，如图 6-57 所示。

（2）橡胶锤、木锤。橡胶锤或木锤用于柔和地捶击薄钢板，这样不会损坏喷漆表面。它经常与吸杯配合用于大面积的凹陷修复。当用吸杯将凹陷拉上来时，用橡胶锤围绕着高起的点按圆周状轻打，如图 6-58 所示。

（3）橡胶钢锤。带有橡胶端部的钢锤是另一种在车身修理中使用的锤子，此种锤兼有硬面和可更换橡胶头的软面，有时称为软面锤。它用于铬钢修理或其他精密部件的作业而不损伤其表面光洁度，如图 6-59 所示。

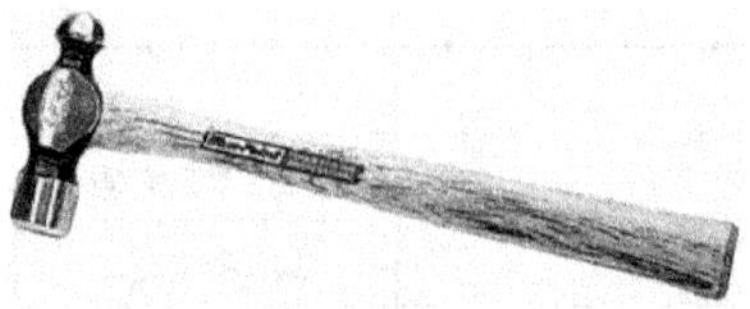

图 6-57　球头锤

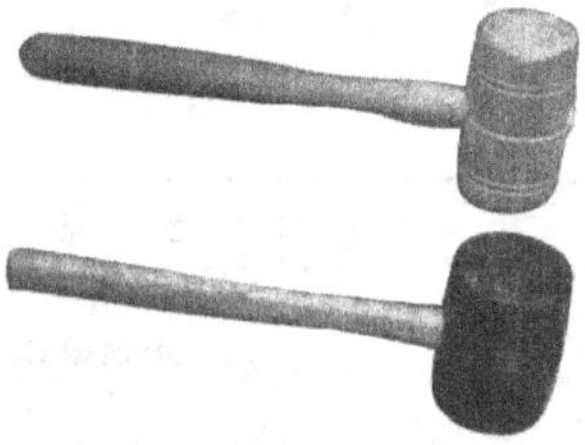

图 6-58　橡胶锤、木锤

（4）轻铁锤。是复原损毁的钣金件的第一阶段所必需的工具。重量是 1～2kg。因此能在紧凑的地方使用。在修理时用铁锤敲打损毁的金属板使其大致回到原形，在更换金属板时则用于清理损坏的金属板，如图 6-60 所示。

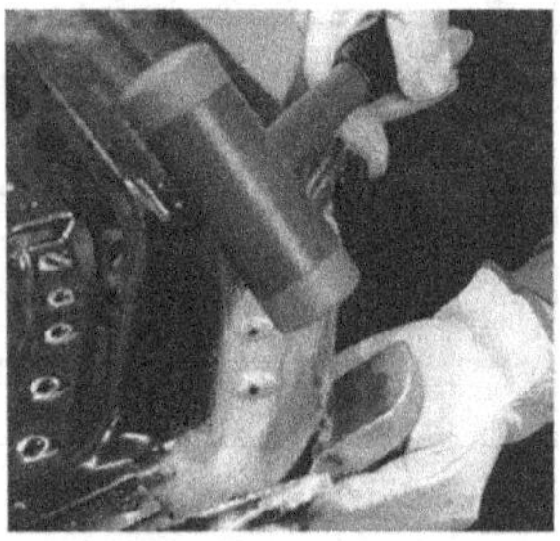

图 6-59　橡胶钢锤

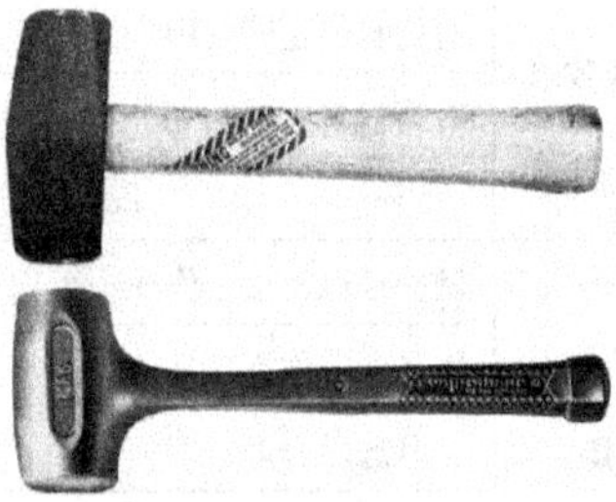

图 6-60 轻铁锤

（5）镐锤。属于车身锤，能维修许多小凹陷。其尖顶用于将凹陷从内部捶出，对中心进行柔和地轻打。其平顶端与顶铁配合作业可以去除高的点和波纹。镐锤有多种形状和尺寸。有些有锐利的锥形尖，有些则具有钝的锥形尖，如图 6-61 所示。

（6）冲击锤。大的凹陷需要使用冲击锤。冲击锤的顶角有圆的或方的，顶面的表面近似平的。这种锤顶面大，打击力散布在较大的面积上，用于凹陷板面初始的矫正，或加工内部板和加强部位的板件。这些操作需要较大的力量而不要求光洁的表面，如图 6-62 所示。

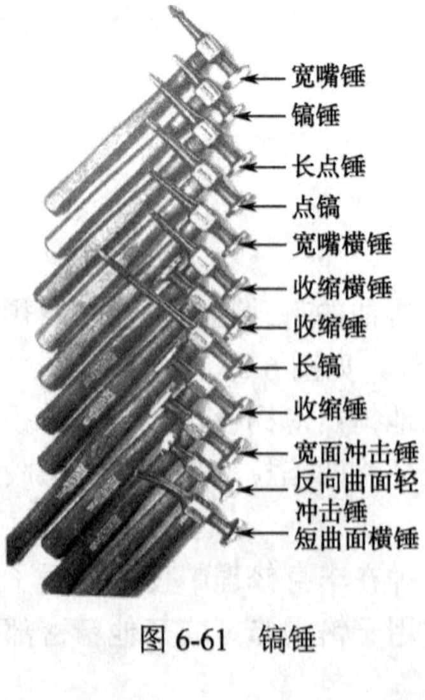

图 6-61　镐锤

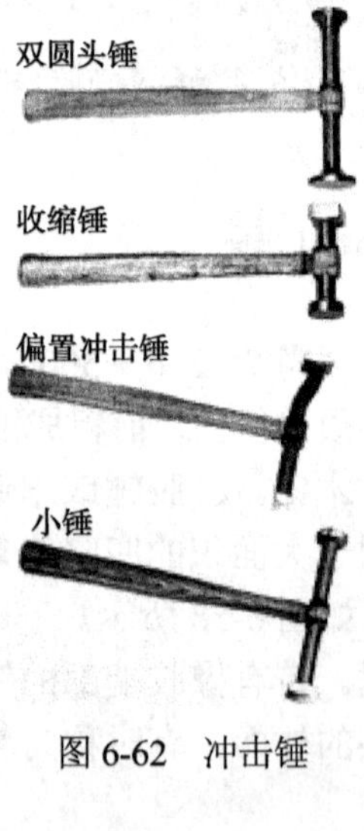

图 6-62　冲击锤

（7）精修锤。在用冲击锤去除凹陷之后，用精修锤以得到最后的外形。精修锤的锤面较冲击锤的锤面小，表面是隆起的，以便力量集中在高点或波峰的顶端。收缩锤是有锯齿面或交错缝槽面的精修锤，这种锤用来收缩那些被过度捶打而延伸的部位，如图 6-63 所示。

（8）垫铁。作用像一个铁砧，它通常顶在锤敲击金属板的背面，用锤和垫铁一起作业使高起的部位下降，或使低凹部位上升，有高隆起、低隆起、凸缘等多种不同形状的，每种形状用于特定的凹陷形式和车身板面外形。垫铁与面板外形的配合非常重要，假如在高隆起的面板上使用平面或低隆起的垫铁，结果将会增加凹陷。轨型垫铁也是一种常用的垫铁，它也有许多形状，如足尖式和足根式垫铁用于在狭窄部位进行敲击，而其平面直角边则用以矫正凸缘，如图 6-64 所示。

图 6-63　精修锤

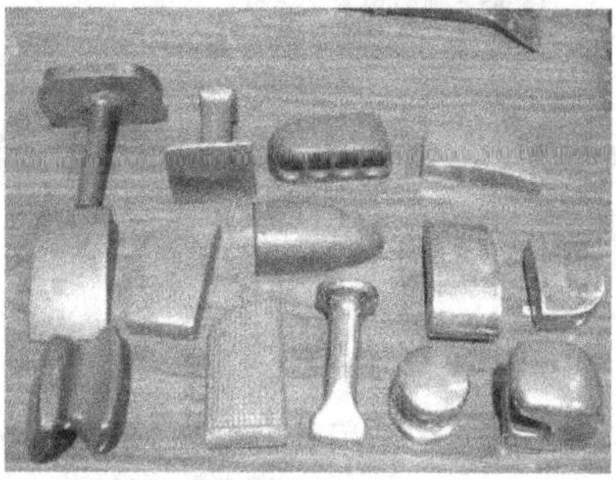

图 6-64　垫铁

（9）匙形铁。它当作锤或当作垫铁使用。它有许多种形状和尺寸，可与不同的面板形匹配。平直表面的匙形铁把敲打力分布在宽的接触面上，在皱折和隆起部位特别有用。当面板后面空间有限时，匙形铁可当作垫铁用。敲击匙形铁与锤一起作业，可降低隆起。内边匙形铁可撬起低凹处，或与锤一起敲击来拉起凹陷。冲击锉匙形铁则有锯齿状的表面，用来拍打隆起或里边的皱折，使金属板回复到原来的形状，如图 6-65 所示。

（10）撬镐。用作撬起凹点，它们有不同的长度和形状，大多数有 U 形末端把手。撬镐可以用来升起门顶侧板或其他密闭的车身部件上的凹点。撬镐通常较滑锤和拉杆好，因为它们不需要在钣金件上钻孔或焊接，不会损伤漆面，如图 6-66 所示。

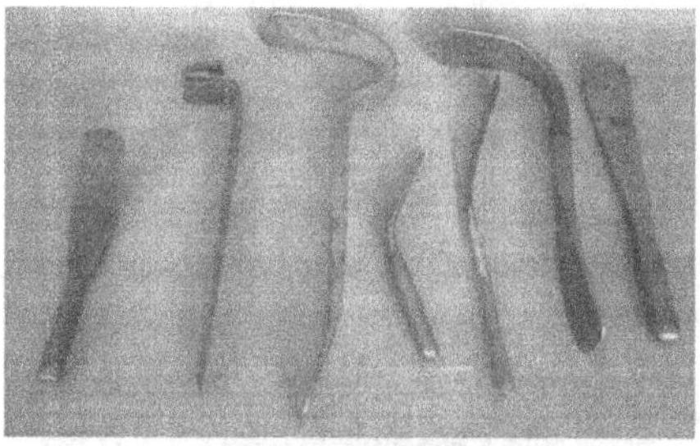

图 6-65 匙形铁

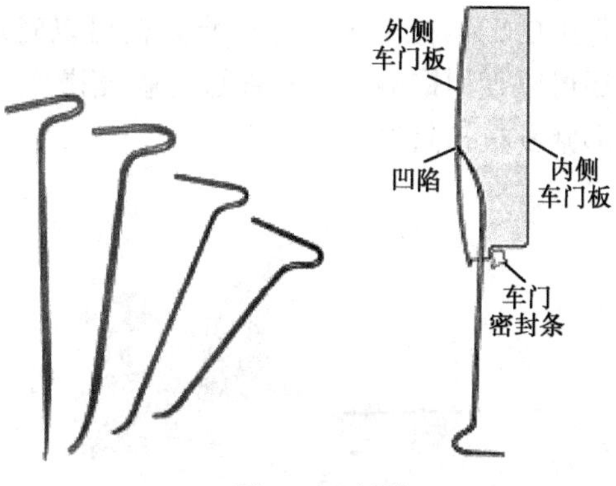

图 6-66　撬镐

（11）冲头和錾子。中心冲用于部件拆卸之前对它们的定位打标记，作为钻孔冲击标点（标点可保持钻头不偏移）。铆钉冲的冲头为锥形，顶端是平的，用来顶出较小的铆钉、销钉和螺栓。销钉冲和铆钉冲相似，但是冲头不是锥形，这样它可以冲击出更小的铆钉或螺栓。长中心冲是一个长锥形冲头，用来在焊接时车身面板或其他车身部件（如翼板螺栓孔和保险杠）等的定位。錾子是有硬化刀口的钢棒，用于切断钢材，錾子有多种尺寸。冷錾用于分离咬死的螺母，切断生锈的螺栓和焊接点，以及分离车身和车架部件，如图 6-67 所示。

（12）划针。像一个锥子，但其钢柄较重。它用来在金属板上划出要切割、钻孔或紧固的标志，可以用锤轻敲划针穿过较厚的金属板。当不需要特定尺寸的孔时，可以用划针在金属板上戳穿一个孔。划针需要保持锐利，才能在各项作业中有效而安全地使用，如图 6-68 所示。

图 6-67　冲头和錾子

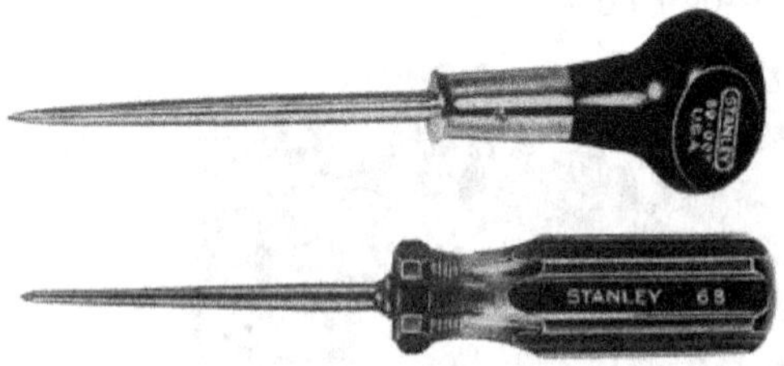

图 6-68　划针

（13）凹陷拉拔器和拉杆。修理板件时，凹陷损伤在密封结构段，从内部使用最长的匙形铁也够不到，此时可以用如图所示的凹陷拉拔器或拉杆，如图 6-69 所示。

图 6-69　凹陷拉拔器和拉杆

（14）外形修复机。也称为介子机，具有电流调整性能的外形修复机，它可以很轻松地把板件上的凹陷拉出来。外形修复机可以对焊接垫圈、焊钉、螺柱、星形焊片等进行拉伸操作，还可以使用铜触头和碳棒进行收缩操作，是现代车身修复不可缺少的设备，图 6-70 所示为外形修复机与附件等。

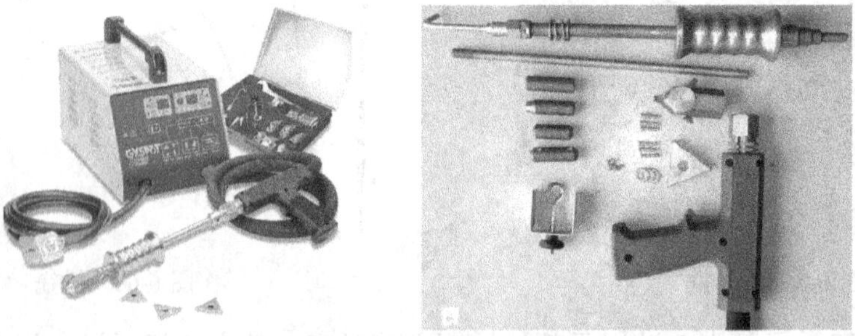

图 6-70　外形修复机及附件

（15）吸盘。可以拉起浅的凹坑，但凹坑位置不能有皱折。作业时用吸杯附着在凹坑的中心并拉起，凹坑就能回复正常形状而不损伤油漆，也不需再作表面整修。有时凹陷拉出后，还需要用橡胶锤和顶铁来整平金属板，消除金属板上存在的弹性变形，如图 6-71 所示。

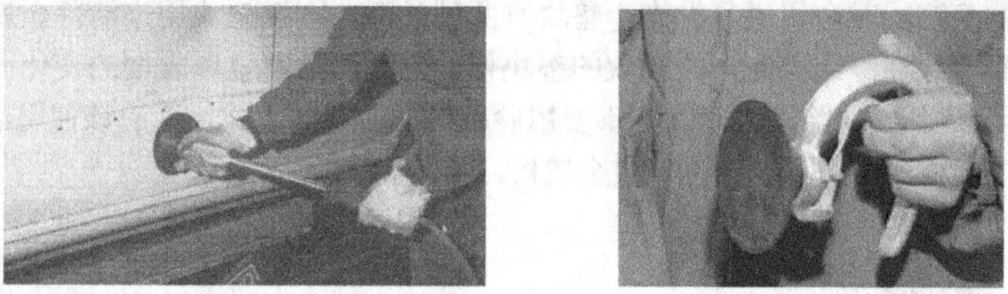

图 6-71　吸盘

（16）铆枪。先将两片金属片上打孔，把铆钉插入孔中，然后用铆钉工具拉出，把金属面板锁定在　起。使用铆钉枪时不用在铆钉的背面加工孔，并有相当高的强度，如使用了足够的铆钉，形成的连接是非常牢固的。对于各种钣金件更换如锈蚀孔修理，使用铆钉连接是最简易、费用最少的连接方法。车身上不同材料之间、铝合金或不能使用焊接的部位（如油箱附近），都要使用铆钉连接。最通用的铆枪是 3mm 和 6mm 规格的。其他各种规格尺寸的铆枪适用于特种作业，如图 6-72 所示。

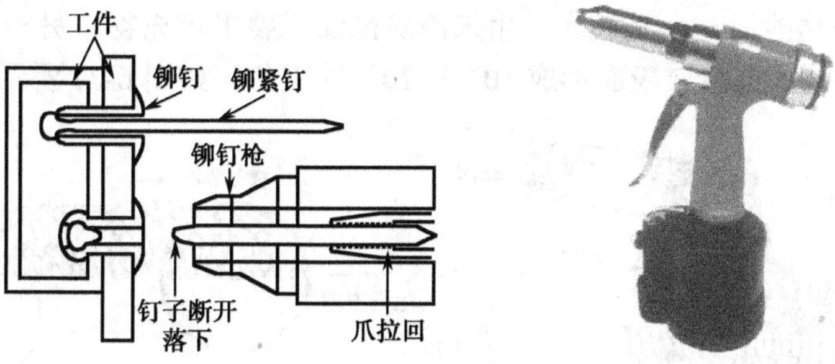

图 6-72　铆枪

（17）侧面锉。属于车身表面加工工具，它适用于许多形状的修整，它的曲线形状适合于紧密配合凸起表面，如围绕风窗、轮口和其面板边缘。侧面锉在使用时是拉动而不是推进，推进操作会引起锉的振动，结果形成刻痕和不平的表面，如图 6-73 所示。

（18）车身锉。用于锉平大的表面。在对损伤部位进行修整后，用车身锉可以磨去高点而显露出需要再加以敲击的低点。操作时要注意，不要大力使用车身锉，否则可能会锉穿薄金属板，如图 6-74 所示。

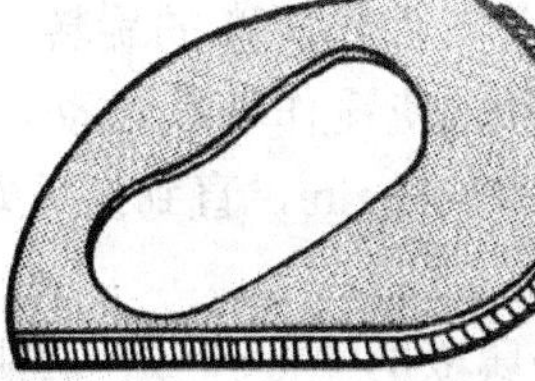

图 6-73　侧面锉

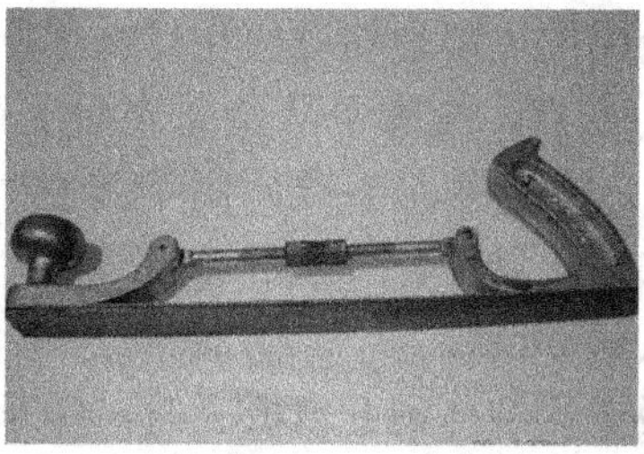

图 6-74　车身锉

（19）气动打磨机。经常使用的是直径为 7 英寸的砂轮、转速至少为 4 000r/min 的磨光机。低速转动的磨光机可用来清除油漆，使用粒度为 16～60 号的砂轮。清除油漆时最常用的砂轮粒度为 16 号。粒度为 24 号或 36 号的砂轮用来清除金属，而更高的粒度则用来消除锉平时留下的痕迹或对金属进行抛光。垫块有两种类型，刚性垫块用来清除金属，而较柔软的垫块则用来清除油漆或抛光。较柔软的垫块使砂轮能够随着金属表面的变化而发生滚动，如图 6-75 所示。单独清除油漆时最好不要用砂纸类型的磨削方式，而应该使用尼龙砂轮盘，这样既可以打磨掉漆层又不会伤害下层金属板，如图 6-76 所示。

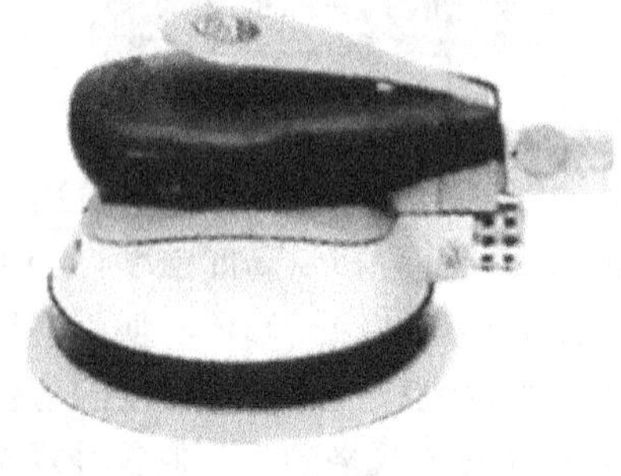

图 6-75　气动打磨机

图 6-76　尼龙磨削盘

砂轮具有两个功能，一个是抛光，用来清除油漆或整平填充物；另一个是横切割，用来清除金属。砂轮的背面与金属表面形成 10°～20° 的夹角，如图 6-77 所示。

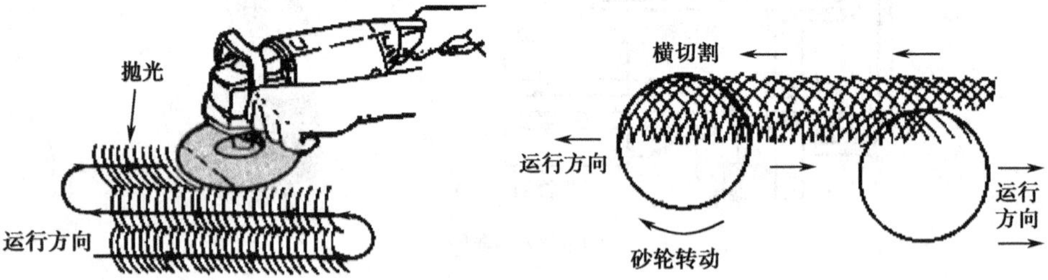

图 6-77　砂轮的两个功能

（二）钣金工具的正确使用

1．铁锤的敲击方法

校正金属的关键是知道应在什么部位、在什么时间、用多大的力敲打多少次。以下面的两个手指为支点，当锤子从金屑表面上弹回时，可以绕着支点作轻微的旋转。其他的手指（包括拇指）将铁锤向下推，用手腕发力（不是手臂发力）使锤作环状运动，应垂直地敲打，并让铁锤从金属表面弹回来。每两次敲击点的间距为 9～12mm，直到损坏处得到修复，如图 6-78（a）所示。

在用钣金锤敲打到金属板上时，锤子的平面应该与金属板的平面一致，否则会对金属板产生损坏，如图 6-78（b）所示。

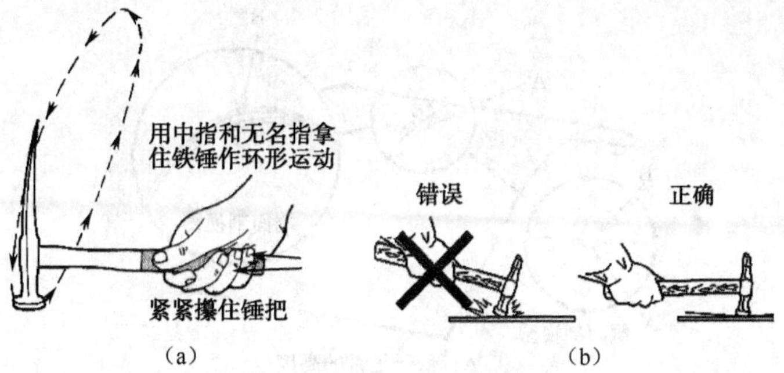

图 6-78 钣金锤的正确使用

铁锤的工作面必须与金属板的形状相配合，具有平坦锤面的铁锤适用于平坦的或低隆起的金属表面，凸形工作面的敲击锤适用于敲打内侧的弧形金属面。重的敲击锤可用来进行大致的修整，但要保证敲击不能加重损坏的程度。

精整锤用于最后的精整修复，精整锤比敲击锤轻，而且通常都带有锤头。精整修复时敲击的要领是快速轻敲，敲击时，锤子也应和金属表面垂直。用铁锤敲打金属表面的棱边将会加重金属的变形。

2．铁锤和垫铁的敲击方法

将垫铁作为铁锤的支撑物有两种敲击方法：铁锤在垫铁上敲击法和铁锤不在垫铁上敲击法，铁锤在垫铁上敲击法用于拉伸金属，而铁锤不在垫铁上敲击法则用来整平金属。

（1）铁锤在垫铁上敲击修理法。铁锤在垫铁上敲击修理法适用于修理较小、较浅的凹陷和折损，也可以用这种方法来延伸金属，使其恢复原来的形状。这些情况一般出现在隆起处，偶尔也会出现在平坦的金属板上。为了整平一个折损，可以将垫铁放在金属板的反面折损处的下方，并用铁锤从正面敲击。铁锤对垫铁的敲击将造成垫铁的轻微回弹，同时，垫铁也会从反面敲击金属板。如图 6-79（a）和（b）属于正确操作，（c）属于不正确操作。

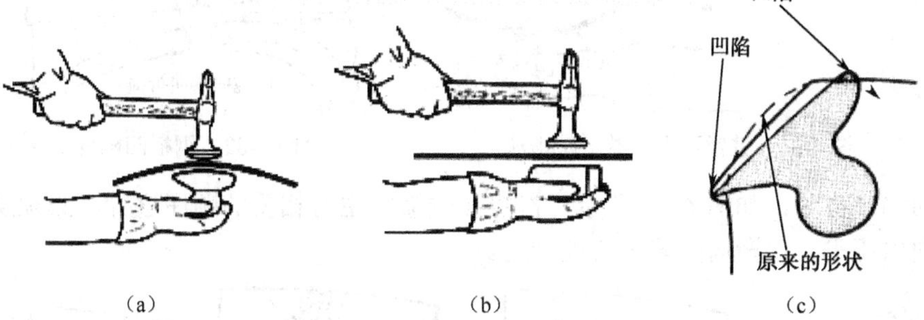

图 6-79 铁锤和垫铁的敲击方法

铁锤在垫铁上敲击法实际包含了两个动作，即铁锤敲击金属板和垫铁向上回弹并撞击金属板的内侧。

许多隆起部位上的收缩区都可采用铁锤在垫铁上敲击法，使它恢复到原来的高度。采用铁锤在垫铁上敲击法时，必须能够接触到金属板的内侧，否则，只能使用惯性锤拉伸或填充剂填充，如图 6-80 所示。

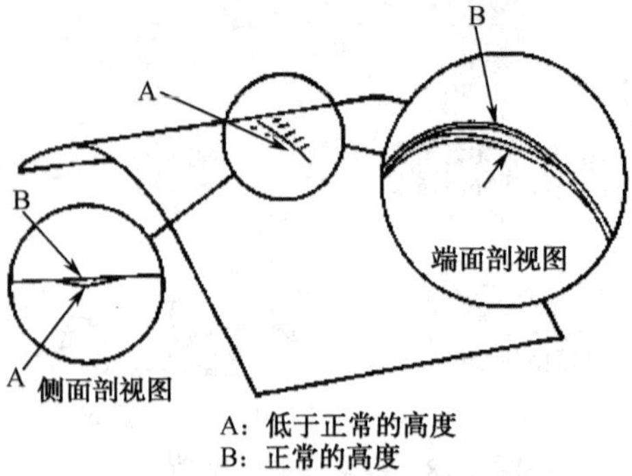

图 6-80　铁锤和垫铁配合使收缩区延伸

（2）铁锤不在垫铁上敲击修理法。采用铁锤不在垫铁上的敲击法来修整金属板时，将垫铁放在金属板最低处的下面，用铁锤敲击附近的高处，实际上铁锤并没有敲击垫铁。垫铁和铁锤一样，也是用来校正损坏部位的，它相当于一个冲击工具，只能敲击拉伸区（一般的方法用在金属板的下面时），如图 6-81 所示。

3．用铁锤和垫铁修整板件凹陷变形的方法

碰撞点是最先撞击的地方，随着金属被推进，在碰撞点的两边逐渐形成一个凹陷。这个凹陷（中间的凹陷变形类型是凹陷卷曲折损）的中间部位是除碰撞点以外变形最大的地方。离碰撞点越远的地方凹陷变形越浅，在凹陷处的边缘周围形成了箭头型的隆起（单纯的卷曲折损），如图 6-82 所示。

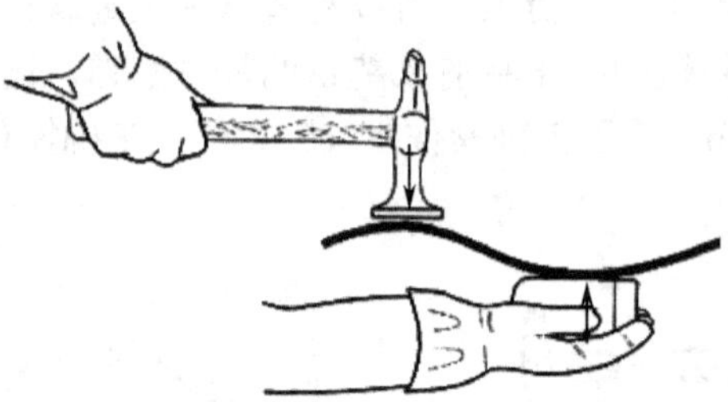

图 6-81　铁锤不在垫铁上敲击法

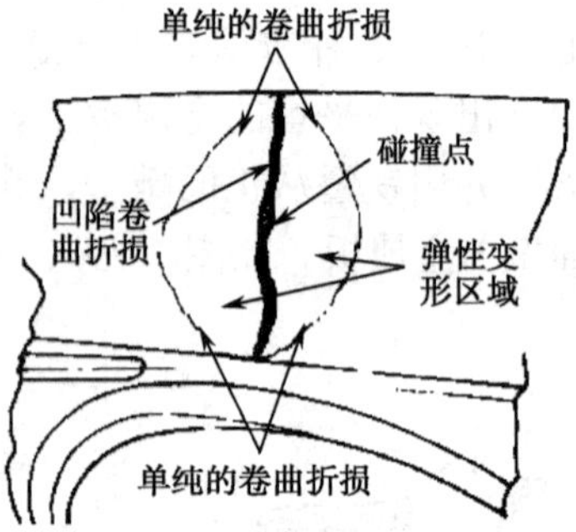

图 6-82　钢板凹陷变形

修理凹陷部位时，如图 6-83 所示，按照和碰撞发生时相反的顺序进行，必须从凹陷区域外部开始向内压平，逐渐向凹陷中心处接近。

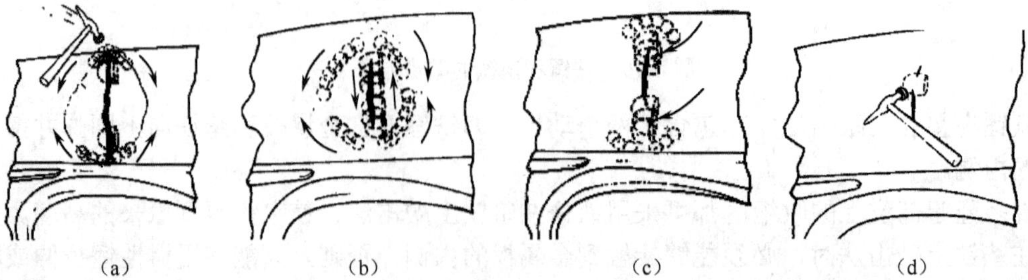

图 6-83　修理凹陷部位的顺序

4. 用修平刀修整板件凹陷变形的方法

可以将修平刀垫在金属板上，再用铁锤或敲击修平刀敲打，可以增加敲击的效果，如图 6-84 所示。

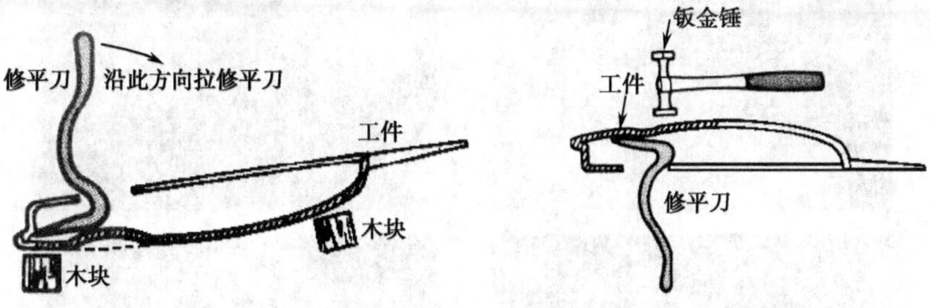

图 6-84 修平刀的使用

金属上的凹陷损伤的修复，可以使用撬镐等（如尖锤、加长的尖锐工具、垫铁的边缘、甚至还有划针等）工具撬起、修复凹陷变形，操作时最好是轻撬几次，效果比重撬一、二次要好，如图 6-85 所示。

对于车门上的凹陷变形，可用撬镐插入一个排水孔或门背后的孔内。这样在修理凹陷处时，既不需要折除门内部的装饰物，也不需要在门的外部面板上钻孔，如图 6-86 所示。

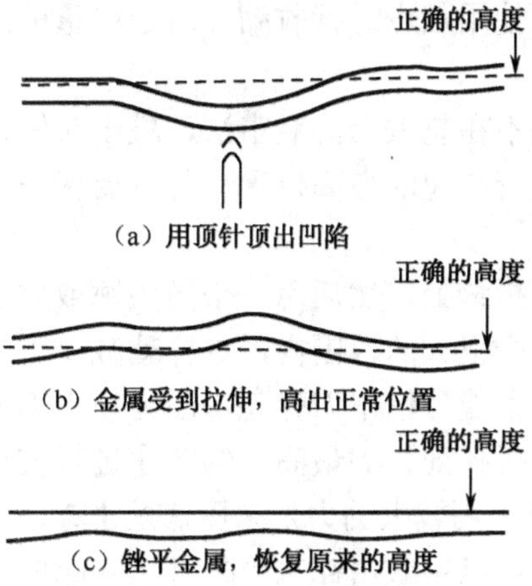

图 6-85 撬镐修复凹陷

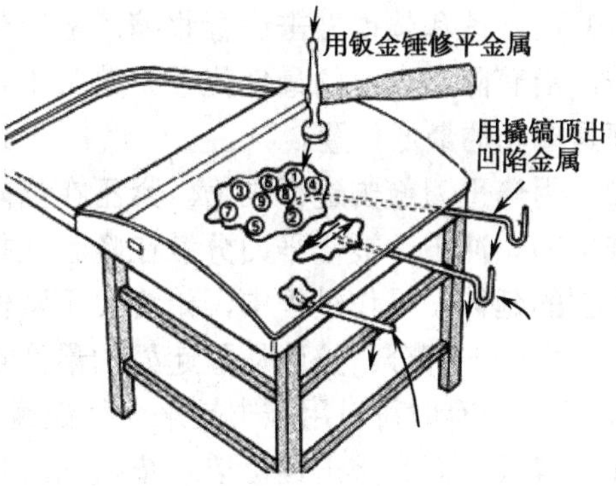

图 6-86 撬镐修复车门凹陷

5. 用焊接介子修整板件凹陷变形的方法

如图 6-87 所示，在板件的凹陷处焊接介子，然后拉伸介子，达到修复的目的。常规的外形修复机都具有此修复功能。对于很难接触到金属板背面的凹陷变形，或者车门上的小范围凹折变形都可以使用此方法进行修复。用专门的点焊机将金属垫圈焊接在凹陷处，使用凹陷拉出器或动力千斤顶将一个或许多个垫圈向外拔。

6. 板件隆起的收缩修复方法

直接损坏部位的隆起和折损处的金属容易受到压缩，受到压缩的表面形状高于原来金属板的表面形状。在修理时需要对这些变形进行收缩处理，让超出原来高度的板件恢复到原来的形状。

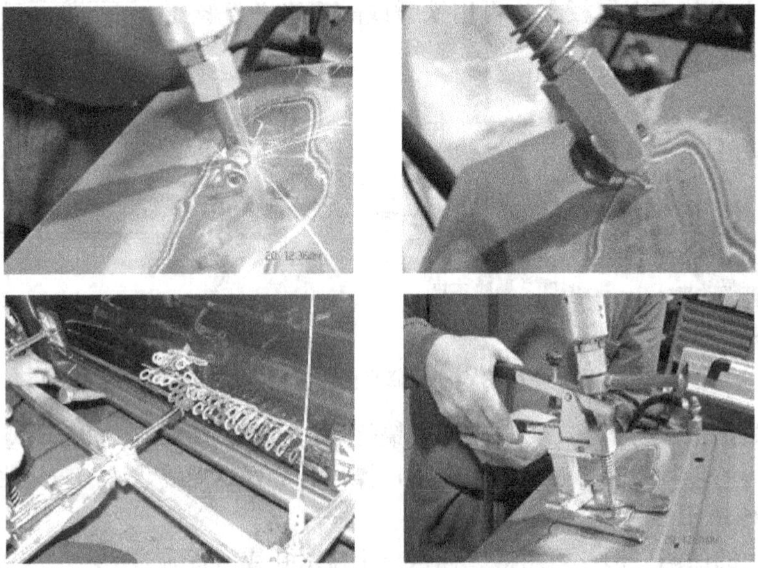

图 6-87　焊接介子修整板件凹陷

金属收缩的方法有两种，对于轻微的隆起变形可使用敲击进行收缩，对于严重的隆起变形可以使用加热进行收缩。

（1）用铁锤和垫铁敲击进行收缩。应该使用铁锤不在垫铁上的敲击法，敲击时铁锤要快速轻敲，沿着隆起表面的最低位置开始敲击，逐步朝着隆起的最高位置进行，要保证每次敲击的都是隆起的最低位置。

（2）用修平刀敲击进行收缩。紧压在高隆起处或折缝处，然后用一个圆头锤或敲击锤来敲击修平刀。冲击力被修平刀分散在隆起或折缝处一个很大的范围内，这样就减少了金属可能会产生的延伸。操作过程中，始终要压紧修平刀，不能让修平刀弹起，因为修平刀的压力也是校正力的一部分。按照从隆起处的最低点（铰折折损处）到最高点的顺序进行校正，如图 6-88 所示。有时可以用敲击锉来代替铁锤。这时可使用较大的力量来压低敲击锉，一般不会损坏金属板，而且敲击锉可以和垫铁同时使用。也可以用敲击锉来“敲打”隆起的部位，由此而产生的锯齿形表面会使延伸的金属得到收缩，如图 6-89 所示。

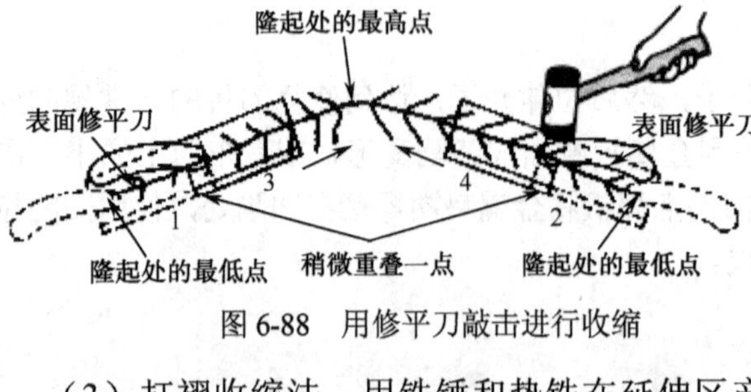

图 6-88　用修平刀敲击进行收缩

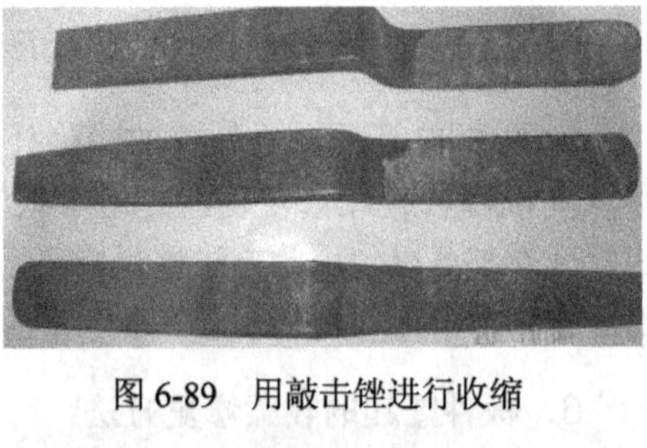

图 6-89　用敲击锉进行收缩

（3）打褶收缩法。用铁锤和垫铁在延伸区产生一些“褶”。采用铁锤不在垫铁上敲击法，用尖锤在延伸部位轻敲。给金属打褶将会使金属表面稍有降低。对于打褶后降低的部位，要用塑料填充剂填平，然后锉平并磨光，如图 6-90 所示。

（4）金属的热收缩法。金属热收缩的原理：一根两端都处于自由状态的金属棒，受热时会膨胀，冷却时回到原来的长度，如图 6-91 所示。

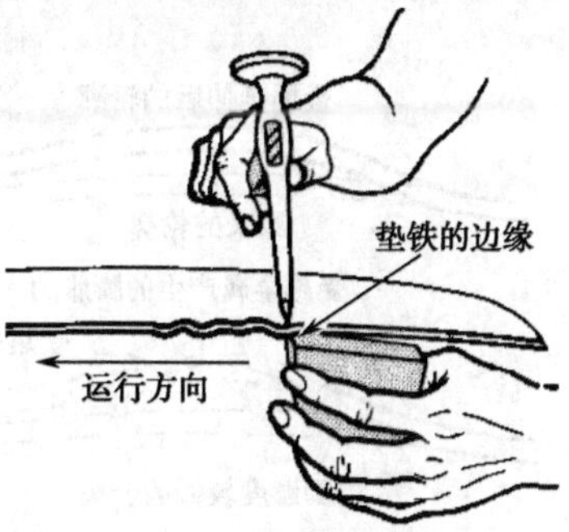

图 6-90 打褶收缩法

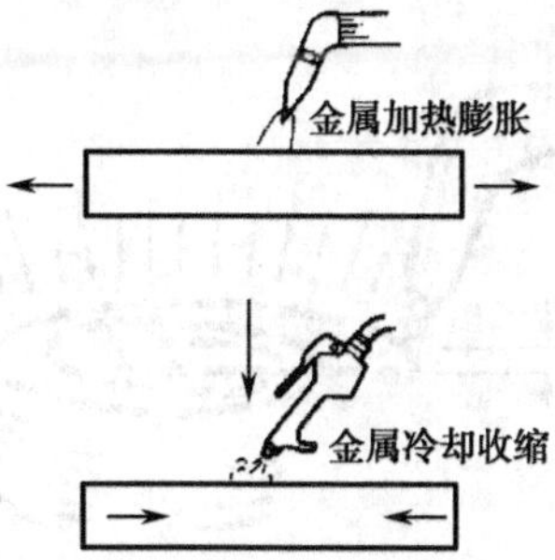

图 6-91 热收缩法

金属棒的两端都固定住，对它先加热，由于两端不能伸长，在受热部位直径就会增大，如果受热后直径增大的金属棒骤然冷却，增大部分的金属表面被剧冷，增大的变形就被保留下来，金属内部降温较缓便产生收缩力使金属收缩变形，结果金属棒尺寸缩短，如图 6-92 所示。

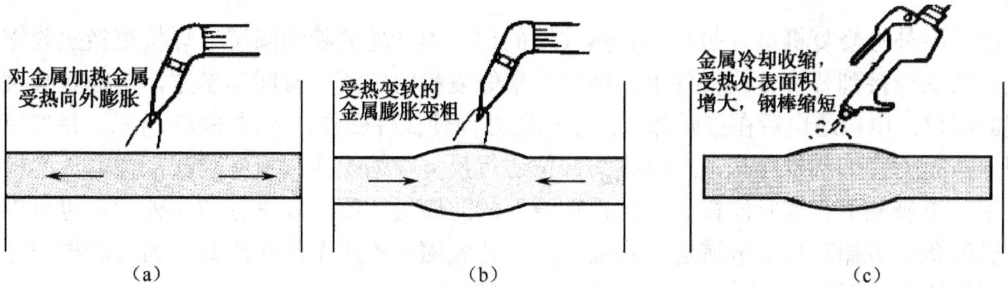

图 6-92 热收缩原理

金属板热收缩操作。用焊炬或收缩触头收缩某一部位时，可以对压缩区（即隆起处）的一小块地方加热，使它变成鲜红色。先让延伸区的最高点收缩，然后再让下一个最高点收缩，以此类推，直到整个部位都缩回到原来的位置，如图 6-93 所示。

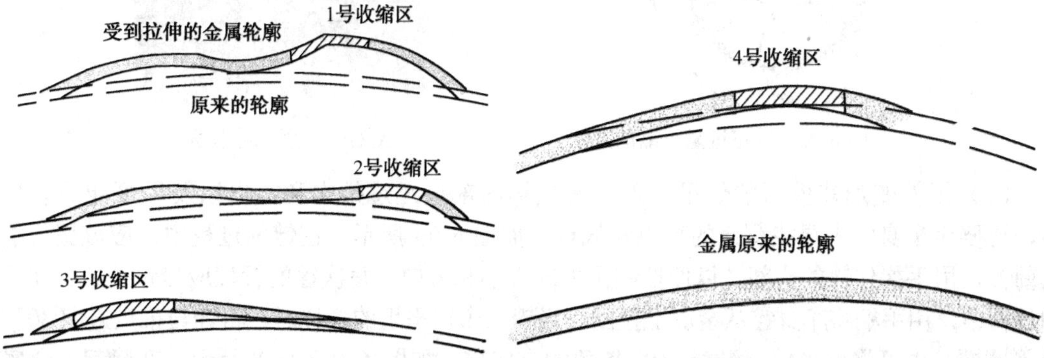

图 6-93 金属板热收缩操作

（5）采用氧乙炔加热收缩法。中性焰，并使用小号的喷嘴，焰心到金属的距离为 3mm，直到金属开始发红，焊炬缓慢地沿着圆周运动方向向外移动，直到整个受热部位都变成鲜红色，如图 6-94 所示。

随着温度的增加，受热的金属变得比较柔软。这些柔软的金属堆积起来，并在受热处形成隆起，如图 6-95 所示。

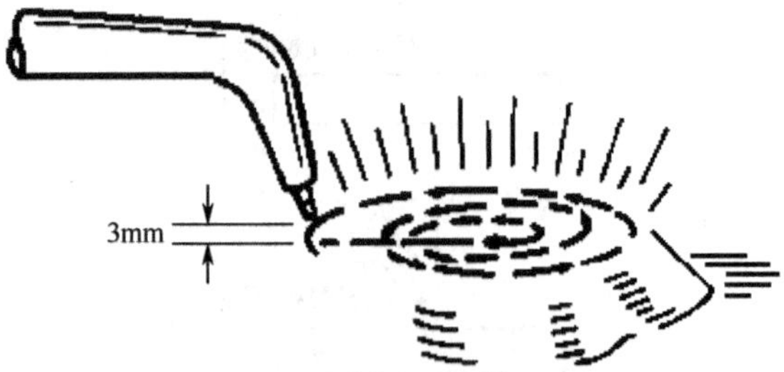

图 6-94　用氧乙炔加热收缩

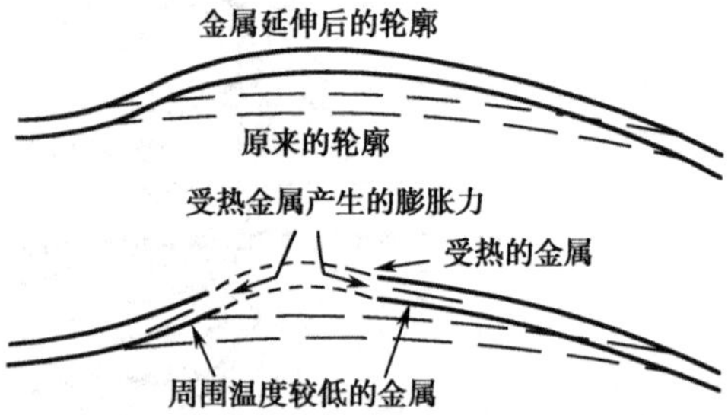

图 6-95　金属受热隆起

用钣金锤在加热区周围轻敲几下，使金属晶粒之间相互靠拢，敲打时一般不需用垫铁支撑金属，除非金属发生塌陷。红色消失并经过整平以后，用一块潮湿的布或海绵使金属的收缩部位冷却。校正过量收缩的方法是用重铁锤在垫铁上敲击法拉伸最后一次的收缩，如图 6-96 所示。

（6）用外形修复机进行热收缩。热收缩的部位用砂轮清除油漆层，焊枪更换热收缩电极触头，搭铁连接到要修复的板件上。调整外形修复机的电流、时间等参数，电极触头接触到隆起的部位，电极通电后在接触部位由于电阻热而使板件变红，如图 6-97 所示。待红色消失后用湿抹布使收缩部位冷却，对要收缩部位进行反复收缩操作，直到隆起部位与周围板件高度一致，电极触头收缩时同样会破坏板件背面的防腐层，所以要进行防腐处理。也可以使用修复机配备的碳棒对高出区域进行收缩，用碳棒收缩时不用湿抹布冷却，因为碳棒与金属接触的部位的温度不高，如图 6-98 所示。

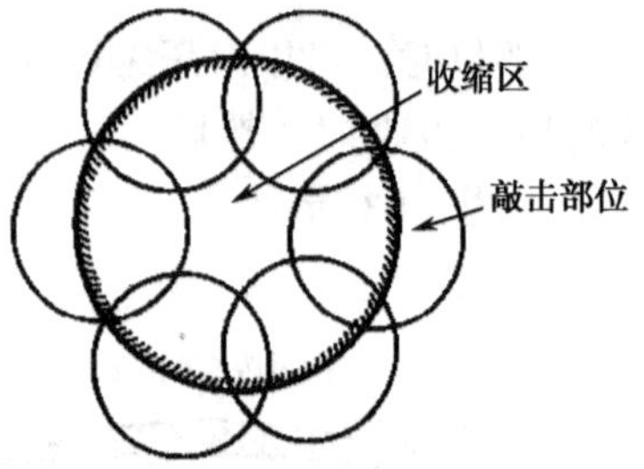

图 6-96　校正过量收缩的方法

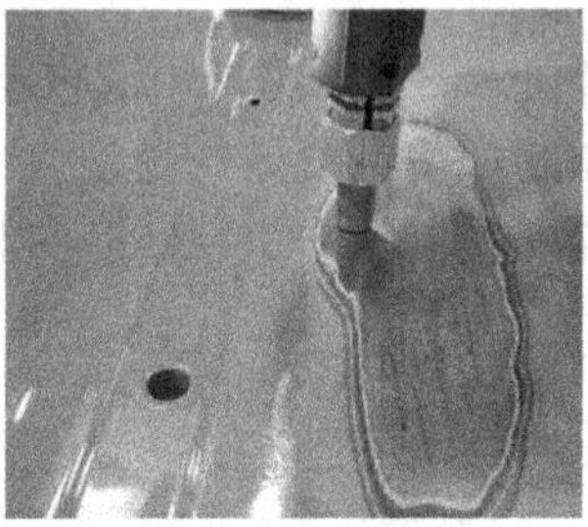

图 6-97　用铜棒收火

（7）板件变形修整后的修平处理。被损坏的部位经过敲击和拉出以及尽可能的修整以后，还要用车身锉来寻找剩余的高点和低点，如图 6-99 所示。在锉的过程中，应该握住手柄向前推，用手握住锉的头部，以便控制压力的大小和方向。每次锉的行程应尽量拉长。在返回的行程中，用手柄将车身锉从金属上拉回。当锉一个很平坦的部位时，将锉与推进方向 30° 角水平地推，也可将锉平放，沿着 30° 斜角的方向推，如图 6-100（a）所示。在隆起的金属板上，应将锉平放，并沿着原来的凸起处平推，或者沿着凸起处最平坦的方向平放，以 30° 或更小的角度向一边推，如图 6-100（b）所示。

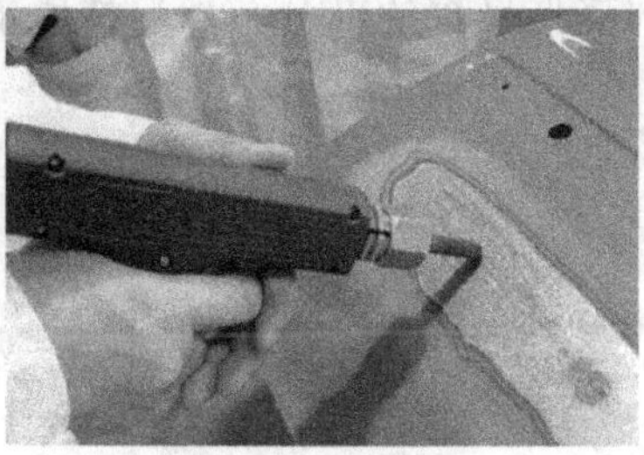

图 6-98 用碳棒收火

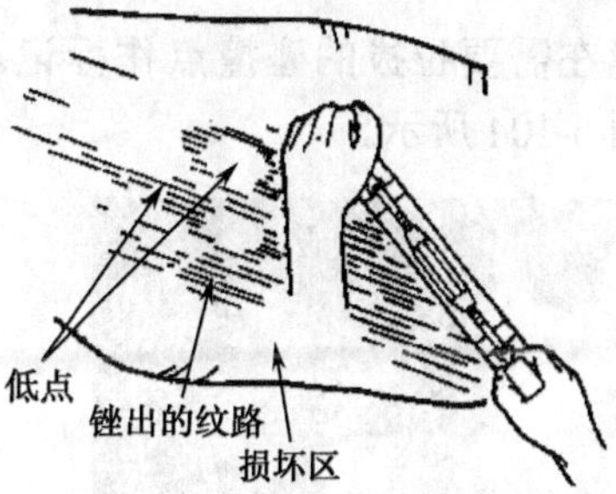

图 6-99 板件修平处理

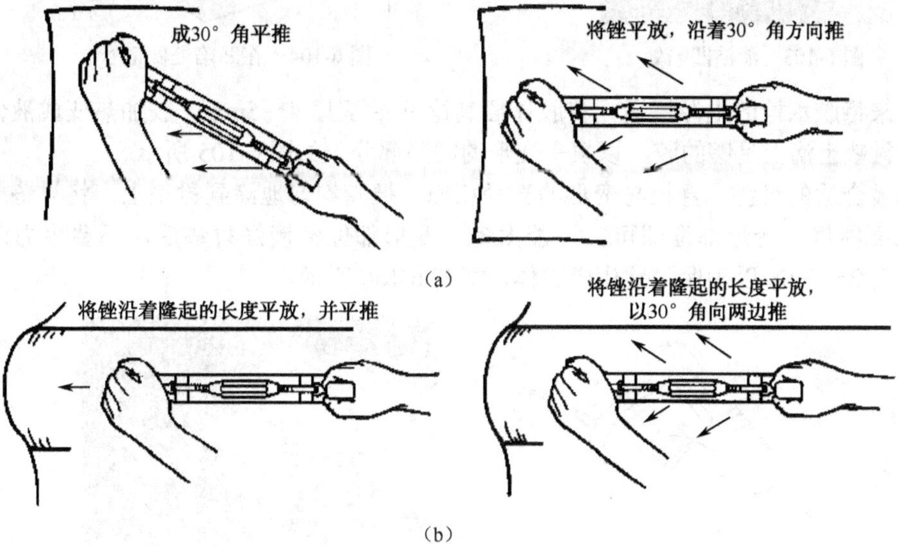

图 6-100 车身锉的使用方法

（8）车身微钣金修复技术。黏接法修复板件微小变形，图 6-101 所示为微修复用组合工具。用黏接的方法把介子（衬垫）固定在变形的部位（而不是用电极焊接介子的方式），通过衬垫黏接在变形区域进行拉伸校正，最后通过溶剂把黏合剂去掉，变形区域的变形被修复但是表层的油漆不会受到损伤。

如车身板件由于轻微碰撞产生小的凹陷，如图 6-102 所示。首先使用稀释剂清洁车身损伤表面和准备使用的衬垫。可以使用丙稀酸合成的或磷酸稀释剂，不要使用清洁稀释剂。不要再次污染衬垫和板件变形表面，保证胶能够很好地进行黏合，如图 6-103 所示。

图 6-101 微钣金修复组合工具

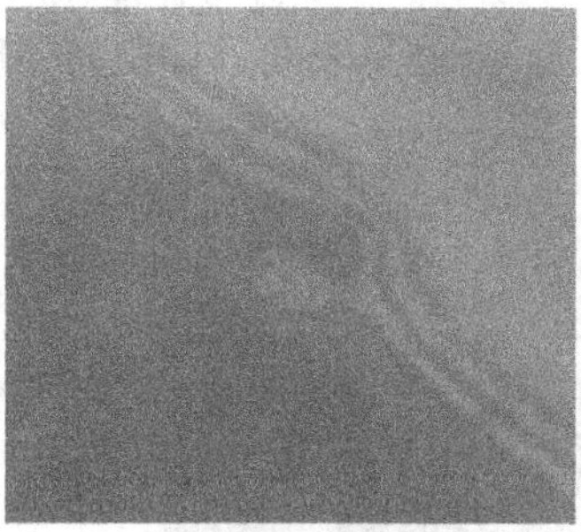

图 6-102 小凹陷

用笔在需要拉拔的碰撞点作标记。这个点设置到变形最深的部分。然后按所示画四条线，如图 6-104 所示。

图 6-103　清洁凹陷处

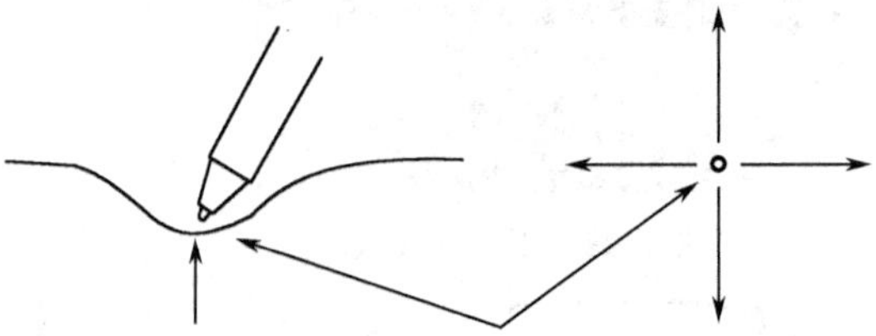

图 6-104　在凹陷处做记号

接下来将胶水枪的电源接通，将胶棒插到枪里并等上 4～5min，胶加热变成液体状后才能使用。衬垫上滴上足够的胶，以填平变形的凹陷部分，如图 6-105 所示。

选择最合适的衬垫，直径与变形的直径相似。把胶均匀地涂到衬垫上，将衬垫放到碰撞点，胶只要能填平变形部位即可，不能太多。变形部位黏接好衬垫后，不要用力向下压衬垫，要等上 2～3min 以确保胶硬化成固体，如图 6-106 所示。

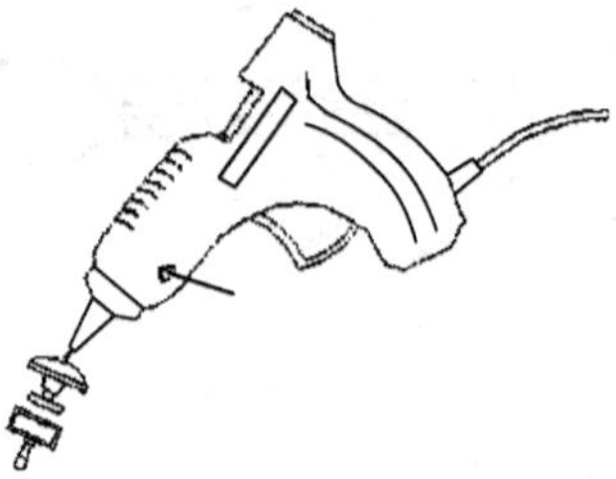

图 6-105　衬垫涂胶

图 6-106　凹陷处粘上衬垫

影响修复效果的主要有以下几点：

① 衬垫要准确地黏接在变形部位的中心。

② 胶的表面不能超过碰撞变形部位的直径。

③ 胶的厚度必须填平变形的凹陷部位。一定厚度的胶可以依靠其弹性，参与凹痕拉拔的过程。

将衬垫拉拔装置装到拉伸枪上，面向外，如图 6-107 所示。一旦拉拔完成，使用同样的稀释剂取下衬垫。在衬垫周围滴几滴稀释剂，使用塑料刮刀的边缘，取下胶。使用同样的方法取下衬垫上的胶。对修复表面进行抛光处理后就得到完好的表面，如图 6-108 所示。

图 6-107　用垫拉拔装置拉伸

图 6-108　清除粘胶

二、车身典型板件的修复

（一）翼子板的修复

汽车前、后翼子板被撞常常是由于汽车追尾或是撞到其他固定物而造成损伤，其损伤往往因受力很大，会出现塌陷（凹坑）、不规则的褶皱或塌陷与褶皱同时产生，并出现死褶等。维修时必须设法将褶皱展开平整。若条件允许，可用撑拉法解开褶皱，然后再敲平；若条件不允许，需分解拆除后，在车下展开褶皱进行平整修复。

轿车前翼子板正面被撞，属主动型撞击，撞后塌陷与褶皱同时出现，首先必须将死褶从里边设法撬开，缓解成活褶，然后用氧乙炔火焰加热，再用锤子敲击活褶的最凸出处，逐渐使其展平，恢复到原来形状。

前翼子板或后翼子板侧面碰撞，属被动型撞击。这种撞击多发生在汽车转弯或停驶时被其他车所撞。翼子板侧面被撞击后，由于受力方向与部位均与前面被撞不尽相同，凹深或塌陷面积更大一些，但不易产生死褶，故修复起来也较前面被撞击容易许多，图 6-109 所示为右后翼子板侧面撞击示意图。

1. 翼子板正面碰撞的修复

步骤 1：拆下大灯圈及灯座等，将垫铁垫于大灯孔内，使垫铁两端卡住灯孔的弯边。

步骤 2：把钢丝索的一端系在扁铁上，另一端系在墙柱上或某个合适的建筑体上。

步骤 3：倒车自行拖拉，使皱褶逐渐打开，但个别的小死褶未缓解，如图 6-110 所示。

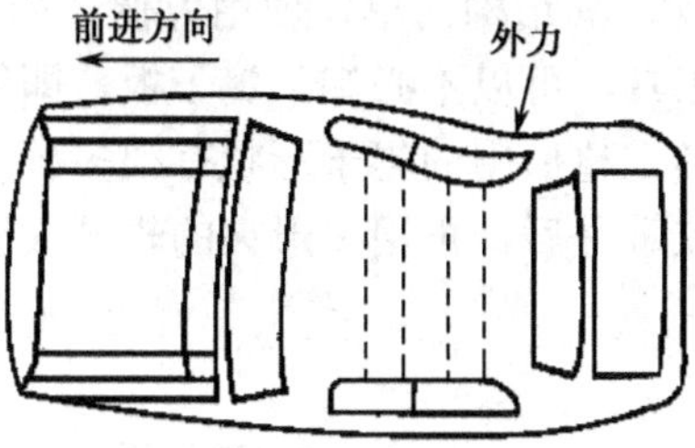

图 6-109 右后翼子板侧面撞击示意图

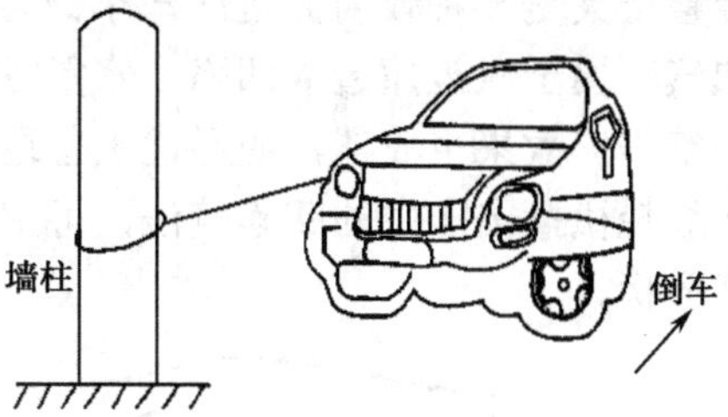

图 6-110 倒车自行拖拉打开皱褶

注意：倒车拖拉时要缓慢进行。

步骤 4：卸下翼子板，在平台上进行修整。

说明：用氧一乙炔火焰对死褶进行加热，并用撬具撬开。加热一段撬开一段，使其缓解。

步骤 5：将翼子板凹面向上置于平台上，由翼子板里侧敲平活褶。边敲边转动翼子板，如图 6-111 所示。

步骤 6：将里侧基本敲平的翼子板翻转过来，即凸面向上，用垫铁在里侧，由外向里继续敲击，最终使褶皱完全展开，如图 6-112 所示。

步骤 7：两面均敲平后，将翼子板装在车上，用锤子和垫铁进行一次全面修整。修复灯孔时，要先整圆，再修边。大致修复到原形后，再对比两侧，将伸张部分用加热的方法进行收缩，最后再全面细致地加工一番，最终使整个翼子板恢复到原来形状。

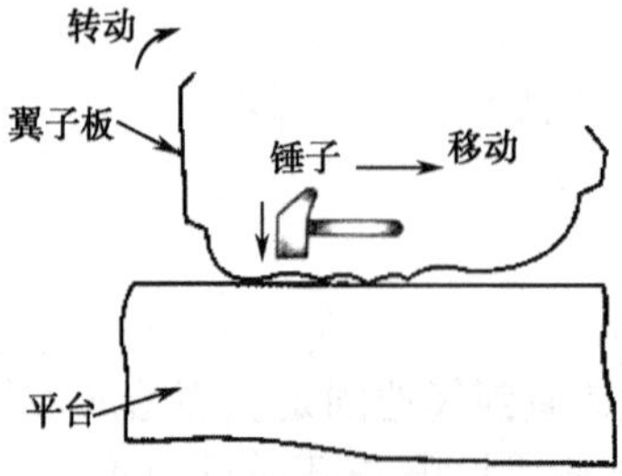

图 6-111 在平台上修复翼子板

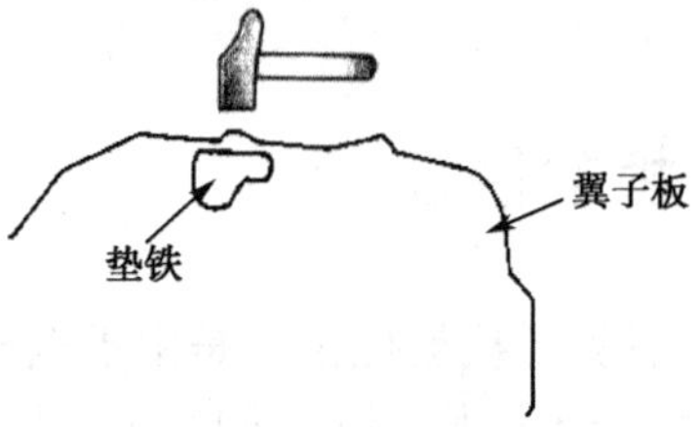

图 6-112 用垫铁修复翼子板

2. 翼子板侧面碰撞的修复

步骤 1：首先用一根木棒从车轮与翼子板的空隙处伸进，用力往外撬，即可将凹坑大体上顶出来，趋于原状。

说明：侧面被撞击，由于凹陷面积较大，凹坑偏深而死褶相对较少，所以可用木棒撬。如果被撞后凹陷皱褶较多，则凹陷皱褶部位的展开与平整和正面被撞修复方法大致相同。

步骤 2：用垫铁在里面顶住向外凸出的较小部分，再用锤子在外表面处敲击凸出的部分。

步骤 3：用锤子边敲击、边移动，垫铁也同时移动。

步骤 4：翼子板的边缘处应用专用的垫铁在里面垫托边缘的弯折线，一手持锤从正面弯折线外缘敲击，如图 6-113 所示。

步骤 5：逐渐移动垫铁，循序渐进，使工件边缘逐渐恢复原形，直到全部平整。

3. 用钣金整形夹修复翼子板

钣金整形夹是一种较为先进的汽车钣金修理工具，其结构简单，使用方便，如图 6-114 所示。如汽车翼子板被撞造成凹陷，修复时用此种工具，可以不必卸下翼子板，即能完成凹陷部分的整平，效果也较佳，明显优于普通手工整形。整形用的辊子形状有很多种，可选择使用。一般轻微撞击产生的凹陷较浅，可用木锤大致敲平后，再用整形夹的辊子滚压，即可恢复原来形状。

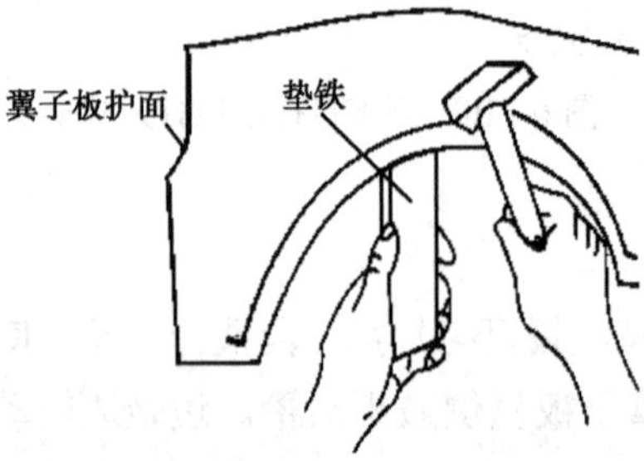

图 6-113 翼子板边缘的修复

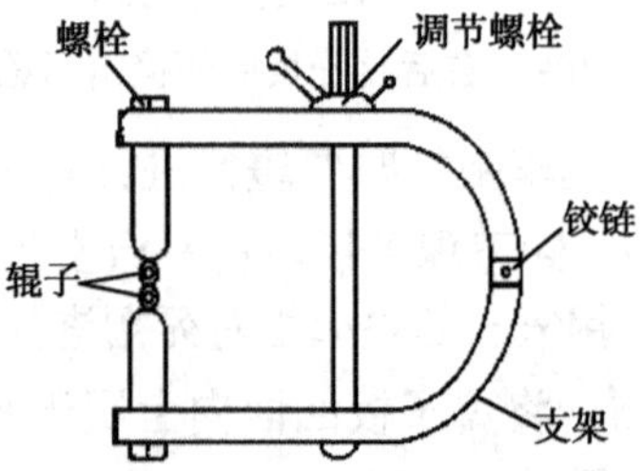

图 6-114 钣金整形夹

步骤 1：利用千斤顶将车顶起，然后拆下车轮与车灯，除去翼子板里边的灰尘与污泥。

注意：操作时要小心谨慎，不要损坏导线及电子元件。

步骤 2：在翼子板凹陷处背面垫好沙包，用木锤将表面大致敲平。敲击时要缓和，以免将钢板敲胀而发生变形，并应从凹陷部位的周边向中心敲击。

步骤 3：选择适当的辊轮装于整形夹上，再将整形夹装于汽车翼子板的被撞部位，并调整调节螺栓，使辊子之间施以轻微的压力。用整形夹做均匀的反复滚压，以压平凹陷部位。观察被撞部位是否滚压平整，再用手触摸，如仍有不平之处，再继续滚压，直到压平。

步骤 4：整平翼子板后，即可卸下整形夹，装上车轮、车灯等附件，然后进行表面喷漆工序，最后将喷涂后的翼子板安装车上。

4．前翼子板内加强板总成、前横梁和散热器支座的安装

步骤 1：检查前翼子板内加强板与纵梁安装面的装配标记是否一致，确认并匹配好后用夹钳将它们夹紧。没有装配标记的零件，则放在旧零件的位置。

步骤 2：利用杆规检测基准点间的距离来确定零件的位置，并对零件进行定位。在某一位置用定向需要调整的方向移动，调整其长度方向上的位置。

步骤 3：在未焊接的板件端部划上定位线，然后钻孔，并用钢板螺钉将零件固定在一起，在内加强板部位上画一条线，但不要把它们焊接起来。

步骤 4：用自定心规检测车辆两侧的新旧内加强板的相对高度，使之一致，然后用千斤顶支撑住新的内加强板，以确保其高度位置不发生变化，如图 6-115 所示。

步骤 5：测量宽度和下对角线长度，仍用千斤顶支撑住新板件，以免高度位置发生变化。然后，根据需要调整纵梁位置，得到正确的尺寸，再重新检查、确认高度尺寸。

步骤 6：仔细确定前横梁的位置，使其左右两端均匀一致。

步骤 7：当确定纵梁的位置尺寸与图表中所注尺寸一致后将它固定。悬架横梁也可用夹具来安装。以足够数量的塞焊点把前横梁与纵梁的连接部位固定好。

步骤 8：确保内加强板的上部尺寸不发生变化，可通过检查所画标线是否产生了移位来确认。

步骤 9：检测翼子板后安装孔与悬架座孔或翼子板前安装孔之间的对角线长度。

步骤 10：测量在宽度方向上悬架座和前翼子板螺栓孔之间的尺寸，然后把它们固定在一起。如果其宽度方向上的尺寸与车身尺寸手册中所标注的尺寸不一致，则需进行微量调整，同时要注意对角线的变化，如图 6-116 所示。临时性安装并固定散热器的上、下支座。

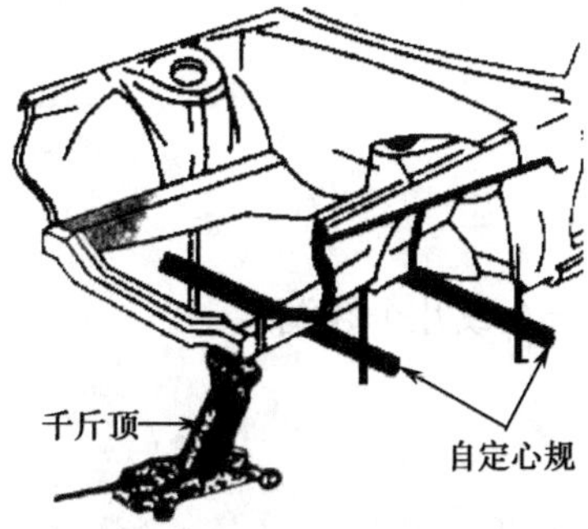

图 6-115　用自定心规和千斤顶检修内加强板

图 6-116　悬架座和前翼子板螺栓孔之间的测量要求

步骤 11：测量纵梁在宽度方向上的尺寸，将杆规调至适当尺寸，并根据需要调整内加强板，如图 6-117 所示。

步骤 12：用夹钳较松地固定住下支座，然后用手轻轻拍打使其到位。

步骤 13：测量散热器支座的对角线长度，确保这两个尺寸一致，如图 6-118 所示。

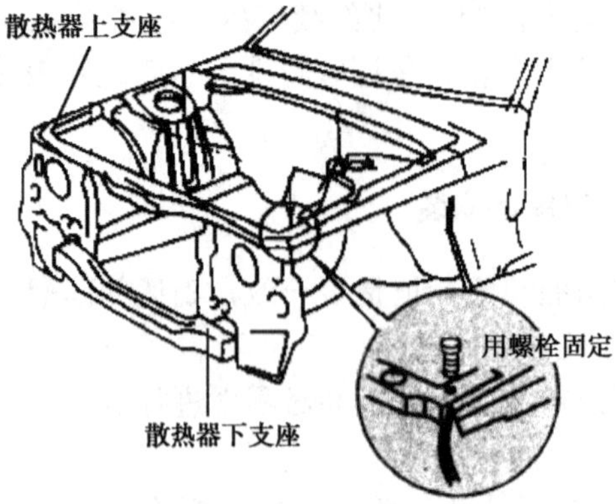

图 6-117　测量纵梁在宽度方向上的尺寸

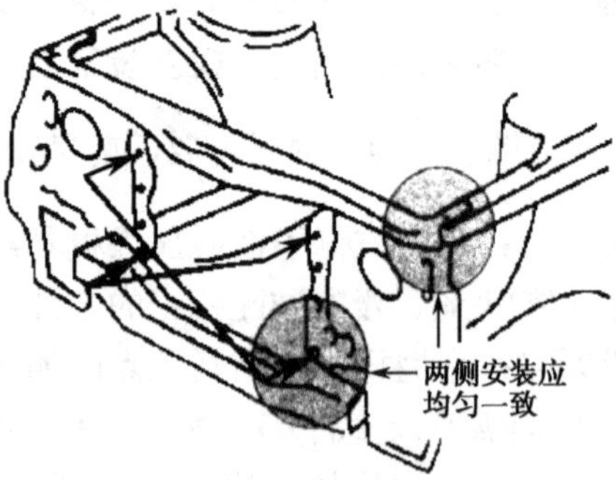

图 6-118　测量散热器支座的对角线长度

步骤 14：临时性安装前翼子板，然后检查它与车门间的位置关系。如果缝隙不合适，则原因可能是内加强板或纵梁高度位置不准确。

步骤 15：焊接之前再按上述方法检测一遍，再次验证所有的尺寸。

（二）发动机罩的修复

发动机罩碰伤的原因有两类：一类是受到重物从上方意外落下的撞击；另一类是汽车肇事，发生正面碰撞，波及到发动机罩。

重物从上方意外落下，这种撞伤一般只是发动机罩本身受损，而很少殃及其他部位，故维修时，不必拆下发动机罩，可直接在车体上进行修复工件。这样，不仅省去了拆卸的麻烦，更节约了大量的维修、安装与调整工时，提高了工效。

汽车撞车或撞在树干、电线杆等建筑物上，造成车体正面撞击，不仅会使前围及左、右翼子板等部位发生损坏，也必定会使发动机罩出现拱曲、塌陷与褶皱等损伤变形。这种损伤变形往往比较严重。所以在拆卸翼子板或前围等部件的同时，也须将发动机罩拆卸下来，以便彻底修复。若不拆卸下来，则无法修复到原来形状。

1. 重物从上方落下使发动机罩产生损伤的修复方法

可用顶撬法进行修复：

步骤 1：当外板出现凹陷时，在内板的相关处，挖出一个或几个孔洞。

步骤 2：用撬棍或木棒将其从里面顶出，趋于平整。

步骤 3：再用锤子在表面外板上轻轻敲击，直至整平。

步骤 4：修平外板后，将内板挖出的孔洞补全。

步骤 5：敲平锉修。

说明：在车体上直接修复，有时需要将发动机罩搬起来。可直接用支撑柱支起，也可用木棒或橡胶块等软物品垫到所需的高度进行修复。

2. 正面撞击使发动机罩损伤的修复方法

步骤 1：拆卸。

拆卸原则：首先用旋具松开两个铰链上的紧固螺钉，便可卸下发动机罩总成。再将其放在工作台上，逐一拆掉附件。需要注意的是，一般的汽车发动机罩都在内板上涂一层隔热胶，修复之前，应将其去掉，避免影响下一步的维修工作。去除时，可用氧乙炔火焰对其加热烘烤。必须注意的是，要用碳化焰（弱火）烘烤，否则会增加该件变形程度，甚至烧穿。边烘烤边用铲刀将其刮掉，直至刮净，如图 6-119 所示。

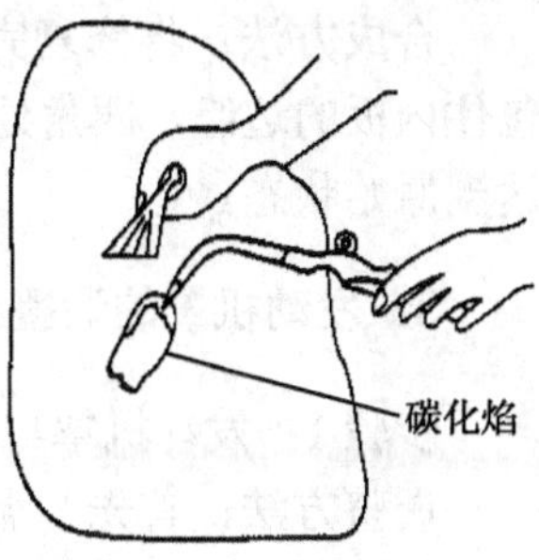

图 6-119 去除发动机罩内板隔热胶

步骤 2：将内、外板分离。

分离方法：首先用专用撬具将外板的包边撬开，使其与内板边缘逐渐分离出一定的角度。然后再用锤与垫铁配合，将外板的包边部分全部打开。如果边角处有焊点，可用扁铲剃开或用手提砂轮机磨去。尽量别用氧乙炔割炬切割，以防止变形。将内、外板分离开，以便分别修复。

步骤 3：平整凹陷部位。

平整方法：将外板表面朝下，里面朝上，放在平台上，用木锤先将塌陷的大坑顶出。然后再翻过来，表面朝上，里面朝下，用铁锤加垫铁进行敲击，如图 6-120 所示。

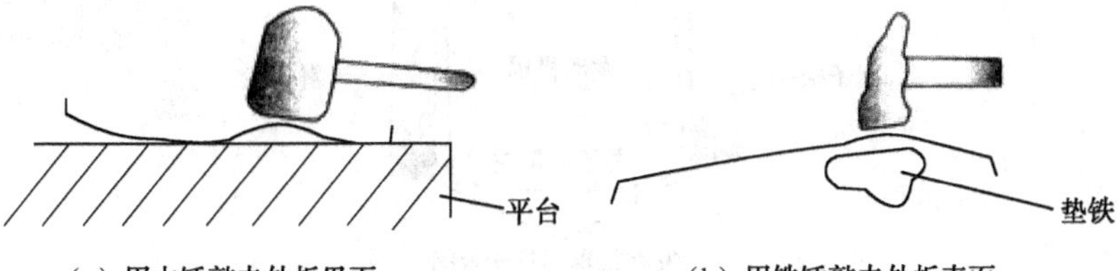

图 6-120 平整外板凹陷部位

需要注意的是，用铁锤敲击时，力度要均匀，由四周逐渐向中间移动，下面的垫铁也要同时配合移动。如遇到仍有下凹的小部位时，垫铁可代替铁锤向上敲击，使其稍向上凸出，再继续用铁锤加垫铁敲击。握锤手要自然握在锤柄的后 1/3 处，并以小臂带动手腕的力量进行敲击，速度为 90～120 次/min。

步骤 4：矫平整个工件。

矫平方法：采用错位敲击法对发动机罩进行最后修复。左手持垫铁，抵在最低部位，右手持锤敲出附近的凸出部位，如图 6-121 所示。

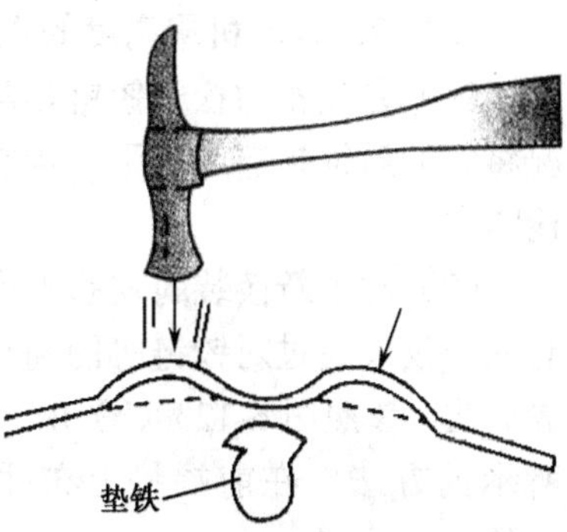

图 6-121 错位敲击法

步骤 5：对工件表面进行光洁处理。

说明：整个外板的平整、矫形工作完毕后，由于铁锤与垫铁、撬棍等工具作业留下了凹凸不平的小痕迹，要用车身锉刀进行最后的修复。

步骤 6：对内板的修复。

说明：由于发动机罩的内板位于车身内部，只是起到加强外板刚度的作用，所以对其表面的质量要求较低，故修复起来也容易很多。其修复方法与外板相似。

步骤 7：内、外板合成。

合成方法：将修复完毕的内板与外板按原来的连接方式合成一体，即将外板的包边重新包住内板的边缘，四角处可用 CO_2 气体保护焊分段焊几点，以增加牢固度。最后使发动机罩达到原始状态。

3．发动机罩的调整

步骤 1：发动机罩与翼子板及前围之间的调整。

调整方法：首先．调整发动机罩的前后位置。稍微松开固定发动机罩与铰链的螺栓，再扣上发动机罩。将其位置调整好后，轻轻揭开罩，开启到合适位置时，让他人将螺栓紧固。发动机罩的前缘必须与翼子板前缘对齐，同时其后缘与前围之间保留足够的缝隙，以避免开启时相互干扰，如图 6-122 所示。

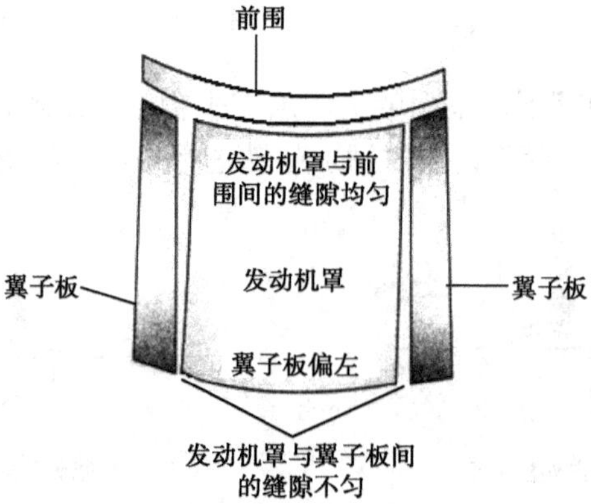

图 6-122　发动机罩与翼子板及前围之间的调整

步骤 2：发动机罩高度的调整。

（1）首先稍微松开铰链与翼子板及前围边缘处的螺栓，然后轻轻盖上发动机罩，根据情况将它的后缘抬起或压下。当它的后部与相邻的翼子板前围高度一致时，再轻轻揭开，将螺栓紧固。

（2）对于新换装的发动机罩，容易出现因边缘弯曲造成高度差，如图 6-123（a）所示。对此，仅仅通过对铰链等的简单调整不能将发动机罩的变形消除，而需要调整发动机罩的边缘曲线。参照图 6-123（b）所示的方法。用手搬动拱曲部位使其复位；也可参照图 6-123（c）所示的方法，在前端垫上布团，然后用手掌轻轻压下拱曲部位，使其与翼子板边缘高度一致。

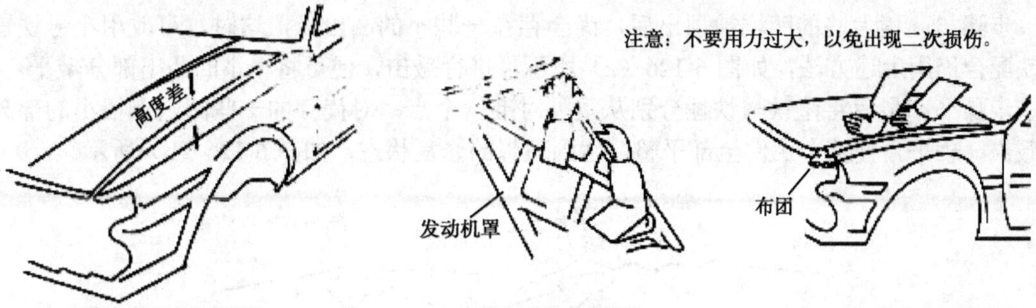

（a）边缘弯曲造成的高度差　　（b）用手将弯曲调平　　（c）垫上布团往下压

图 6-123　发动机罩边缘弯曲高度差的调整

（三）汽车前围护面的修复

1．损伤分析

汽车碰撞时的受力及受损程度取决于事故发生时的状况。通过了解碰撞的过程，能够部分地确定出汽车所受的损伤。因而，在修复之前必须掌握被撞的汽车方位、构造、车速、方向与角度等内容，以便能够准确分析，确定引起损伤的实际原因。

几辆重量接近的汽车，若以不同的车速行驶，车辆的撞伤程度会因撞击对象的不同而有较大的差异。如汽车撞上墙壁和撞上电线杆的后果就有很大区别。前者的碰撞面积较大，损伤程度较轻；后者的碰撞面积较小，损伤程度较重。同时，汽车保险杠、发动机罩、水箱等部件都会发生严重变形。

2．前围碰撞的损伤修复

步骤 1：将一根粗细适宜的钢丝绳的一端系在前保险杠的中央凹陷处，即被撞击部位，另一端系在地桩上，如图 6-124 所示。

步骤 2：然后将该车发动（若此车发动机已损坏不能发动，可用其他车辆往后拖），缓缓倒车。

步骤 3：随着钢丝绳的拉紧，被撞弯曲的保险杠便可渐渐伸直。在拖拉的同时，用锤子随时敲击保险杠弯曲部分的四周，以助伸展和定型。

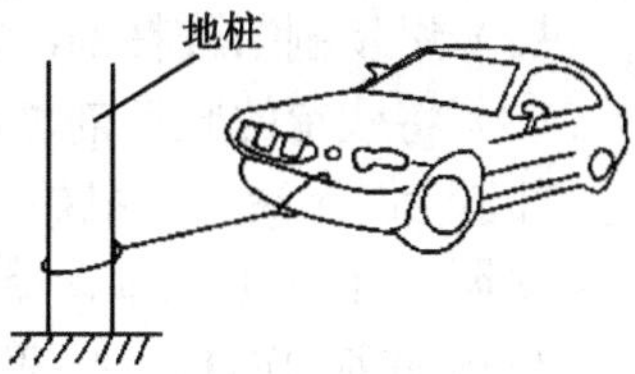

图 6-124　前围碰撞损伤的牵引

说明： 如有必要，还应先拆掉发动机水箱、散热器罩及一些电器零部件，以防不必要的损坏。

步骤 4：大的凹陷被拉平之后，一些小的凹凸不平部分，就可以借助锤子与垫铁进行手工平整。

说明：平整时，对尚存的一些相对凹陷较大的部位，可用垫铁顶在里边凹坑处，再用中号铁锤敲击外边的凸起处，则可将其顶出，如图 6-125 所示。可用氧乙炔焊炬以炭化火焰加热，将凹坑顶出。

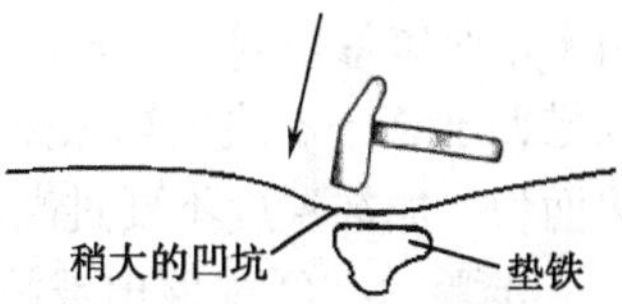

图 6-125　凹陷较大部位的修复

步骤 5：稍大些的凹坑被顶出后，尚会存在一些小的凸出点，这时，可改用小号铁锤与垫铁配合仍用上述方法，如图 6-126（a）所示，进行敲击，便可将稍小的凸出部分敲平。

步骤 6：最后将垫铁与铁锤分别从里外对准一个点，对尚存的一些凹凸点很小的部分进行敲击、矫平，使整个工件全部平整，达到理想的修复状态，如图 6-126（b）所示。

（a）对小凸点进行敲击　（b）对最后的凸点进行敲击

图 6-126　小凸点的修复

（四）车顶的修复

汽车车顶出现损伤大致有三种情况：第一种是常出现的交通肇事，即发生撞击后，无论是主动撞击还是被动撞击，无论是车体前部、中部或后部发生碰撞，均会不同程度地秧及到车顶，导致车顶出现扭曲、拱起或凹陷等不同程度的变形；第二种情况是翻车事故，导致车顶大面积的塌陷与严重变形；第三种情况是从高处落下重物，造成车顶塌陷。

车顶受到从高处落下的重物或被狂风突然吹倒的树干、电线杆等物体的撞击后，车顶一般会出现较大的凹陷。这种情况的修复可不必拆下车顶，而直接在车体上进行，所以可省去较多的拆除与安装工时，使维修进度加快。

交通肇事汽车车顶会出现严重损伤，因此，一般的车顶不仅无法在车体上直接修复，甚至需制作新车顶，进行更换，这便需要将已损坏的车顶拆下来。

1. 车顶受到降落物撞击后的修复

步骤 1：首先拆卸汽车车顶绝缘板。

（1）用旋具等工具卸下压条及其他相关零部件；

（2）逐步割断胶粘剂，并将绝缘材料取下来；

（3）将残留的胶粘剂最后清除干净。

步骤 2：用液压或机械千斤顶将大凹坑顶出。

说明： 千斤顶底部落到车厢地板上，须放平稳，并在千斤顶上端放一块面积较大的木块，以增加顶出面积，使顶出力均匀。避免由于顶出面积小而出现突出的凸包，反而增加修整量。

也可采取前面介绍的拉拽法，即在车顶凹陷的中部，钻上几个小孔，穿上铁丝向上提拉。由于这时维修者是站在车顶上操作，故向上提拉用力不会很大，有时难以将凹坑拉出。这时可以借助于氧一乙炔火焰加热，边加热边提拉就容易多了。加热时应注意掌握火焰加热温度与加热面积，加热温度不要过高，加热面积不要太大，应按实际需要来定，否则会增加变形程度。

步骤 3：经过顶出或拉拽后的车顶，可能会由简单的大面积单一凹陷变成小面积的凹凸不平现象。这时应用与撞击相反的顺序来进行修复工作。用垫铁与锤子相互配合修整小的凹凸点。

步骤 4：矫平整个车顶。

2．肇事与翻车造成车顶严重损坏的修复

步骤 1：用氧一乙炔焊炬使油漆软化，用钢丝刷或刮刀将油漆除掉，如图 6-127 所示。

步骤 2：用手提砂轮机拆除焊点，如图 6-128 所示。

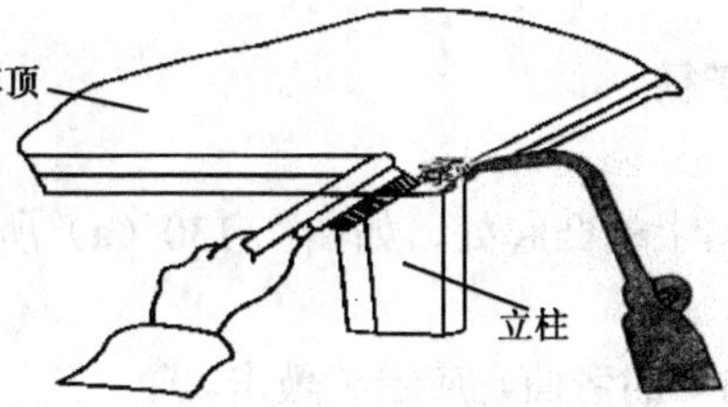

图 6-127　除掉车顶油漆

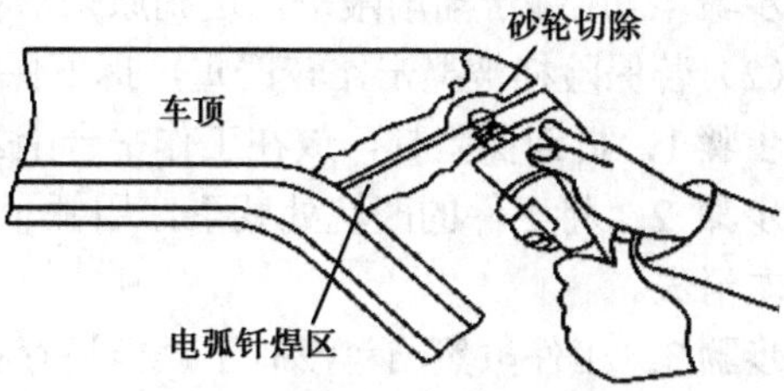

图 6-128　用手提砂轮机拆除焊点

步骤 3：从汽车上拆下车顶板，如图 6-129 所示。

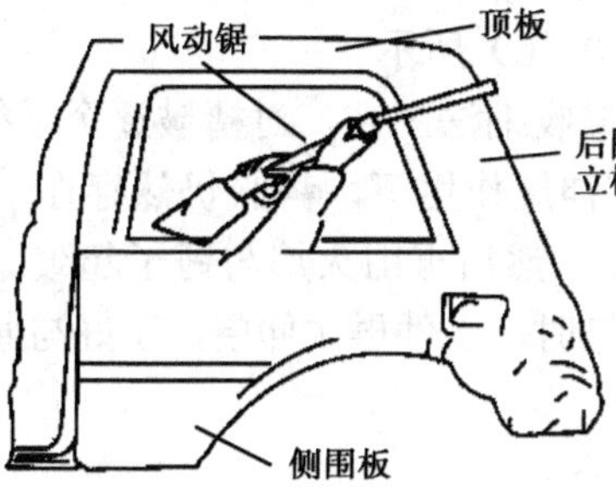

图 6-129　从汽车上拆下车顶板

步骤 4：将更换的车顶置于车上并对正位置后，用夹钳固定，然后临时将其点焊在该位置。

步骤 5：检查车身所有框架部位的尺寸和形状。

步骤 6：准确无误后，将车顶牢固地焊接在该位置上。

（五）汽车后围护面的修复

轿车后围损伤与变形的主要因素一般来自于后车追尾，一般情况是将尾灯碰碎或将塑料保险杠刮坏，再严重的也只能是将护面撞凹陷，后门口变形等。一般说不必拆卸护面等板件，在车体上便可直接修复，且修复过程不是太复杂。

当然，较严重的后围碰撞，不仅会使后保险杠、后车门及门框口等部位发生较重损坏，也会殃及到车身壁板、底板、车顶、车窗与门柱等处，导致不同程度的变形。

1．汽车后围护面的维修

（1）若只是某一点被撞后凹，可在车体上直接修复

步骤 1：拆卸掉后车尾部的附件，包括尾灯、牌照及其他电器部分。

步骤 2：借助氧一乙炔火焰对凹坑处加热烘烤（因保险杠一般铁板较厚，不加热很难修复），趁热用撬具将大凹坑顶出。

注意：凹面中央部位加热至粉红色即可，千万不可加热过大。且加热时，焊炬应做一些轻微的圆周摆（移）动，以免烧穿某一点而带来不必要的麻烦。

步骤 3：凹陷得到初步复位，接着用垫铁与锤子对尚未平整的凹凸变形做进一步修整。

步骤 4：用锤子渐渐敲平，达到原来形状。

（2）若保险杠被撞击比较严重，拆下保险杠修复

步骤 1：拆卸保险杠，放在工作平台上。

步骤 2：将工件的凹坑处朝下，用锤子敲击向上的凸起处，如图 6-130（a）所示，使凸点基本消失。

步骤 3：工件虽然凸包没有了，但还存在大曲率的弯曲，应继续敲击。

这时应以氧一乙炔火焰对弯曲处分几段进行加热，边加热边捶击加热处，加热点的多少与间距根据实际情况（弯曲程度）而定。加热几处，便敲击几处，使工件出现与原始形状接近的弯曲形状。由于火焰加热与捶击作用，加热处的翻边会出现一个个褶皱，与前面提到的起皱钳手工起皱类似，如图 6-130（b）所示。

步骤 4：采取前面提到的起皱收缩法工艺，对褶皱逐个进行收缩敲击，使其平整。

说明：敲平褶皱后，工件在伸展作用下，势必仍然存在一些向上拱曲的现象，但要比以前轻很多，如图 6-130（c）所示，然后再用火焰与锤子起皱。这次起皱后，工件的弯曲弧度可能比原始形状大些，再敲平褶皱时，工件再次伸展，正好与原来形状吻合，如图 6-130（d）所示。

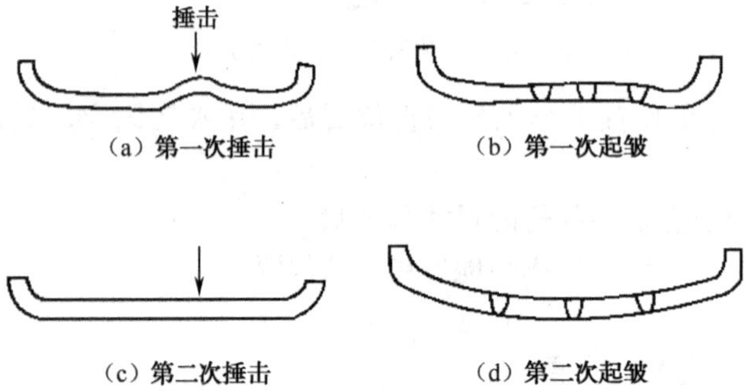

图 6-130　保险杠的修复

步骤 5：若还达不到要求，再重复 1～2 次，直至完全合乎要求。

2. 行李箱盖、框口下部的修复

（1）凹陷不严重的修复

可采用“拉伸法”将其凹坑拉出，再借助撬具、修平刀、抵座与锤子，必要时用氧一乙炔火焰加热来配合修平。

（2）开裂情况的修复

工件出现裂纹后，可采用电阻点焊或 CO_2 气体保护焊进行修复。

（六）汽车侧围护面的修复

1. 汽车侧围护面发生损坏的因素与倾向

汽车侧围护面因撞击而造成损坏的因素一般有两种，即自身主动型撞击与被动型撞击。

（1）主动型撞击

这种情况的发生往往是因为汽车驾驶员在行驶中，突然发现前方出现障碍物，此时由于车速较快，制动一般已来不及，而驾驶员的第一反应便是想绕离危险区，出于本能的缘故，则立即向左打方向盘，其后果便是蹭刮到右侧围，造成右侧围上的车门、门槛、立柱与门框等各部件遭到不同程度的损伤与变形。

（2）被动型撞击

这种撞击一般发生在汽车驾驶员正常行驶时，突然受一侧开来的车辆或在十字路口处从侧面开来的违章车辆的撞击，造成左侧的损伤变形。此种撞击的损伤程度往往比第一种撞击情况严重得多，有时是车身中部垂直受力，不仅使车门与侧围被撞坏，还会殃及车顶与顶框等多处部位。

2. 汽车侧围被撞击的修复

由于轿车的侧围只包括门框与门槛，故一般尽可能在车身上直接修复，无须拆割下来。即使实在不能直接修复，若拆割下来的零件没有实用价值，只能报废，也可重新制作或从其他报废车辆拆割下相同的配件装在车上。

步骤 1：把左侧围上前、后两个受损车门拆掉，待修复后再重新安装。

步骤 2：将撑拉器一端挂于车门立柱上，另一端拴在固定柱上，如图 6-131 所示。

步骤 3：用撑拉器单一方向将左侧车门中柱拉回原来状态。

步骤 4：用手提式油缸从里边撑顶，同时拉拔前支柱，如图 6-132 所示，修复侧围前柱。

步骤 5：将顶角凹陷处初步敲起，然后用螺旋式撑拉器置于门框右上角与左下角之间，旋转手柄。随着手柄的旋转，撑拉器两端螺杆开始伸长，门框则在撑拉器撑顶作用下，逐渐恢复原状，如图 6-133 所示。

图 6-131 车门中柱的牵引

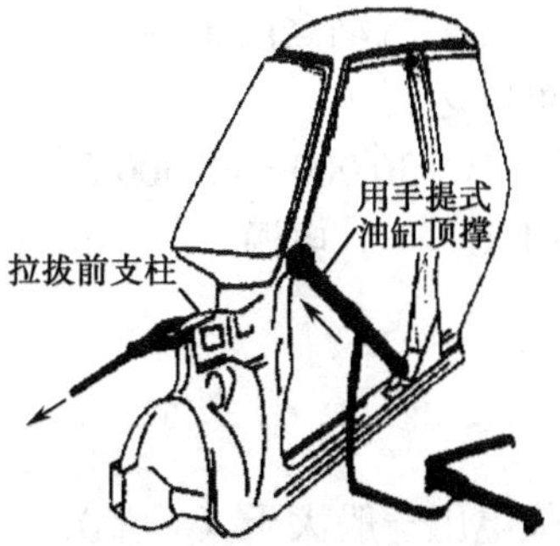

图 6-132 侧围前柱的修复

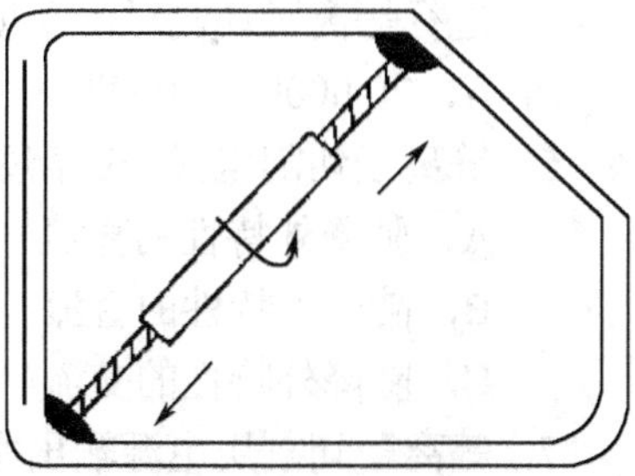

图 6-133 门框的修复

步骤 6：用锤子、垫铁以及氧一乙炔火焰等修复凹坑和凸起，最后整平。

任务七

汽车车身板件更换技术

任务要求

◎ 了解车身受损结构件的修理方法
◎ 掌握汽车车身板件更换的基本方法
◎ 了解车身板件切割的基本方法
◎ 了解车身切割工具及设备类型及使用
◎ 了解现代轿车车身维修应采用的切割方式

任务引导

相关知识点学习：要求学生实训课前参考“知识链接”独立完成。

相关知识点：要求学生实训课前独立完成以下相应内容。

1．车身切割的方法一般有____________、____________、____________、____________。

2．车身板件更换焊接方式有____________、____________。

3．接缝处的焊点用（　　）的方法除去。

A．钻孔　　B．切割　　C．錾

4．（　　）用于金属（钢板、铝板）结构件、外部面板的分割。

A．气动往复式切割锯　　B．气动磨削工具　　C．气动剪

5．进行等离子切割时，温度可以达到（　　）。

A．20 000～30 000℃　　B．30 000～40 000℃　　C．10 000～20 000℃

6．等离子切割电弧一般都采用（　　）电源。

A．陡降外特性的直流

B．陡升外特性的直流

C．陡降外特性的交流

7．等离子切割用电源输出空载电压一般大于（　　）。

A．80V　　B．120V　　C．150V

8．用等离子切割板件时，当板件厚度超过5mm时，要采用（　　）。

A. 铬电极　　B. 锆电极　　C. 钨电极

9. 车身修理中等离子切割板件时用的电极一般是（　　）。

A. 铬电极　　B. 锆电极　　C. 钨电极

10. 用等离子切割时，压缩空气的压强应为（　　）。

A. 0.2～0.4MPa　　B. 0.3～0.5MPa　　C. 0.4～0.6MPa

11. 等离子切割的速度由（　　）决定。

A. 金属的厚度　　B. 金属的种类　　C. 切割空载电压

12. 用等离子切割钢板的厚度在3mm以上时，切割枪要和工件成（　　）。

A. 30°　　B. 45°　　C. 60°

13. 清除焊点时，（　　）的操作方法是错误的。

A. 要清理掉所有的焊点油漆

B. 不能破坏下层板

C. 可以用钻和磨削的方法切割

14. 用砂轮磨削分割板件上的连续焊缝，砂轮盘与工件的角度是（　　）。

A. 45°　　B. 30°　　C. 60°

15. 通常是采用（　　）分离电弧钎焊的区域。

A. 钻头　　B. 磨削　　C. 切割

16. 车身上电弧钎焊焊接的板件可以用（　　）的方法分离。

A. 砂轮切除钎焊

B. 钻头切割

C. 氧乙炔焊枪或丙烷焊枪熔化钎焊的金属

17. 钢板的搭接宽度应为（　　）。

A. 5～8mm　　B. 10～16mm　　C. 18～24mm

18.一般而言，当安装一个重复使用的、带有中立柱的门槛板时，或当安装重复使用的后侧板时，宜采用（　　）。

A. 插入件对接法

B. 搭接的方法

C. 没有插入件对接方式

19. 门槛内的插入件长度一般是（　　）。

A. 10～20mm　　B. 15～30mm　　C. 20～30mm

20. 对于可分割的结构件，要求塞焊的孔径为（　　），塞焊焊接时要求喷枪做螺旋运动，以适当地熔化孔边至基底金属。

A. 6mm　　B. 8mm　　C. 10mm

任务实施

（1）进行切割工具及设备操作练习。

（2）进行车身板件更换操作练习。

（3）观看多媒体教学课件或视频，了解汽车车身板件更换的基本方法。

（4）根据任务（1）和（2），把调整参数的名称、数据及作用填在实训报告表7-1中。

项目一：门槛外板更换的具体步骤与技术要求

 图 7-1	如图 7-1 所示，在需要更换的门槛板上划出切割范围，注意两端不要平着切割，要留出搭接凸块
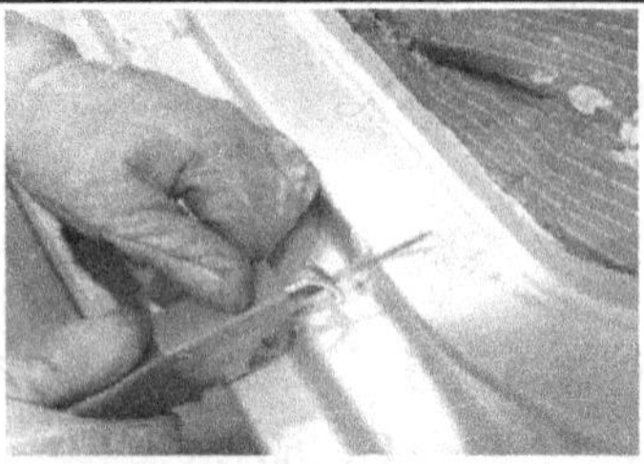 图 7-2	如图 7-2 所示，用气动锯沿着划线切割划有凸块的地方
 图 7-3	如图 7-3 所示，用切割砂轮快速切割直线的地方
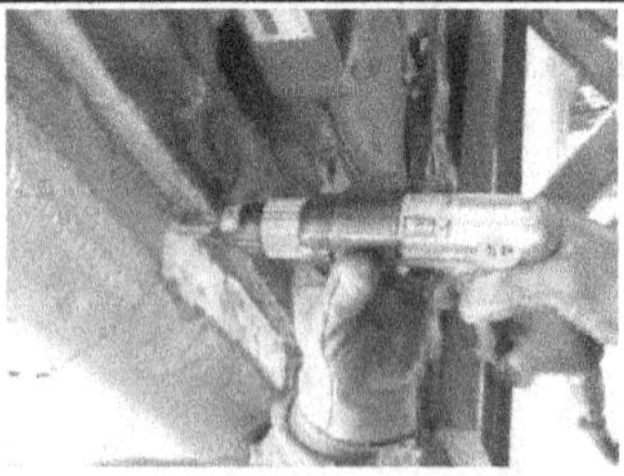 图 7-4	如图 7-4 所示，用焊点转除钻钻除电阻点焊的点
 图 7-5	如图 7-5 所示，把切割完的门槛外板移开

续表

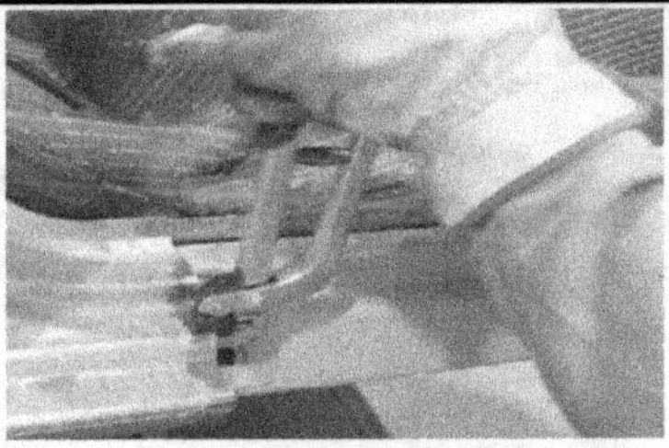 图 7-6	如图 7-6 所示，用搭边机对搭接凸块进行偏置
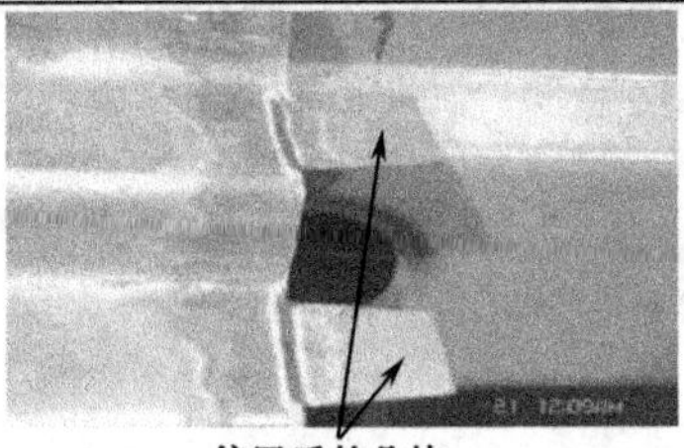 偏置后的凸块 图 7-7	偏置后的搭接凸块，如图 7-7 所示
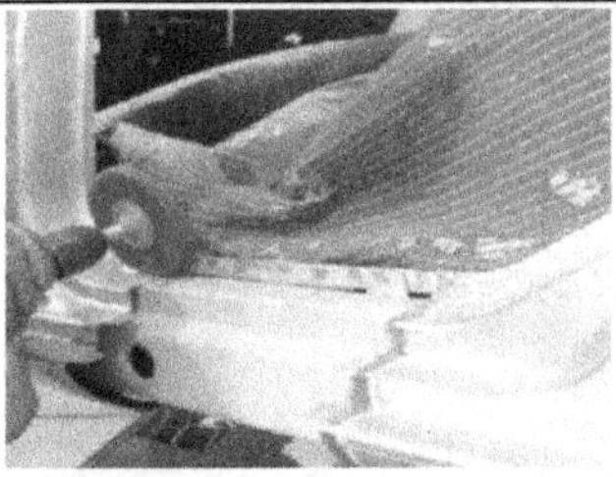 图 7-8	如图 7-8 所示，对已钻除焊点留下的底板焊点区进行打磨削平
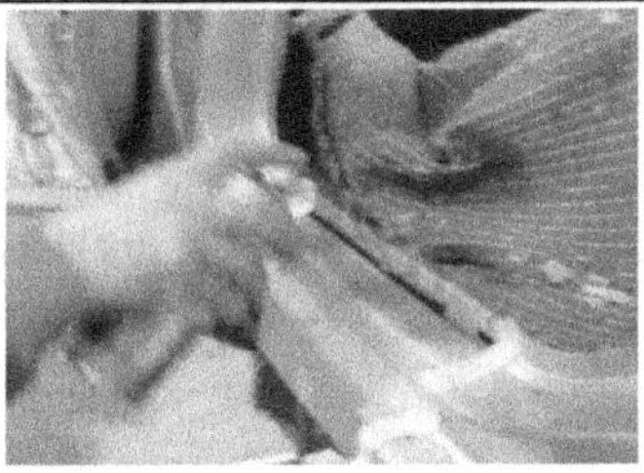 图 7-9	如图 7-9 所示，打磨完后在打磨区涂上透焊防锈剂
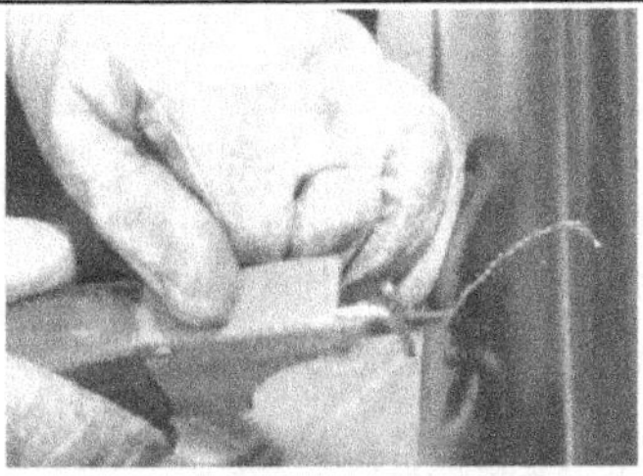 图 7-10	如图 7-10 所示，在新的门槛板上切割相同尺寸的外板

续表

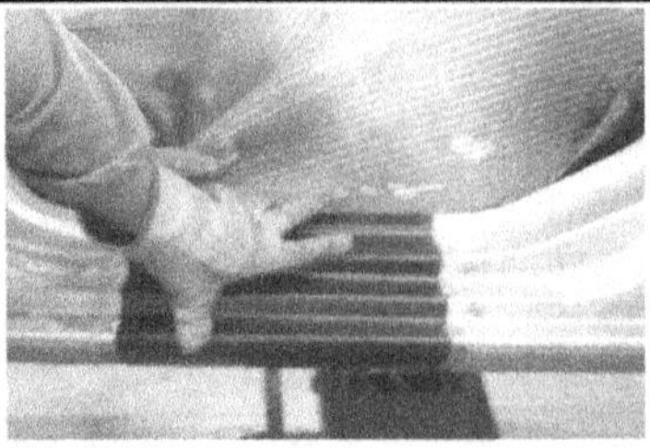 图 7-11	如图 7-11 所示，把新的门槛外板放到切口上检查是否合适
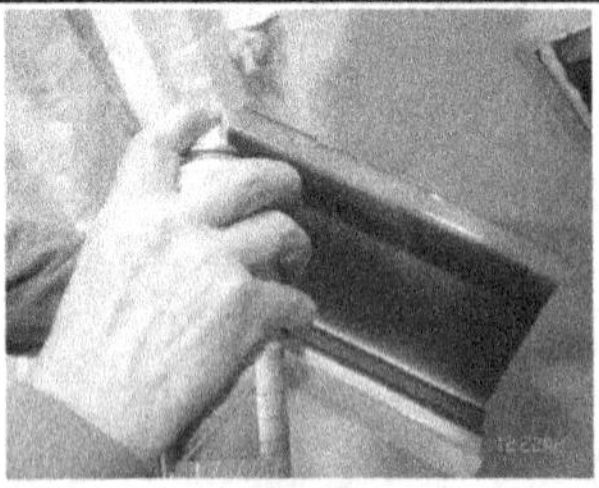 图 7-12	如图 7-12 所示，对新板的内表面喷涂透焊防锈剂
 图 7-13	如图 7-13 所示，用夹具把新板定位好
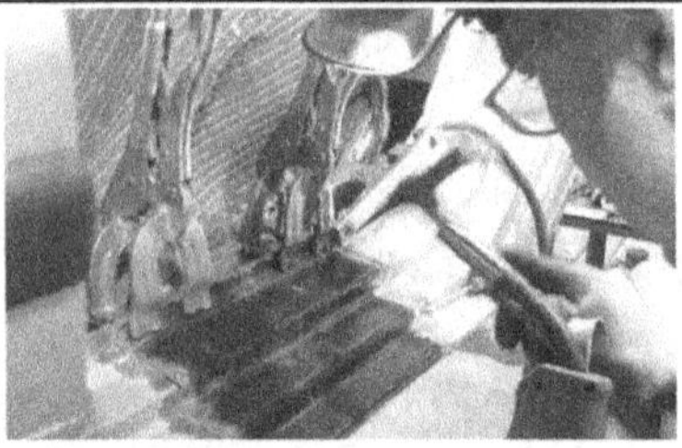 图 7-14	如图 7-14 所示，用锤子轻敲，使两端接缝平齐，并用气体保护焊进行定位焊
 图 7-15	如图 7-15 所示，用气体保护焊进行连续焊方式焊接接缝

续表

 图 7-16	如图 7-16 所示，对焊缝进行磨平。 两边上原电阻点焊区以相同的焊点数进行点焊。也可用塞焊焊接代替。 门槛外板更换完毕，进行 5S

实训报告 7-1　切割板件操作

表 7-1

实 训 车 型		任　　务	作　　用
实 训 步 骤		名称与参数	作　　用
1	使用气动锯切割板件		
	步骤：（1）		
	（2）		
	（3）		
	（4）		
	（5）		
2	参数调整：（1）		
	（2）		
	（3）		
3	安全防护及注意事项		原因
	（1）		
	（2）		
	（3）		
	（4）		
	（5）		
4	5S		

教师评语					
成绩		指导教师签名		日期	

任务考核单 7-1　切割板件操作

表 7-2

<table>
<tr><td>班　级</td><td colspan="2"></td><td>姓　名</td><td>学　号</td><td></td></tr>
<tr><td rowspan="2">考核内容</td><td colspan="3" rowspan="2">切割板件操作</td><td>规定考核时间</td><td>30 分钟</td></tr>
<tr><td>实际考核时间</td><td>分 3 次</td></tr>
<tr><td>序　号</td><td colspan="2">检查维修内容/评分标准</td><td>配　分</td><td>考核及评分记录</td><td>得　分</td></tr>
<tr><td rowspan="2">1</td><td rowspan="2">准备</td><td>设备检查</td><td>5</td><td></td><td></td></tr>
<tr><td>安全防护</td><td>10</td><td></td><td></td></tr>
<tr><td>2</td><td>示范</td><td>穿戴安全防护用品、用具</td><td>10</td><td></td><td></td></tr>
<tr><td rowspan="4">3</td><td rowspan="4">调整及效果</td><td>调整参数</td><td>20</td><td></td><td></td></tr>
<tr><td>切割过程</td><td>20</td><td></td><td></td></tr>
<tr><td>操作是否规范</td><td>20</td><td></td><td></td></tr>
<tr><td></td><td></td><td></td><td></td></tr>
<tr><td rowspan="2">4</td><td rowspan="2">安全文明</td><td>防护措施得当，作业规范安全整洁</td><td>5</td><td></td><td></td></tr>
<tr><td>工具、零件不落地</td><td>3</td><td></td><td></td></tr>
<tr><td rowspan="2">5</td><td rowspan="2">工具使用</td><td>工具选用合理</td><td>2</td><td></td><td></td></tr>
<tr><td>5S 是否到位</td><td>5</td><td></td><td></td></tr>
<tr><td>6</td><td>考核时间</td><td>每超 1 分钟扣 3 分，超时 3 分钟终止考核</td><td></td><td></td><td></td></tr>
<tr><td colspan="3">合计</td><td>100</td><td></td><td></td></tr>
<tr><td>监考教师</td><td colspan="2"></td><td>考核日期</td><td colspan="2">年　月　日</td></tr>
</table>

知识链接

一、切割工具及设备

钢材画料后，必须按照所需要的零件或毛料进行分离，由于画线形状的不同，钢材质量的差异和厚薄不同等原因，以及生产单位具体条件的不同，故分离的方法是多种多样的，归纳起来有机械分离、气割分离、等离子分离和手工分离等几种。

（一）机械分离

利用专用的机床剪切板料及卷料，是目前最普遍采用的方法，是汽车维修钣金工下料的主要方法之一。其主要剪切机床有振动剪床、龙门剪床、圆盘剪床等，用这些专用机床进行板料的剪切，可以大大节省劳力，提高劳动生产率，所剪切的坯料轮廓可以是直线、曲线，也可以是曲线与直线相互连接的坯料。

1. 振动剪床

振动剪床由电动机、传动系统、刀架振动机构、工作部分、机架及机座等组成。工作部分由 2 个剪刀片组成。上刀片固定在滑块刀座上，下刀片固定在床身上。板料的剪切是依靠上刀片的振动而被剪断的，上刀片每分钟振动 1 500～2 000 次。上下刀片调整间隙参考表 7-1。

表 7-3 振动剪床刀片间隙

钢板厚（mm）	<5	6～14	15～40
间隙（mm）	0.09	0.10	0.2～0.5

振动剪床主要用于剪切 2mm 以下的低碳钢板及有色金属板料。常用于直线或曲线的剪切，也可进行切除零件余边工作，图 7-17 所示为振动剪床的剪切方法，图 7-18 所示为脚踏式裁板机。

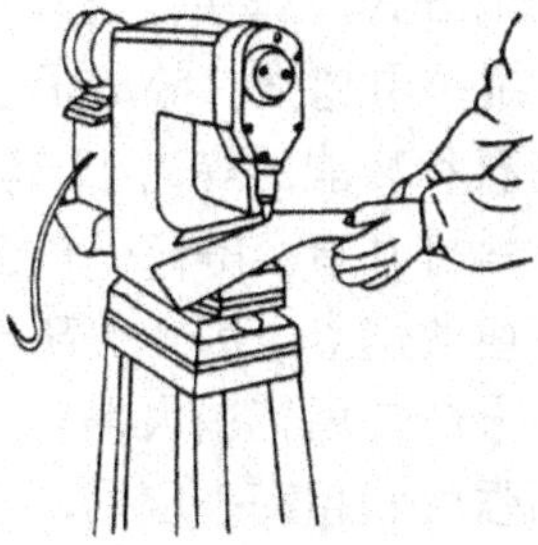

图 7-17 振动剪床的剪切方法

图 7-18 脚踏式裁板机

2. 龙门剪床

龙门剪床按传动装置布置不同，可分为上传动和下传动两种，基本结构主要由床身、床面、上下刀片、压料装置、主传动装置、挡料装置、控制系统等组成，如图 7-19 所示。

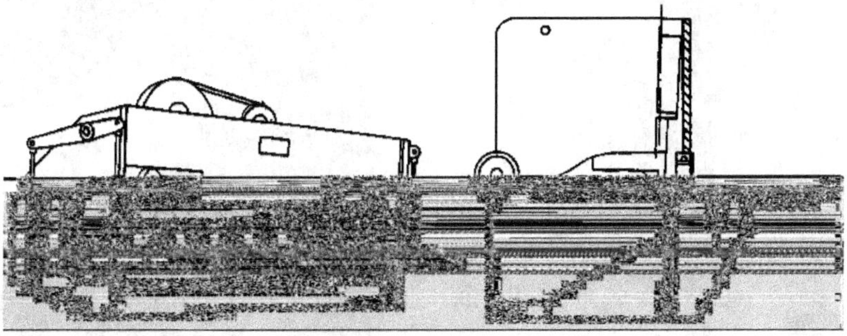

图 7-19 龙门剪床

3. 气割分离

气割或电弧切割主要是利用氧-乙炔火焰或电弧对材料进行加热熔化分离的方法。这种方法多用于厚板料，一般薄料很少采用。采用气割或电割分离，具有效率高、设备简单等优点，并能在各种位置进行切割，所以被广泛应用于钢板下料工作。

4. 等离子分离

将电弧强迫集中“压缩”，可以获得一种比电弧温度更高，能量更集中的热源——等离子弧。等离子弧的温度可高达 15 000～30 000℃。这种等离子弧用作切割显示出来的优点，是其他火焰切割（氧-乙炔切割和电弧切割）所不能具备的。例如切割不锈钢、铝、铜、铸铁，以及其他难熔金属和非金属材料。

等离子切割在我国已较广泛应用，它不仅生产效率高，而且切口较窄，切割边的质量较好，并且热影响区域小，材料性能无显著变化，工件变形也很小。

（1）等离子切割的原理

等离子弧是一种压缩电弧，由于弧柱断面被压缩得很小，因而能量集中（能量密度可达 100 000～1 000 000W/cm²），温度高（弧柱中心温度近 20 000～30 000℃），焰流速度大（可达 300m/s 以上）。

一般车身用等离子切割机等离子弧的获得是通过磁收缩方式，弧柱电流本身产生的磁场对弧柱有压缩作用（磁收缩效应）。电流密度越大，磁收缩作用越强。等离子切割是一种常用的金属和非金属材料的切割工艺方法。它利用高速、高温和高能的等离子气流来加热和熔化被切割材料，并借助内部的或者外部的高速气流熔化材料排开直至等离子气流束穿透而形成割口。等离子弧柱的温度高，远远超过所有金属和非金属的熔点。因为等离子切割过程不是依靠氧化反应，而是靠熔化来切割材料，因而比氧切割方法使用范围大得多，能够切割绝大部分金属和非金属材料。现代的汽车中，大量应用了高强度和超高强度钢，这类钢材的硬度、强度非常大，用切割锯、气割钻的效率不高，由于使用氧切割会产生大量的热从而破坏了金属内部的金属结构，不能够在现代的汽车中使用。等离子切割使得在现代汽车中高强度和超高强度钢大量应用所产生的普通切割方式不能满足的要求得到解决，如图 7-20 所示为等离子切割机。

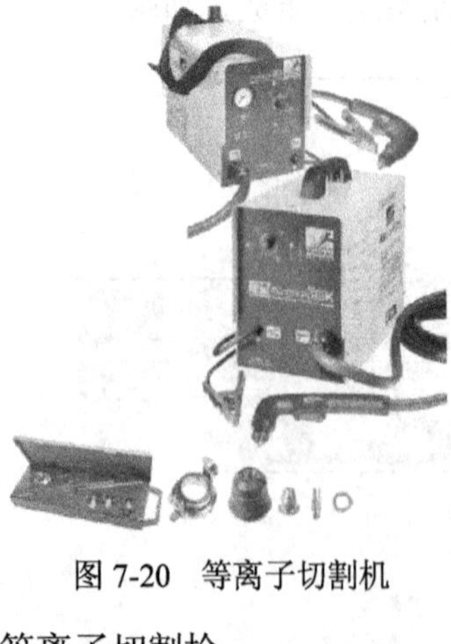

图 7-20　等离子切割机

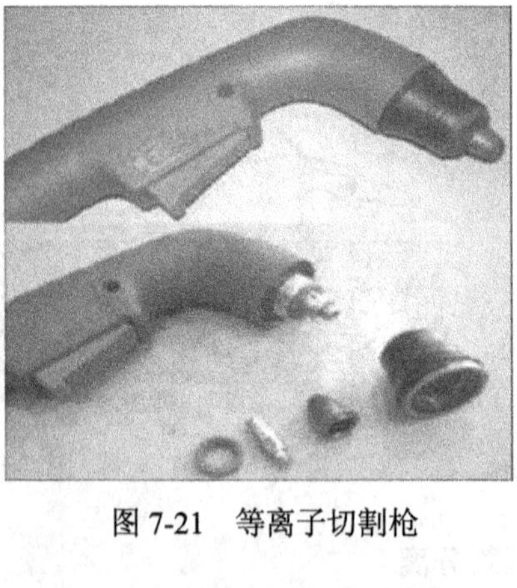

图 7-21　等离子切割枪

（2）等离子切割枪

切割汽车车身零部件的切割枪是小型的、便于操作的，能在零部件比较密集的部位工作，如图 7-21 所示。切割枪上的两个关键部件分别是喷嘴和电极，是等离子切割机中的易损件。喷嘴和电极的损坏都将影响切割的质量。它们在每次切割中都略有损耗，而且如果压缩空气中有水分、或切割过厚的材料，操作者水平太低都将使它们过早地损坏。

（3）电极与喷嘴

电极又称为“嵌条”，电极通常由锆和钨制成，这两种金属的硬度高、耐久性好。在切割厚度超过 5mm 的钢板时，应该使用钨电极，钨电极适用于除空气以外的其他气体，例如氩气、氮气或氢气，在碰撞汽车修理中很少用这几种气体。现在车身修理中用的电极一般是锆电极。

切割枪的电极和喷嘴非常容易损坏，要及时更新，如图 7-22 所示。

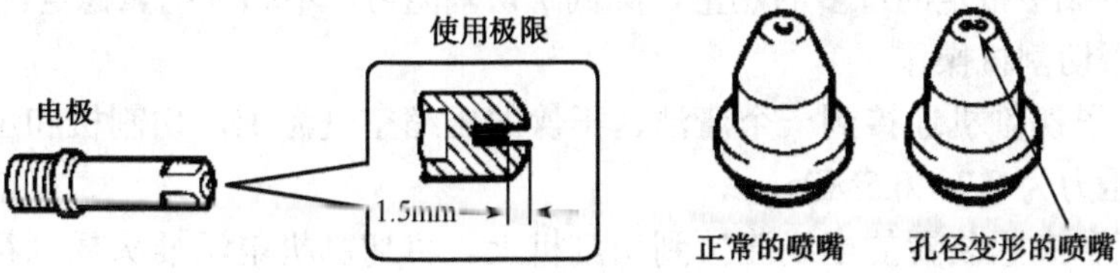

图 7-22　电极与喷嘴

（4）等离子切割的气源

等离子切割机机内或机外空气压缩机供应压缩空气，也可以采用压缩空气气瓶供气。空气要求干燥、清洁，为了减少污染，在气路上应安装过滤器。空气压力一般应在 0.3～0.5MPa，气压过高或过低都将降低切割的质量、损坏电极或喷嘴，并降低切割机的切割能力。

（5）切割电源及控制系统

等离子切割电弧一般都采用陡降外特性的直流电源，切割用电源输出空载电压一般大于 150V，根据采用不同电流等级和工作气体而选定空载电压，电流等级越大，选用的切割电源空载电压越高，等离子空气切割机的控制装置一般都很简单。专门用于切割较薄金属的切割机只需有关闭/接通开关和一个待用指示灯。当切割机具备切割条件时，该指示灯显示。较复杂的设备还包括一个安装在内部的空气压缩机、可调节的输出控制装置、机载的冷却剂和其他装置。等离子切割机的开路电压有可能很高（250～300V），所以割炬和内部接线柱的绝缘很重要。

另一些切割机上，还装有一个可供操作者改变电流状态的开关。当切割裸露的金属或带油漆的金属时，通过此开关可选择不同的电流。切割带有油漆或生锈的金属时，最好用连续的高频电弧切入不导电的金属表层，然后继续用这种电弧切割。而切割裸露的金属时，只需高频电弧作为触发电弧。当割炬开始切割后，需要用直流维弧使切割继续进行下去。切割裸露的金属时，电极和喷嘴的寿命最长。

（6）切割工艺参数

① 切割电流。切割电流大，易烧损电极和喷嘴，且易产生双弧，因此相应于一定的电极和喷嘴有一合适的电流。

② 空载电压。空载电压高，易于起弧。切割大厚度板材和采用双原子气体时，空载电压相应要高。空载电压还与割枪结构、喷嘴至工件距离、气体流量等有关。

③ 切割速度。主要决定于材质板厚、切割电流、切割电压、气体种类和流量、喷嘴结构和合适的后拖量等，如图 7-23 所示。

图 7-23 切割速度

④ 气体流量。气体流量要与喷嘴孔径相适合，气体流量大，利于压缩电弧，使等离子弧的能量更为集中，提高了工作电压，有利于提高切割速度和及时吹除熔化金属。但是气体流量过大，从电弧中带走的过多的热量，降低了切割能力，不利于电弧稳定。

（7）等离子切割机操作

① 将等离子切割机连接到一个清洁、干燥的压缩空气源上，切割机和压缩空气连接处的最大输送管压力为 0.3～0.5MPa。

② 将焊炬和夹紧装置的电线连接到切割机上。将切割机电源插头插到符合制造厂规定的电源上，然后将地线夹连接到汽车的一个清洁表面上，连接处应尽量靠近切割部位。

③ 在等离子弧被触发以前，应先将切割喷嘴与工件上一个导电的部分相接触。必须进行这项操作，以符合安全流程的要求。一旦等离子弧被触发以后，切割机将很容易切入涂有油漆的表面。

④ 拿起等离子焊炬，使切割喷嘴与工件表面垂直，向下推动等离子焊炬，这将迫使切割喷嘴向下移动，直到与电极相接触。这时，等离子弧被触发。然后，立即停止推动等离子焊炬，让切割喷嘴返回到原来的位置。

⑤ 当等离子弧被触发后，不需要再使切割喷嘴与工件保持接触。不过，两者保持接触会使切割更容易进行。当切割喷嘴与工件保持接触时，施加在等离子焊炬上的向下的力非常小。只需要将它轻轻地拉到工件的表面上。

⑥ 开始在金属上需要切割的部位移动等离子焊炬，切割的速度由金属的厚度决定。如果移动焊炬过快，它将不切割工件。如果焊炬移动太慢，将会有太多的热量传入工件，而且还可能熄灭等离子弧。

（8）等离子切割机的注意事项

① 当切割厚度在 3mm 以上时，最好使等离子切割枪与母材成 45° 角。

② 切割枪的冷却对延长电极和喷嘴的寿命非常重要，进行长距离的直线切割时，使用一个金属的靠尺会更加方便。

③ 切割厚度 6mm 以上的材料时，最好先从材料的边缘开始切割。

④ 修理锈蚀的部分时，可将新的金属材料放在锈蚀部位的上面，然后切割补上去的金属，同时也将生锈的部分切除掉。

⑤ 在切割过程中，从切割电弧中喷出的火花会损坏油漆的表面，火花还会在玻璃上留下凹点，可用一个焊接防护套来保护这些表面。

（9）等离子切割操作的安全防护

① 防高温。等离子弧的温度达到 20 000～30 000℃，操作中不能接触等离子弧，没有任何防护用品会造成近距离的烧伤。

② 防电击。等离子弧电源的空载电压较高，尤其是在手工操作时，有电击的危险。因此电源在使用时必须可靠接地，割枪枪体与手触摸部分必须可靠绝缘。操作人员要穿戴绝缘手套。

③ 防电弧光辐射。电弧光光辐射强度大，主要是紫外线辐射，由可见光辐射与红外辐射组成，等离子弧较其他电弧的光辐射更大，尤其是紫外线强度，故对皮肤损伤严重，操作者在切割时必须要穿长袖工作服，佩带吸收紫外线的护目镜。

④ 防灰尘与烟气。等离子弧切割过程中伴随有大量汽化的金属蒸气、臭氧、氮化物等，由于气体流量大，致使工作场地灰尘大量扬起，这些灰尘和烟气对操作工人的呼吸道、肺等产生严重影响，因此工作场地要通风良好，并且佩带防尘口罩。

⑤ 防噪声。等离子弧会产生高强度、高频率的噪声，尤其大功率的等离子切割时，噪声更大，这对操作工人的听觉系统和神经系统非常有害。操作者必须佩带耳塞或耳罩。

⑥ 防高频。等离子弧采用高频震荡引弧，但高频对人体有一定的危害，要求工件接地可靠。

（二）常用分割工具

1. 剪刀

手工剪切是利用手剪或台剪对材料进行剪切分离。这种方法主要在设备条件较差或其他某种条件下应用于小批量或数量不大的单件生产。其优点是不需要专用的剪切设备，工作方便，但劳动强度大，生产效率低，一般不提倡使用。

手用钣金剪是一种结构简单的剪切工具，它是利用杠杆原理制成的，如图 7-24 所示。

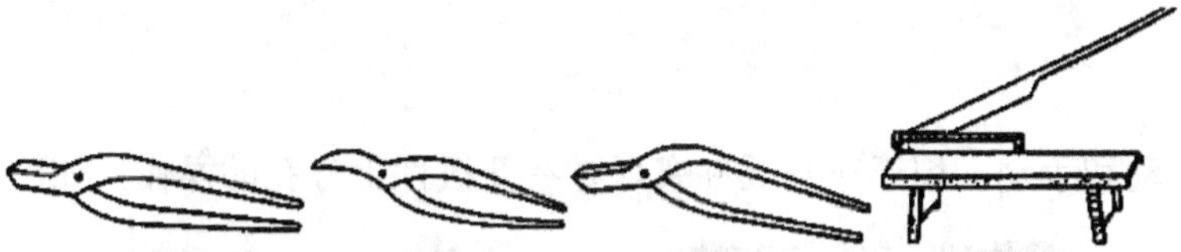

图 7-24 手用钣金剪

手用钣金直剪刀和弯剪刀分别适用于沿直线及曲线剪切，主要用于剪切薄钢板、薄铜皮、薄铝板等板料。其中普通薄钢板的剪切厚度不宜超过 1.5mm，薄铝板不超过 2mm。

2. 气动磨削工具

用于金属磨削、切割，油漆层的去除，研磨腻子等工作，如图 7-25 所示。

3. 气动錾子

气动錾子用于能快速进行粗切割作业，节省大量时间。还能破开咬死的减震器螺母，以及去除焊接溅出物和破碎焊点，如图 7-26 所示。

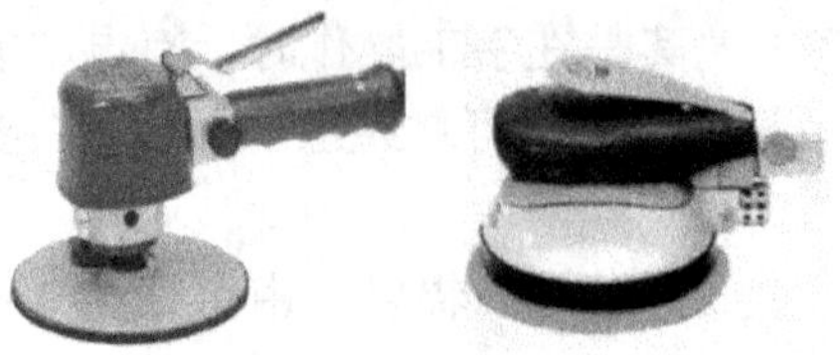

图 7-25　气动磨削工具

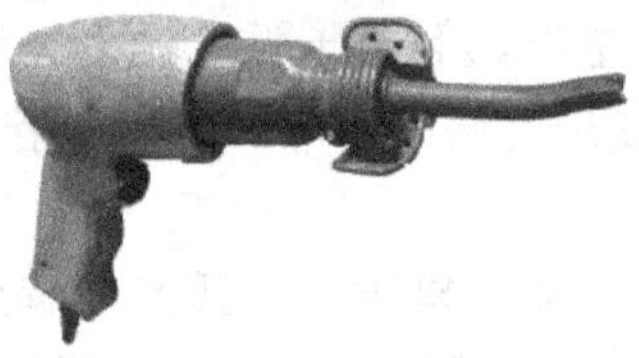

图 7-26　气动錾子

4．气动切割锯

车身维修中常用的是气动往复式切割锯，用于金属（钢板、塑料件、铝板）结构件、外部面板的分割，如图 7-27 所示。

图 7-27　气动切割锯

5．焊点转除钻

可以进行车身电阻点焊焊点的去除分离，有进度限位装置，保证在分离板件的同时不会损伤下层板，如图 7-28 所示。

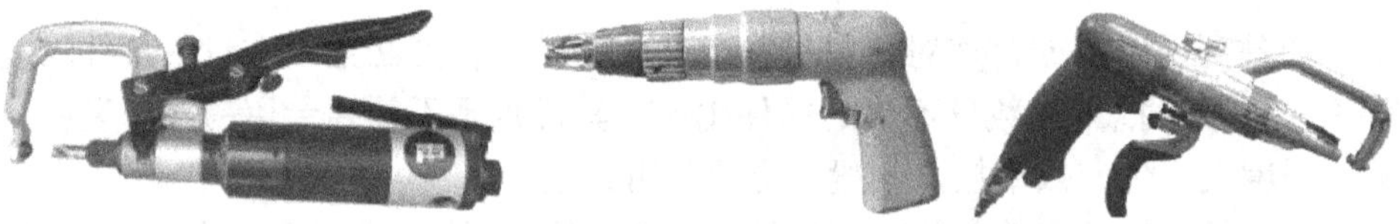

图 7-28　焊点转除钻

6．打孔器

打孔器有气动和手动，用于车身板件塞焊时在新板件上打孔的操作，如图 7-29 所示。

图 7-29　打孔器

7．摺边机

摺边机用于车身板件搭接的接缝的摺边或车门等内外板的摺边成形，如图 7-30 所示。

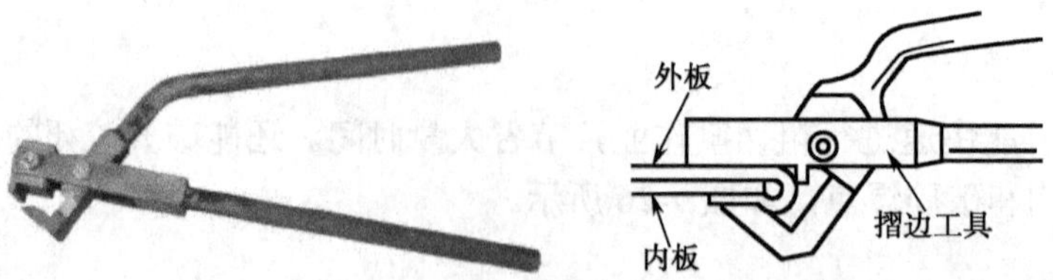

图 7-30　摺边机

8. 气动剪

气动剪可用于切断、修整和剪切出外形，或剪切塑料、白铁皮、铝和其他金属板（包括各种规格的轧制钢板），如图 7-31 所示。

9. 气动除锈器

气动除锈器用于清除金属板上的锈迹，如图 7-32 所示。

10. 气动锉

气动锉用于快速清理车身板件上尖锐的毛刺等工作，如图 7-33 所示。

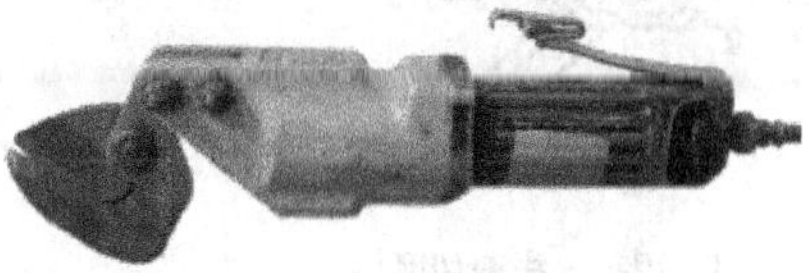

图 7-31 气动剪

图 7-32 气动除锈器

图 7-33 气动锉

（三）剪切对钢板质量的影响

1. 使用不同剪切设备的影响

在斜刃剪板机上剪切时，由于上下剪切角度的影响，使被切下的条料会发生弯曲和扭曲。剪切角越大，被剪切的板料越厚，条料宽度要求越窄时，这种弯曲及扭曲现象就越严重。从这一角度出发，使用斜刃剪切机剪切板料要比使用平刃剪切机精度低，质量也差一些。

圆盘剪切和振动剪床所剪切的坯料质量与精度要比斜刃剪切机更差一些。且断面毛刺大，条料形状易发生弯曲及扭曲，剪切后必须进行矫正。

2. 操作和材质的影响

在剪切过程中，由于切口附近金属受剪力作用而发生挤压、弯曲和变形，致使钢材的硬度提高，塑性下降，材质变脆，这种现象叫做冷作硬化。硬化区域的宽度范围与操作的影响等有关。

（1）操作的影响

如果刀片间隙不适当、刀片间隙越大，则零件受弯情况越严重，硬化区域也越大。如刀刃迟钝，则剪力越大，硬化区域宽度也越大。当压紧装置离刀刃较远时，压力减小，零件松动易变形，硬化区宽度也就越大。

（2）材质和厚度的影响

钢板的塑性越好，则变形区域越大，硬化区域的宽度也越大。钢板的厚度越大，则变形越大，硬化区域宽度也越大。当被剪切的钢板厚度小于 25mm 时，一般硬化区域宽度在 1.5～2.5mm，因此，在制造重要的结构件时，需将硬化区的宽度刨削除掉或者进行热处理。

3. 使用手用钣金剪剪切薄板材

手用钣金剪的剪切工艺如图 7-34 所示。

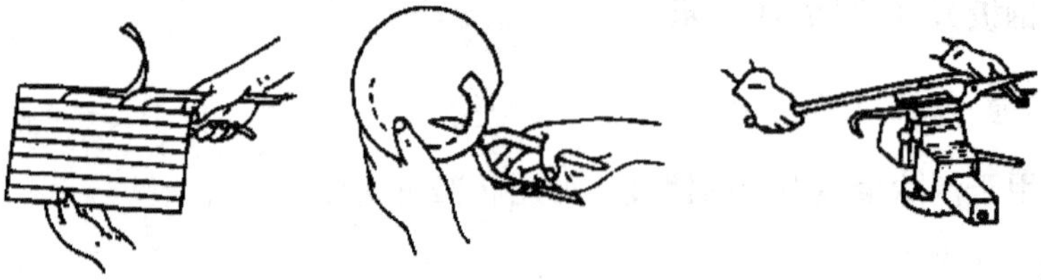

（a）剪短料　　（b）外圆的剪切　　（c）在台虎钳上用剪刀剪切厚料

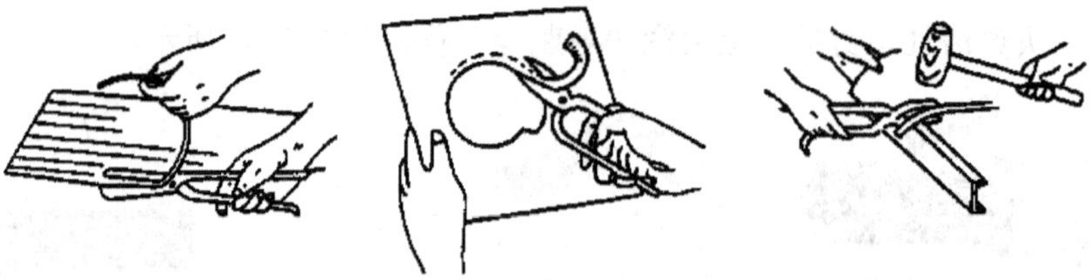

（d）剪长料　　（d）内圆的剪切　　（f）用敲击法剪切厚料

图 7-34　手用钣金剪的剪切工艺

二、车身板件更换

（一）车身板件拆卸

1. 确定电阻点焊焊点的位置

如图 7-35 所示。

（1）去除底漆、保护层或其他覆盖物。

（2）可用氧乙炔或氧丙烷焰烧焦底漆，并用钢丝刷将它刷掉。

（3）清除油漆以后，焊点的位置仍不能看清的区域，在两块板件之间用錾子錾开。

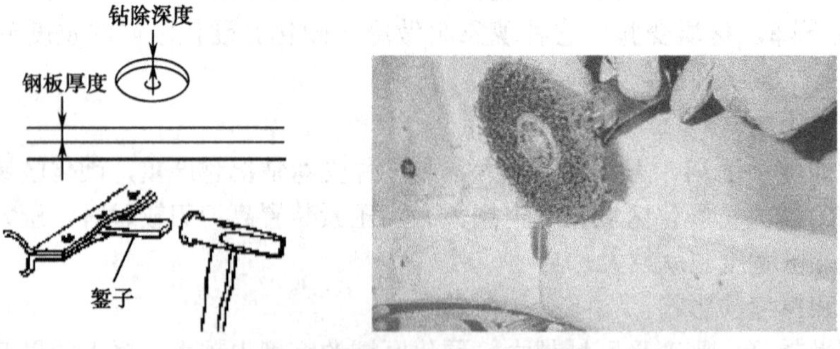

图 7-35　确定电阻点焊焊点位置

2．分离电阻点焊焊点的方法

（1）使用钻头、点焊切割器等工具来钻掉焊点，如图 7-36 所示。切割时都不要切割下面的板件，并且一定要准确地切掉焊点，以避免产生过大的孔。

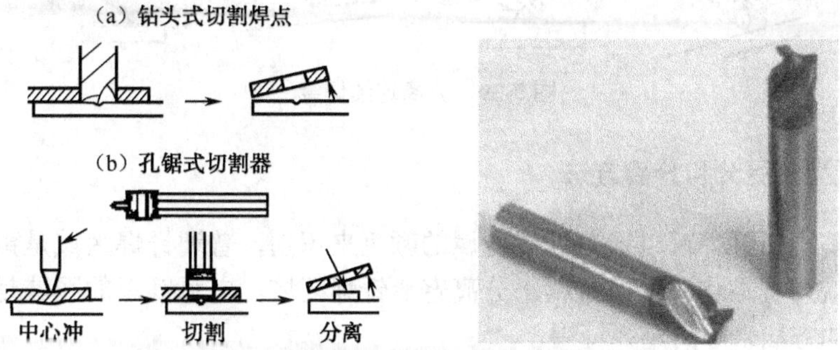

图 7-36 用钻头钻除焊点

（2）使用自身具有夹紧装置的焊点转除钻，钻头有行程限制，在钻透第一层板后不会损伤下面的板件，如图 7-37 所示。

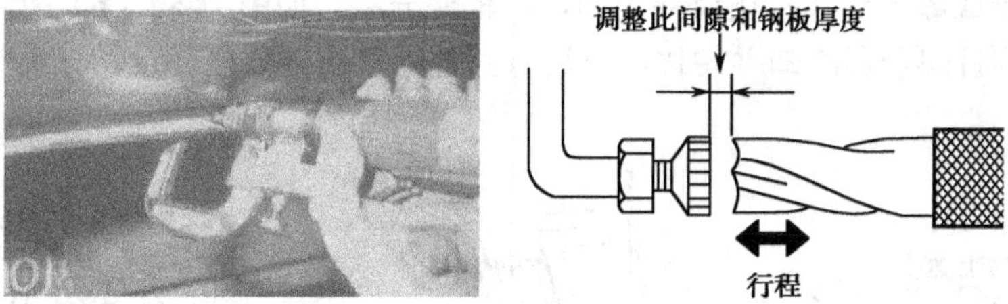

图 7-37 用转除钻去除焊点

（3）磨削分离，用高速砂轮也可分离点焊的板件用钻头不能够钻除的焊点，或更换板件的塞焊点（来自早先的修理）太大，钻头不能钻掉时，可以采用这种方法。操作时只需要磨削掉上层板，而不要破坏下层板，如图 7-38 所示。

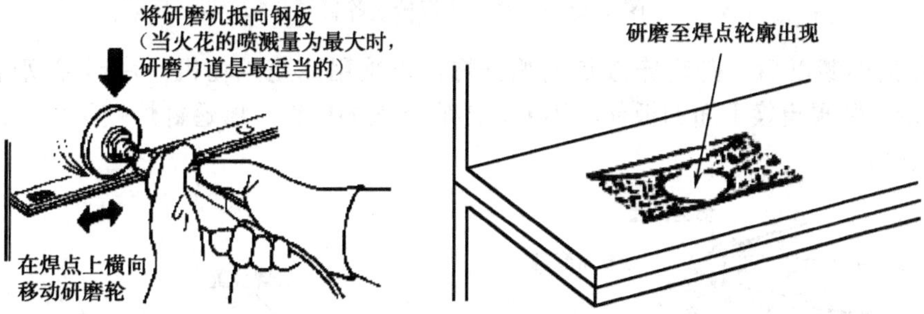

图 7-38 磨削分离焊点

3．分离连续焊缝的方法

板件是用惰性气体保护焊的连续焊连接的。由于焊缝长，因此要用砂轮或高速砂轮机来分离板件割透焊缝而不割进或割透板件。握紧砂轮以 45° 角进入搭接焊缝。磨透焊缝以后，用锤子和錾子来分离板件，如图 7-39 所示。

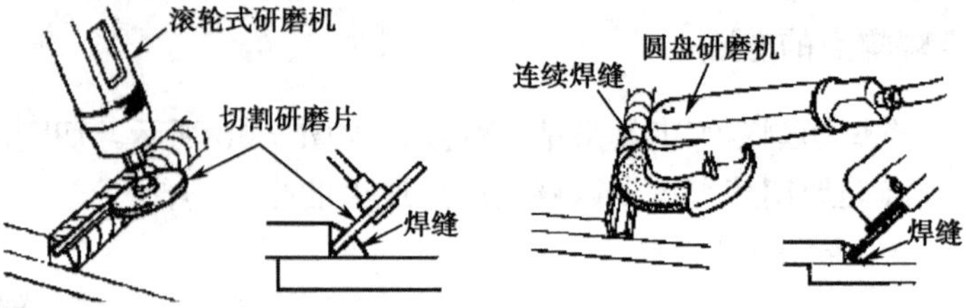

图 7-39　分离连续焊缝

4．钎焊类型的区分和分离方法

普通钎焊与电弧钎焊可以通过钎焊金属的颜色来识别，普通钎焊区域是黄铜色的，用氧乙炔焊枪或丙烷焊枪熔化钎焊的金属来分离普通钎焊区域。电弧钎焊的区域是淡紫铜色的，采用磨削分离的方法来分离电弧钎焊。

（1）用氧乙炔焊枪使油漆软化，用钢丝刷或刮刀将油漆除掉，然后加热钎焊焊料，直到它开始熔化呈糊状，再快速地将它刷掉，如图 7-40（a）所示。注意不要使周围的金属薄板过热。

（2）用起子或錾子錾入两块板件之间，将板件分离，如图 7-40（b）所示。保持板件的分离状态，直到钎焊金属冷却并硬化。在所有其他焊接部分分离以后，分离钎焊区域是比较容易的。

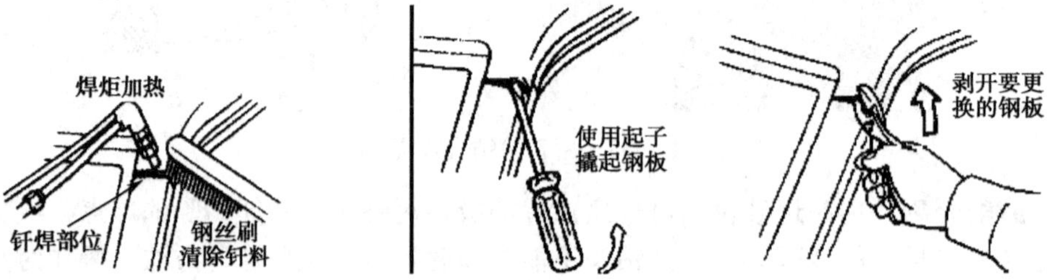

（a）　（b）

图 7-40　用氧乙炔焊枪去除钎焊

（3）除去油漆以后，确定连接是电弧钎焊，可采用高速砂轮机，用砂轮切除钎焊，如图 7-41 所示。如果更换上面的板件，不要切透它下面的板件。磨透钎焊接头以后，用錾子和锤子分离板件。

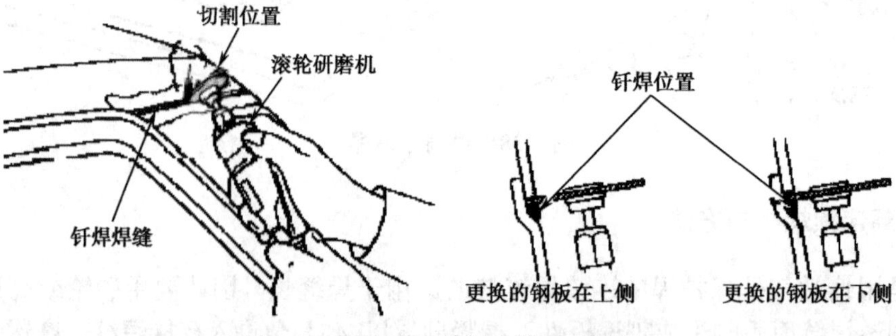

图 7-41　用高速砂轮机去除电弧钎焊

（二）车身板件的更换、安装

1. 更换前纵梁

（1）在更换板件以前，必须做好所有的板件校正工作，否则，新的板件就无法正确安装。

（2）拆除旧的板件。

（3）要磨平钻除焊点或剥离钢板所产生的毛刺，如图 7-42 所示。

（4）用钢丝刷刷除钢板焊接部位周围的车身密封胶及底层漆。

（5）在清洁和去腊后，在钢板焊接的结合面涂抹点焊专用底漆，如图 7-43 所示。

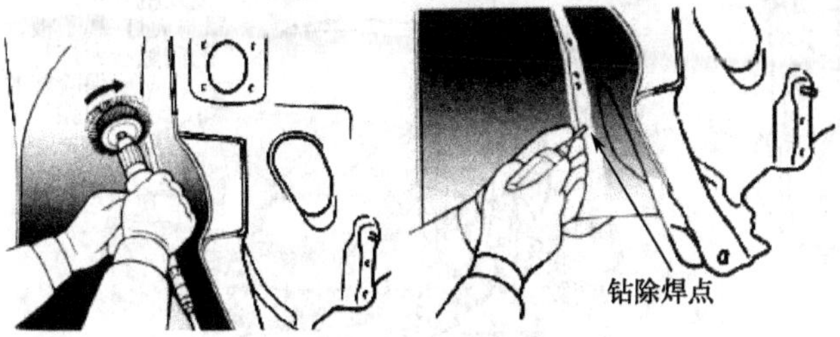

图 7-42 去除焊点毛刺

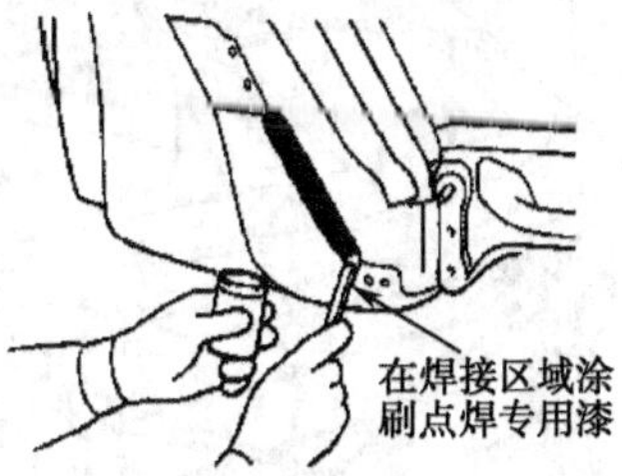

图 7-43 涂点焊专用底漆

（6）在点焊或塞焊的位置做上不同的记号，以便于辨认，并在新的钢板上做记号（先决定两端的位置，再分配其余的焊点数）。如果用塞焊则先要在新板件上钻孔，如图 7-44 所示。

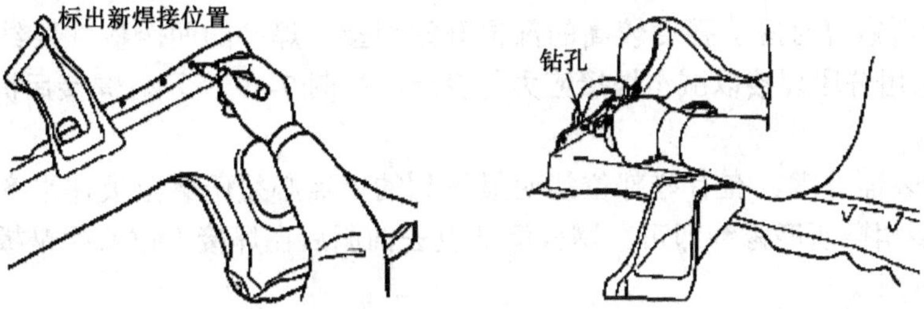

图 7-44 在新板上标出点焊记号并钻孔

（7）新板件清洁，要磨除实施点焊焊接部位的底漆，在磨除底漆的后表面上涂抹点焊专用底漆。

（8）暂时安装车身前横梁。用锤子和木块依次轻轻地敲击板件，使它按需要的方向移动，直至彼此相配。同时要用测量工具来确定安装部件的尺寸位置，如图 7-45 所示。

（9）假如测量尺寸与参考值相符，通过二氧化碳保护焊点焊一个点，如图 7-46 所示。暂时安装前地板加强件。

（10）依照标准孔或旧零件的装配痕迹来暂时固定安装水箱框架。

（11）调整尺寸。首先进行测量，来确定悬架上支座及前翼子板隔板前后端安装点的定位。检查零件与前大灯左右尺寸的差异，并调整到完美状态，如图 7-47 所示。

（12）检查左右翼子板隔板上端的高度。

（13）组装车身覆盖件并检查装配间隙，如图 7-48 所示。

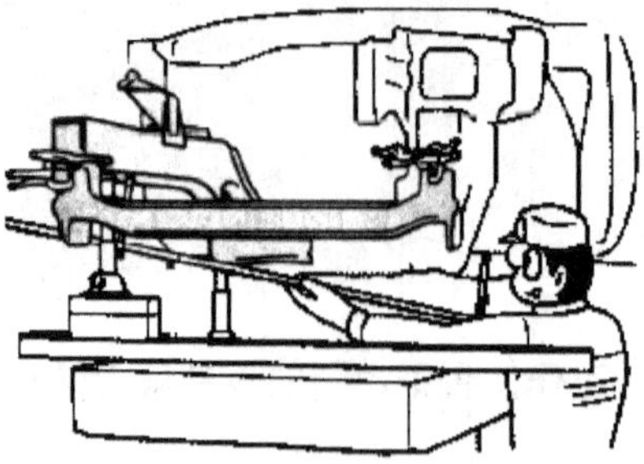

图 7-45 通过测量确定新板安装位置

图 7-46 新板定位焊

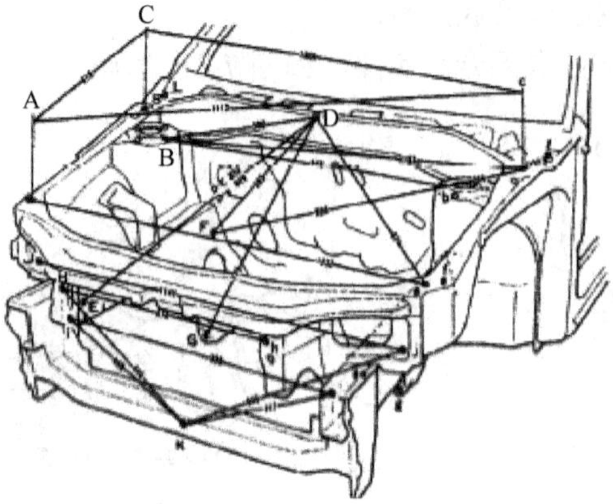

图 7-47 根据标准尺寸调整安装位置

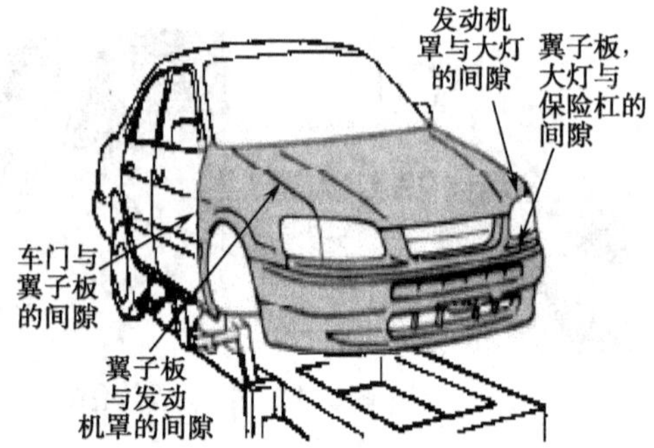

图 7-48 检查外覆盖件安装间隙

（14）在焊接以前，要再一次核实所有的尺寸。

（15）焊接新钢板时应从强度较高的部位开始焊接，焊接的两个板件要结合良好没有缝隙，焊接时要采用分段焊接以减小焊接应力与变形，如图 7-49 所示。焊接后拆除焊接夹钳，并重新测量。

（16）焊接表面处理，在有些部位能明显看到的焊点必须研磨至板件平齐，而要喷涂底层漆的部位只要稍微研磨修饰即可。钢板清洁及去油脂后在焊接部位或裸钢板上喷涂防锈底漆，如图 7-50 所示。

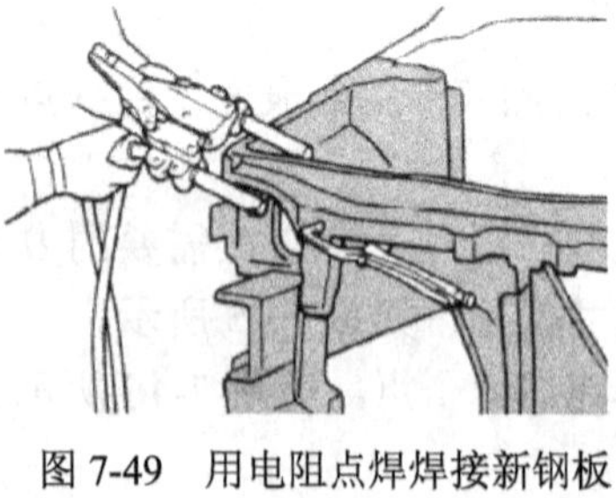

图 7-49 用电阻点焊焊接新钢板

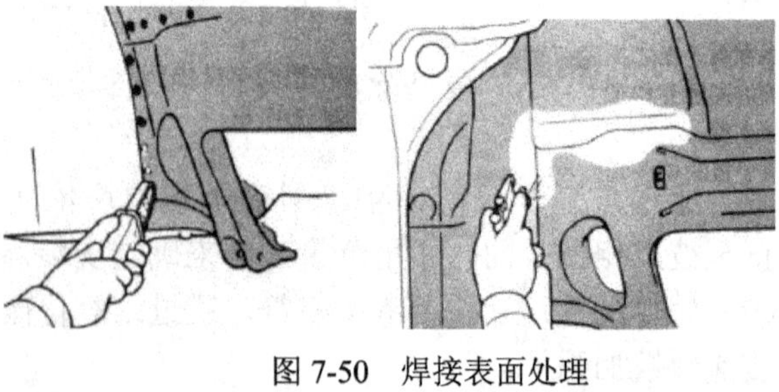

图 7-50 焊接表面处理

2．更换后侧围板

（1）焊点的清除。使用焊点转除钻来钻除焊点，针对不同的部位选择合适的工具与钻头直径，如图 7-51 所示。

（2）C 柱的切割。用样板规在 C 柱外板画出切割线，在切割线上进行切割。对铜焊部位加热，分离钎焊区，如图 7-52 所示。

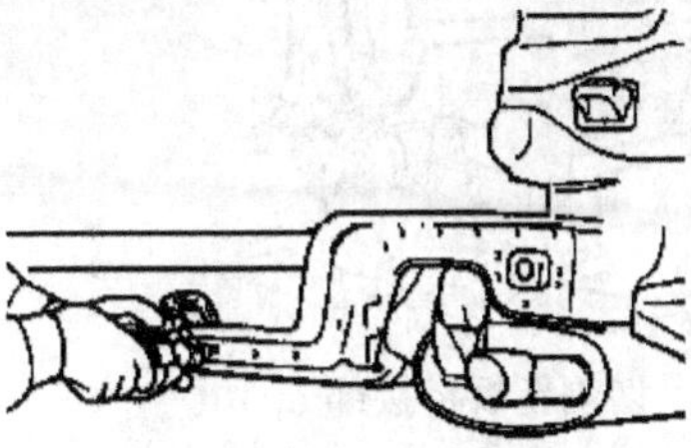

图 7-51 清除焊点

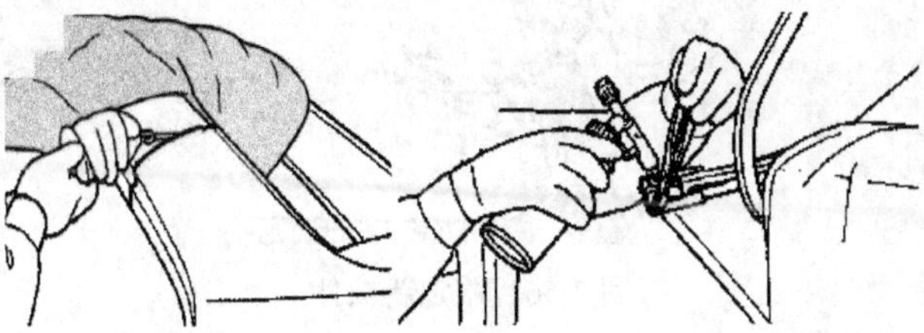

图 7-52 切割 C 柱

（3）车身结合部位的整理。用研磨机磨平焊点部位的多余金属，使金属平整，去除黏着物，对焊接面板件进行整修，涂抹点焊防锈底漆，如图 7-53 所示。

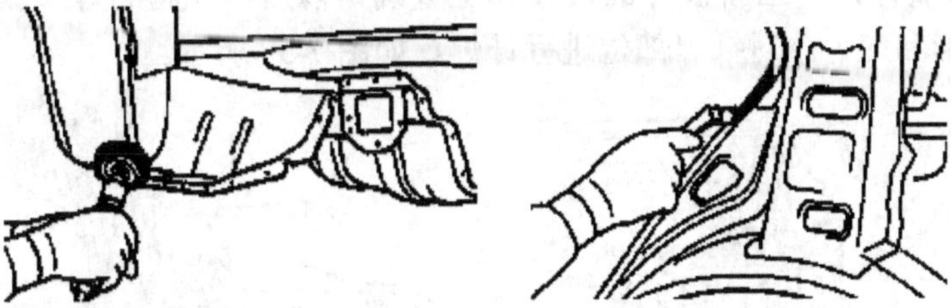

图 7-53 清洁及防锈处理

（4）新板件的切割准备。用塑胶样板规刻划切割线，使用气动锯在切割线上进行切割，要防止钢板变形，如图 7-54 所示。

（5）暂时安装后侧围板，用虎钳夹在若干点将它固定。要保证板件的末端和边缘的匹配，如图 7-55 所示。

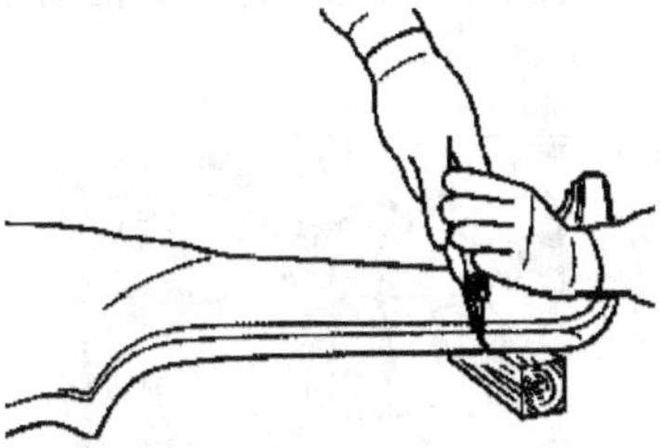

图 7-54 切割新板件

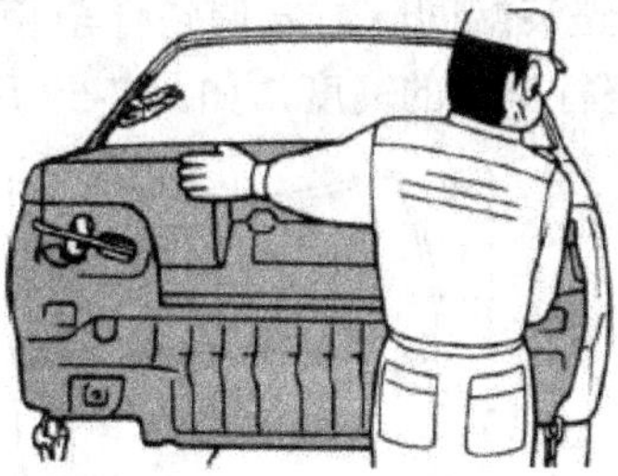

图 7-55 安装后侧围板

（6）仔细调节新板件与周围板件相配合，将板件装配到门和后备箱盖以后，可以钻一些小孔，用自动攻丝螺钉将它固定，如图 7-56 所示。

（7）调整车身轮廓线和板件的搭接处，使其与后围板及后部窗式框架相匹配。安装尾部组合灯，并使板件与灯组件配合。当每个部分的间隙、车身轮廓线和水平偏差都已经调整好时，用肉眼检查整体的扭曲和弯曲。

（8）切割搭接的板件。板件正确定位以后，用气动锯或切割砂轮切去位于连接区域的搭接部分。在分割区域进行切割时要精确，如果切割后出现间隙或板件搭接，将给下一步的焊接造成困难，如图 7-57 所示。

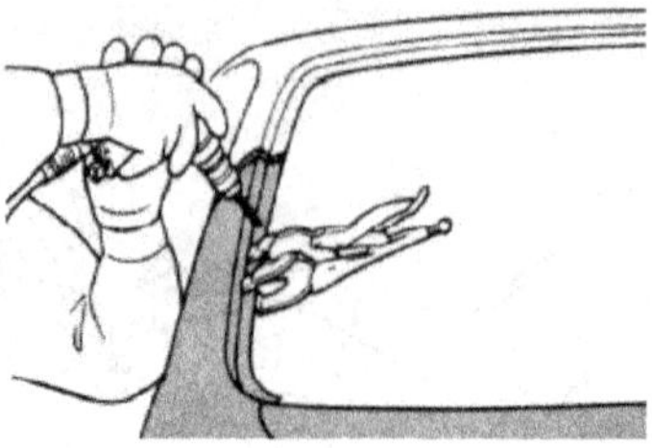

图 7-56　固定新板件

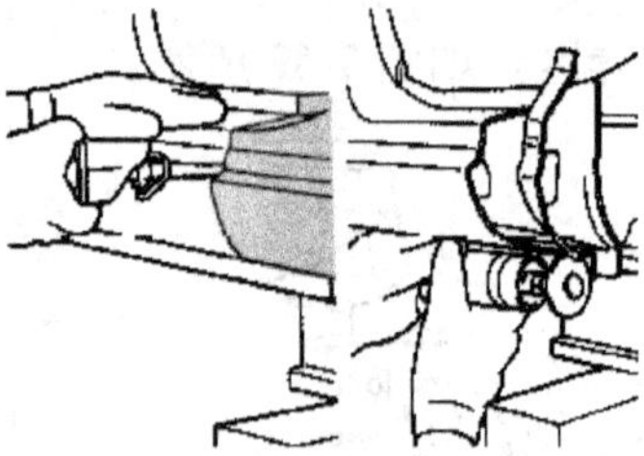

图 7-57　切割新板搭接部分

（9）焊接前准备，在新零件上用不同记号来辨别是要进行塞焊还是点焊，先将实施点焊部位的底漆磨除，对塞焊部位根据板厚度选择钻头来钻取塞焊所需要的塞孔。确保新板件与车身的结合面吻合间隙很好，在焊接处涂抹点焊防锈底漆

（10）焊接新板件，一旦新板件的尺寸和位置确定以后，就将它焊接就位。要采用分段焊接，防止热变形和应力。对钎焊部位进行钎焊，如图 7-58 所示。

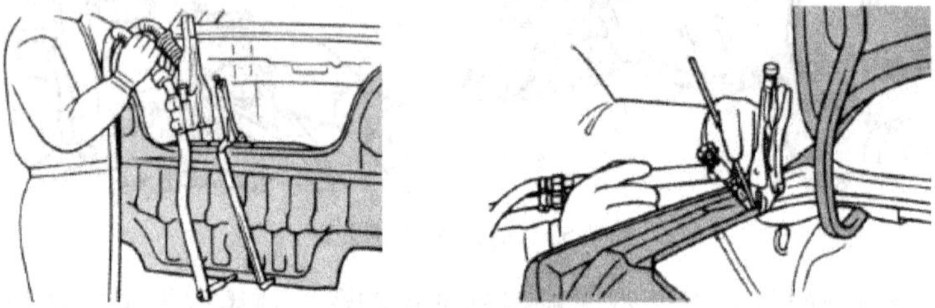

图 7-58　焊接新板件

（11）焊接接头的处理。对表面的焊缝进行研磨，直到平滑。在没有底漆的部位实施清洁及去脂工作，车身上涂抹车身密封胶和喷涂底层漆。

（12）调整装配间隙。先调整行李箱盖的前后方向间隙，再调整行李箱盖的左右方向间隙，最后调整行李箱的高度，如图 7-59 所示。

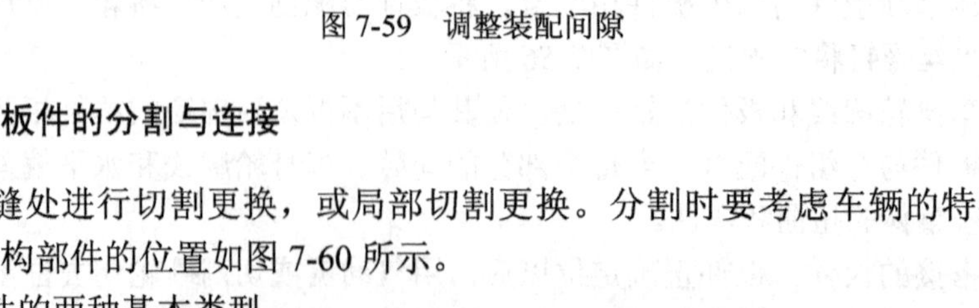

图 7-59　调整装配间隙

3. 结构性板件的分割与连接

一般在接缝处进行切割更换，或局部切割更换。分割时要考虑车辆的特殊设计（如吸能区），主要结构部件的位置如图 7-60 所示。

（1）结构件的两种基本类型

① 封闭截面结构：车门槛板、立柱和车身梁，如图 7-61 所示。

② 开式的或单层搭接连接的组合部件：地板和后备箱地板。

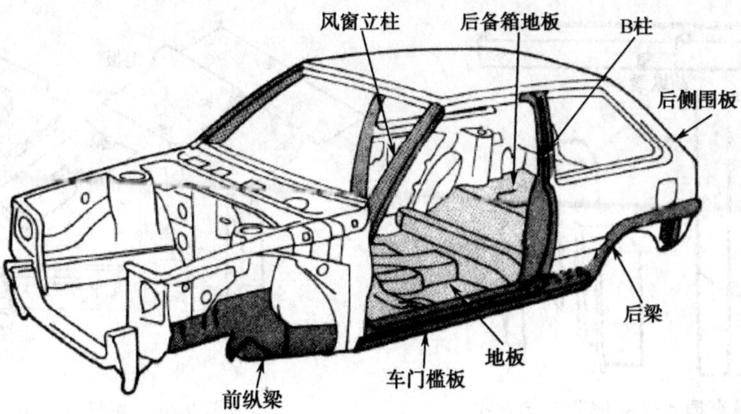

图 7-60 车身上主要结构件位置

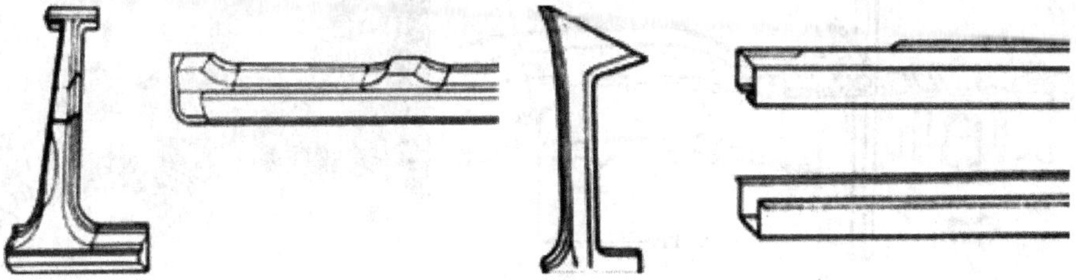

图 7-61 车身箱型截面结构件

（2）有插入件的分割

用于封闭截面构件：车门槛板、A 立柱、B 立柱以及车身梁。插入物使这些构件容易装配和正确地对中连接，并且使焊接过程比较容易，如图 7-62 所示。

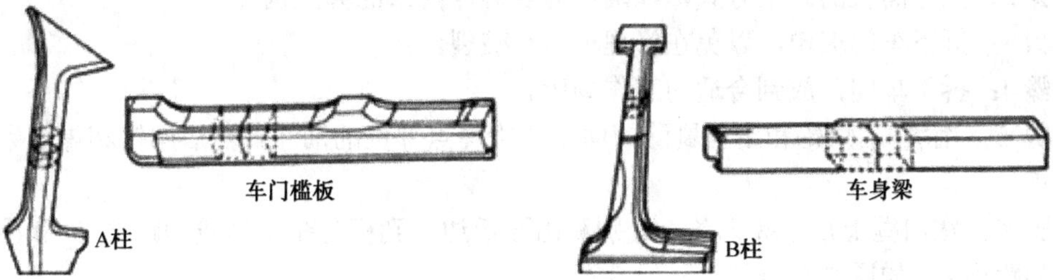

图 7-62 有插入件的平接对接方式

（3）没有插入件对接方式的分割（偏置对接）

用于 A 立柱、B 立柱及前梁等内部有加强件，无法使用加强件的部件，如图 7-63 所示。

（4）开式截面部件的分割

用于后梁、地板、后备箱地板及 B 立柱。根据被分割构件的形状和结构，可能采用组合的连接类型。例如，分割 B 立柱，可能要求在外件上用偏置对接连接，而在内件上用搭接连接，如图 7-64 所示。

（5）防撞吸能区的分割

为了在撞击时吸收冲击能量，应尽量避开防撞挤压区进行切割分离，否则就会改变设计的安全目的，切割时要按照标准来切割吸能区，如图 7-65 所示。

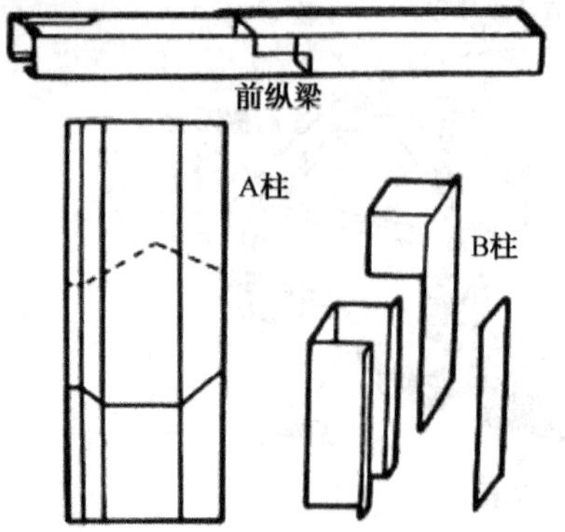

图 7-63　没有插入件的偏置对接方式

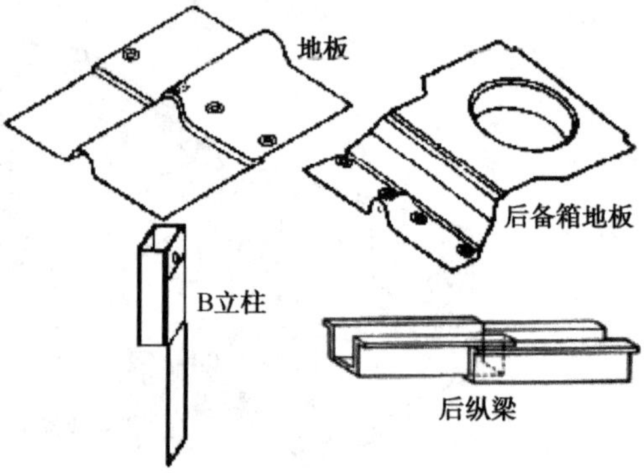

图 7-64　搭接连接方式

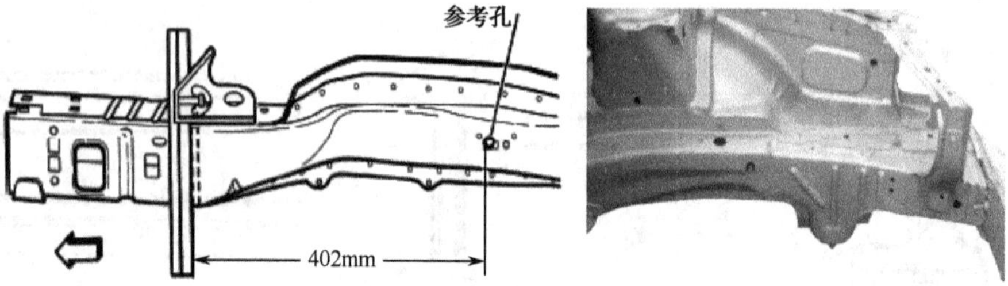

图 7-65　前纵梁的切割区域

4．车门面板的更换

步骤 1：在拆卸车门之前，应检查车门铰链是否弯曲，观察车门与门洞间的位置关系。

步骤 2：查看面板的固定方式，以确定需要拆卸内部的哪些构件。

步骤 3：拆下车门玻璃，以免在修理车门时破裂。

步骤 4：拆下车门，放到合适的工作场所。

步骤 5：用氧-乙炔焰和钢丝刷除掉面板边缘焊点部位的油漆，然后用钻和焊点剔除工具除掉焊点。

步骤 6：在门框上贴上标记条，分别测出面板边缘到标记条下边线的距离 b 和面板边缘到门框的距离 a，如图 7-66 所示。

步骤 7：用等离子弧切割机或砂轮机把面板与门框之间的钎焊缝剔除，如图 7-67 所示。

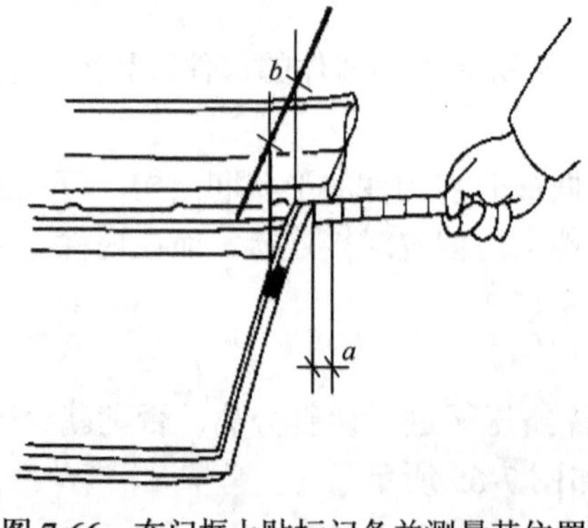

图 7-66　在门框上贴标记条并测量其位置

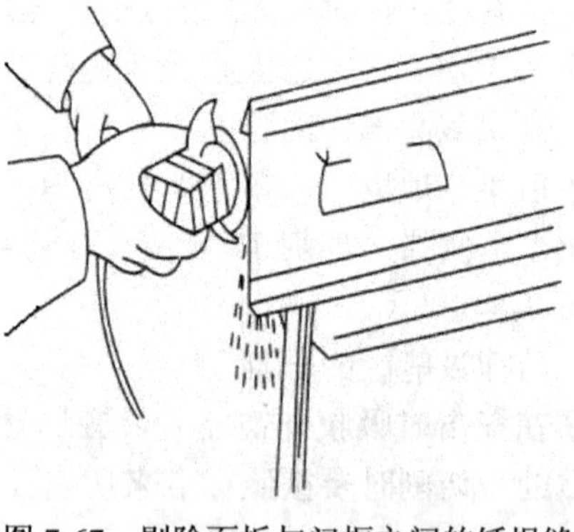

图 7-67　剔除面板与门框之间的钎焊缝

步骤 8：打磨面板边缘的翻边，只需磨掉外缘而使其断开即可，不要打磨到门框上。不要用割炬或电凿来拆卸，以免造成门框变形或被意外割坏，如图 7-68 所示。

步骤 9：用锤子和錾子把面板与门框剥离开来。用剪刀沿那些无法钻掉或磨掉的焊点周围把面板剪开，如图 7-69 所示。

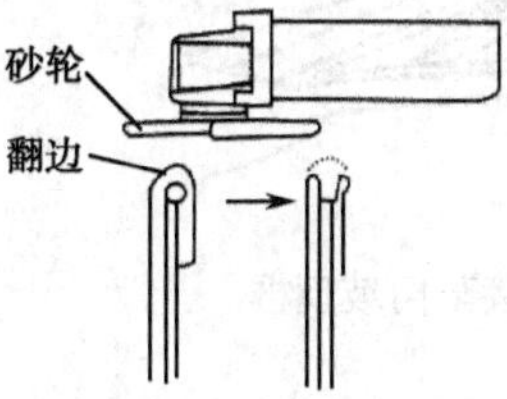

图 7-68 打磨面板边缘的翻边

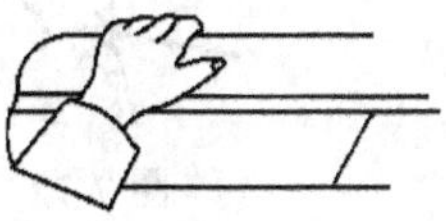

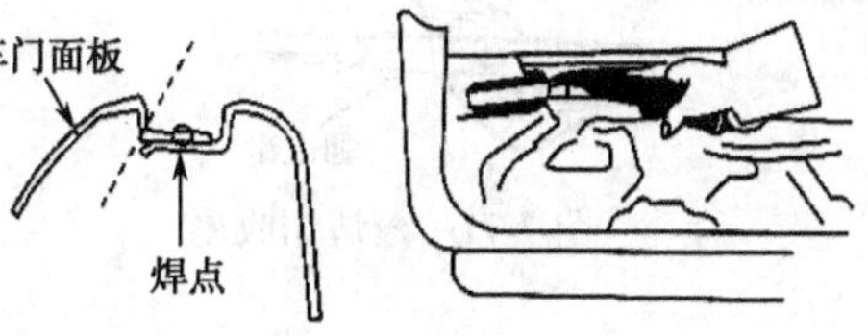

图 7-69 面板与门框的剥离

步骤 10：到面板能自由活动时，拆下面板。用钳子拆除留下的翻边，再用砂轮机打磨掉残留的焊点、钎料和锈斑。

步骤 11：拆下面板后检查门框的损坏情况，同时对内部损伤进行修理。必要时，用锤子和砧铁修理内折边上的损伤。

步骤 12：在焊接部位涂上透焊防蚀涂料，其余裸露部位涂防锈漆或其他防锈涂料。

步骤 13：准备安装新面板。钻出或冲出塞焊用孔，用砂纸磨去焊接或钎焊部位的油漆。裸露部分应涂上透焊防蚀涂料。

步骤 14：在新面板背面涂上车身密封胶，在距翻边 10mm 处均匀涂抹，厚度为 3mm。

步骤 15：用夹钳将面板安装到门框上，准确地对好位置，对需要钎焊的部位进行钎焊。

步骤 16：用锤子和铁砧做翻边，翻边时铁砧上应包上布，以免划伤面板。翻边应分三步逐步地进行，注意不要使面板错位，不要出现凸起或折痕，如图 7-70 所示。

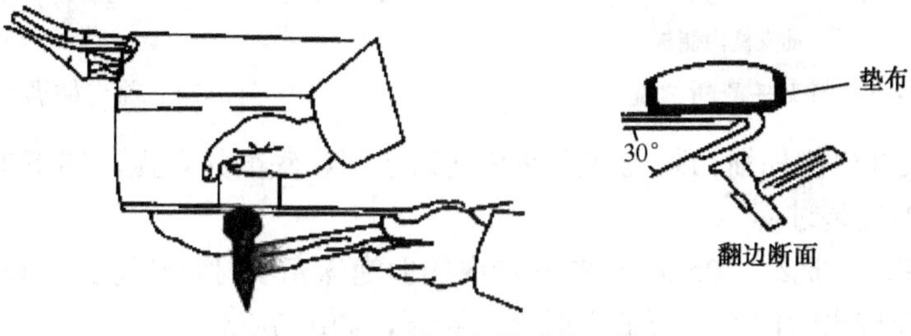

图 7-70 用锤子和铁砧做翻边

步骤 17：翻边到 30° 后，用翻边钳收尾。收尾也分三步进行，同时要注意不要造成面板变形，如图 7-71 所示。

步骤 18：用点焊或塞焊焊接车门玻璃框，然后再对翻边进行定位点焊，如图 7-72 所示。

步骤 19：在翻边处涂上接缝密封胶，在焊接和钎缝部位的内侧涂防蚀涂料。

步骤 20：在新面板上钻出用于安装嵌条和装饰条的孔。在安装任何零件前，所有的棱边都应修整好。

步骤 21：将车门放入门洞内，检查定位状况，为表面修饰做好准备后，把车门装好。

步骤 22：调准车门与相邻板件间的位置关系，检查转动是否灵活。

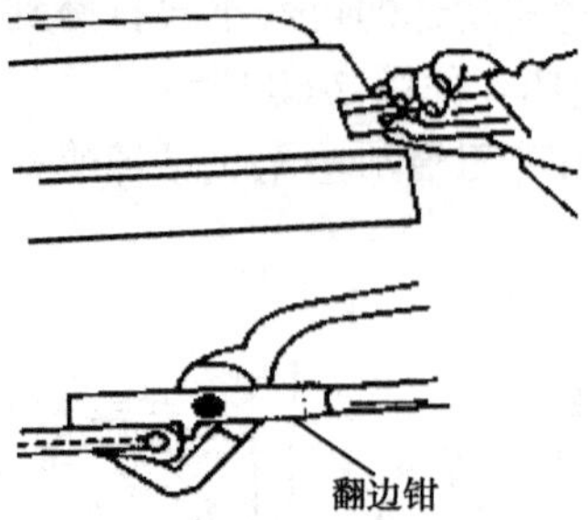

图 7-71　翻边钳收尾

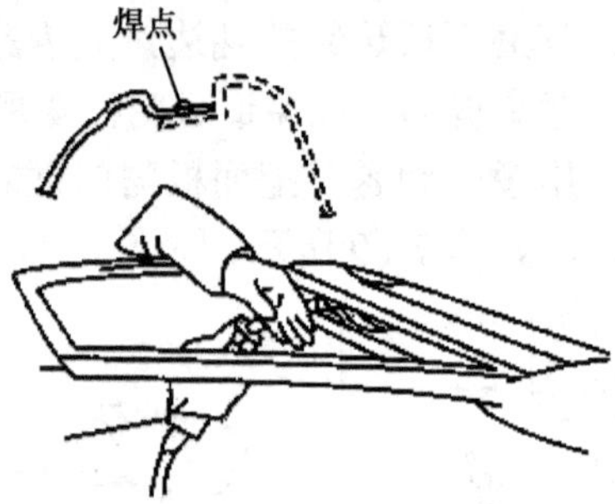

图 7-72　焊接车门玻璃框

5. 支柱的更换

（1）前支柱的截断

步骤 1：找到支柱上端的基准孔，并由此向下测量 100mm，在该处内侧作标记。再由此标记向上测量 60mm，在该处外侧作标记。两标记处即作为截断线，如图 7-73 所示。

步骤 2：在两根截断线处仔细截断，为了锯切准确、方便，可采用锯切夹具。这种夹具可用边脚料自制，如图 7-74 所示。

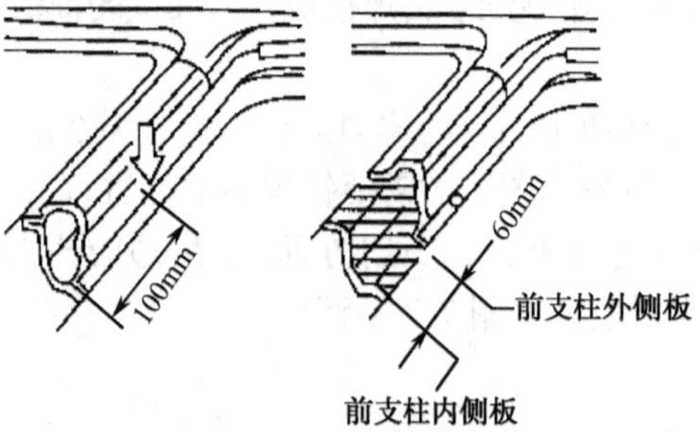

图 7-73　前支柱截断位置

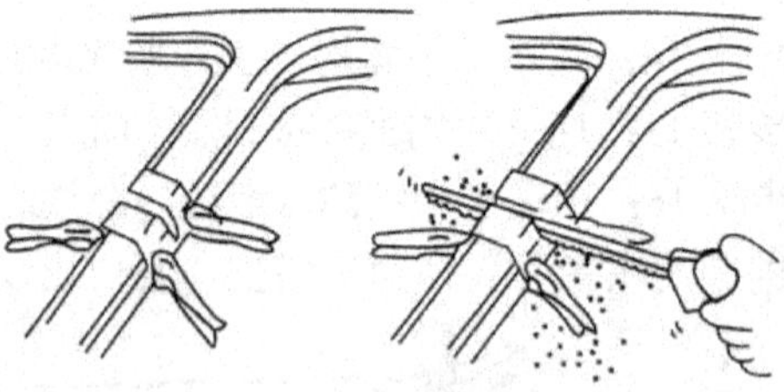

图 7-74　前支柱锯切夹具

步骤 3：从支柱内侧仔细钻除支柱上两个切口之间和底部的焊点，卸下支柱。

（2）前支柱的安装过程

步骤 1：安装前，把约 70mm 长的支柱内的旧泡沫充填材料清除掉，以便充填新泡沫材料，让排水软管在排水管的连接管插入时能够膨胀，如图 7-75 所示。

步骤 2：把支柱上端截至与所需尺寸相配的对接接口。

步骤 3：在支柱底座上钻出塞焊孔，塞焊将用 CO_2 气体保护焊进行。

步骤 4：在排水软管上涂以肥皂水，使连接管插入容易，然后将新支柱安装就位。注意应保证把排水软管正确地插入支柱的排水孔，如图 7-76 所示。

步骤 5：将支柱夹紧固定，检测其定位配合情况。

步骤 6：取下支柱，仅在塞焊接合面涂上透焊防锈剂。

步骤 7：在其余配合表面涂焊缝黏胶剂。

步骤 8：按制造厂家的说明进行塞焊和对接焊，修整焊缝，如图 7-77 所示。

步骤 9：由支柱内侧上部的注入孔注入泡沫材料，如图 7-78 所示。

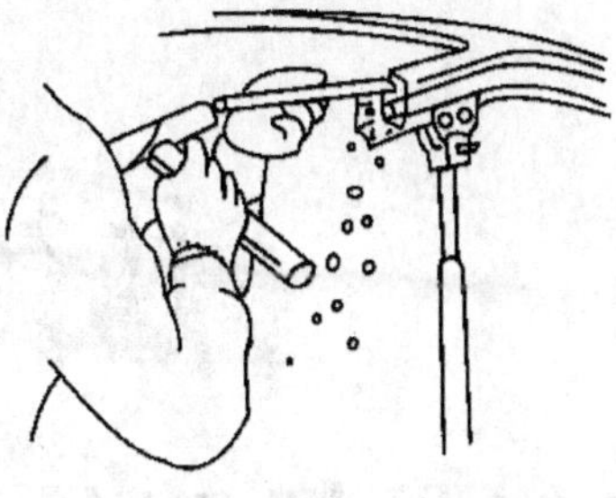
图 7-75 清除支柱内的旧泡沫充填材料

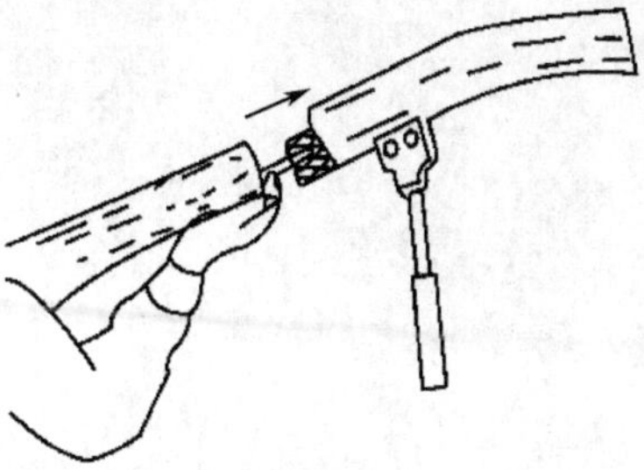
图 7-76 把排水软管插入支柱的排水孔

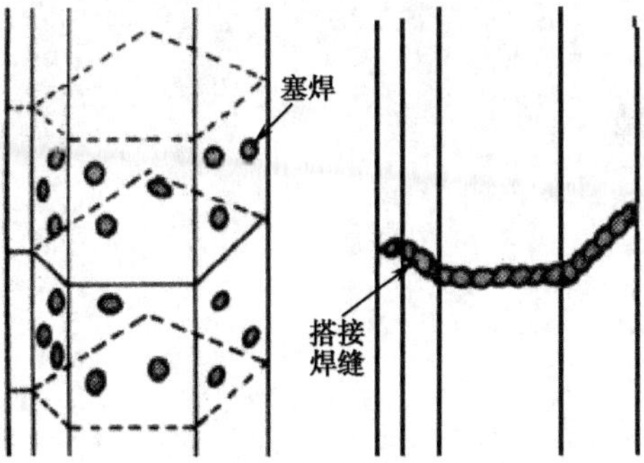

图 7-77 塞焊和对接焊

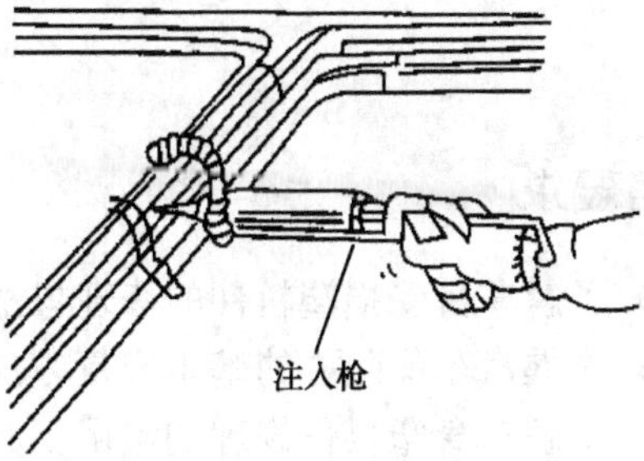

图 7-78 支柱内注入泡沫材料

步骤 10：清除连接部位多余的泡沫材料。

步骤 11：焊缝部位涂双组分环氧树脂保护漆和颜色涂料。

步骤 12：在未填充泡沫材料的内表面涂防锈剂。

步骤 13：装上车门和前翼子板，检查定位质量。

任务八

汽车车身塑料件及附件修理

任务要求

◎ 了解车身受损塑料件的修理方法
◎ 掌握汽车保险杠的基本修复方法
◎ 了解车身塑料件修理的常用工具及设备
◎ 了解车身附件修理的常用工具及设备
◎ 了解汽车挡风玻璃更换的基本方法

任务引导

相关知识点学习：要求学生实训课前参考“知识链接”独立完成。

相关知识点：要求学生实训课前独立完成以下相应内容。

1. 进行塑料件修理要注意的安全事项有：

（1）____________________。
（2）____________________。
（3）____________________。
（4）____________________。
（5）____________________。
（6）____________________。
（7）____________________。
（8）____________________。

2. 塑料件黏接法修理的基本类型有：

（1）____________________。
（2）____________________。
（3）____________________。

3. 塑料件焊接的类型有：

（1）____________________。
（2）____________________。
（3）____________________。

4．塑料件焊接的基本程序有：

（1）______________________________。

（2）______________________________。

（3）______________________________。

（4）______________________________。

（5）______________________________。

（6）______________________________。

5．加强型塑料件修理的基本类型有：

（1）______________________________。

（2）______________________________。

（3）______________________________。

（4）______________________________。

（5）______________________________。

（6）______________________________。

（7）______________________________。

6．塑料件高速焊接的注意事项有：

（1）______________________________。

（2）______________________________。

（3）______________________________。

（4）______________________________。

（5）______________________________。

（6）______________________________。

7．分离挡风玻璃黏合剂的方法有：

（1）______________________________。

（2）______________________________。

（3）______________________________。

任务实施

（1）进行保险杠修复操作练习。

（2）进行汽车前挡风玻璃更换操作练习。

（3）观看多媒体教学课件或视频，了解汽车车身塑料件修理的基本方法。

（4）根据任务（1）和（2），把操作的主要步骤填写在实训报告表 8-1 中。

项目一：保险杠修复新方法的具体步骤与技术要求

 图 8-1	新方法与传统方法相比有两个显著特点：一是焊补胶条有较好的融合性，不会产生硬化、脆变；二是融入不锈钢网骨架，增加了修复区强度。 如图 8-1 所示，首先对保险杠的损坏情况进行分析，一般对穿孔、开裂和固定孔缺失的损坏都可进行修复，对于严重变形的保险杠只能更换

续表

 图 8-2	1．保险杠穿孔修复 如图 8-2 所示，把受损区域的碎片清理掉，直到出现稳固的孔边
 图 8-3	如图 8-3 所示，用 80#砂纸沿孔的周围进行打磨并有一定的坡度
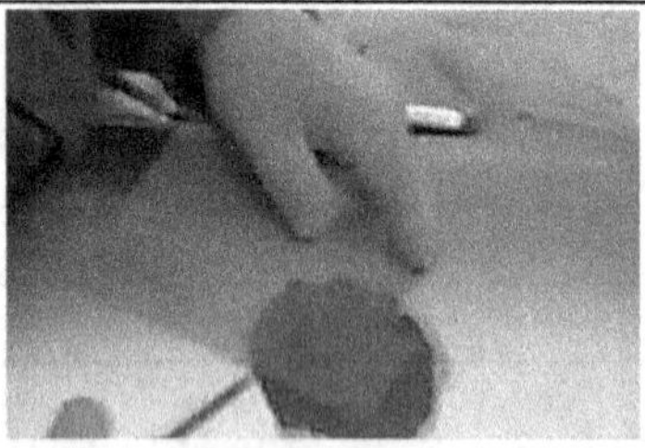 图 8-4	如图 8-4 所示，根据打磨区域的大小剪切相应尺寸的不锈钢网（专用不锈钢网）
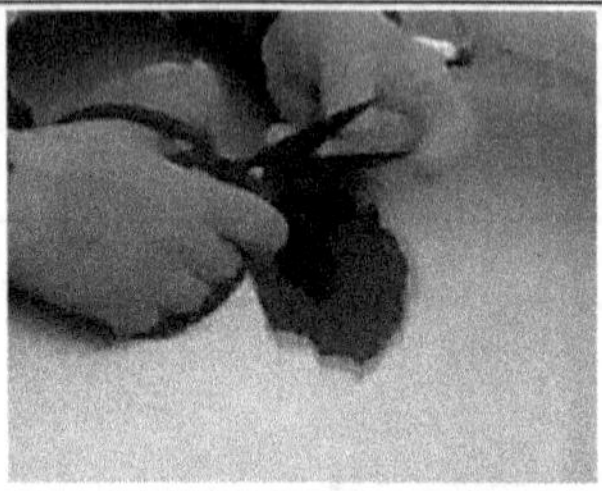 图 8-5	如图 8-5 所示，对不锈钢网进行修剪，使其尺寸及形状与打磨修复区域相符
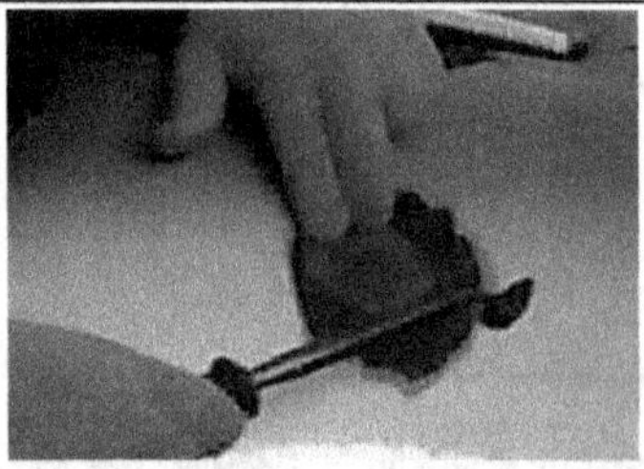 图 8-6	如图 8-6 所示，用功率为 180～300W、头部为三角形扁平状的电烙铁把不锈钢网融入保险杠的塑料里

续表

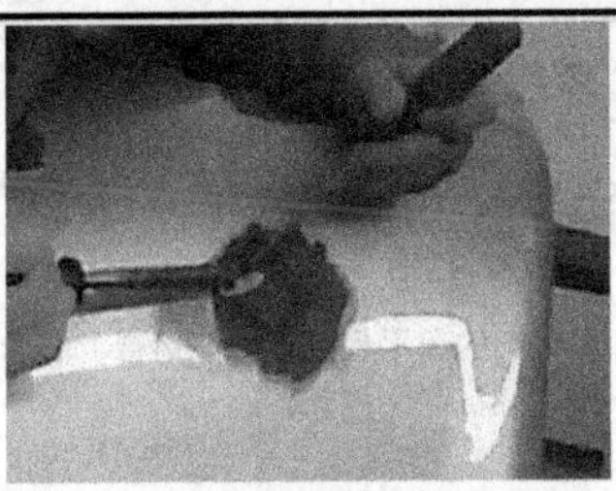 图 8-7	如图 8-7 所示，可用辅助工具把不锈钢网紧紧压贴在塑料件表面上，然后用通过加热的电烙铁把不锈钢网压入塑料里
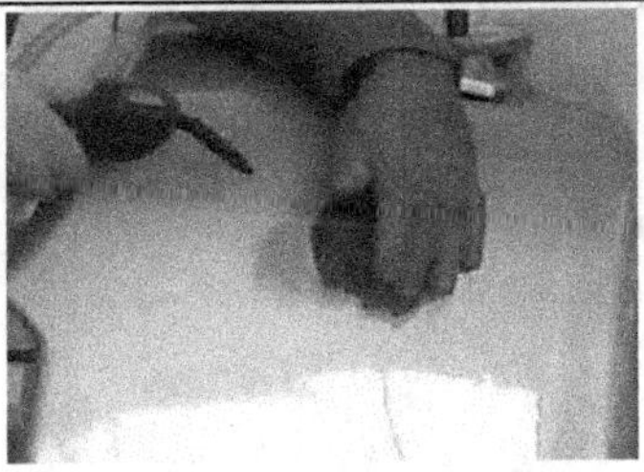 图 8-8	如图 8-8 所示，完成不锈钢的融入后可用气枪进行冷却
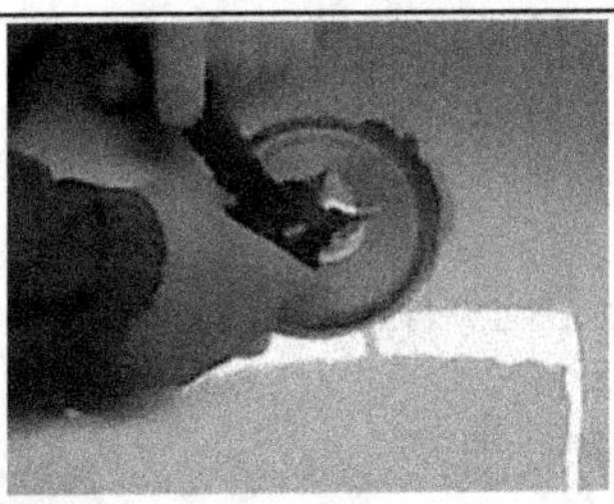 图 8-9	如图 8-9 所示，用 80#砂纸对不锈钢网压入后产生的毛刺进行打磨
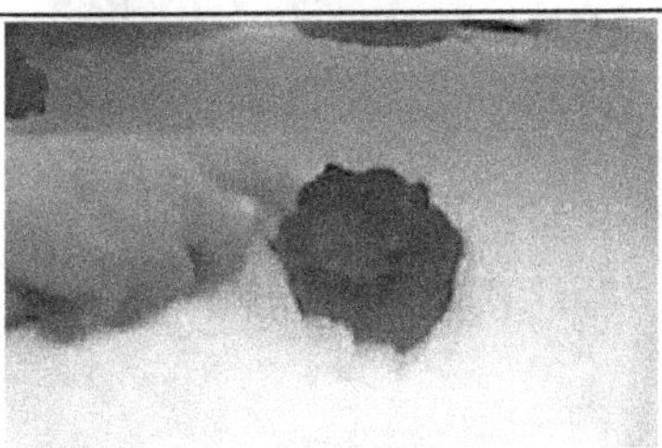 图 8-10	如图 8-10 所示，用高压空气除尘后再用除油剂对打磨区进行清洁
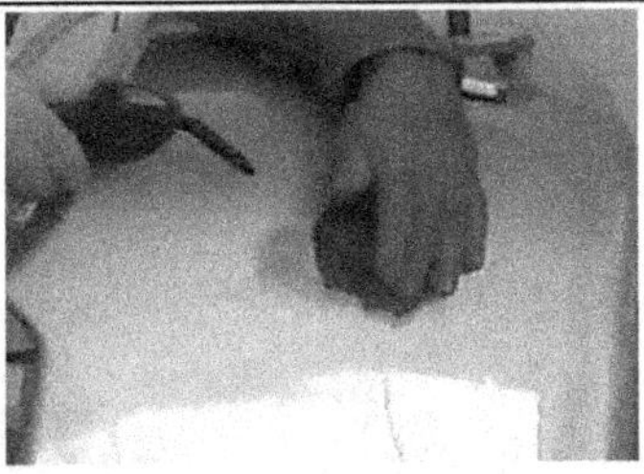 图 8-11	如图 8-11 所示，用高压空气把除油后的区域吹干净

续表

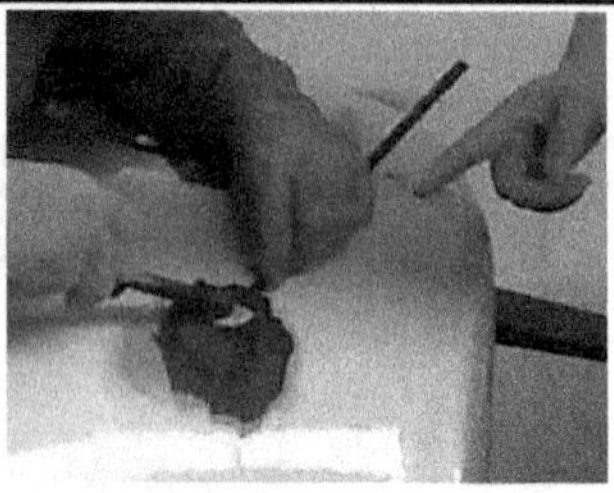 图 8-12	如图 8-12 所示，用电烙铁把修补胶条熔在打磨区及不锈钢网上，并均匀抹平。 （修补胶条为进口胶条，对 98%的车用保险杠都能熔合，由珠海龙神公司代理）
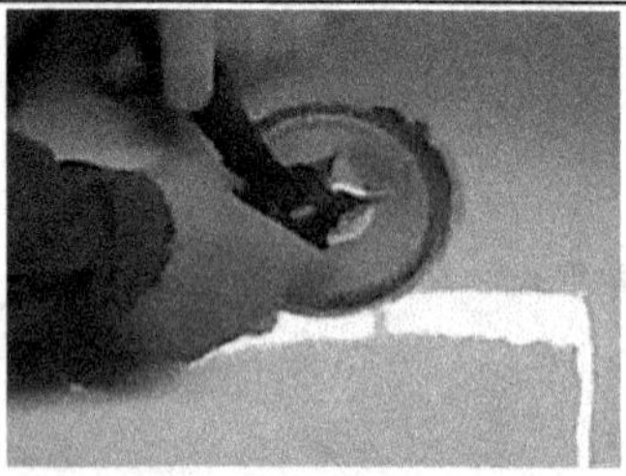 图 8-13	如图 8-13 所示，用 80#砂纸对修补区进行打磨
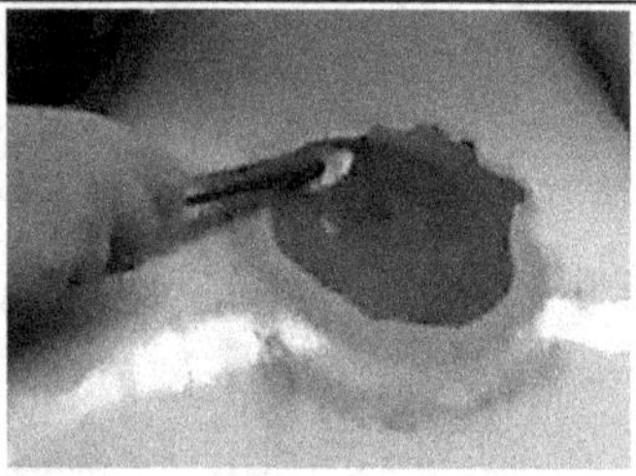 图 8-14	如图 8-14 所示，用高压空气除尘后再用电烙铁进行修平
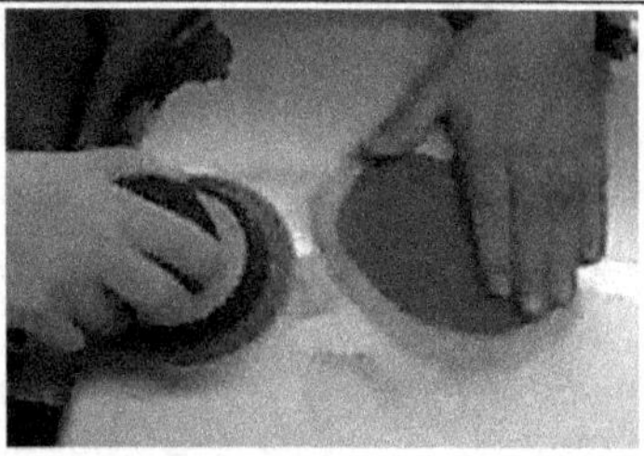 图 8-15	如图 8-15 所示，用 80#砂纸进行打磨，后用除油剂除油并吹干净
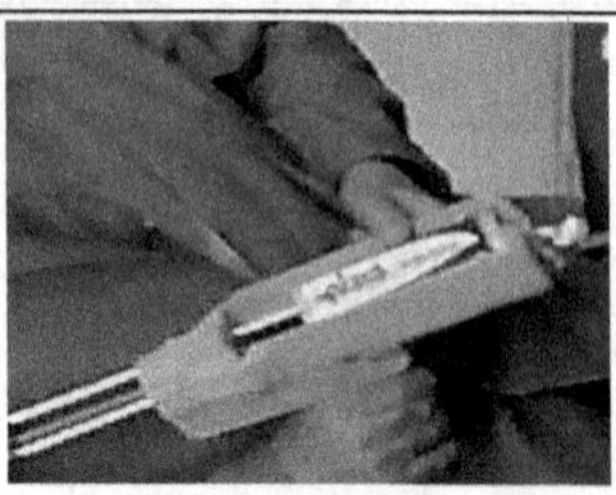 图 8-16	如图 8-16 所示，取适量腻子及对应比例的固化剂拌匀

续表

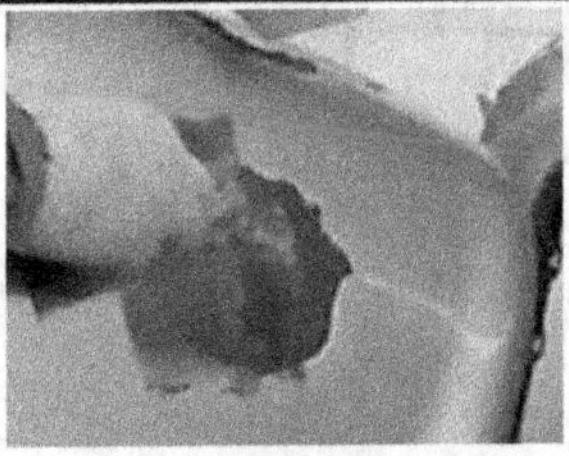 图 8-17	如图 8-17 所示，用刮刀把腻子刮涂到修补区上
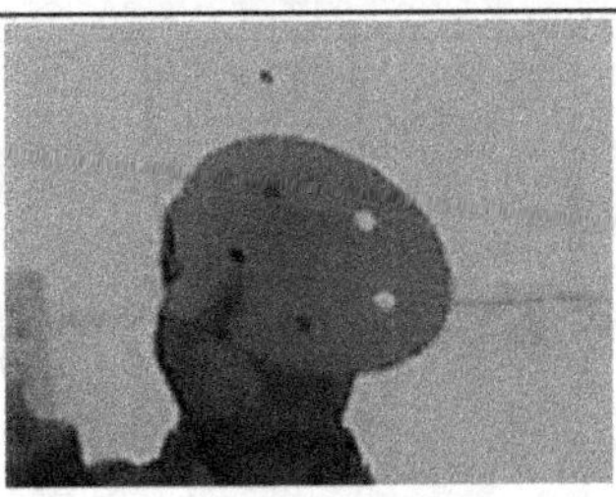 图 8-18	如图 8-18 所示，腻子经过 15～20min 自然固化风干后，先后用 80#和 200#砂纸进行打磨。 然后刮涂第二遍腻子，风干后用 320 号砂纸来进行打磨。当最后的打磨完成后，清除所有的尘屑和松脱的材料。然后就可以对塑料件表面进行喷漆处理了。 修补过程到此完成
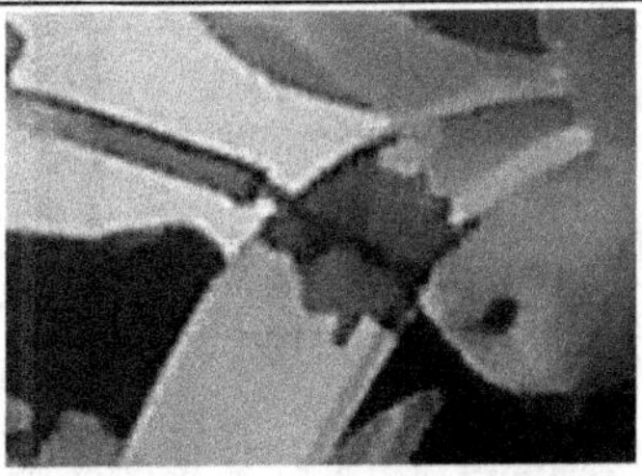 图 8-19	2．保险杠裂缝修复 如图 8-19 所示，用电烙铁沿裂缝打出坡口，剩下具体步骤与穿孔修复相同
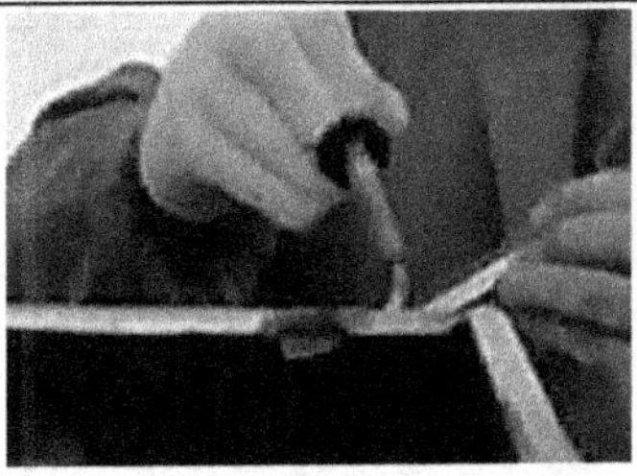 图 8-20	3．保险杠固定孔重做 保险杠固定孔断裂或缺失后会造成保险杠无法安装而报废。 如图 8-20 所示，可在固定孔残存处融入不锈钢网，后把胶条熔到并包裹住不锈钢网。最后在原固定孔的尺寸位置上钻出相应大小的孔

项目二：更换汽车前挡风玻璃的具体步骤与技术要求

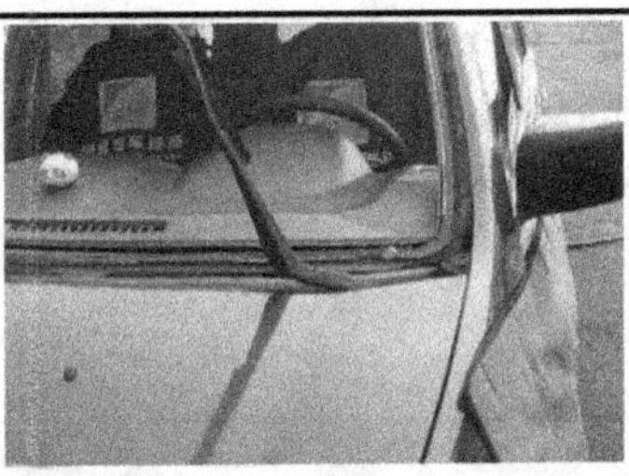 图 8-21	如图 8-21 所示，首先对座椅、车身侧面翼子板等做好防护

续表

 图 8-22	如图 8-22 所示，拆除车顶至挡风玻璃两边的嵌条（装饰条）
 图 8-23	如图 8-23 所示，使雨刮臂竖起，离开挡风玻璃
 图 8-24	如图 8-24 所示，用铲刀切割挡风玻璃的密封黏合胶。 也可用以下几种工具和方法拆除黏合的挡风玻璃
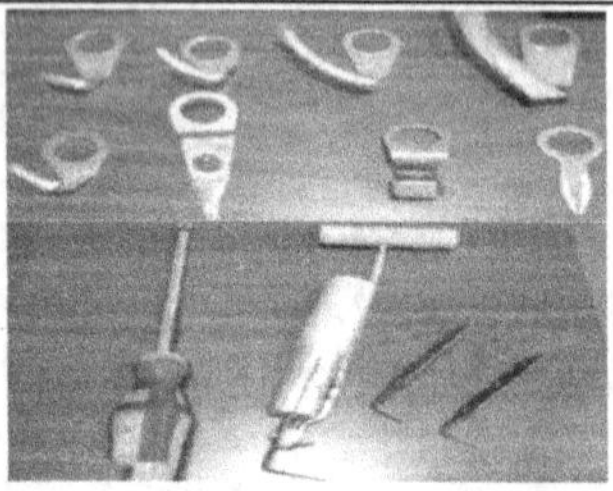 图 8-25	如图 8-25 所示，拆卸玻璃可以使用多种工具、方法，一般有钢丝（最小直径的单股钢琴线）、热刀和冷刀
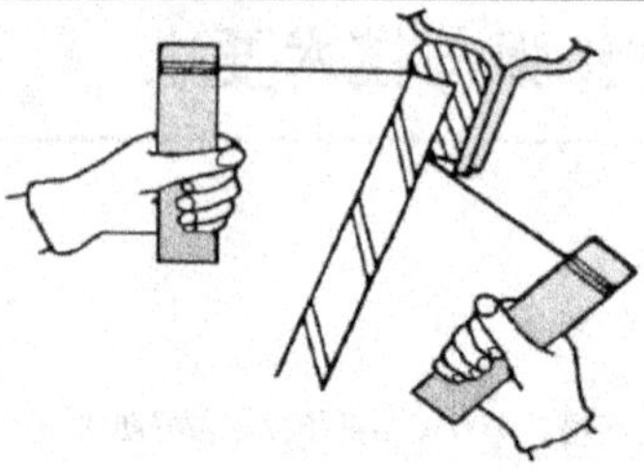 图 8-26	如图 8-26 所示，先用加热喷枪软化黏合密封胶，用锋利的小刀切去玻璃边缘和点焊处之间的多余黏合密封胶。将钢丝的一端连在木制把手上，将另一端穿过黏合密封胶到达玻璃底部下面，再系在另一木制把子上。一位维修人员在汽车内，来回拉动钢丝切削黏合胶

续表

 图 8-27	如图 8-27 所示，为单股钢琴线。采用单股钢琴线能完好拆下挡风玻璃，可避免玻璃损坏
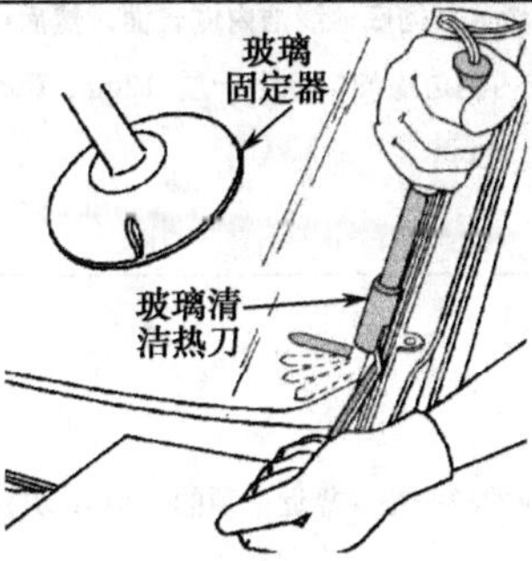 图 8-28	如图 8-28 所示，使用热刀来拆除玻璃。将热刀插入黏合密封胶并尽可能地靠近玻璃，沿着玻璃的整个周围轮廓进行切割。切割玻璃拐角处的黏合剂密封时，尽可能靠近拐角移动工具把手，然后转动工具切除黏合密封胶。不要扭转刀片，否则刀片会断裂。切割后的黏合胶使用楔块（木制或塑料的）使其与玻璃分离
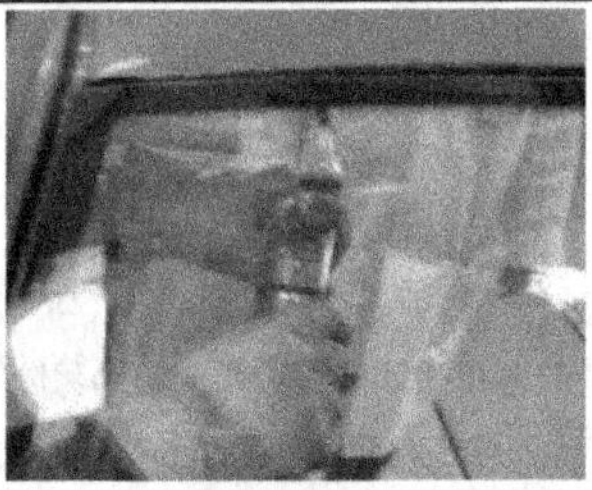 图 8-29	如图 8-29 所示，使用冷刀来拆除玻璃。使用加热喷枪软化黏合胶，插入刀片，小心地拉动穿过黏合密封胶。将刀稍稍倾斜一些，使刀片的前缘沿着玻璃表面刮。沿着玻璃的整个周围轮廓进行切割
 图 8-30	如图 8-30 所示，切割完黏合密封胶后可移走挡风玻璃，并从玻璃上拆下相应的嵌条和橡胶垫（靠近车顶的一边）
 图 8-31	如图 8-31 所示，用刀具清除残留在框架上的黏合胶

续表

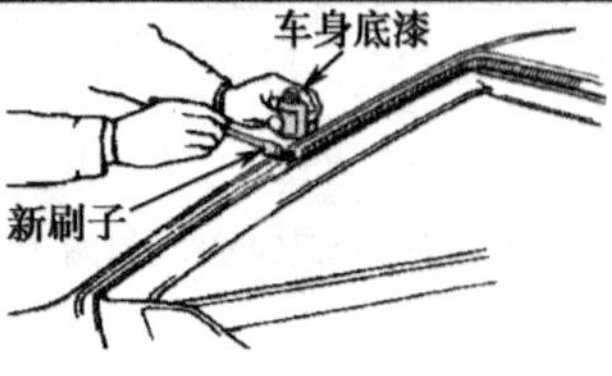 图 8-32	如图 8-32 所示，用钢丝轮或 50 号砂轮清除所有的铁锈。用金属清洁剂处理裸露出来的金属，然后涂上氨基甲酸乙酯底漆，让底漆干燥 3～6min
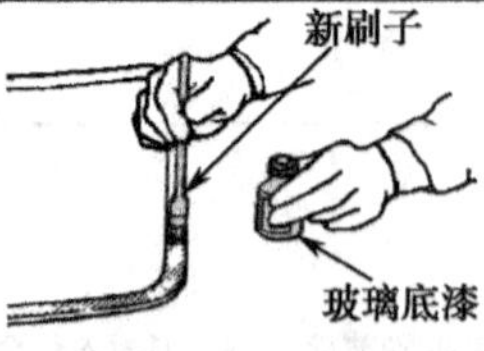 图 8-33	如图 8-33 所示，用玻璃清洁剂彻底地清洁内侧表面，然后用干净的无绒布或毛巾擦干。在玻璃内侧边缘均匀涂上一层 12mm 宽的氨基甲酸乙酯底漆，让底漆干燥 3～6min
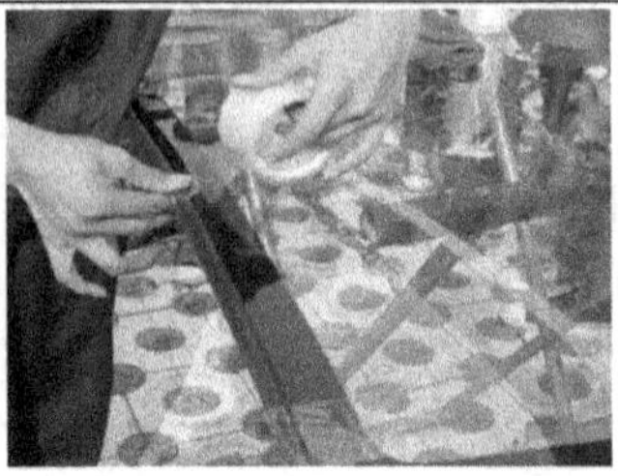 图 8-34	如图 8-34 所示，装上相应的橡胶垫（靠近车顶的一边），并用透明胶粘牢
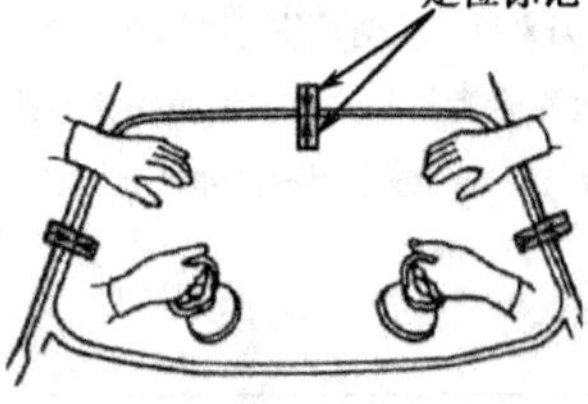 图 8-35	如图 8-35 所示，将新更换的风挡玻璃在窗框上定位，均匀对准并调整定位块（隔垫）。为了使氨基甲酸乙酯充分黏合，确保除了将会覆盖上丁基胶带的位置以外，整个玻璃周围至少要有 6mm 的玻璃用彩色粉笔或遮蔽带，标记出位置，切去玻璃边缘的遮蔽带，拆下风挡玻璃
 图 8-36	如图 8-36 所示，将黏合密封胶筒嘴切割成细长小缝或 20° 的 V 型开口，以便新涂的密封胶宽度尺寸略大于黏接带
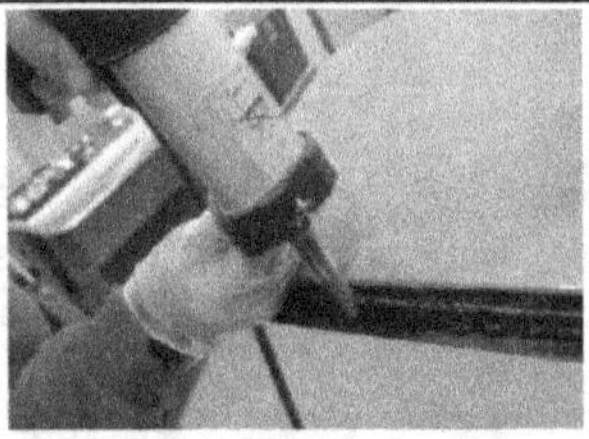 图 8-37	如图 8-37 所示，从窗框下部中间位置开始，把黏合密封胶（丁基橡胶黏合剂）均匀涂到玻璃框周围

续表

 图 8-38	如图 8-38 所示，用吸盘小心把挡风玻璃安放到窗框上，使用遮蔽带作为参照，安置玻璃时小心不要将黏合剂弄脏
 图 8-39	如图 8-39 所示，在玻璃放到窗框内后，用力压，以便良好地密封安装部位
 图 8-40	如图 8-40 所示，挡风玻璃定位好后用透明胶带固定
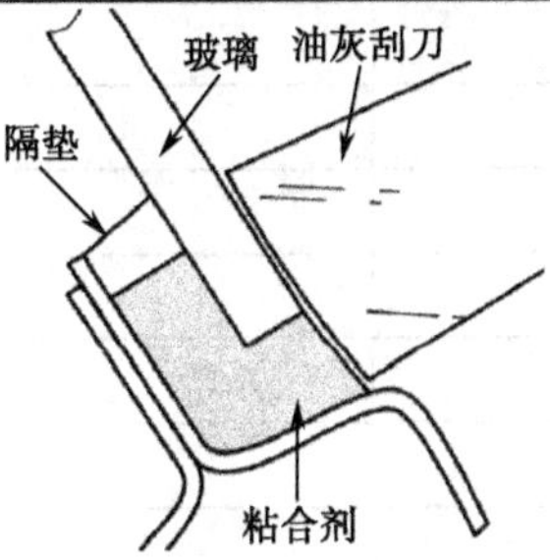 图 8-41	如图 8-37 所示，清理玻璃边缘挤出的黏合剂。将玻璃和车身之间的黏合密封剂刮起来填到空隙处。拆下遮蔽带和保护罩
 图 8-42	如图 8-38 所示，装回车顶及挡风玻璃两边的嵌条

续表

 图 8-43	如图 8-39 所示，在锁止条槽内喷一些肥皂液，使用专用工具更换锁止条。用楔形工具将槽扩开，然后向里面送入锁止条。肥皂液可以润滑凹槽，使工具更容易滑过橡胶凹槽
 图 8-44	用柔和的水流检查安装密封情况。不要将水直接喷到新涂上的黏合胶上面。让水从玻璃边缘流过。如果发现泄漏，则在泄漏点涂上附加的黏合胶。 按照厂家推荐的时间使黏合胶在室温下硬化，一般为 6～8h。 最后进行 5S 工作，如图 8-44 所示

实训报告 8-1　保险杠修复及前挡风玻璃更换操作

表 8-1

实 训 车 型		任　　务	作　　用
实 训 步 骤		名称与参数	作　　用
1	保险杠修复操作		
	主要步骤：　（1）		
	（2）		
	（3）		
	（4）		
	（5）		
2	前挡风玻璃更换		
	主要步骤：　（1）		
	（2）		
	（3）		
	（4）		
	（5）		
3	安全防护及注意事项		原因
	（1）		
	（2）		
	（3）		

续表

实训车型			任务		作用
实训步骤			名称与参数		作用
	(4)				
	(5)				
4	5S				
教师评语					
成绩		指导教师签名		日期	

任务考核单 8-1 保险杠修复及前挡风玻璃更换操作

表 8-2

班级		姓名		学号	
考核内容	保险杠修复及前挡风玻璃更换操作			规定考核时间	30 分钟
				实际考核时间	分 3 次
序号	检查维修内容/评分标准		配分	考核及评分记录	得分
1	准备	设备检查	5		
		安全防护	10		
2	示范	穿戴安全防护用品、用具	10		
3	调整及效果	调整设备工具参数	20		
		操作过程	20		
		操作是否规范	20		
4	安全文明	防护措施得当，作业规范安全整洁	5		
		工具、零件不落地	3		
5	工具使用	工具选用合理	2		
		5S 是否到位	5		
6	考核时间	每超 1 分钟扣 3 分，超时 3 分钟终止考核			
合计			100		
监考教师		考核日期		年 月 日	

知识链接

汽车上应用的塑料件越来越多，例如保险杠、车灯罩、翼子板喇叭口、保险杠左右弧形接板、翼子板、挡泥板、格栅开口板、防飞石护板、仪表板、装饰板、燃油管、车门面板、后侧围板和发动机部件等，如图 8-45 所示。

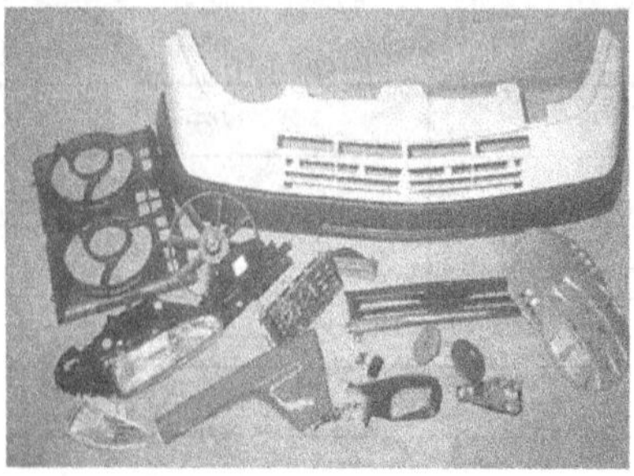

图 8-45　汽车塑料件

一、塑料的种类及维修方式

汽车结构中常见的塑料件有两种类型：热塑性塑料和热固性塑料。

（1）热塑性塑料。可以通过加热反复地软化和变形，而其化学成分不会发生变化。在加热时变软或熔化，而在冷却时变硬。热塑性塑料件的损坏可以用塑料焊机进行焊接维修，也可以进行黏接维修。

（2）热固性塑料。在热量、催化剂或紫外线的作用下会发生化学变化，硬化后形成永久形状，不能够通过反复加热和使用催化剂改变它的形态。热固性塑料件的损坏不能用焊接方式来维修，一般用黏接的方式来进行维修。

为了获得特定的性能，有时将不同的塑料和其他成分混合在一起就形成了一种新型的复合塑料。如玻璃纤维加强型复合塑料，通常称之为片状模塑料（SMC）。

1. 塑料件维修或更换的确定

（1）维修塑料件时要先进行评估，确定该零部件应维修还是更换。

（2）如果在弧形接板或大的塑料板上有小的裂缝、撕裂、凹槽或孔，而这些部件更换成本较高，则维修是合理的。

（3）如果部件大面积损坏，或者翼子板喇叭口、塑料装饰件等价格便宜的部位发生损坏，则进行更换是合理的。

2. 塑料件修理时部件的拆卸

（1）如果决定修理，必须确定该零件有无从汽车上拆下的必要。

（2）为了高质量地修复损坏，必须能够接触整个损坏区域。

（3）如果接触不到，则必须拆下零部件，零件还必须进行表面整修。

二、塑料件的识别

1. 编号识别法

（1）识别塑料件背面的国际标准符号或 ISO 码，如图 8-46 所示。

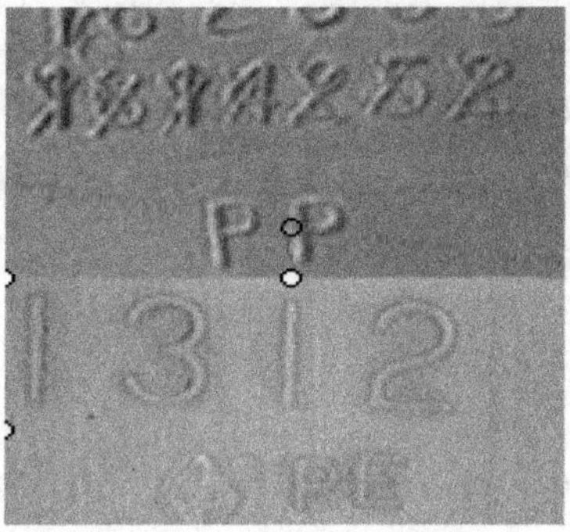

图 8-46 塑料件标识符号

（2）利用汽车维修手册。有的生产商编写的汽车维修手册上给出了每个塑料件的塑料种类，但也有的生产商只给出该车应用塑料的类型。

2. 测试识别法

（1）燃烧测试法：热固性塑料燃烧时不会产生熔滴；热塑性塑料燃烧时会产生熔滴。

（2）黏接测试法：试用不同的焊条，直到一种能够粘住为止。一旦发现焊条黏接在塑料件上，就确定了塑料的基本材料，可用该焊条修补塑料件。

（3）挠性测试法：将修理用的塑料制成试件，并与塑料件的样本共同进行弯曲测试，热固性塑料在弯折后不能完全恢复形状，如图 8-47（a）所示。热塑性塑料弹性较好可以恢复形状，如图 8-47（b）所示。

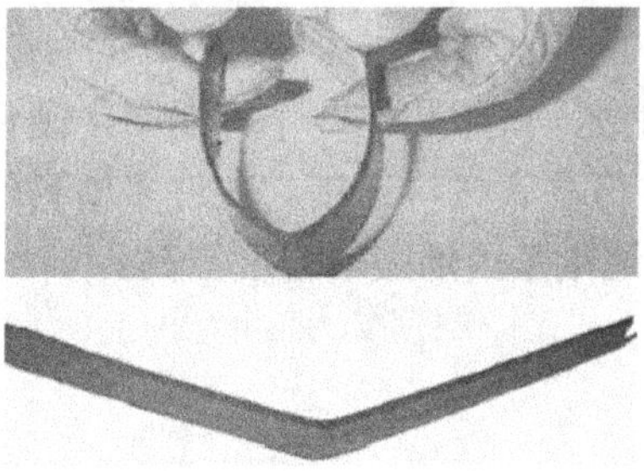

（a）

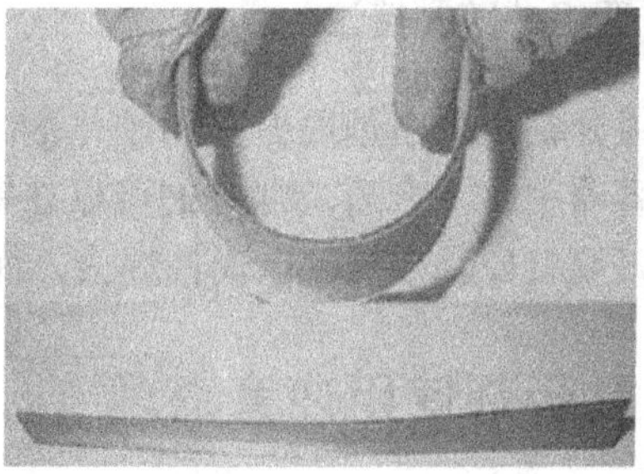

（b）

图 8-47 塑料挠性测试

三、安全注意事项

（1）仔细阅读所有的标签说明和警告。

（2）当切割、打磨或研磨塑料件时，要注意防尘控制，最好使用吸尘式打磨装置并佩戴呼吸器和防护眼镜。

（3）使用玻璃纤维树脂或硬化剂维修时要戴上橡皮手套和有机蒸气呼吸器，穿上长袖衬衣，扣上领子和袖口。

（4）打磨时可以穿着一次性油漆服防止粉尘粘到皮肤上。

（5）如果树脂或硬化剂接触到皮肤，用硼砂皂和热水或酒精进行清洗。

（6）在进行维修操作时始终要佩戴防护镜。

（7）维修工作区域必须通风良好。

（8）维修操作时戴上合格的防尘罩，避免吸入打磨粉尘和树脂蒸气。

四、塑料的黏接维修

（一）黏接法修理的类型

1. 溶剂黏接法

溶剂黏接方法就是把丙酮或乙酸乙酯滴在结合部位的边缘处，直到材料溶解为止（在呈糊状时材料就结合在一起了）。此方法用于车顶灯座、侧灯灯座等小件维修，聚丙烯、聚乙烯塑料板件不能使用此方法，因为丙酮不能溶解这些材料。

2. 氰基丙烯酸酯黏接法

氰基丙烯酸酯（CA）是一种单组分快速固化黏合剂，用来维修塑料件。它们经常在涂敷最后的维修材料之前使用，当作填料或将各个部分固定在一起。氰基丙烯酸酯也称为“超级胶”，能快速黏合塑料件。

3. 双组分胶黏接法

双组分黏合剂由基底树脂和硬化剂（催化剂）组成，树脂装在一个容器中，硬化剂装在另一个容器中。混合后，混合剂可以在零件上固化并与基底材料连接。在许多塑料件的维修过程中，双组分黏合剂可以代替焊接，而且比单组分地氰基丙烯酸酯强度更高。

（二）黏合剂使用注意事项

（1）大多数产品系列都有两种以上的黏合剂，可用于不同种类的塑料。

（2）不同的黏合剂不能混用。选定一个产品系列，在整个维修过程中都使用它。

（3）产品系列通常包括黏合促进剂、填充剂和挠性涂料。根据说明使用每一种产品。

（4）一些黏合剂产品系列适用于特定的基底材料。

（5）有的产品系列可能对所有的塑料都使用一种挠性填料，而有的则可能为不同的塑料设计两种或更多的挠性填料。

（6）黏合促进剂用来处理塑料件的表面，使维修材料可以更好地黏合。确定是否需要使用黏合促进剂的方法：用高速打磨机和 36 号砂纸轻轻打磨塑料片上的隐蔽点。如果材料上出现粉尘，则可以使用标准的结构黏接法进行修理；如果材料软化并出现油污，或者看起来像涂了油脂或蜡，就必须使用黏合促进剂。

（三）塑料件黏接修理的方法

1. 黏接修理小划痕和裂缝的方法

（1）用热肥皂水将维修部位彻底地清洗干净，然后再用水和塑料清洁剂将维修部位擦洗干净。必须将表面上的蜡、灰尘或油脂清除干净。使用黏合剂前将塑料件加热到21℃。

（2）清洗后，用黏合剂工具包对维修裂缝进行预处理。这个工具包应含有两种成分：速凝剂和黏合剂。将速凝剂喷涂在裂缝的一侧，然后在同一侧涂上黏合剂。

（3）小心地将划伤或裂缝的两侧恢复到原来的位置，然后快速地用力将它们压在一起。按压时间 1min 以上，以获得良好的黏接强度。然后，让维修处硬化 3～12 小时，或者根据速凝剂和黏合剂标签上的说明，以获得最大的强度。

（4）如果原有的漆面没有损坏，并且修理部位定位准确，就没有必要重新喷漆。

2. 黏接修理凹痕、撕裂和刺穿的方法

（1）首先，用热肥皂水彻底地清洗维修部位。然后，用浸有除蜡剂、除油剂和硅树脂溶剂的湿抹布彻底地清洁受损部位，然后再擦干。

（2）为了使黏合剂能够良好的黏接，需要对维修区域进行打磨，如图 8-48 所示。一般要使用中等粒度的小砂轮进行低速打磨（不超过 2 000r/min），向后将孔边斜切大约 6～10mm。斜面打磨后变得粗糙，有利于更好地黏接。

图 8-48 维修区打磨

（3）使用更细粒度的砂轮对维修区周围的油漆进行打磨修成薄边。将油漆边缘逐渐融合至塑料件中。继续清除油漆，直到孔周围 25～38mm 没有油漆（维修材料不能覆盖到油漆的表面上）。

（4）仔细地擦除所有油漆和氨基甲酸乙酯尘屑。维修区必须绝对清洁，才能达到合适的黏接强度。

（5）也可以使用火焰可控的喷灯或烤灯进行加热处理，热处理可以提高某些结构黏合剂的黏接性能。

（6）在维修部位贴上汽车衬带。推荐使用一侧带有强粘性和防水衬底的铝箔。用硅树脂溶剂和除蜡剂清洁维修区域的内侧表面，然后装上衬带。完全盖住孔，边缘留下大约 25mm 的黏接表面。

（7）也可以用玻璃纤维布作衬底，而不是用衬带。玻璃纤维布块可以保留下来，有利于提高维修区域的强度。将整块布的两侧都浸透黏合剂，这样可以使玻璃纤维布较好地黏接在塑料件的背面，还可以密封布块。

（8）在干净无孔的表面上（如金属或玻璃器皿）准备维修黏合剂。大多数黏合剂装在两根管子中。挤出等量的维修混合物，均匀地刮动以减少气泡，完全混合两个管子中的材料，直到获得均匀一致的颜色和状态，如图 8-49 所示。

（9）用橡皮刷或塑料刮刀将黏合剂刮入孔内。必须小心地快速完成操作，因为黏合剂在

2～3min 内就会开始硬化。一般需要涂两遍黏合剂。刮涂第一遍黏合剂用来填充孔的底部，涂抹时不必担心外部形状。在涂抹第一遍时，一定要尽量多地将孔填满。然后，在室温下硬化大约一个小时，如果允许加热硬化，可用使用加热灯或加热枪以 90℃的温度加热 20min 进行硬化处理。

（10）在涂抹最后一遍黏合剂之前，要先用细砂轮将第一次涂抹黏合剂形成的凸点打磨掉，擦去维修区域的粉尘。

（11）在打磨掉第一遍黏合剂并擦干净之后，混合第二遍使用的黏合剂，像前面那样将两根管子内的黏合剂挤在一起，大约等 2min。然后涂抹第二遍黏合剂，将它刮到整个维修区的轮廓上。用挠性橡皮刷或刮刀将黏合剂抹成与板件轮廓相接近的形状，如图 8-50 所示。

（12）在黏合剂干燥之后，用 80 号粒度的打磨块将周围区域打磨，然后用打磨机先后装上 180 号砂纸和 240 号砂纸轻轻打磨维修区域，使部件表面变得非常平滑，如图 8-51 所示。

图 8-49　黏合剂混合物

图 8-50　黏合剂刮涂

图 8-51　塑料修补区打磨

（13）最后的修羽状边和精磨可以用打磨机和 320 号砂轮来进行。当最后的打磨完成后，清除所有的尘屑和松脱的材料。然后就可以对塑料件表面进行喷漆处理了。

3．黏接修理塑料翼子板的方法

（1）首先用热肥皂水清洗整个外罩。然后擦干或吹干，再用塑料清洁剂清洗表面。

（2）为了获得良好的黏合性和维修强度，在受损部位加工出 V 形槽，然后在 V 型槽顶部打磨约 40mm 宽的斜面。

（3）用 180 号砂纸和打磨机将受损部位周围的油漆修薄边，如图 8-52 所示。然后吹去粉尘，根据损坏范围，背部可能需要增加强度。打磨后在裂纹终点处打止裂孔，如图 8-53 所示。

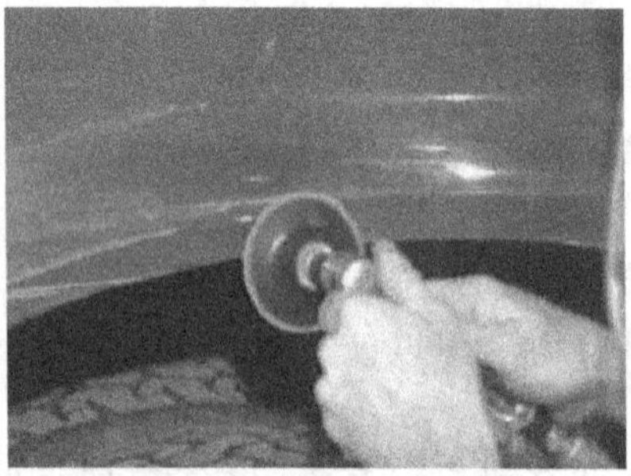

图 8-52　受损部位打磨

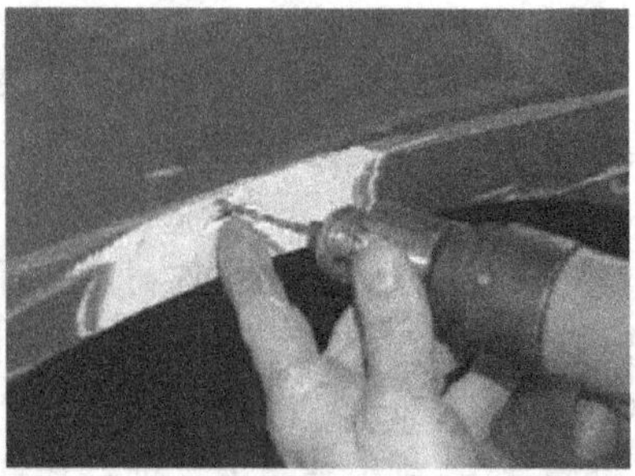

图 8-53　钻止裂孔

（4）为了加强维修区域，打磨翼子板的背面，用塑料清洁剂清洗干净，然后根据需要涂上一层黏合促进剂。

（5）将双组分环氧树脂黏合剂的两个组分等量地配好，混合至颜色均匀。用塑料刮刀将材料放到一块玻璃纤维布上，如图 8-54 所示。

（6）将涂满黏合剂的玻璃纤维布贴到翼子板的背面，在布中再添加一些黏合材料，如图 8-55 所示。

图 8-54　玻璃纤维布涂上黏合剂

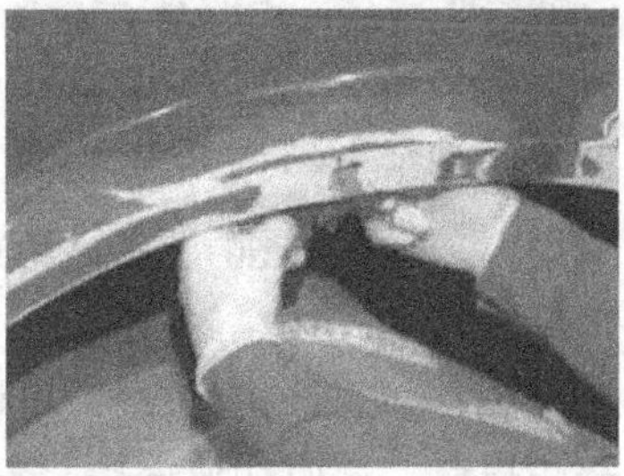

图 8-55　玻璃纤维布粘贴到翼子板上

（7）在背面得到加强之后，在打磨过的维修部位的正面涂上一层黏合促进剂，等待黏合促进剂完全干燥。

（8）在正面涂抹黏合剂材料，用刮刀修整黏合剂的形状，以符合部件外形，直至完全硬化，如图 8-56 所示。

（9）先用 80 号砂纸对维修部位进行粗打磨，然后用 180 号砂纸打磨，最后用更细的 240 号砂纸打磨，如图 8-57 所示。

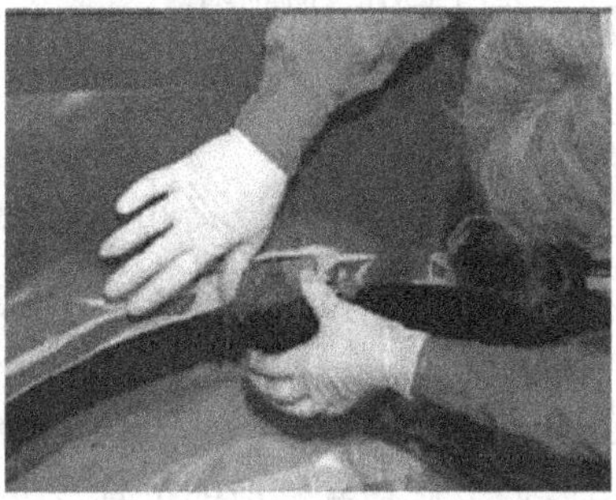

图 8-56　正面涂抹黏合剂材料

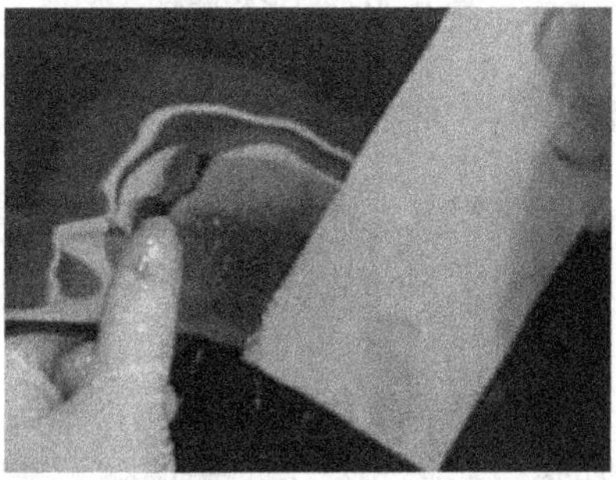

图 8-57　用细砂纸打磨

（10）如果需要在凹陷点或小孔中弥补一些黏合剂材料，一定要再涂一层黏合促进剂。

（四）塑料的焊接修理

1. 热空气塑料焊接

热空气塑料焊接使用电热工具，如图 8-58 所示，产生热空气（230～350℃），通过喷嘴喷到塑料上。

热空气塑料焊头有三种类型：

（1）定位焊头，如图 8-59 所示。用来在焊接之前对塑料件的断开部位进行临时点焊。临时点焊处可以轻易地断开重新定位。

图 8-58　热空气塑料焊接电热工具

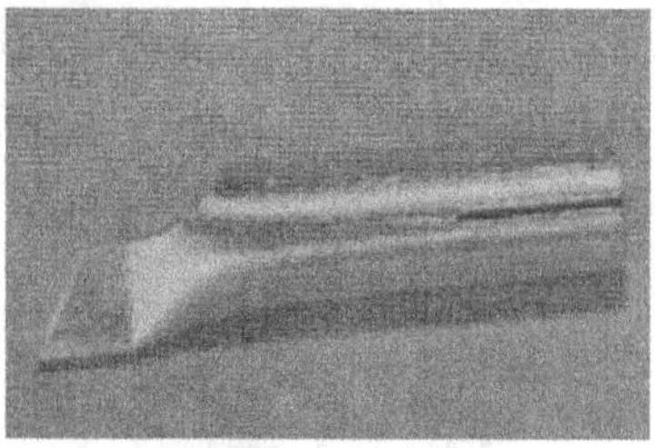

图 8-59　定位焊头

（2）圆形焊头，如图 8-60 所示。用来进行短焊、焊接小孔、焊接难以触及的部位以及焊接尖锐的拐角。

（3）快速焊头，如图 8-61 所示。可以固定住塑料焊条向前递送并自动预热。这种结构可使焊条进入基底材料，从而加速焊接。主要用于长而直的焊接处。

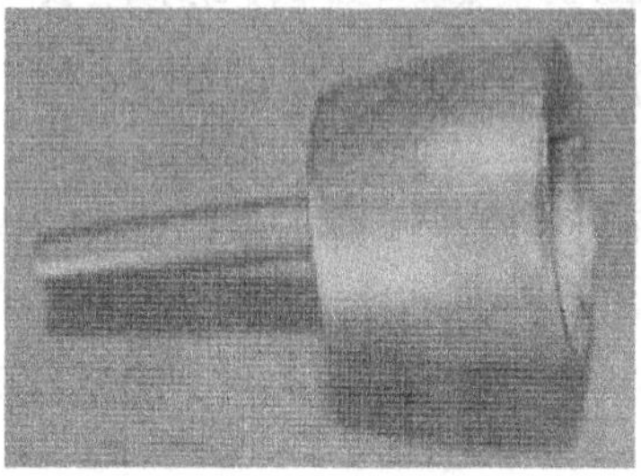

图 8-60　圆形焊头

图 8-61　快速焊头

2. 塑料焊条

一般分为热空气焊接焊条和非热空气焊接焊条，图 8-62 所示为热空气焊接焊条。塑料焊机的焊接厚度小于 3mm，以防止塑料件产生变形。对薄的塑料件进行焊接时，必须在下面支撑住塑料件。

非热空气塑料焊接利用电热元件熔化，直径为 3mm 的较小焊条，如图 8-63 所示。不使用热空气加热。根据塑料类型来调整无空气焊机的温度调节旋钮到相应的位置。焊机完全加热通常需要 3min 左右。

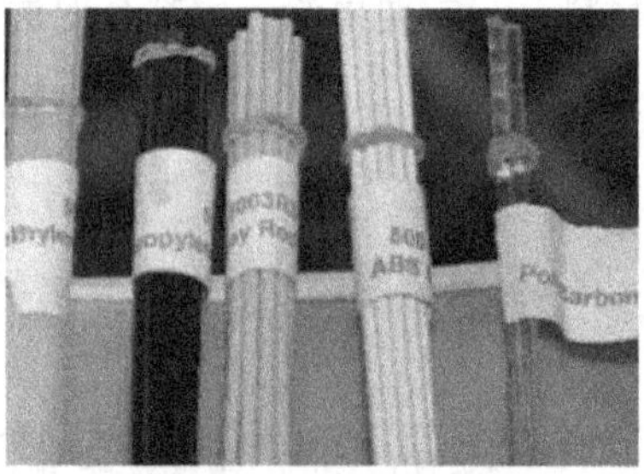

图 8-62　热空气焊接焊条

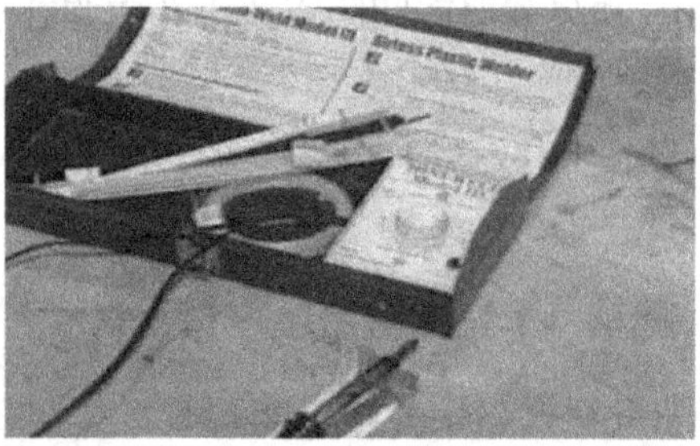

图 8-63　非热空气焊接焊条

3. 超声波塑料焊接

超声波塑料焊接依靠高频振动能量使塑料黏合，而不必熔化基底材料。手持装置的可选频率为 20k～40kHz。它们都适用于焊接大的部件和空间狭窄难以到达的区域。焊接时间通过电源可以进行控制，焊接周期短，不超过 0.5S。

4．塑料焊接的注意事项

（1）塑料焊条往往用颜色编码来表明它们的材料。但各生产商采用的编码不统一。利用提供的参考信息是非常重要的。如果焊条与基底材料不兼容，则无法焊接。

（2）温度过高会使塑料烧焦、熔化或变形，温度过低则无法将基底材料和焊条熔透。

（3）压力过大会拉伸焊接处并导致变形。

（4）焊条和基底材料之间的角度必须正确。如果角度过小，则无法正确完成焊接。

（5）焊接速度要正确。如果焊枪移动过快，则不会形成良好的焊接，如果焊枪移动过慢，则会烧焦塑料。

（6）焊条必须与基底材料兼容，才能得到与原来的部件相同的强度、硬度和挠性。

（7）一定要测试焊条与基底材料的兼容性。测试时，将焊条熔化在损坏部位的隐蔽处，然后使焊条冷却，试着从部位上拉离焊条。如果焊条呈兼容的，那么它会粘在上面。

（8）不同的塑料有不同的焊接温度，把焊机调整到所需的温度设置。

（9）不要在潮湿区域使用塑料焊机、加热喷枪或类似的工具，小心触电危险。

（10）要练习到一定的焊接水平后，再进行难度高的垂直焊接和高架焊接。

（11）焊接的表面积越大，黏合力越强。

（12）开始无空气焊接之前，先用一小段焊条穿过焊机，将焊头清理干净。

五、塑料件维修的方法

1．塑料焊接的基本维修程序

（1）预处理受损区域。

（2）将受损区域定位。

（3）进行焊接。

（4）使其冷却。

（5）进行打磨。

（6）涂上保护漆。

2．塑料焊接中的临时点焊

在难以支撑或较长撕裂处，在进行永久焊接之前进行小的临时点焊将两侧固定到位。对于较大区域，可以用一块塑料板制作一个衬板，然后点焊固定到位。

临时点焊步骤：

（1）用固定夹具将受损部位固定对齐。

（2）使用定位焊头，沿着裂缝的底部将两侧熔合，形成薄薄的铰接焊。这对于长裂缝特别有用，因为它可以轻易地调整和定位塑料板边缘。

（3）沿着焊缝进行临时点焊。用力压焊头，确保裂缝的两侧都接触到。沿着断裂线平稳地移动焊头（临时点焊时不使用焊条）。

（4）焊头会熔化两侧，在裂缝底部形成一条细线。熔合在一起的部分会保持两侧对准，如图 8-64 所示。

3．高速焊接

塑料高速焊接时使用快速焊头，可以用较高的速度进行更均匀的焊接。必须将焊条和基底塑料都进行预热。焊条在通过高速焊头的内部滑道时被预热，基底材料由焊头通风口内吹出的热气流进行顶热，如图 8-65 所示。

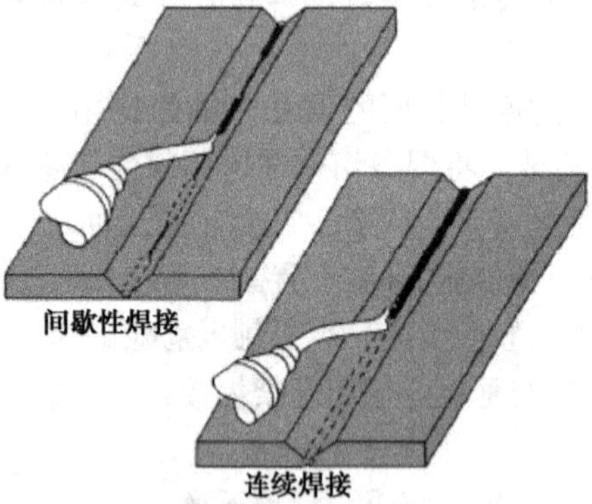

图 8-64　临时点焊

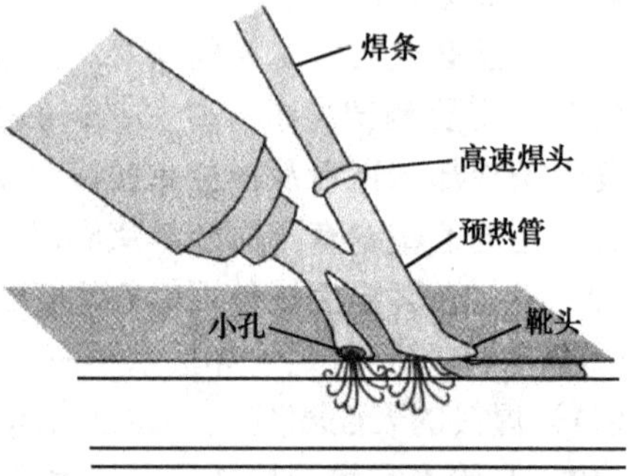

图 8-65　高速焊接

高速焊接注意事项：

（1）将快速焊枪的焊头放在起点上方，距离基底材料 75mm 以上。避免热空气影响部件。

（2）将焊条切出 60° 角，插入预热管。立即将焊头的尖头端放在基底材料的起点位置上。

（3）保持焊枪垂直于基底材料。推进焊条，直到其抵在基底材料上的起点位置。如有必要，稍微抬起焊枪一些，使焊条移动到焊头尖端下面。

（4）给焊条轻微的压力，只将焊枪的重量作用在焊头尖端。然后，慢慢移动焊枪，开始高速焊接。

（5）在最初开始焊接的 25～50mm 处，轻轻地将焊条推入预热管。

（6）开始后，将焊枪与工件成 45° 角。焊条此时会推进，不需要施加压力。随着焊枪的移动，检查焊接的质量。

4．无热空气熔流塑料焊接

熔流塑料焊接是无空气焊接方法中最常用的。它既可以用于单面维修，也可以用于双面维修。

熔流焊接程序：

（1）将焊条装入预热管，将焊头的端部放入 V 形槽。

（2）将焊条固定到位，直到其开始熔化并从焊头端部向外流出。

（3）焊条不能自动进给，要用少量的力将焊条推过预热管，注意不要过快推进焊条。

（4）慢慢地移动焊条，在槽内来回移动，直到里面填满熔化的塑料。

（5）将熔化的塑料焊入基底材料，特别是V形槽的顶部。

（6）一次焊接大约25mm，这样可以在塑料冷却前磨光焊接位置。

5．塑料填缝焊接

塑料填缝焊接主要用于硬塑料，例如ABS和尼龙，以确保基底材料和焊条混合良好，用熔流程序完成焊接后，移开焊条。翻转焊头，将焊头的尖头端慢慢地移入焊接区域，将焊条和基底材料黏合在一起，将整个焊接位置填缝。填缝后，用焊头的平头端使焊接区域平滑。

6．单面塑料焊接

当部件损伤轻微或不能从汽车上拆下时使用单面塑料焊接。单面焊接操作的步骤如下：

（1）根据塑料的焊接温度调节焊机上的温度调节旋钮，使其升温至适当的温度。

（2）先用热肥皂水，然后再用优质的塑料清洁剂清洗部件。

（3）用固定夹定位断裂处。

（4）在受损部位开V形槽，深度为基底材料的75%。在受损部位的每一侧，使用打磨机或类似工具将撕裂边缘斜削至少6mm以上，如图8-66所示。

（5）清理预热管，然后插入焊条。将焊头放到V形槽上方，推进焊条，开始焊接。慢慢地移动焊头，以便更好地熔合和热透，如图8-67所示。

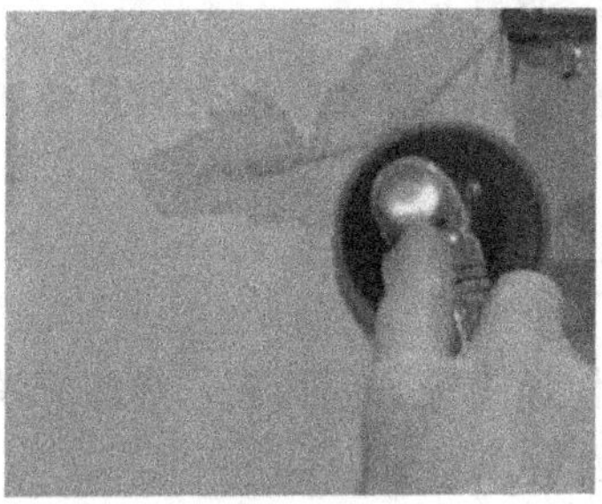

图8-66 受损部位开V形槽

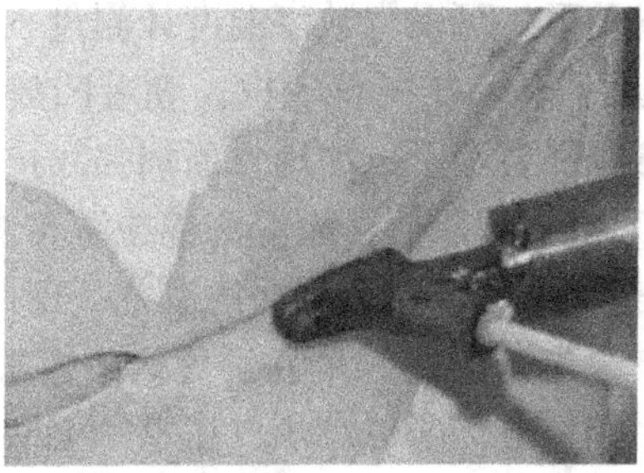

图8-67

（6）当整个V形槽填满后，翻转焊头，用焊头将焊条和基底材料黏接在一起，沿着焊接长度方向形成良好的熔合。

（7）用焊头的平头部分重新将焊接区域修平滑，慢慢地再进行一次。然后用潮湿的海绵或湿布使其冷却。

（8）用砂轮机将过多的焊痕修整平滑。

7．双面塑料焊接

双面塑料焊接是强度最高的一种焊接，因为部件的两侧都进行了焊接。

（1）等焊机温度升高后，然后清理预热管。

（2）用热肥皂水和塑料清洁剂清洗部件。

（3）将断裂处板件对准，用硬刮刀向外将焊接处修光滑。

（4）在受损部位开V形槽，深度为板件背面的50%。

（5）用熔流法焊接板件的背面，慢慢地移动以获得良好的熔合。

（6）焊接完成后，用焊头的头部将焊接处修平滑。

（7）用潮湿的海绵或湿布使焊接部位快速冷却。

（8）在原V形槽的反面加工一个V形槽，槽的深度要渗透到第一次V型槽的焊接处。

（9）焊接焊缝，完全填满槽。

（10）用打磨机重新修整轮廓。

8．聚乙烯材料的修理

聚乙烯是一种柔软有弹性的薄塑料，经常涂在内饰件泡沫填料上，常见部件有仪表板、肘靠、车门内部装饰件、座罩和车顶外罩。仪表板或装有衬垫的仪表板成本高，更换起来比较耗时。

（1）表面凹痕的修复。大多数仪表板用包有聚乙烯的氨基甲酸乙酯泡沫制成，比较柔软，在碰撞期间可以对人进行保护。在碰撞修理中，泡沫仪表板、肘靠或其他带衬垫的内部件的表面凹痕是常见的。

① 用湿海绵或湿布浸入凹痕大约30s，使凹痕区域保持潮湿。

② 使用加热喷枪，加热凹痕周围的区域，加热枪距离表面250～300mm。从外侧开始，不停地环状移动加热枪。

③ 将维修区域加热至大约50～60℃。过度加热聚乙烯它会起泡。一直加热，直到维修区域摸起来烫手。可以用数字温度计测量表面温度。

④ 戴上手套，按压仪表板，朝着凹痕中间压维修材料。维修区域有时只要加热就可以修复，也可能需要不止一次地重新加热和按压。

⑤ 当凹痕被消除后，用湿海绵或湿布快速冷却该区域。

⑥ 在部件上使用聚乙烯或防腐剂处理。

（2）喷涂聚乙烯漆。聚乙烯维修漆通常作为包层快速喷涂。因为聚乙烯漆无法用稀释剂或其他添加剂控制，所以喷涂气压是一个非常重要的因素。

（3）加热恢复塑料件的形状。塑料有记忆效应，塑料件总是想保持或恢复至原来的形状。如果塑料轻微地弯曲或变形，对它进行加热就可以使其恢复到原来的形状。许多弯曲、拉伸或其他变形的塑料件常常可以用加热的方式进行矫正，例如挠性保险杠外罩和汽车内部包有聚乙烯的泡沫件。

变形的保险杠外罩修复程序：

① 用热肥皂水彻底地清洗外罩。

② 用塑料清洁剂进行清洗。仔细地清除所有的道路柏油、机油、油脂以及内层涂漆。

③ 用浸水的抹布或海绵浸湿维修区域。

④ 直接加热变形部位。使用集中热源，如加热灯或高温加热喷枪。当罩板的另一侧摸起来烫手时说明已经加热得差不多了。不要过度加热表面有纹路的聚乙烯，否则会损坏表面。

⑤ 如有必要，使用油漆刮板或木块帮助修整部件。

⑥ 用海绵或抹布浸上冷水快速冷却维修区域。

六、复合型（加强型）塑料件的维修

（一）加强型塑料件的类型

加强型塑料件包括片状模塑料（SMC）、纤维增强塑料（FRP）和增强型反应喷射模注聚氨基甲酸乙脂（RRIM），如图 8-68 所示。

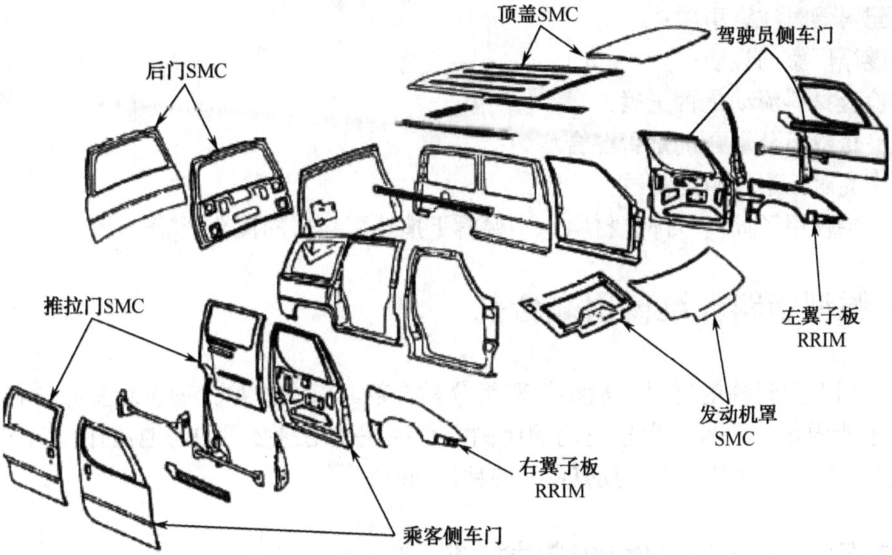

图 8-68 车身加强塑料板件的类型

（二）加强型塑料板上发生的损坏

（1）单侧损坏，如擦伤或凹槽。

（2）刺穿和破裂。

（3）板件从金属空间构架上被拉离。

（4）严重的损坏，需要更换整个或部分板件。

（5）空间构架发生较小的弯曲和变形，可以通过拉拔和矫正来进行修理。

（6）与牢间构架结合的塑料件发生严重打褶和弯曲，需要沿着工厂焊缝或采用结构分割的办法进行更换。

（三）加强型塑料件维修工具

加强型塑料件维修用的工具主要有胶枪和搅拌配料器。加强型塑料件黏合剂配料器可以使双组分黏合剂以恒定的速率进行配比，如图 8-69 所示。

图 8-69　胶枪和搅拌配料器

使用配料器时注意事项：

（1）遵循厂家的说明；

（2）检查材料流动是否正确；

（3）检查双组分黏合剂是否混合均匀；

（4）换筒时，进行新的测试；

（5）如果仅用了筒内一部分材料，不要拆下搅拌配料器的混合喷嘴。

（四）加强型塑料件维修用黏合剂

维修加强型塑料件的材料一般都是双组分黏合剂。双组分黏合剂表示基底材料和硬化剂必须混合才能固化，两者应当按正确的比例混合，在使用前必须均匀地搅拌。工作寿命或开封时间是黏合剂仍然有效或仍然具有良好的粘性的时间。

（五）维修加强型塑料件的辅助材料

加强型塑料件维修用的其他材料主要有填料和玻璃纤维布。填料有两种：

（1）装饰填料。是双组分环氧树脂黏合剂或聚酯黏合剂，用于遮盖小的缺陷。

（2）结构填料。是用来填充板件上较大的缺口，同时保持一定强度，结构填料还可增加部件的结构刚性。

玻璃纤维布类型。一般选择单向织布、机织玻璃布或尼龙网。布必须织得足够松，使黏合剂可以完全浸透，使织纹周围不留空隙。粗纱型不适用于加强型塑料件的维修。

（六）加强型塑料件的维修方法

加强型塑料件的维修方法有四种：单面维修、双面维修、板件切割和整块板件更换。

1. 加强型塑料件和玻璃纤维的单面维修

单向损伤是指未穿透板件背面或未造成板件背面断裂的表面损伤。板件可能到处都发生了损伤，但没有裂开。如果裂纹清晰并且所有的玻璃纤维都在原位，那么用单面维修就可以修复损伤，如图 8-70 所示。

进行单面维修打磨时，必须斜削得很深，穿透板件上的纤维。断开的纤维必须与黏合剂接触良好。

图 8-70 加强型塑料件单面维修

加强型塑料件的单面维修操作步骤：

（1）用热肥皂水清洗修理区域。

（2）用温和的脱蜡脱油脂清洁剂再次清洗。

（3）用 80 号砂纸磨去周围区域上的所有油漆。

（4）刮擦损伤部位周围的区域。

（5）斜削损伤部位，使黏合区域够大。

（6）根据厂商的说明混合双组分黏合剂。

（7）施加填料，按推荐时间进行硬化。

（8）打磨好填料后，根据需要再涂一层，层与层之前要重新打磨。

2. 加强型塑料件和玻璃纤维的双面维修

当板件各个方向都被损坏时通常需要进行双面维修，如图 8-71 所示。

具体步骤如下：

图 8-71 加强型塑料件双面维修

（1）用脱蜡脱油脂清洁剂清洗损坏部位周围的表面。用 36 号砂轮清除超出维修区域至少 70mm 的所有油漆和底漆。

（2）从维修部位孔中清除所有裂开或碎裂的材料。

（3）从维修部位背面清除所有的污垢、隔音材料等。用还原剂、油漆稀释剂或类似溶剂进行清洗。

（4）用 80 号砂纸摩擦孔的周围，形成良好的黏合表面。

（5）将维修部位的正面背面孔的边缘斜削成大约 30° 角，使衬板更好地黏合。

（6）彻底地清洁维修区域。

（7）切割几块足够大的玻璃纤维布，盖住孔和刮擦区域。确切片数取决于原始板件的厚度。

（8）根据标签上的说明，准备好树脂和硬化剂的混合物。

（9）用小油漆刷将活性树脂混合物刷涂到二层玻璃纤维布上。

（10）将黏合剂涂到维修部位的背面，确保玻璃纤维布与孔周围的打磨区域完全接触。

（11）用黏合剂混合物浸透至少二层以上的玻璃纤维布。然后将其放在外表面上，这些布层必须接触到打磨好的维修区域。

（12）当装上所有的布层后，上面会形成一个碟状凹陷。使用刮刀赶出所有气泡。

（13）操作完毕后，工具立即用油漆稀释剂清洗。

（14）涂满树脂的布固化较慢，可以使用红外线加热灯来加速固化过程。使用时，将灯距离布面 300～400mm。不要过度加热维修区域，过多的热量会导致变形。

（15）用 50 号砂纸和砂轮在板件轮廓下面轻轻地打磨衬板，使黏合区域低于板件原来的高度。

（16）准备更多的树脂和硬化剂混合物，用塑料刮刀填充维修区域上的凹陷。需要使用层数足够多的材料，以便打磨光滑和修平。

（17）等待衬板硬化。可以用加热灯加速硬化过程。

（18）当衬板完全硬化后，向下打磨过多的材料，直到形成基本轮廓。用 80 号砂纸和磨块，也可以使用 120 号或更细的砂纸精磨。

（19）用金属薄板螺钉将金属板固定至板件的背面，同样可以完成双面维修。打磨金属板和塑料板的结合部位，以便黏合牢固。在坚固金属板之前，将孔边两侧涂上树脂和硬化剂的混合物。

（20）如果孔的内侧深度过大，那么只将玻璃纤维衬布黏合在外侧。经过一般的清洗和打磨操作后，将孔的外侧再贴几层玻璃纤维布。在其干燥之前，布上会形成一个碟状凹陷，使维修材料的深度更大。